Du « migrant nu » au citoyen différé. « Présence-histoire » des Noirs en Amérique Latine. Discours et Représentations

Victorien Lavou Zoungbo

Du « migrant nu » au citoyen différé. « Présence-histoire » des Noirs en Amérique Latine. Discours et Représentations

En Hommage a Nina S. de Friedemann

Collection Études

Presses Universitaires de Perpignan

Couverture réalisée par Mlle Marlène Marty et Mme Sandy Dedieu

SOMMAIRE

MUTATIS MUTANDIS : RACIOPHOBIE STRUCTURANTE 5

« PRÉSENCE-HISTOIRE » ET « MALHEUR GÉNÉALOGIQUE » : SCANSION I 7

INTRODUCTION 13

PREMIÈRE PARTIE : RETOUR À L'HISTOIRE 33

D(E)SMÉMOIRES DE L'ESCLAVAGE 35

RAPPEL DE CERTAINS FAITS ET DE CERTAINS DISCOURS LIÉS À LA TRAITE 49

MÉMOIRES OUBLIEUSES : LE NOIR COMME ANALYSEUR SOCIAL 75

NOIR OÙ ES-TU : À PROPOS DES DÉNÉGATIONS ET DES SPÉCULATIONS DU « JE » 95

LUTTES ET PRISE DE PAROLE DU NOIR EN AMÉRIQUE 125

ET LA TRAITE CRÉA LE NÈGRE : « NOMBRAR ES CREAR... MONSTRUOS » 151

DEUXIÈME PARTIE : ÉTUDES 175

LE NOIR OU LE DIFFÉRÉ DES CONSCIENCES ET PRATIQUES DISCURSIVES LATINO-AMERICAINES : ÉBAUCHE D'UNE RECHERCHE À VENIR 177

LES BLANCS DE L'HISTOIRE : LA FABLE DES NOIRS DU COSTA RICA DANS *COCORÍ* 189

LES ENJEUX DE LA SEXUALITÉ DANS LE ROMAN LATINO-AMÉRICAIN DU BOOM : LE SPÉCULUM DE LA MUCAMA (NEGRA) DANS *LA GUERRA DEL FIN DEL MUNDO* DE M. VARGAS LLOSA 207

DU NÈGRE COMME UN HERCULE DOUBLÉ D'UN SAINT-PHALLUS : UNE HUMANITÉ DIFFÉRÉE 223

QUE NEGRA SUERTE LA DE LOS NEGROS : LECTURA IDEOLÓGICA DEL CUENTO "*ALIENACIÓN*" DE JULIO RAMON RIBEYRO 251

LE MÉTISSAGE EN AMÉRIQUE LATINE : LES APORIES D'UN DISCOURS CONTRAINT 261

TEATRO Y PODER EN LA *TRAGÉDIE DU ROI CHRISTOPHE* DE AIMÉ CÉSAIRE 277

ÉPILOGUE : POINT SUR NOS RECHERCHES CONCERNANT LES NOIRS EN AMÉRIQUE LATINE 289

MUTATIS MUTANDIS : RACIOPHOBIE STRUCTURANTE

Lorsque l'homosexuel tient à affirmer ce qu'il est, l'hétérosexuel, qui n'a pas besoin de dire ce qu'il est, jouit encore d'un privilège car il peut feindre de ne pas vouloir savoir, de ne pas s'intéresser, de ne pas comprendre pourquoi il est besoin de dire, etc. C'est ce que Eve Kosofsky Sedgwick appelle « *the privilege of unknowing* », c'est à dire la faculté non pas d'ignorer mais de ne pas vouloir savoir, de faire comme s'il n'y avait rien à savoir. Sans doute parce que, lorsque l'homosexuel dit qu'il est homosexuel, l'hétérosexuel est obligé de se penser comme hétérosexuel, alors que jusque-là il n'avait pas à se poser de question sur son identité et sur l'ordre social par lequel elle est instituée. Il était dans un état de privilège absolu. Aussi s'indigne-t-il lorsqu'il est menacé de le perdre, ne serait-ce que partiellement, et demande aux gays d'en revenir à la « discrétion », c'est à dire lui permettre de revenir à la paix de ses certitudes, au confort de sa normalité qui reposait sur le silence des autres. Ou bien, plus simplement encore l'hétérosexuel considère que l'homosexuel se tient mal, exagère, « s'affiche », provoque... Ainsi l'homosexuel ne peut-il être que l'objet du discours et devient insupportable dès qu'il prétend en être le sujet...

[*Lorsque le Noir ou la Noire (dont on oublie souvent volontairement qu'il ou elle peut être aussi homosexuel(le) tient à affirmer ce qu'il est, ce qu'elle est, l'Homme-blan, qui n'a pas besoin de dire ce qu'il est, jouit encore d'un privilège car il peut feindre de ne pas vouloir savoir, de ne pas s'intéresser, de ne pas comprendre pourquoi il est besoin de dire, etc. C'est ce que Eve Kosofsky appelle* « the privilege of unknowing », *c'est à dire la faculté non pas d'ignorer mais de ne pas vouloir savoir, de faire comme s'il n'y avait rien à savoir. Sans doute parce que, lorsque le Noir, la Noire dit qu'il est Noir, qu'elle est Noire, l'Homme-blan est obligé de se penser comme Homme-blan, alors que jusque-là il n'avait pas à se poser de question sur son identité et sur l'ordre esclavagiste et colonial par lequel elle est instituée. Il était dans un état de privilège absolu. Aussi s'indigne-t-il lorsqu'il est menacé de le perdre, ne serait-ce que partiellement, et demande aux* blacks *d'en revenir à la « discrétion », c'est à dire lui permettre de revenir à la paix de ses certitudes, au confort de sa normalité qui reposait sur le silence des autres. Ou bien, plus simplement encore l'Homme-blan considère que le Noir, la Noire se tient mal, exagère, « s'affiche », provoque... Ainsi le Noir, la Noire ne peut-il, ne peut-elle être que l'objet du discours et devient insupportable dès qu'il prétend en être le sujet, dès qu'elle prétend en être le sujet...]*

C'est toujours la dissymétrie qui est à l'œuvre : l'hétérosexuel a toujours un privilège sur l'homosexuel. C'est lui qui décide de l'attitude à adopter et du sens qu'il donnera aux gestes et aux paroles de l'homosexuel. Il a toujours un point de vue sur ce que devraient faire ou ne pas faire, être ou ne pas être, dire ou ne pas dire, les homosexuels. Il sait toujours mieux que l'homosexuel ce qu'est l'homosexualité, il a toujours une explication à donner (psychologique ou psychanalytique, le plus souvent) et il est prompt à balayer avec mépris ou condescendance tout ce que l'homosexuel peut dire de lui-même. Il est en position de domination « épistémologique », puisqu'il tient entre ses mains les conditions de production, de circulation et d'interprétation de ce qu'on peut dire de tel gay en particulier, et des gays en général, mais aussi les conditions de réinterprétation et de resignification de tout ce que les gays et les lesbiennes peuvent dire d'eux-mêmes et qui est toujours susceptible d'être annulé, dévalué, ridiculisé, ou simplement expliqué et réduit à l'état d'objet par les catégories du discours dominant[1].

[C'est toujours la dissymétrie qui est à l'œuvre : l'Homme-blan a toujours un privilège sur la Noire, sur le Noir. C'est lui qui décide de l'attitude à adopter et du sens qu'il donnera aux gestes et aux paroles de la Noire, du Noir. Il a toujours un point de vue sur ce que devraient faire ou ne pas faire, être ou ne pas être, dire ou ne pas dire, les Noir(e)s. Il sait toujours mieux que la Noire, le Noir ce qu'être noir(e) veut dire, il a toujours une explication à donner (psychologique ou psychanalytique, le plus souvent) et il est prompt à balayer avec mépris ou condescendance tout ce que la Noire, le Noir peut dire d'elle même, de lui même. Il est en position de domination « épistémologique », puisqu'il tient entre ses mains les conditions de production, de circulation et d'interprétation de ce qu'on peut dire de telle Noire, de tel Noir, et des Noirs en général, mais aussi les conditions de réinterprétation et de resignification de tout ce que les Noires et les Noirs peuvent dire d'eux-mêmes et qui est toujours susceptible d'être annulé, dévalué, ridiculisé, ou simplement expliqué et réduit à l'état d'objet par les catégories du discours dominant].

---

[1] Didier Éribon, *Réflexions sur la question gay*, Éditions Fayard, Paris, 1999, pp.85-87

« PRÉSENCE-HISTOIRE » ET « MALHEUR GÉNÉALOGIQUE » : SCANSION I

A/ « PRÉSENCE-HISTOIRE »

Ce concept, si nous pouvons nous permettre de le désigner ainsi, est de notre propre crû. Il nous semble plus apte, conformément à nos travaux et à nos recherches, à dire le parcours et l'inscription des noirs africains, esclaves et descendants, dans les Amériques. Dans la conclusion de la synthèse de notre Habilitation à Diriger des Recherches[1] nous affirmions ceci :

> Un point noir, pour ainsi dire, qui n'aura pas échappé au lecteur attentif de ce mémoire est précisément le concept de « présence-histoire ». Il apparaît à plusieurs moments dans ce travail mais sans qu'on en trouve un début d'explicitation. Cela fait partie des travaux théoriques que nous mènerons prochainement. Ce concept mérite d'être explicité, car nous ne l'entendons pas comme une simple jonction de deux mots reliés par un tiret.
>
> Provisoirement, il s'agissait pour nous, comme on a pu s'en apercevoir dans cette synthèse, d'attirer l'attention sur l' « invisibilisation » des Noirs en Amérique Latine. Une présence physique, « aquí estamos, « ahí están », qui s'oppose ou plutôt pointe les ressorts idéologiques de cette « invisibilisation ». Cette présence est à la fois porteuse d'une double histoire, celle, tragique, de la Traite et de l'esclavage dont les descendants des Noirs portent encore les stigmates et celle de la contribution, non reconnue, des Noirs dans l'édification des Amériques. Mais il ne s'agit-là que de quelques pistes de la réflexion que nous entendons poursuivre prochainement.

Nous avancerons donc un petit peu plus dans notre tentative de donner un contenu analytique et interprétatif à ce concept de « présence-histoire ».

Être là et ne pas être vu(e) de tous et de soi, dans une moindre mesure, aveuglé(e)s par « le complexe de la couleur blanche » (R. Bastide) et par la

---

[1] Victorien Lavou Zoungbo, « Indiens et Noirs en Amérique Latine. Représentations et enjeux discursifs », Mémoire d'Habilitation à Diriger des Recherches, sous la direction du Professeur Daniel Meyran, présenté et soutenu à l'Université de Perpignan, le 19/12/2001, p.125.

conscience mauvaise. Revenir constamment cependant malgré ce. Dans le quotidien, dans les traits physiques, dans les pratiques sexuelles, surtout celles fantasmées, dans les pratiques culinaires, dans les pratiques musicales et religieuses, dans les tournures idiomatiques, en creux dans les canons de la culture de la blanchitude, dans les imaginaires locales, régionales et nationales...

Présence tout court. Donc multipliée ou démultipliée par les égarements, par les déparlures, par les aveuglements et les démémoires individuelles et collectives, par les dénégations des sujets qui y sont confrontés ou qui en ont hérité depuis les origines du « malheur généalogique » (nous y reviendrons) inauguré par la Traite et l'esclavage jusqu'à sa perpétuation actuelle dans les Amériques. L'*effet de visière* quoi, voilà la chose.

Pas de jointure à rechercher entre deux mots ou dans un mot à deux termes. Présence vivante et visible. Oui, mais c'est limite, ce serait même réducteur. Disons. Une redondance absolue ou absurde au regard de l'histoire coloniale (mais aussi moderne) violente de l'Amérique qui fait que cet humain-là n'était vivant que parce que corps taillable et corvéable à merci. Matérialité et visibilité palpables : cep, crocs de dogues, fouets et cris, viols et naissances, sueur et sang mêlés, amputations et (h)ablations, réductions multiples, esclaves-corps-cheptel, blanche fureur et férocité réunies.

Broyer du Noir, pas le Robert ou quelque autre parole évangélique de dictionnaire qui fige le sens dans une a-historicité complice et douteuse mais académiquement rentable. Voir sens donné à *génocide* qui excluait jusque là la Traite et l'esclavage des Noirs comme exemples. Donc un retour à l'histoire de la Traite pour traquer le sens premier de l'expression. Épuiser le corps-noir de l'esclave. De là vient le paradoxe : absence du Noir à la société globale, à l'économie à l'humanité. Une marchandise produisant des marchandises, pour d'autres, pour l'économie moderne occidentale. Le *Matungo* en serait le paradigme pour l'économie des plantations dans les Caraïbes et dans les Antilles.

« Présence-histoire » à rapprocher donc du spectre de Derrida ainsi spéculé dans *Les spectres de Marx* (métaphysique en moins, croyons nous) :

> Ce qui distingue le spectre ou le revenant de l'*esprit*, fût-ce de l'esprit au sens de fantôme en général, c'est une phénoménalité surnaturelle et paradoxale, sans doute, la visibilité furtive et insaisissable de l'invisible ou une invisibilité d'un X visible, cette *sensibilité insensible* dont parle le Capital ... c'est aussi, sans doute, l'intangibilité tangible d'un corps propre sans chair, mais toujours de quelqu'*un* comme quelqu'*un d'autre*. Et de quelqu'*un d'autre* qu'on ne se *hâtera* pas de déterminer comme moi, sujet, personne, conscience, esprit, etc. Cela suffit déjà à distinguer aussi le spectre non seulement de l'icône ou de

l'idole mais aussi de l'image d'image, du *phantasma* platonicien, comme du simple simulacre de quelque chose en général dont il est pourtant si proche et dont il partage, à d'autres égards, plus d'un trait. Mais ce n'est pas tout, et ce n'est pas le plus irréductible. Autre suggestion : ce *quelqu'un d'autre* spectral *nous regarde*, nous nous sentons regardés par lui, hors de toute synchronie, avant même et au-delà de tout regard de notre part, selon une antériorité (qui peut être de l'ordre de la génération, de plus d'une génération) et une dissymétrie absolues, selon une disproportion absolument immaîtrisable. L'anachronie fait ici la loi. Que nous nous sentions vus par un regard qu'il sera toujours impossible de croiser, voilà l'*effet de visière* depuis lequel nous héritons de la loi...[2].

B/ MALHEUR GÉNÉALOGIQUE

Dans la synthèse de l'Habilitation à Diriger des Recherches[3] nous disions, en partie, ceci à propos de la découverte de ce concept particulièrement porteur pour ce qui intéresse un large pan de nos travaux et futurs projets de recherche :

La revue Politique Africaine *consacrait en octobre 1993 un numéro spécial au(x) destin(s) des intellectuels noirs africains dans la modernité actuelle*[4]. *Plus qu'une réflexion renouvelée sur ce qu'être intellectuel, et de surcroît, noir africain veut dire, ce numéro a au moins le mérite d'évoquer ou d'objectiver la condition des intellectuels noirs africains qui se retrouvent cruellement confrontés aux incessantes crises régionales, nationales et, de ce fait, se voient constamment hantés par le mirage de l'exil, de l'errance.*

Les premières pages de la revue sont donc légitimement consacrées à l'évocation-témoignage de certains intellectuels noirs africains. Celle de Achille Bembé, « Écrire l'Afrique à partir d'une faille » a particulièrement retenu notre attention. Dans sa contribution, dans son témoignage il reprend à son compte un concept naguère proposé, d'après lui, par Michel de Certeau, à savoir « le malheur généalogique ». C'est, pour simplifier, la conscience qu'on a d'être né dans un espace, dans un lieu qui porte les traces de l'histoire et qui nous situe dans l'histoire en tant que luttes, en tant qu'ordre du discours, ordre des « couleurs », ordre des choses :

---

2 Jacques Derrida, *Spectres de Marx*, Éditions Galilée, 1993, p.27.

3 Victorien Lavou Zoungbo, *Synthèse H.DR*. cit. pp.12-13.

4 *Politique Africaine 51* : « Intellectuels Africains », Karthala, octobre 1993.

Au départ il y a donc ce « malheur généalogique ». Comment puis-je, en effet, occulter mon appartenance à l'Afrique. Un rapport de filiation me lie, de fait, à cette terre et à ses gens. Mais, il faut le répéter, puisqu'on l'oublie souvent : la filiation n'octroie aucune autorité immanente, aucune dérogation particulière. Pour notre cas, elle n'apporte, trop souvent, que misère, et désavantage, comme lorsque munis de nos passeports de pacotille et de nos titres ronflants, nous traînons néanmoins, des heures durant, devant les consulats étrangers ou dans les aéroports, totalement à la merci de bureaucrates idiots, parfois en état d'hébriété, racistes sans scrupules, en quête de visas qu'il nous faut sans cesse renouveler au prix de mille humiliations, puisqu'il n'est aucun pays au monde ou l'entrée et le séjour nous soient automatiques, surtout en ces jours où la nuit du monde s'étant emparé des tribus de la terre, l'Europe enveloppée dans un pathétique délire d'homogénéité et ivre d'elle même, s'efforce de maintenir ses frontières à l'abri des hordes « barbares », ses communautés « propres » et une pureté raciale...[5].

Nous préciserons un petit peu plus à partir d'une communication présentée à Madrid pour le compte de *Vassar University College. Program in Spain* et qui justement se fondait sur le concept de « malheur généalogique » et le rapport que nous établissons entre celui-ci et notre trajectoire d'enseignant-chercheur dans l'université française, plus singulièrement à l'université de Perpignan[6].

Le lien que nous faisions avec la situation des esclaves noirs et leurs descendants (latino) américains surtout qui sont confrontés au « Malheur généalogique » est ce qui nous intéresse ici particulièrement. Dans la langue de la communication dite donc.

Para aclarar mis propósitos partiré de una definición muy a lo libre de la genealogía. Es digamos la posibilidad o la voluntad de relacionar un nacimiento, un origen, unas disciplinas universitarias con un pasado (remoto), con un pasado legitimizador porque considerado como legítimo. Ese pasado puede ser real o ficticio (una construcción discursiva).

La genealogía presupone entonces una filiación, una anterioridad pero también una jerarquía y unos privilegios. Privilegios que uno reclama o que se le reconoce a uno como « naturales », « normales », etc. Esos privilegios reivindicados o reconocidos pueden ser materiales, simbólicos o fantasmáticos.

Cuando no existe una liga entre genealogía y privilegios se puede

[5] Achille Bembé, *art.cit*, p.88.

[6] Victorien Lavou Zoungbo, « Desdicha genealógica, experiencia docente e investigadora », in Vassar -Wesleyan-Colgate. Program in Spain, Instituto Internacional, Madrid, 9/04/2002.

hablar entonces de « desdicha genealógica ». A mi modo de ver un ejemplo de esa desdicha lo constituye la experiencia histórica de los afrodescendientes en las Américas. Por causa de la Trata transatlántica se vieron cortados de la genealogía primigenia. Ese recorte sin embargo no es total pues perviven las « huellas » de la genealogía antigua en los cerebros de los esclavizados[7]*. Por la esclavitud los negros africanos se vieron sumergidos por fuerza en un nuevo espacio genealógico (el de las plantaciones sobre todo) que dio pie a una nueva genealogía : las más de las veces el de los amos o del padre violador de la madre esclava o libre de vientre.*

De modo que, están inmersos en un proceso genealógico contradictorio, en una doble, por lo menos, ancestralidad. Recordaré aquí el famoso poema de Nicolás Gillén que se titula, con mayor razón, « La balada de los dos abuelos » :

Don Federico me grita,
y Taita Facundo calla ;
los dos en la noche sueñan,
y andan, andan.
Yo los junto.
—Federico !
Facundo ! Los dos se abrazan.
Los dos suspiran. Los dos
las fuertes cabezas alzan ;
los dos del mismo tamaño,
bajo las estrellas altas ;
los dos del mismo tamaño,
ansia negra y ansia blanca ;
los dos del mismo tamaño,
gritan, sueñan, lloran, cantan.
Lloran, cantan.
Cantan ![8]

Esa doble ancestralidad explicaría el apelativo reivindicado de « African-American », por ejemplo pero también los de « Afrocolombianos », « Afrovenezolanos », « Afromexicanos », etc. Términos últimos estos que son motivo de controversias entre universitarios pero tanbién

---

7 À cette épineuse question de la perte totale ou partielle des origines s'ajoute celle du brouillage des codes culturels, des systèmes de reconnaissance symbolique, visuelle, etc. Cf. l'important article de Roger Tomson, « L'indicible et l'invisible : les apories métisses de la représentation » *in* Dominique Berthet (ed.), *Vers une esthétique du métissage*, L'Harmattan, Paris, 2002, pp. 21-37.

8 Nicolás Guillen, en su conocido « West Indies, Ltd ».

entre políticos, en particular, algunos líderes de movimientos negros en América Latina. La manera de relacionarse con esa doble ancestralidad distingue a sujetos o movimientos negros en las Américas. Recuerdo a este propósito el sonado debate, por los años 1960-1970 entre el escritor negro americano, James Baldwin, y la antropóloga blanca, M. Mead.

INTRODUCTION

> *We are familiar, probably even excruciatingly bored, with the question : for whom does the writer write ? Very rarely, however, is the same degree of social Angst encountered in the case of critic. Indeed, the question is very rarely posed : for whom does the critic write ? For Mr Dele Bus-Stop of Idi-Oro ? Or for the Appointments and Promotions Committee and the Learned Journals International Syndicate of Berne, Havard, Nairobi, Oxford or Prague ? Unquestionably there is an intellectual cop-out in the career of any critics who cover reams of paper with unceasing lament over the failure of this or that writer to write for the masses of the people, when they themselves assiduously engage -with a remorseless exclusivity- only the incestuous productivity of their own academic, bourgeois-situated literature [...] Well, then, what is the critic doing ?*
>
> Wole Soyinka

Pour des raisons fondamentalement politiques et idéologiques il y a une attitude assez généralisée en Amérique Latine qui tend, perpétuant en cela une démarche née de la colonie, à attribuer (presque par droit divin) un statut racial, culturel, politique et ontologique intrinsèquement différent aux Indiens et aux Noirs. Cette différence de statut est, d'après nous, à la base du rapport paradoxal et contradictoire que certains discours, certains sujets, certains États ou certaines régions de l'Amérique Latine entretiennent encore avec, ce que nous appelons, la « présence-histoire » des Indiens et davantage encore avec celle des Noirs :

> As representações de negros en *Vistazo* mostram que o conceito de « negro » que as elites equatorianas têm não é monolítico. Embora seja quase sempre negativo, ou às vezes agressivamente racista, a maneira como essa elites compreendem o negro, ou dele se aproximam, está enraizada em termos contraditórios : repulsa, mas também desejo ; medo extremo, más também atraçaõ etc. Estas contradicões explicam a presença, em diferentes períodos, e em diferentes números, de imagens antitéticas, como a do gentil cantor, do músico ou desportistas, e a do predador social ou criminoso ; a imagem do (a)

possível amante exótico (a) e a so sujo doméstico preguiçoso, etc.[1].

Nonobstant leurs spécificités culturelles et historiques, qu'il ne s'agit pas de nier, nous ferons observer que les Indiens et les Noirs jouent un même rôle d' « analyseurs » (P. Bourdieu) des imaginaires sociaux, de l'inconscient collectif latino-américains. C'est la raison pour laquelle nous avons postulé que les objets culturels (textes littéraires, films, pièce de théâtre, chants, textes scolaires, etc.) et les pratiques discursives qui disent les Noirs et les Indiens ou en portent les traces parlent moins de l'être de ceux-ci qu'ils ne sont révélateurs de multiples enjeux qui traversent les formations sociales latino-américaines à différents moments de l'histoire.

C'est aussi la raison pour laquelle nous insistons tout particulièrement, un peu trop peut-être, sur la dimension socio-politique de la représentation. On n'a pas affaire ici seulement à un principe ou une catégorie épistémologique qui informe et légitime les différents champs de la recherche et de l'enseignement universitaire. La représentation implique ou convoque des postulats, des préceptes qui sont, en fin de compte, des mandatements socialement déterminés.

En soi être Indien ou être Noir (en français cette dernière formulation n'est pas dépourvue d'un certain sens) ne veut rien dire ; cela ne le devient que dans le regard des autres mais davantage encore au regard d'une histoire violente, dévastatrice mais qu'on voudrait, par ailleurs, inaugurale de la modernité économique occidentale. Une modernité qui signa conjointement ou simultanément la naissance de l'Indien et celle du Noir comme un « absolu ontologique » (E. Glissant).

Cette histoire a, par ailleurs, généré des schèmes de perception et de classement qui, à travers de nombreuses médiations et des parcours de représentations, fonctionnent désormais comme de véritables structures mentales et donc comme des philtres à travers lesquels les tenant-lieu de Noir et d'Indien sont appréciés, jaugés, mesurés, évalués, dits, chantés...

Contrairement aux effets de lecture que peuvent produire les différents travaux réunis ici il nous faut réaffirmer que nous ne sacrifions

---

1 Jean Rahier, « Mãe, o que será que o Negro quer ? Representações Racistas na Revista Vistazo, 1951-1991, in *Estudos Afro-Asiáticos*, Ano 23, n.1, 2001, p.8. Vistazo est un journal édité et publié en Équateur ; il se singularise par sa popularité. D'où l'importance de l'étude de Jean Rahier qui décèle (et dénonce) certains schèmes fantasmatiques et racistes de la perception-appréhension du noir-Équatorien, du noir-Africain et du noir-usaméricain dans les pages de ce journal sur une période de 40 ans.
Pour une autre vision de la « présence-histoire » des Noirs en Équateur cf. P. Claudio Zendrón, mccj, *Cultura negra y l'spiritualidad. El Caso de Esmeraldas-Ecuador*, Centre Cultural AfroEcuatoriano, Ediciones Afroamérica, Quitó, 1997.

pas servilement à un essentialisme identitaire ni à un essentialisme noir. Bien souvent, on tend à suspecter les Noirs (africains) qui travaillent sur les Noirs (latino-américains) d'un esprit revanchard, d'un orgueil déplacé doublé d'un effet de miroir qui fausserait donc toute démarche analytique ou critique digne de ce nom. Autrement dit, « Noir sur Noir », pour reprendre ici la traduction en français d'un policier de Chester Himes, serait donc incompatible, impossible.

Sur ce point il y aurait long à dire mais qu'on nous permette d'avancer seulement deux mots. Tout d'abord, nous ferons remarquer que cette suspicion est toujours de bon ton et de bon teint lorsqu'il s'agit des antipodes, lorsqu'il s'agit de la *chusma*. Tous suspects sauf *El-Hombre-Blanco-del-Occidente*. Parfois on entend même dire que les sujets noirs qui travaillent sur des sujets noirs cèdent trop facilement au mirage du « Panafricanisme » et à l'illusion du « black supremacy » ou encore qu'ils ou elles font du racisme à l'envers. Cette dernière argutie donne à réfléchir dans la mesure où, finalement, elle laisse penser qu'il y a un endroit du racisme.

Ils ou elles auraient donc tout intérêt à se « suicider » en tant que Noir(e)s afin de naître comme d'authentiques sujets connaissants ou d'authentiques sujets de la connaissance. Comme si la validation et la circulation des discours était une affaire de pigmentation, comme si « l'ordre du discours » que dénonçait M. Foucault n'existait plus.

Le « malheur généalogique » n'est pas une essence, il est la résultante de l'histoire. Pour ce qui concerne les Noirs d'Amérique ce « malheur généalogique » a été accentué par ce que le cubain Benitez Rojo désigne dans *la Isla que se repite*[2] comme l' « espace généalogique ». Les haciendas, les mines mais surtout la plantation constituaient l'incarnation la plus marquante de cet espace et du drame des esclaves noirs.

Rappeler ou insister sur la spécificité de l'histoire du « Migrant nu » (E. Glissant) ne confine pas à un essentialisme ou à un radicalisme de couleur. Cela est une réponse à certaines démarches de plus en plus virulentes qui tendent à occulter cette spécificité par la promotion et la défense de certaines constructions telles que la « démocratie raciale », « el mulataje », le « mestizaje » ou encore la « transculturación ». Ces constructions sont à l'origine de confusions inextricables et sont souvent identifiées de façon tendancieuse à la Démocratie, au Progrès, à la Civilisation.

---

[2] Cf. Antonio Benítez Rojo, *La isla que se repite*, Editorial Casiopea, Barcelona, 1998.

Dans de nombreux pays latino-américains la figure du « mestizo » et le discours sur le « mestizaje » sont idéologisés[3]. Ainsi, au Mexique, rappelons-le, la figure du mestizo advint politiquement pour conjurer et bâillonner la supposée menace que faisait peser le « variopinto » populaire (selon certains discours) qui aspirait à la représentation politique après le mouvement de l'indépendance et au moment des événements qui ont marqué la Révolution mexicaine.

C'est cette menace que représenteraient ces « nouveaux sujets » qui est transcrite dans le roman *La Negra Angustias* (1944) de Francisco Rojas González. Au chapitre X, la description que la voix narrative offre de la « bola » festive, incontrôlée et donc pleine de menace est à ce point saisissante que la scène se déroule dans un mesón ; une espèce de huis-clos qui sert donc à accentuer les traits, les caractéristiques, les états d'âme et autres « morbideces » :

> Surianos de todas las regiones de Guerrero y de Morelos se hallaban reunidos en Cautla : costeños pintos con las más exóticas coloraciones del vitiligo ; indios tlapanecos altaneros, cazurros y orgullosos de su linaje ; negros de la Costa Chica, parlanchines y traviesos ; mestizos de la sierra, tan serenos y temerarios en la pelea como sombríos y trágicos en la paz ; criollos alegres, valentones y descarados ; mulatos impulsivos y majaderos... ; todo **el mosáico étnico** que componía la erguida población rural mexicana de aquellos días, moviéndose en un estrecho territorio, soberana de la anarquía, apenas escuchaba la voz de sus jefes, muchos de los cuales se hallaban enemistados entre sí por celos y mezquindades ajenos a la gigantesca responsabilidad que cargaban sobre sus hombros [119, nous soulignons].

À la suite d'autres chercheurs et en nous basant sur nos propres travaux nous sommes convaincus que ces constructions en question, dont il faudrait toujours objectiver le contenu, ont le seul avantage de déplacer ou de différer encore plus la « présence-histoire » des Indiens, des Noirs et autres « cobrizos » ou « pardos ». On pourrait se risquer à un jeu de mots facile mais qui cependant ne manque pas de pertinence : *en América el Negro y el Indio son los blancos del mestizo.*

Le cas de l'Équateur est révélateur d'une tendance générale observable dans les autres pays latino-américains d'après les Indépendances :

> Desde o início da vida republicana do país, assim como ocorreu em outros países latino-americanos, a elite branca e branco-mestiça reproduziu uma « ideologia equatoriana » de identidade nacional, que proclama o mestiço

[3] Nous revenons sur le discours du métissage et ses enjeux dans la deuxième partie de ce livre.

como prototipo da cidadania moderna equatoriana. Essa ideologia baseia-se em uma crença na inferioridade da população indígena e uma incondicional, as vezes contraditória, admiração com o que chamam de « a civilização occidental » ... Nesta imaginação da equatorianeidade, não há, logicamente, nenhum lugar para os negros : eles são, e devem permanecer, marginais. Eles constituem o último Outro, uma espécie de aberação histórica, um ruido dentro do sistema ideológico da nacionalidade, uma contaminação do patrimônio genético equatoriano. Não fazem parte dessa « mestiçagem oficial »[4].

Ces constructions que les instances universitaires latino-américaines et européennes ont grandement contribué à populariser et à imposer trouvent désormais, fort heureusement, leurs limites dans le développement récent de l'histoire politique de l'Amérique Latine. Nous voulons parler de la consolidation de la prise de parole publique des Indiens et des Noirs au Mexique, en Colombie, au Brésil, au Pérou, en Équateur, au Nicaragua, au Honduras, pour ne citer que ces exemples. Parler aussi de l'impact en retour qu'induit cette prise de parole, notamment la réévaluation du « capital racial » (Jean-Luc Bonniol) en Amérique Latine et dans les Antilles. Nous y reviendrons.

Nous avons personnellement rencontré et discuté avec certains des représentants des mouvements noirs latino-américains lors de notre participation au « Symposium Internacional : Pasado, Presente y Futuro de los Afrodescendientes en Colombia » qui a eu lieu à Cartagena de las Indias, un endroit qui se distingue aussi pour avoir été du XVIe au XVIIe la « más grande factoría de esclavos » de toute l'Amérique[5].

Cette émergence d'un discours articulé par les noirs entraîne un questionnement de certaines vieilles lunes, dont la lueur est encore malheureusement perceptible, selon lesquelles le Noir souffrirait d'une incapacité congénitale à s'organiser parce que c'est « un grand enfant ».

On se doit de bien mesurer que le passage d'un statut officiel (mais aussi imaginaire) d' « instrument utile » ou de « machine animée » à celui de sujet de discours n'est pas une mince affaire. Car il ne s'agit plus de jouer dans le noir ou de hanter de manière inconsciente les pratiques scripturales ou les imaginaires sociaux tout imprégnés par le mythe de la suprématie blanche ou, ce qui reviendrait fondamentalement au même, par la peur de la noirceur ; il s'agit désormais de jouer en plein jour, d'affirmer et d'assumer

---

[4] Jean Rahier, ibid, pp.8-9.

[5] Cf. *Afrodescendientes en las Américas*... Claudia Mosquera, Mauricia Pardo, Odile Hoffmann (eds), Bogotá, Colombia, 2002.

publiquement une identité ou des identités naguère vilipendées, abjectées et tenues pour non existantes.

Ce surgissement met aussi à nu les fondements idéologiques de certaines dénégations qui spéculent sur la spécificité des formations sociales latino-américaines en les comparant à la formation sociale usaméricaine. Curieusement cette spécificité résulterait des rapports moins paranoïaques ou névrosés avec le Noir qui pourtant continue de vivre et de subir toutes sortes de relégations. Dire le contraire c'est mentir à soi même, c'est épouser un consensus bon chic bon genre.

Il ne faudrait pas se méprendre sur l'espace que les textes officiels accordent aux Indiens et aux Noirs et ce que ces derniers vivent et ressentent. Le travail pionnier de R. Stavenhagen sur les constitutions et autres textes fondateurs latino-américains montrent effet que Cuba fait nettement un meilleur sort aux Indiens que, par exemple, le Guatemala ou encore le Pérou qui les réduisent à un aspect folklorique[6].

Dix-ans plus tard, mais c'est certainement rien aux yeux de l'Éternel et des adeptes de l'évolutionnisme, l'examen critique de la modification de la constitution en Colombie (1991) souligne que tout ou presque est resté à ses débuts. Les Noirs sont chassés des terres qu'ils occupent depuis des générations ; celles là-même où ils pourraient, ainsi que le prévoit la loi, faire valoir un droit de territorialisation et un droit de contrôle ; les Noirs sont toujours absents des instances universitaires, des instances de décision, ils continuent de traîner par la queue le Diable.

Ce qu'il y a lieu de dire aussi c'est qu'il est vain de continuer à épiloguer la conduite de certains leaders noirs qui malheureusement offrent à certains une occasion rêvée d'épiloguer sur la pertinence ou sur l'authenticité de la prise de parole publique des Noirs en Amérique Latine. C'est l'exemple même de fausses problématiques dont il faut se démarquer et qu'on se doit de dénoncer. Il vaudrait mieux poser la question des conditions de possibilité de ce discours émergeant et celle de l'effet en retour de cette prise de parole sur les imaginaires sociaux, sur la représentation de soi (individuel ou collectif).

Il ne s'agit donc pas répéter, un peu comme à la fin *Ysur*, un conte de Leopoldo Lugones, « Amo soy Indio » ou « Amo soy Negro » parce que tu me l'as enseigné mais il s'agit bien de dire « Amo » (en l'occurrence les sociétés globales latino-américaines) « SOMOS INDIOS Y SOMOS NEGROS » parce que tu nous a institués en *fuerzas extrañas*.

---

[6] Rodolfo Stavenhagen (ed.), *Derecho indígena y derechos humanos en América Latina*, El Colegio de México, Instituto Interamericano de Derechos humanos, México, 1988.

Le rapport n'est donc pas de l'ordre d'une pratique pédagogique adaptée, distanciée à souhait, mais qui cache cependant mal la violence symbolique et la violence brute qu'elle développe, il est de l'ordre de la subversion, de la contestation. C'est la conscience de ce « malheur généalogique » qui surdétermine encore Noirs et Indiens dans les Amériques. D'où ce passage salutaire du « Je » au « Nous », qui s'opère depuis les années 90 en Amérique Latine, à travers les mouvements de revendication noirs.

Dans le livre que nous publions ici nous avons essayé de proposer une autre lecture (?) de la « présence-histoire » des Noirs en Amérique Latine à partir d'un corpus assez large et à partir d'un certain nombre de discours spéculatifs, qui disent le Noir en terres américaines.

Cela procède d'une volonté d'objectiver constamment les positionnements ainsi que les instruments théoriques qui nous servent à dire le monde, à dire l'histoire, à dire les autres et ce, nous y insistons particulièrement, à partir des lieux qui sont les nôtres. Et comme on le sait ces lieux ne sont pas qu'universitaires ils sont tout autant idéologiques, politiques et fantasmatiques.

Cela répond aussi au souhait que certains, comme Nina S. de Friedemann, ont naguère formulé : doter les études sur les Noirs d'Amérique Latine d'instruments théoriques opératoires qui puissent donc rendre valablement compte de l'expérience particulière du « Migrant-Nu » (E. Glissant).

Dans la première partie de ce livre[7] nous avons eu à cœur d'interroger et de revisiter certaines approches de la « présence-histoire » du Noir en Amérique Latine. Mais il s'agissait davantage de créer un « lieu commun », dans le sens que E. Glissant donne à ce terme, à savoir un espace où l'on est convié à penser ensemble. Le dernier *Simposio Internacional : « Pasado, presente y futuro de los Afrodescendientes »* a vu un rapprochement entre certaines positions, dont nous rendons partiellement compte dans les trois formes principales de positionnement vis à vis de la « présence-histoire » des Noirs, qui jusque là paraissaient très tranchées voire même irréductibles.

L'instauration d'un « lieu commun » en tant qu'espace qui permettrait de penser ensemble devient de plus en plus une impérieuse nécessité. Il

---

7 Elle constitue en fait une reprise de la monographie que nous avons présentée pour l'obtention du diplôme d'Habilitation à Diriger des Recherches. Victorien Lavou Zoungbo, « Du migrant nu au citoyen différé : le sujet culturel latino-américain face à la « présence-histoire » du Noir », sous la direction du Professeur Daniel Meyran, Université de Perpignan, 20/12/2001.

s'agirait de repenser le cadre des champs et des disciplines qui les constituent, le cadre des « traditions universitaires » nationales et leurs critiques « proto-nationalistes » qui empêchent ou retardent un véritable travail de Relation critique concernant la « présence-histoire » des Noirs en Amérique.

En effet, nous avons toujours été frappés par l'attitude de nombre de chercheurs en *afroamericanística* qui ignorent ce qui se fait, ce qui se dit et se discute dans des pays autres que les leurs. Cette ignorance ne relève pas uniquement de la barrière linguistique. Elle s'observe même chez les chercheurs qui ont une langue commune ou avoisinante[8].

La croyance en une nouvelle démarche, réellement transdisciplinaire et transnationale, est ce qui explique et justifie le fait que nos travaux et analyses intègrent pleinement certaines productions critiques et théoriques dont on pourrait dire qu'elles ne se situent pas dans le champ des études hispano-américaines [P. Bourdieu, Toni Morrison, M. Foucault, Henry Louis Gates, Jr., Cornel West, Frantz Fanon, Homi Babbha, Edward W. Said, Angela Davis, Albert Memmi, WEB Dubois, Paul Gilroy, Aimé Césaire, Gayatri Spivak, Louis Althusser, Nestor García Candini, Arjun Appadurai...]. Certains travaux de quelques uns de ces auteurs ont été lus en anglais. D'où certainement les erreurs de compréhension qu'on nous pardonnera sans nul doute.

L'errance, et ce qu'elle implique comme rapport avec différentes pratiques académiques et la production théorique « mondialisée », que décrit Canclini, en se fondant partiellement sur son expérience d'errant, rend assez compte de la nôtre :

> Dado que no se puede ahora problematizar la relación de las teorías con sus condiciones sociales de producción refiriéndolas sólo a la nación, la clase o la universidad en que son elaboradas, incorporo la vida cotidiana de investigadores que viajan y tienen acceso a experiencias transnacionales y flujos deslocalizados de información[9].

Notre démarche dans ce travail-ci implique déjà certaines limites, notamment celle de la définition exacte du pourtour d'un « Sujet Culturel »

---

[8] De la même façon, on peut poser la question des domaines de compétence plus ou moins priviligiés. C'est ainsi que la trop grande prégnance des travaux en anthropologie, en histoire et, dans certains cas en sociologie a pour pendant la négligence des travaux ayant pour référent la littérature. La problématique noire en Amérique Latine commande de développer une approche qui intègre réellement ce que Antonio Benítez Pojo désigne comme les « nomenclaturas laterales » (in *La isla que se repite*, 1998), c'est-à-dire une recherche fondée sur une trandisciplinarité effective et, il est à espérer, opératoire.

[9] Néstor García Canclini, *La globalización imaginada*, Editorial Paidós SAICF, 1999, p.14.

(E. Cros)[10]. En effet l'Amérique Latine est vaste, multiple et contrastée. C'est ainsi que, par exemple, les années 1920-1930 qui consacrèrent, d'une certaine façon, l'inscription de la « Présence-histoire » des Noirs dans le *Logos*, dans les discours politiques et dans certaines pratiques culturelles n'a pas eu les mêmes concrétions ni le même sens selon qu'on se trouvait à Harlem, à la Havane, à San Juan de Puerto Rico ou à Rio de Janeiro.

Cette inscription dont la genèse est sans doute à rechercher dans certains événements politiques (le combat des Noirs pour leur reconnaissance comme des citoyens à part entière, la période de l'entre deux guerres, le populisme politique de Getulio Vargas pour ce qui concerne le Brésil) et culturels (le mouvement de la Négritude, la découverte et valorisation de l'Art nègre, le succès du Jazz...) a consacré pour partie seulement un accès direct de l'*intelligentsia* noire au *Logos* et à la scène publique. Cette présence reste, de notre point de vue, assujettie à tout un ensemble de médiations ou de médiatisations.

C'est le cas notamment au Brésil où, en même temps qu'on érigeait des référents culturels noirs (musique, danse, cuisine, pratiques corporelles, la nourrice noire, figures des saints, etc.) en symboles nationaux, on exaltait et on magnifiait le « métissage »[11]. De telle sorte que les identités noires, les cultures noires se retrouvaient du même coup déplacées, différées. Pas d'autonomie, pas de conscience d'une historicité spécifique. Á peu de chose près on retrouve aussi ce déplacement dans la notion de « transculturation » que le cubain F. Ortiz a grandement contribué à installer comme schéma de lecture de l'identité cubaine et, au-delà, de l'identité dans les Caraïbes[12].

Un des points importants sur lequel nous revenons dans ce travail concerne la trop grande adhésion de la bibliographie latino-américaine et latino-américaniste au mythe du « Mestizaje » et à la figure du « Mestizo ». D'après nous celle-ci n'a aucune valeur explicative réelle ; elle est plutôt un philtre idéologique qui, à rebours, renvoie à certaines dénégations, à certains déplacements. C'est ainsi que, par exemple, le Noir n'existe qu'en tant que résultante de ce « Métissage », il n'existe pratiquement pas comme vecteur de ce métissage. On en conviendra, il s'agit là de deux perspectives

10 Edmond Cros, *D'un sujet à l'Autre : sociocritique et psychanalyse*, Collection Études sociocritiques, Université Paul Valéry, Montpellier, 1995.

11 cf. Tiago de Melo Gomes, « Negros contando (e fazendo) sua História : alguns significados da trajetória da Compahia Negra de Revistas (1926), in *Estudos Afro-asiaticos*, Ano 23, n.1, Universidad Candido Mendes, Rio de Janeiro, Brasil, 2001, pp.53-84.

12 Nancy Morejón donne une lecture enrichissante de ce concept dans *Nación y Mestizaje en Nicolas Guillén*, Ediciones Union, La Habana, Cuba, 1982.

complètement distinctes.

Nous sommes autorisé ici à postuler un rapport d'analogie structurelle (et donc de ce point de vue un même fonctionnement idéologique) entre la figure du « Mestizo » et celle du « Cristiano viejo » telle que le P. Edmond Cros l'a analysée dans le prologue de la *Gramática Castellana* de Nebrija[13].

En effet, en dépit des circonstances historiques différentes qui les séparent (Espagne au XVe siècle et Amérique Latine au XIXe), ces deux mythes témoignent, en creux, d'une mutilation de la mémoire collective et d'un refus d'héritage. C'est là une des conclusions que tire E. Cros et que nous reprenons à notre compte. En outre, ces deux mythes instituent une problématique identitaire (ce qui est propre et ce qu'il faut expurger) et posent, en même temps, la question de la représentation politique : formation de l'État-Nation, le rôle de ses instances dirigeantes, la langue de la Nation, la race légitime de la Nation, le rapport aux marges, la citoyenneté...

De ce fait, célébrer ou prendre acte du « Mestizaje » de manière acritique, comme c'est souvent le cas, comme trait distinctif massif de l'Amérique Latine et s'y conformer nous semble une commodité. On pourrait même y voir la traduction de cette « comodification » dont parlent (pour la dénoncer) désormais les universitaires anglo-saxons qui se consacrent à l'analyse des rapports entre la culture et le pouvoir, la culture et la politique entre la culture et sa réception dans des sociétés de plus en plus massifiées et globalisées.

Dans ce travail il n'est pas dans notre intention de revenir point par point sur les différentes périodes qui ponctuent l'historiographie latino-américaine et latino-américaniste afin d'y déceler le sort qu'on y a fait à la « présence-histoire » des Noirs en Amérique Latine. Notre objectif est autre. Il s'agit de décrire, autant que faire se peut, le fonctionnement du Noir dans les pratiques discursives ainsi que dans les formations sociales et idéologiques de l'Amérique Latine.

Certains résultats auxquels nous sommes parvenu dans les travaux, qui sont regroupés dans la deuxième partie de ce livre, font apparaître des constances et des permanences dans la perception-appréhension du Noir et de sa « présence-histoire » par les imaginaires sociaux. Ces constances et ces permanences transcendent et dépassent les discontinuités que sont les pays, les langues, les régions, l'histoire événementielle, les expériences

---

[13] E. Cros, « Sur les refigurations historiques du sujet culturel : l'émergence de la figure du « vieux chrétien », in E. Cros, *D'un sujet à l'Autre : sociocritique et psychanalyse*, Éditions du CERS, Montpellier, 1995, pp.59-74.

coloniales différenciées.

Pour donner un exemple, le discours de sur l'identité ou l'idiosyncrasie nationale de Antonio Narváez et José Ignacio Pombo, esprits éclairés de Cartagena de las Indias du XVIIIe siècle[14], préfigurait ou programmait déjà, un siècle avant, ceux des argentins Sarmiento et Alberdi mais aussi, deux siècles plus tard, celui du péruvien José Carlos Mariátegui. Les uns et les autres tiennent le Noir (l'Indien et le gaucho pour le cas des argentins) en Amérique Latine pour une insignifiance, pour un facteur de corruption sociale et génétique, pour un facteur de régression.

La mise en perspective, à plus de deux cents ans d'intervalle, du discours de ces grands penseurs latino-américains permettrait de pointer la double extranéité du Noir. En effet, il est à la fois représenté comme étrange et étranger. Une double extranéité qui signe en même temps une « double absence » (P.Bourdieu)[15]. Dans les représentations dominantes de l'époque concernée (XVIIIe- début du XXe) le Noir était absent à l'humanité telle que le concevaient ces penseurs, ainsi que le sujet transindividuel qui les englobait. Le Noir était aussi absent à cet « espace projeté d'identité » qui fonde et définit le « Sujet Culturel » tel que l'entend le Professeur Edmond Cros.

Nous demeurons persuadé que le concept de « Sujet culturel » est opératoire ; il a déjà informé des travaux importants produits par les chercheurs de l'Institut International de Sociocritique *(IIS)*[16]. Aussi, dans la première partie de ce livre, avons-nous tenté d'élargir ce concept à d'autres « sujets » que ceux jusque là considérés en séminaires ou dans les différents congrès de sociocritique qui ont abordé ce concept.

D'ores et déjà nous souhaiterions dire un mot sur cette proximité, qu'on peut légitimement trouver problématique, entre le « sujet » observant et le « sujet » analysé, en l'occurrence les Noirs et leur « présence-histoire » en terres américaines. Cette proximité est la marque même de l'histoire, d'une certaine histoire qui, dit-on, inaugura les ères modernes. Oui, mais à quels prix ? Nous ne sommes pas de celles ou de ceux qui prétendent que le

14 Cf. Alfonso Múnera, *El fracaso de la nación. Región, clase y raza en el Caribe colombiano (1717-1810)*, Banco de la República : El Áncora Editores, Colombia, 1998, pp.104-110.

15 Abdelmalek Sayad, *La double absence. Des illusions de l'émigré aux souffrances de l'immigré*, préface de P. Bourdieu, Éditions du Seuil, 1999.

16 Cf. Michèle Soriano, « *Miroirs du monstrueux. Fantastique argentin et sujet culturel* », Mémoire d'Habilitation à Diriger des Recherches, sous la direction de Edmond Cros, Université Paul Valéry, Montpellier III, 1999.

basculement dans la « postmodernité » oblige nécessairement à taire ce que nous verrions plutôt, à la suite de Achille Mbembé, comme une « faille », c'est à dire l'empire et la colonisation. Leurs effets sont toujours présents malgré toutes sortes de dénégations.

Autrement dit, le postulat de la distance nécessaire comme point de départ obligé de toute recherche, même en sciences humaines, nous apparaît de plus en plus comme l'une des ruses de la raison impérialiste et des sujets qui consciemment ou pas font leur choux gras de cette distance. Au nom, bien entendu, mais qui vous le reprochera, du bon sens académique. Non, pardon, au nom de ce qui définit notre université, nos façons de faire : distance scientifique, langue bien potelée et bien ficelée du début jusqu'à la fin, blanc comme il faut. Alors ?... *o bebes o te vas... love it or live it.*

Tongues Untied[17]. L'université, a dit quelqu'un de philosophe, sans condition mais aussi en assumant et en réaffirmant la nécessité développer et de promouvoir une démarche réellement critique et de déconstruction. Nous signons. Il s'agit d'un enjeu important.

Que cachent donc ces messieurs et dames Ram-tam-plan, qui, tapis derrière leurs certitudes, derrière leur bienveillance paternaliste, derrière leur *ce qui est juste et bon de faire*, derrière leur *don't do* et derrière leur *ce qu'il ne faut surtout pas faire* ? Que cache ce que nous appellerons le Kolé Séré académisme attitude très *petty minded*, très *koui*, très *Kras à boyo* ?[18]. Que cachent ces messieurs et dames, davantage montreurs de science et d'objectivité que scientifiques et objectifs eux-mêmes ? La nécessité absolue, ils et elles en font même une mission, de préserver la blanche émeraude du *logos* des salissures... sombres, noires et obscures. Exagérations... Les voilà qui claironnent et arraisonnent. Ah ! Les voilà qui brament au son des complexes.

Le fait d'être Noir n'est pas un obstacle dirimant à l'examen des faits et des discours où sont impliqués d'autres sujets noirs. Sauf à réaffirmer pernicieusement la primauté du sujet blanc dans l'examen de ces « choses-là » du fait de son extériorité prétendument génératrice de savoir,

---

[17] *Tongues untied* (qu'on pourrait traduire par langues déliées), A film by Marlon Riggs, 1991. Ce film a fait scandale aux USA parce qu'il constituait une affirmation de la légitimité de l'homosexualité des hommes noirs. Le sous titre du film est à ce propos révélateur : *Black men loving Black men.* Fondamentalement, le film a choqué parce qu'il est un retour dérangeant sur un imaginaire blanc et hétérosexuel qui assimile la sexualité noire à la bestialité. Rien de plus *shocking* donc que de penser à deux bêtes-noires en train de s'accoupler.

[18] Cf. Victorien Lavou Zoungbo, « Enseñar (la) lengua, montrer la langue », *Almalatina*, n.2, journal des étudiants d'espagnol, Université de Perpignan, avril 2002, p.1.

d'objectivité. Car il faut quand même rappeler que ce postulat de la distance était l'un des avatars d'un certain sujet ethnocentriste et eurocentrique qui posait et imposait son regard extérieur comme condition exclusive du savoir et de la connaissance (et de supériorité) :

> L'autorité de l'observateur et la centralité géographique de l'Europe sont confortées par un discours qui relègue sans appel le non-Européen à un statut racial, culturel et ontologique inférieur. Mais son infériorité est curieusement indispensable à la supériorité de l'Européen. C'est le paradoxe exploré par Aimé Césaire, Frantz Fanon et Albert Memmi. S'il retient rarement l'attention de nos actuels traqueurs d'apories et autres impossibilités de lectures, ce n'est qu'une bizarrerie de plus de la théorie littéraire moderne. Le problème qu'il pose, il est vrai ne porte pas sur la *façon de lire* mais sur *ce qu'on lit*, et sur le *lieu où se passe* ce qui est écrit et représenté[19].

Fort heureusement cette raison impérialiste et ses postulats sont de plus en plus critiquer et démonter, malgré les solides bastilles qui encore la protègent. La distance n'est pas une sourate ou une parole d'évangile, c'est un enjeu. Bien des fois elle sert paradoxalement de fondement au rejet et à la disqualification de certains discours, la proximité étant alors ce qui est valorisé comme gage d'objectivité, de réalité et comme un critère de pertinence. En anthropologie, en ethnographie et en sociologie l'argument de la proximité ou de la distance (souhaitées ou récusées) dessinent une ligne de partage entre différentes écoles, entre différents chercheurs.

Si, malgré tout, nous convenons, par souci d'opérativité dans nos recherches, de la nécessité d'instaurer une distance entre les deux instances qui structurent nos champs de travail en sciences humaines, en théorie critique et culturelle, cette distance ne doit cependant pas être réduite à une incantation ; elle ne doit pas non plus se muer en critère inexpugnable de lecture et d'appréciation de la production intellectuelle ; à notre sens cette distance devrait procéder des protocoles théoriques et méthodologiques que nous mettons en place au moment d'aborder un sujet.

On peut se conformer à cela et l'institution nous y pousse tous. Cependant il nous est difficile de faire l'économie de « notre malheur généalogique » qui, en outre, déborde le cadre d'une expérience individuelle qu'on pourrait donc légitimement tenir pour subjective ou réductrice pour s'inscrire dans une nouvelle vision du travail de production théorique. C'est le constat que fait Edward W. Said que citerons :

> Le travail théorique doit commencer à formuler la relation entre l'empire et la culture. Si quelques jalons ont été posés— l'œuvre de Kiernan, par exemple,

---

19 Edward W. *Said, Culture et impérialisme*. Traduit de l'anglais par Paul Chemla, Fayard & *Le Monde diplomatique*, Paris, 2000, p.108.

et celle de Martin Green—, le problème n'a pas suscité un intérêt débordant. Mais cela commence à changer, je l'ai dit : dans diverses disciplines, toute une catégorie de travaux s'y consacrent ; en lettres, un nouveau groupe de chercheurs et de critiques, souvent jeunes, entreprennent depuis peu (aux États Unis, dans le tiers monde, en Europe) des études théoriques et historiques dont beaucoup semblent converger sur les problèmes du discours impérialiste, de la pratique colonialiste et d'autres thèmes apparentés[20]

Ni tour d'ivoire, ni « ventre de la Baleine » mais bien plutôt les « entrailles du Porc-épic »[21]. De quels lieux parle donc le critique de la littérature, de la culture ou des arts ? De quel lien parlent cet historien assermenté et son cousin : le civilisationniste ? En a-t-il seulement la moindre conscience ? Qu'est-ce qui autorise leur discours ou leur position d'énonciation (et donc disqualifie celle des autres) ? Le regard qu'ils ou elles portent sur les productions culturelles, artistiques et sur les enjeux socio-historiques échappe-t-il aux ruses de la Raison (impérialiste) ou s'inscrit-il simplement dans une de ces fameuses « traditions critiques » ou « traditions universitaires » qui toutes revendiquent cependant le monopole du discours légitime ?

Telles sont quelques unes des interrogations que nous renvoie la préoccupation de Wole Soyinka qui ouvre cette introduction. Pour nous, la question des « lieux » de production du discours critique universitaire importe beaucoup car elle engage des rapports historiques de domination symbolique dont les traces sont souvent escamotées par le culte du *Logos* que d'aucuns posent naïvement comme un espace indifférencié d'échanges et de confrontations argumentées et fondées ; elle engage nos trajets universitaires respectifs et la position que nous occupons dans la « Cité savante » ; finalement la question des « lieux » engage le rapport que nous avons avec nos « objets » d'étude et les instruments dont nous disposons (ou que nous privilégions) pour rendre raison du ou des sens qu'ils véhiculent.

Il nous importe donc de rappeler tout cela au moment ou nous intervenons dans le débat concernant la place qu'occupe la « présence-

---

20 Edward W. Said, *op. cit.*, p.110.

21 On'Okundji Okavu Ekanga, *Les entrailles du porc-épic. Une nouvelle éthique pour l'Afrique*, Éditions Grasset & Fasquelle/Le Monde de l'éducation, Paris, 1999. En autres choses que l'on pourrait relever, ce livre est une descente risquée et courageuse dans les entrailles d'une formation idéologique universelle/universalisée, partagée (par) ou plutôt imposée aux Noirs, et qui pourtant les disqualifie. Trois réductions, ouvertement revendiquées ou masquées par des pseudo présupposés scientifiques, informent (et dénoncent à la fois) les discours qui prétendent dire le Noir : réduction épistémologique (le Noir manque d'intelligence), réduction théologique(le Noir n'a pas d'âme) et réduction ontologique (le Noir n'est pas).

histoire » du Noir dans les consciences individuelles ou transindividuelles, dans les pratiques discursives et administratives latino-américaines. En effet, au regard des discours et des représentations (souvent disqualifiantes) du Noir, au regard de la faible adhésion (et identification) que suscite la prise de parole publique des Noirs en Amérique Latine, depuis au moins les années 1990, cette question que posait Paul Gilroy au sujet de la citoyenneté du Noir en Angleterre nous apparaît comme tout aussi valable pour l'ensemble de l'Amérique Latine : « *How long is long enough [for Black] to become a genuine Latin Americans* » ?, pourrait-on dire aussi[22].

Ce livre sanctionne partiellement un parcours personnel, humain et universitaire qui a emprunté, bien évidemment dans d'autres conditions, la route du « commerce triangulaire » (Afrique, Europe, États Unis). C'est aussi le produit des recherches que nous avons entreprises depuis une dizaine d'années. Il est, de ce point de vue, nourri par notre pratique pédagogique (cours, direction de mémoires, compte rendu de lectures...) et par des échanges aussi bien formels qu'informels que nous avons eus ou suscités dans des séminaires, dans des colloques ou des conférences auxquelles nous avons participé en Afrique, en France, en Amérique Latine, en Espagne et aux États Unis.

La deuxième partie de ce livre est constituée, pour partie, de communications qui portent sur l'inscription de la « présence-histoire » des Noirs dans les productions culturelles et dans les formations discursives latino-américaines. Il ne nous a pas semblé judicieux de traduire les communications orales dans un « style » qui relèverait davantage de l'écrit châtié universitaire qui revient sans cesse sur lui-même. Par contrat moral nous les publions donc ici telles qu'elles avaient été prononcées, dites.

Nous avons aussi souhaité garder les études et les communications, ainsi que leurs supports respectifs, ici réunies dans les langues dans lesquelles elles furent produites. En outre, nous ne sacrifions pas à une recherche absolue et indispensable (?) de la cohérence. L' « hétérogénéité ou le soit-disant « baroquisme » qu'on aura beau jeu d'objecter ici est, pour notre part, assumée pleinement. Elle vise, d'un côté, à rompre (un peu) avec le « UN » linguistique et, de l'autre, elle est en accord avec l'un des enjeux qui fonde ce livre : la reconnaissance véritable et la défense d'une l'hétérogénéité active en Amérique Latine.

Par ailleurs, nous ne considérons pas, comme on a coutume de le dire, ce livre comme une « contribution à la cause » mais bien davantage comme

---

22 Paul Gilroy, *There ain't no Black in the Union Jack. The cultural politics of race and nation*, Routledge, London and New York, 1987, p.49.

l'ouverture d'un « lieu commun » de penser. Car ce qui fait encore défaut en Amérique (Latine), ainsi que nous le faisait remarquer Marie Ramos Rosado[23], infatigable et protéiforme combattante pour la reconnaissance de la « présence-histoire » des Noirs à Porto Rico, c'est la volonté politique de débattre au grand jour (pas seulement pendant les commémorations officielles de l'abolition de l'esclavage), en dehors des « paroisses », des cénacles aseptisés et des fauteuils douillets (mais pour qui ?) du champ universitaire, de ce qu'on a coutume d'appeler le « problème noir » en Amérique Latine.

C'est là, nous semble-t-il, une des conditions indispensables qui permettrait certainement de mieux objectiver les fondements politiques et épistémologiques des discours qui disent ou s'arrogent le droit et le privilège exclusif de dire le Noir, souvent au prix de simplifications saisissantes. Oubliant que le soi-disant Noir n'est pas qu'un objet de recherches ou de spéculations tous azimuts mais qu'il est aussi un agent social et culturel, un sujet connaissant, un sujet remémorant, un sujet civique et politique.

Ce livre est une bien modeste façon de rendre hommage à Nina S. de Friedemann, anthropologue colombienne désormais disparue. Elle a su, tout au long de son parcours universitaire et de chercheur, allier les préoccupations épistémologiques concernant les Noirs (de la Colombie) et leurs légitimes aspirations socio-politiques. Sa participation aux travaux préparatoires à la réforme de la constitution de la Colombie (1991) dans le sens d'une reconnaissance politique de la « présence-histoire » des Noirs a été déterminante. Elle était de celles et de ceux, très peu, qui, dans l'indifférence générale, aussi bien universitaire que politique, attiraient l'attention, en faisant face à un certain mépris, sur la méconnaissance de l'inscription active des Noirs dans la formation sociale, raciale et culturelle de la Colombie depuis les temps de l'esclavage et de la colonie.

Nina S. de Friedemann n'a, par ailleurs, eu de cesse de dénoncer dans ses travaux le processus d'invisibilisation du Noir ainsi que tout la stéréotypie qui surdétermine encore ce dernier. Les sciences humaines et sociales, à travers certains présupposés et des études équivoques ont contribué (et contribuent encore), d'après elle, à cette invisibilisation et à la perpétuation-consolidation des stéréotypes sur les Noirs. Tel est en particulier le cas de la toute puissante anthropologie qui commence

23 Marie Ramos Rosado, *La mujer negra en la literatura puertorriqueña*, 2da edición,Editorial de la Universidad de Puerto Rico, Instituto de Cultura Puertorriqueña, Editorial Cultural, San Juan, Puerto Rico, 1999.

seulement à peine à s'intéresser à la « présence-histoire » des Noirs qu'elle a jusque là tenu dans un hors champ.

Nina S. de Friedemann a aussi insisté sur la nécessité d'objectiver les outils d'analyse et d'interprétation sur lesquels se base l'anthropologie dans son pays en particulier mais aussi dans le reste du sous continent américain.

Dans une interview publiée dans *Marges 21 : Las Casas face à l'esclavage des noirs : vision critique du onzième remède (1516)* (Lavou, coord., 2001), Jaime Arocha, l'un de ses compagnons de route et de combat, considère l'action de Nina S. de Friedemann envers les Noirs de son pays (histoire, culture, civilisation, vision du monde, pratiques culturelles et sociales, luttes politiques, etc.) comme quelque chose d'aussi important que l'engagement, parfois ambivalent du cubain F. Ortiz vis à vis des Noirs de son pays. J. Arocha explique aussi les raisons pour lesquelles Ortiz a été monumentalisé et érigé en paradigme. Alors que, déplore-t-il par ailleurs, Nina S. de Friedemann a vraisemblablement peu de chance de se voir reconnaître comme il se doit.

Nous assignons à ce livre un objectif tout à la fois humain, éthique, théorique et épistémologique. Ce sont là aussi les orientations qui guident le Groupe de Recherche et d'Études sur les Noirs d'Amérique Latine (GRENAL, Université de Perpignan[24]) dont nous sommes l'instigateur et le coordinateur. Ce livre témoigne du regard critique qu'un intellectuel, mot piégé par excellence, africain et noir, à la croisée de trois continents (Afrique-Europe-Amérique), porte sur une histoire (et ses répercussions) tragiquement actuelle en Amérique Latine.

Nina S. de Friedemann, on le sait puisqu'elle l'a dit et écrit à maintes reprises, attachait beaucoup d'importance aux rapports-ponts, urgents à établir, selon elle, entre l'Afrique et l'Amérique Latine. Son propre vécu ainsi que son expérience universitaire en ont témoigné largement :

> Aquellos que en América Latina trabajamos en estudios afroamericanos hemos leído materiales en torno a los esfuerzos de los traficantes de africanos en Africa y en América, durante los siglos de la trata trasatlántica, para no dejar juntar a gentes de un mismo origen. Esa literatura, ha sido instrumentada para sustentar argumentos sobre la ruptura total entre Africa y América, y presentar tesis ideologizadas sobre la cultura y la etnicidad de individuos y comunidades a las que reconociéndoles su parentesco

---

24 Le GRENAL est abrité par le Centre de Recherches Ibériques et Latino-Américaines de l'Universié de Perpignan (Département des Études Hispaniques) que dirige avec beaucoup de clairvoyance et de sérieux le Pr. Daniel Meyran. Nous l'avons mis en place en 1997 et depuis cette date nous en assurons la coordination. Les objectifs du GRENAL et ses réalisations ou projets sont décrits dans l'épilogue de ce livre

biogenético africano, se les niega su memoria socio-cultural[25].

Nous souhaiterions témoigner notre profonde et sincère reconnaissance au Dr. Jaime Arocha auquel nous avions soumis en premier le projet de ce livre. Ses commentaires, ses observations (franches), ses suggestions nous ont encouragé à poursuivre ce travail pour le mener à terme. Sa disponibilité et sa pratique solidaire traduisent, à n'en pas douter, la « *globalización disidente* » à laquelle il attache un prix élevé.

Nous souhaiterions témoigner notre gratitude aux autorités de notre université pour avoir avalisé notre projet de publication en nous accordant généreusement un semestre de recherches (de février à septembre 2002) afin de nous consacrer pleinement à l'achèvement de ce livre ; elles ont de même autorisé sa publication dans la collection des « Études Critiques » des Presses Universitaires de Perpignan.

Nous remercions également le Professeur Daniel Meyran pour ses conseils, ses encouragements et les moyens qu'il ne cesse de mettre à notre disposition pour mener à bien nos recherches ainsi que le projet d'écriture critique du GRENAL-CRILAUP.

Nous tenons à remercier la Professeure Michèle Soriano, pour sa patience et ses vues critiques appropriées. Nous remercions également notre fille, Mathilda Ida Lavou Soriano (elle tient beaucoup à cette rencontre dans les noms), *caïlcédrat de toutes les couleurs*, qui parfois a subi nos absences répétées mais surtout les humeurs dues à l'inévitable retour de bâton qu'occasionne ce genre de recherches qui nous a souvent renvoyé à notre condition historique de Noir.

Ce livre n'aurait pas pu voir le jour sans la précieuse subvention accordée par le Conseil Régional au GRENAL-CRILAUP dans le cadre du projet intitulé « *La minorité noire et les biens culturels latino-américains* » que nous avons l'honneur de piloter. Cette aide nous a permis de faire des missions fructueuses à Madrid et à Cuba afin de parfaire nos recherches bibliographiques. Ces missions ont été aussi l'occasion d'échanges avec d'autres collègues qui travaillent, souvent dans des conditions difficiles et peu encourageantes, à rendre pensable et dicible le Noir en Amérique. Nous voyons dans ces échanges un prémisse de recherches et de travaux que les membres du GRENAL entendent exécuter dans les jours ou les mois à venir.

Par ailleurs, nous souhaitons réitérer notre reconnaissance sincère et profonde à : Danièle Michèle Soriano, Jaime Arocha, *disidente global*,

[25] Nina S. de Friedemann, « Vida y muerte en el Caribe afrocolombiano : Cielo, tierra, cantos y tambores, *América Negra N.8*, 1994, pp.83-96.

Odile Hoffmann, Michèle Guicharnaud-Tollis, Jean-Pierre Tardieu, Daniel Meyran, *padre postizo*, Edmond Cros, Annie Bussière, Wilfrid Miampika, Clément Akassi Animan, Jacques Issorel, Francis Sureda, Mara Viveros, Luz Gabriela Arango, Peter Wade, Sébastien Lefèvre, Muriel Altunaga Aguirre, Monica Quijada, Carmen Bernand, Marta Irurozqui Victoriano, Fernando Monge, Consuelo Naranjo Orovio, Nara Mansour, Landry Ogula, Francis Nzue Owono, *Vieux Croco*, Danielle Ada Ondo, Agnès Soler, Sol Villacèque, Jeanne Raimond, Milagros Ezquerros, Michèle Raimond, Eduviges Font Quiñones, María Nieve Araujo, Michael Aronna, Gail Freund, John Beverley, Monique Carcaud-Macaire, Jerome Branche, Mathilda Soriano Lavou, *caïlcédrat de toutes les couleurs*, Didier Ozzengué, Narcisse Komas, Philippe Schaffhauser, Elisabeth Araisa Hernández, Marlène Marty, *pipiola*, Anne Roucaries, *La Dame au chien*, Florence Lang, Martine Lucas, Peter Gaines, Michèle Ortuno, Sara Luján, Maya García, Sandra Hernandez, Eliseo Altunaga, Nancy Morejón, Rogelio Martinez Furé, Martine Lucas, David Victorri, Manuel Lucena Salmoral, *historien avisé de l'esclavage en Amérique espagnole*, Heriberto Feraudy, Léopold René Lavou, *Gros Gordi*.

PREMIÈRE PARTIE :

RETOUR À L'HISTOIRE

D(E)SMÉMOIRES DE L'ESCLAVAGE*

> Why is the event, the phenomenon, the crime of slavery just pushed aside as if the black race is yet again regarded as belonging to the « substates » of humanity ? And so the issue of reparations for me simply will not go away and for some flatterers of Europe, within the European Union, within the United Nations, within the Arab League, the crime which was commited by outsider against the people of Africa has been adressed and burried once and for all.
>
> Wole Soyinka

> Crime contre l'humanité, en effet, parce que la chose a été faite en spécialisant un groupe d'hommes. Crime contre l'humanité, parce que cela a été fait, toutes proportions gardées, de façon industrielle. Il y a eu une véritable organisation, des codes, la manière de transporter les hommes et les femmes dans les bateaux négriers. Il y avait l'organisation pour le marché des esclaves, il y avait l'organisation sur les plantations. Nous savons que, de cette horreur, est sortie le racisme anti-Noirs.

On distingue généralement, on nous pardonnera certainement ce qui peut apparaître comme une simplification extrême, deux sortes de mémoires qui, si elles ont quelque lien entre elles n'obéissent cependant pas au même fonctionnement. On parlera d'une mémoire individuelle qui se rapporte à l'expérience vécue par un individu dans une circonstance donnée. Cette expérience peut être dramatique, douloureuse, joyeuse ou traumatisante ; elle n'est cependant pas, en principe, généralisable ou transposable à d'autres individus :

> Trois traits semblent pourtant caractériser la mémoire comme personnelle, à titre primordial, voire exclusif. D'abord le sentiment immédiat de « mienneté », rayonnant de la mémoire à toutes les expériences vécues du sujet : mes souvenirs ne sont pas les vôtres ; on ne peut les transférer d'une mémoire à l'autre. La mémoire, en outre, témoigne de la continuité

* Nous avons repris et présenté une partie de ce chapitre sous le titre de « (Des)memorias de la trata transatlántica au Consejo Superior de Investigaciones Científicas, Departamento de Historia, Madrid le 9 avril 2002. Nous tenons à remercier très sincèrement Fernando Monge qui a organisé cette rencontre, au final très fructueuse.

temporelle de la personne : la mémoire dit Augustin, est le présent du passé. Celui-ci, en tant que passé immédiat, développe Husserl, est retenu dans le présent. De cette rétention se distingue, il est vrai, la remémoration, qui donne le sentiment de la distance temporelle ; mais c'est la continuité entre présent, passé récent, passé lointain, qui me permet de remonter sans solution de continuité du présent vécu jusqu'aux événements les plus reculés de mon enfance[1].

Il y a ensuite ce que l'on désigne comme mémoire collective ou transindividuelle et qui, contrairement à la première, investit un groupe social, une société donnée. Cette mémoire présente donc la particularité d'être transmissible de génération en génération. Elle implique donc de ce fait une longue durée, elle suppose un travail de réélaboration, de refiguration, de sélection et de raturage ; elle présuppose également des simplifications, des raccourcis :

> Le premier fait—le fait majeur—, c'est qu'on ne se souvient pas seul, mais avec le secours des souvenirs d'autrui. En outre, nos prétendus souvenirs sont bien souvent empruntés à des récits reçus d'autrui. Enfin, et c'est peut-être le plus décisif— nos souvenirs sont encadrés dans des récits collectifs, eux mêmes renforcés par des commémorations, des célébrations publiques d'événements marquant dont a dépendu le cours de l'histoire des groupes auxquels nous appartenons[2]
>
> J'appelle mémoire forte une mémoire massive, cohérente, compacte et profonde qui s'impose à la grande majorité des membres d'un groupe, quelque soit sa taille, tout en sachant que la probabilité de rencontrer une telle mémoire est d'autant plus grande que le groupe est restreint. Une mémoire forte est une mémoire organisatrice, en ce sens qu'elle est une dimension importante de la structuration d'un groupe et, par exemple, de la représentation qu'il va se faire de sa propre identité. Lorsque cette mémoire forte sera le fait d'un groupe étendu, je parlerai de grande mémoire organisatrice[3].

De ce point de vue, la mémoire collective, mais cela a été sans cesse rebattu, ne peut être réduite à la somme des mémoires individuelles ; elle fonctionne donc fondamentalement dans la dimension idéologique et implique ce faisant une projection d'un soi collectif, un rapport au monde,

---

[1] Paul Ricœur, « Entre mémoire et histoire », *Projet*, Paris, 1986, p.8.

[2] Cf. P. Ricœur, ibid, p.8. Bien qu'il s'en défende, l'opposition que P. Ricoeur établit dans cet article entre mémoire privée et mémoire publique recoupe celle entre mémoire individuelle et mémoire collective naguère proposée par Maurice Halbwachs dans *La mémoire collective*, 1950 (ouvrage posthume).

[3] Joël Candu, *Mémoire et identité*, PUF, Paris, 1998, p.40.

un rapport aux autres, un rapport à l'histoire[4].

Qu'en est-il donc du rapport des mémoires collectives occidentales et occidentalisées à la Traite transatlantique[5] ? Les deux voix que nous avons consignées en épigraphe, l'une connue et reconnue internationalement et l'autre, anonyme (il s'agit de celle d'un intervenant lors pendant une table-ronde intitulée « *De l'esclavage au Tout-Monde* » qui a eu lieu dans un Colloque International consacré à Édouard Glissant et à ses œuvres[6]) dénotent deux choses.

D'un côté, l'horreur de l'esclavage et la nécessité impérieuse de le désigner proprement, de définir son statut et, de l'autre, le rapport souvent paradoxal et contradictoire que les consciences collectives, surtout occidentales ou occidentalisées entretiennent avec l'esclavage.

En effet, lorsqu'on évoque la question de l'esclavage, l'opinion commune pense automatiquement au Noir, à l'Afrique noire. Cette réaction quasi programmée témoigne d'une méconnaissance profonde des faits historiques qui pour la plupart sont au fondement de l'ère moderne : révolution industrielle, développement technologique, finances, commerce que, par ailleurs, le sujet occidental(isé) célèbre :

> La deportación masiva de 100 millones de africanos transformó la vida de los tres continentes. Àfrica fue saqueada y privada de sus hijos más jóvenes, de

---

4 Nous devons préciser que la pathologie (P. Ricœur) qu'on peut attribuer à la mémoire collective n'est pas que négative, dans certains contextes de domination ou d'assujetissement la mémoire collective peut jouer un rôle moteur dans la lutte pour la libération politique ou symbolique.

5 Le débat concernant le rapport des mémoires collectives africaines à l'esclavage transatlantique se fait aujourd'hui de plus en plus jour. Nous en avons une illustration dans le roman de Caryl Phillips, *El sonido del atlántico*, Alianza Editorial, Madrid, 2001. L'espace référentiel, en partie convoqué dans ce roman est important. Il s'agit en effet du Ghana qui a été durement frappé par le commerce de la chair humaine. « Gold Coast » était un important port négrier ; les traces y sont encore visibles à travers les « châteaux » où les Noirs étaient parqués en attendant leur embarquement vers les Amériques. Mais le Ghana est surtout connu pour avoir été, à travers le conscientisme de Kwame Nkruma, un des pays africains qui a promu officiellement le panafricanisme. De grandes figures du combat pour le respect et la reconnaissance des Noirs ont visité ou ont séjourné au Ghana : WEB Dubois, C.L.R James, F. Fanon, Maya Angelou.
Sur le rapport des Africains à la mémoire de la Traite transatlantique on consultera aussi : Achille Mbembé, « À propos des écritures de soi », in *Politique Africaine* [Philosophie et politique en Afrique], N. 77, Éditions Karthala, Paris, pp.16-43. La bibliographie qui sert de base à cette étude est conséquente.

6 *Poétiques d'Edouard Glissant, Actes du Colloque International* « Poétiques d'Edouard Glissant », Paris-Sorbonne, 11-13 Mars 1998, Textes réunis par Jacques Chevrier, Paris, Presses de l'Université de Paris Sorbonne, 1999.

su fuerza de trabajo, de la posibilidad de continuidad y progreso ; América cuya población autóctona fue exterminada, recibió en cambio esa mano de obra es traída de Àfrica, con la que crecieron sus fuerzas productivas y se hizo la construcción del nuevo continente ; para Europa, la esclavitud africana significó la conquista de dos continentes en la que se empleó toda la violencia desencadenada por la codicia, la corrupción y la maldad humana ; éstos fueron los andamios del capital que se invirtió en los cultivos, las minas, las plantaciones, que al rendir ganancias colosales, hicieron posible la revolución industrial[7].

Mais cette réaction pose surtout la question du lien que les mémoires collectives entretiennent avec l'esclavage. L'Afrique n'a pas le monopole de l'esclavage. Elle a, comme on l'a souvent souligné, généré en son sein un esclavage endogène, souvent domestique, qui offrait, dans certains cas, à l'esclave des possibilités de se rédimer par assimilation ou par le moyen du mariage ou par la bravoure aux combats. L'Afrique a, par ailleurs, été le théâtre d'un esclavage exogène avant même l'esclavage transatlantique[8].

On pense ici à l'esclavage transsaharien (VIIIe-XIXe siècles) dont les musulmans étaient les acteurs principaux. Ceux-ci devaient, en effet, vendre les noirs capturés lors des guerres ou des razzias en Asie, au Maghreb, en Arabie, en Irak, et sur le marché d'esclaves de la Méditerranée, en particulier à Ceuta.

L'Occident aussi a connu l'esclavage. En effet, depuis l'Antiquité jusqu'à la Renaissance, l'esclavage y était pratiqué. Les esclaves européens blancs (à partir du Moyen Âge on comptera parmi eux quelques esclaves d'Afrique du nord et d'Afrique noire) coexistaient avec les serfs qui, eux, constituaient le pilier de l'économie féodale. Les esclaves étaient surtout utilisés dans la domesticité mais on les trouvait aussi dans les galères, l'artisanat et le commerce.

L'esclavage était donc une institution ratifiée par la société européenne de l'époque : grands seigneurs, riches bourgeois (au Moyen Âge) et fonctionnaires disposaient des esclaves. L'esclavage a connu une

---

[7] Luz María Martínez Montiel, *Negros en América*, Madrid, Editorial MAPFRE, 1992, pp. 33-34.

[8] Cf. Claude Meillassoux, *Anthropologie de l'esclavage Le ventre de fer et d'argent*, Paris, PUF, 1986. Nous reprendrons ici, par ailleurs, à notre compte la mise au point que font Ella Shohat et Robert Stam à propos de l'esclavage endogène africain : « Our concern here is not to idealise African forms of slavery, nor to deny African elite complicity in the slave trade, but to point to a qualitative historical difference : only with colonialism and capitalism did slavery become modern, industrialized, tie to a mode of economic production and to a systematic ideology of racial superiority », in *Unthinking eurocentrism Multiculturalism and the media*, London and New York, p.78.

ampleur et un plus grand développement pendant la Renaissance, surtout dans le pourtour du bassin méditerranéen (Péninsule Ibérique, Italie, Midi de la France). La raison en serait tout à la fois idéologique (croisades et diffusion de la foi), économique et géopolitique :

> La lutte entre les musulmans et les chrétiens pour le contrôle du Bassin méditerranéen et de la Péninsule Ibérique donna un nouvel élan à l'esclavage. Au nom de Dieu et du profit, les deux peuples s'asservissaient les uns les autres sans aucune retenue. Le Portugal constitue un bon exemple de cette véritable renaissance de l'esclavage. Au XVe siècle, l'esclavage était une institution sociale secondaire dans tous les territoires portugais. Mais l'expulsion des musulmans, au XIVe siècle et le dépeuplement provoqué par la grande peste de 1348 avaient laissé le sud du pays semi- inhabité. Bien qu'au Portugal, comme ailleurs en Europe, le serf féodal resta le principal axe de l'économie, une bonne partie du repeuplement de ce pays, de l'Algarve surtout, fut assuré par les Maures réduits à l'esclavage. Ces esclaves et leurs descendants, avec le temps, tendaient à rester liés à la terre en tant que serfs[9].

Une première conclusion s'impose donc à nous. Il n'y a aucun rapport de continuité entre l'esclavage et l'Afrique, entre l'esclavage et le Noir. Les premiers Noirs qui arrivèrent en Amérique n'étaient pas forcément des esclaves. Il est important de rappeler ces données car même en Amérique latine où les Indiens furent réduits en esclavage, l'historiographie officielle préfère parler d'exploitation inique, inhumaine, de servitude, réservant ainsi exclusivement le terme d'esclavage aux Noirs.

La mise au point qu'a fait naguère Fernando Ortiz sur cette question reste, à nos yeux, toujours valable :

> Aún hoy día, la existencia de la trata de esclavos indios, tan intensa como despiadadamente instaurada por el mismo Cristobal Colón y luego seguida por otros conquistadores, suele ser ignorada, creyéndose por lo general que la trata de esclavos comienza con la traída de los negros. No fue así. En América la esclavitud de los indios y su infame comercio precedieron a la trata negrera[10].

---

9 Mario Maestri et Luz Stella García O., *Les négritudes aux Amériques De l'esclavage à la mémoire retrouvée*, Édition : Universidade de Passo Fundo, 1996, p.22.

10 Fernando Ortiz, « Del inicio de la trata de negros en América, de su relación con los ingenios de azúcar y del vituperio que cayó sobre Bartolomé de Las Casas », in *Contrapunteo cubano del tabaco y azúcar*, Prólogo y cronología de Julio Le Riverend, Biblioteca Ayacucho, 1978, p.345.
Cette réduction de l'esclavage aux seuls Noirs pendant la Colonie est en quelque sorte démentie par le livre de Jesús María García Añoveros, *El pensamiento y los argumentos sobre la esclavitud en Europa en el siglo XVI y su application a los indios americanos y a los negros africanos*, Consejo Superior de Investigaciones Científicas, Madrid, 2000.

Il ne s'agit pas d'une querelle terminologique concernant la façon la plus appropriée de désigner l'asservissement des Indiens ou encore, comme le suggère F. Ortiz, d'une occultation délibérée[11] ; nous sommes là plutôt en face d'une certaine perception de l'esclavage et de son rapport, qu'on voudrait intrinsèque, avec les Noirs.

Il reste alors la question de savoir pourquoi les traces de cet esclavage dont l'Occident fut le théâtre sont raturées, biffées des mémoires collectives. On fera remarquer en effet que si, d'un côté, le dit esclavage est aujourd'hui exclusivement l'apanage des spécialistes, historiens en premier lieu, mais aussi anthropologues, folkloristes, économistes, de l'autre, c'est l'ignorance ou l'indifférence généralisée qui prévaut sur cette question.

En Amérique Latine, globalement parlant, l'esclavage, transatlantique, a connu le même sort. Les discours académiques universitaires qui s'intéressent au Noir, à sa réduction en esclave dans les Amériques et aux effets politiques et socio-économiques, imaginaires de cet esclavage n'ont vu le jour véritablement qu'à partir des années 1930-40. On notera cependant une grande disparité dans cet intérêt, suivant les pays, selon les aires géographiques, les mouvements de revendications identitaires, ou l'engagement éthique personnel ou la curiosité des chercheurs :

> Apenas regresé de mis años universitarios en el extranjero, me puse a escudriñar la vida cubana y enseguida me salió al paso el negro. Era natural que así fuera. Sin el negro Cuba no sería Cuba... Hablar en público del negro era cosa peligrosa, que sólo podía hacerse a hurtadillas y con rebozo, como tratar de la sífilis o de un nefando pecado de familia. Hasta parecía que el mismo negro, y especialmente el mulato, querían olvidarse de sí mismos y renegar de su raza, para no recordar sus martirios y frustraciones, como a veces el leproso oculta a todos la desgracia de sus lacerías[12].

Être sain c'est être blanc ou inversement. Le rapport que l'anthropologue cubain établit dans son discours entre le Noir et certaines maladies, les plus terribles et les plus redoutées à l'époque pour les imaginaires sociaux, indique clairement que le Noir était vécu comme quelque chose de pathologique, de contagieux et de néfaste pour les sociétés globales latino-américaines, tant du point de vue de l'opinion commune que de celle des intellectuels.

Cela dit, à la différence de l'Europe, ces discours universitaires

---

11 Lucena Manuel Salmoral déplore lui aussi l'occultation de l'esclavage des indiens par l'historiographie nationale Latino-américaine, cf. *La esclavitud en la America española*, CESLA, Universidad de Varsovia, Varsovia, 2002.

12 F. Ortiz, « Sin el negro Cuba no sería Cuba », *op. cit.*. pp.163-137.

coexistent, dans un rapport souvent contradictoire, avec la mémoire vivante de l'esclavage que portent et véhiculent les descendants des esclaves africains. En effet, l'esclavage comme événement historique est transmis par les Noirs de génération en génération à travers la mémoire collective populaire : musique, danses, folklore, carnaval, contes, mythes, peinture, témoignages, etc.

Cette mémoire vivante, malgré les leurres et les raccourcis qui la traversent, apporte donc un sérieux correctif à l'historiographie. En effet, dans la mesure où, celle-ci touche à l'identité politique des États-Nations, elle prête à des manipulations, à une démarche d'oubli. C'est ainsi que, par exemple, l'historiographie latino-américaine, mais aussi européenne n'a jusque là accorder qu'une place mesquine à la Traite transatlantique et à l'esclavage qui sont pourtant des événements qui inaugurèrent la modernité dont, par ailleurs, se réclament souvent l'Europe et l'Amérique :

> Le problème épistémologique posé par le souhait de véracité de la mémoire ... recroise un problème moral, et même politique... Le problème moral est posé en terme d'injonction. Injonction de ne pas oublier... Interdit de l'oubli... Pourquoi ? Pour plusieurs raisons qui tiennent au problème de la constitution de l'identité tant collective que personnelle... S'il ne faut pas oublier, c'est d'abord pour résister à l'universelle mise en ruines qui menace les traces mêmes laissées par les événements. Et c'est pour conserver des racines à l'identité et pour entretenir la dialectique de la tradition et de l'innovation qu'il faut tenter de sauver les traces. Or, parmi ces traces, il y a aussi les blessures infligées par le cours violent de l'histoire à ses victimes. S'il ne faut pas oublier, c'est donc aussi et peut-être surtout afin de continuer d'honorer les victimes de la violence historique. C'est en ce sens que l'on peut dire que la mémoire est menacée[13].

Les disparités que l'on observe entre les pays, dans leurs rapports à la Traite transatlantique et l'esclavage (historiographie, manuels scolaires, textes législatifs et leur efficace, cérémonies commémoratives, monuments érigés, programmes scolaires et études universitaires, etc.) sont inversement proportionnelles à la volonté politique de constituer et d'établir ce que, par ailleurs, P. Ricœur désigne comme la « culture d'une juste mémoire ».

L'importance concédée à la mémoire est, à n'en pas douter, une des spécificités de la « présence-histoire » des Noirs dans les Amériques. C'est ce que nous rappelle ici Henry Louis Gates, Jr. :

> In antebellum America, it was the deprivation of time in the life of the slave

---

[13] P. Ricœur, *art.cit*, pp.12-13.
Le philosophe français tente une systématisation du rapport entre la mémoire et l'histoire dans *La Mémoire, l'Histoire, l'Oubli*, Éditions du Seuil, Paris, 2000.

> that first signaled his or her status as a piece of property. Slavery's time was delineated by memory and memory alone. One's sense of one's existence, therefore, depended upon memory. It was memory, above else, that gave a shape to being itself [...] Whitin such a time machine, as it were, not only had the slave no fixed reference points, but also his or her own past could exist only as memory without support, as the text without footnotes, as the clock without two hands. Within such a tyrannical concept of time, the slave had no past beyong memory ; the slave had lived at no time past the point of recollection[14].

Il n'en demeure pas moins que le raccourci que nous évoquions, esclavage rimant avec Noir, est aussi présent en Amérique Latine. Cela est symptomatique du rapport que les consciences collectives latino-américaines entretiennent avec cette « présence-histoire » des Noirs. En dehors de ceux et celles qui en portent encore la mémoire de l'esclavage est ténue. Faire de la mémoire de la Traite et de l'esclavage une « mémoire partagée » nous semble un enjeu légitime et véritable. Or, force est de remarquer qu'il ne s'agit encore que d'une « mémoire en attente ».

Les variations, parfois notoires, qu'on peut observer d'un pays à l'autre n'invalide pas malheureusement notre constat. On peut se demander aussi si la mémoire de l'esclavage peut être réduite à la seule existence des « lieux de mémoire » officiels comme on en trouve ici et là en Europe ou en Amérique Latine : musées, maisons de l'Afrique, ports d'embarquement ou de débarquement, etc.

Dans leur existence ces « lieux de mémoire » de l'esclavage ont une importance significative. Ils distinguent certains pays des autres, certaines régions des autres, certaines villes des autres. En effet, dans la plupart des cas ces « lieux de mémoire » ne sont pas mis en valeur, ne sont pas réactiver dans le sens d'une remémoration. On assiste aussi parfois à un usage purement touristique et donc folklorique de ces lieux. Ainsi, pour reprendre une distinction d'Aristote que paul Ricoeur explicite, les lieux de mémoire participent davantage d'un simple souvenir (évocation simple) qu'ils ne favorisent un rappel actif (effort de rappel) des faits qui ont eu lieu dans le passé mais qui informent et structurent encore le présent à travers le langage, les distinctions sociales et culturelles, à travers la perception de soi et des autres.

---

14 Henry Louis Gates, Jr., *Figures in black Words, signs, and « racial » self*, Oxford University Press, 1987, P.100. L'accent est mis ici sur le rapport au temps qui est fondamentalement différent du temps ontologique occidental toujours lié à l'être ; le temps de l'esclavage est un temps particulier, non quantifiable d'où l'importance que revêt la mémoire à l'époque de l'esclavage.

Pour faire émerger la mémoire de la Traite et de l'esclavage transatlantique on ne devrait donc pas se contenter de la célébration de ces « lieux de mémoires » :

> L'existence d'actes de mémoire collective n'est pas suffisante pour attester la réalité d'une mémoire. Un groupe peut se donner les mêmes repères mémoriels sans pour autant partager les mêmes représentations du passé dont on a maintes raisons de supposer qu'elles restent largement idiomnésiques[15].

Les raisons généralement avancées pour justifier ou expliquer l' « oubli de l'esclavage » sont saisissantes dans leurs implications. L'esclavage transatlantique est fondamentalement vécu par les mémoires collectives et les discours officiels (politiques ou académiques) comme un problème moral et non, comme on aurait pu s'y attendre, comme un problème fondamentalement politique.

Autrement dit, il y aurait des responsabilités à établir, un besoin d'inscrire la question de l'esclavage dans le débat public pour pouvoir ainsi chercher les voies les plus adéquates de sa « réparation » mais aussi et surtout les voies de la revalorisation publique et durable de ceux et celles qui en portent encore les stigmates d'une façon ou d'une autre.

Malheureusement, on argue encore du fait qu'inscrire l'esclavage dans le discours public présente le risque de ruiner un certain consensus social, surtout dans des pays, comme Porto Rico, où l'on vit une situation politique particulière : la dépendance politique vis à vis des États Unis qui suscite un débat et des oppositions entre nationalistes ou indépendantistes et ceux qui sont pour rester sous la tutelle des États Unis, avec ou sans une autonomie politique.

Plutôt qu'un débat public sur l'esclavage et ses conséquences toujours présentes on préfère donc défendre l'idée, dont il faudrait extraire une grande part de mythe ou de mythification, d'une patrie « boricua » ou « boriqueña » au sein de laquelle les composantes africaines, indiennes et européennes seraient parfaitement intégrées ou en passe de l'être. Cette « entente sociale » risquerait alors d'être menacée par un débat public sur l'esclavage.

En somme la formation ou la construction politique de la nation portoricaine prime sur la question de l'esclavage qui, comble de paradoxe, lui est pourtant inhérente en tant que contradiction fondamentale qu'elle partage du reste avec d'autres nations latino-américaines :

> Se ha discutido más el tema indígena porque existe una mitificación de la

---

[15] Joël Landau, *op. cit.*, P.29.

cultura indígena, la cual está más alejada de nosotros. Aquí no hay reserva de grupos indígenas pero se empeñan en promover este sector que también ha sido oprimido y aplastado. Nos cuesta trabajo a nosotros los que pretendemos hablar del tema negro (disputas en la prensa, debates en los noticieros, creación de movimientos, etc.). Me tomó 20 años para tener una plaza como académica en la universidad de Puerto Rico (pública) porque fui militante y fundadora de muchos movimientos negros... El precio que hay que pagar porque uno se empeña en hablar del tema negro es demasiado elevado[16]

Pas plus à Porto Rico qu'à Cuba il ne peut, c'est notre sentiment, y avoir de « nation » tant que la question des Noirs ne sera pas véritablement posée, tant que le débat sur l'esclavage continuera d'être esquivée ou différée. En outre, on pose l'esclavage comme quelque chose de tellement avilissant et de dégradant qu'on a peine à imaginer qu'il ait pu se produire pendant des siècles sur les terres américaines. Autrement dit, l'appréciation de l'esclavage comme fait historique, économique et politique ne se fait encore que dans une démarche morale, éthique.

Pour des consciences durablement marquées par le christianisme l'esclavage est un Mal qu'il faut oublier afin de ne pas faire remonter en surface certains vieux démons : la supériorité ou la suprématie de l'homme blanc, la servitude naturelle des Nègres, leur disposition tout aussi naturelle à être des esclaves. Ne sont-ils pas en effet irrémédiablement condamnés par la malédiction de Cham ? :

> Longue histoire celle des exégèses bibliques noircissant petit à petit, mais avec une constance sans faille, la descendance de Cham et l'installant dans des régions lointaines, inconnues, dont l'émergence massive dans les lettres des blancs « japhétites » sera concomitante à celle de l'Afrique noire. La tradition exégétique combinera son propre délire à celui colporté par les récits gréco-romains qui installent dans l'Afrique d'au-delà de l'Égypte et du désert, c'est à dire au-delà du connu, mille merveilles et dix mille monstruosités. Le caractère de vérité absolue concédée par chacun au langage ecclésiastique pendant des siècles fera le reste. Dans ce langage la paternité chamite ou cananéenne de l'ensemble de la population noire et africaine n'est pas mise en doute : elle vaut par conséquent pure conformité avec les exigences de la raison[17].

> Pero además la esclavitud de los negros y luego la de los indios, como fatalidad de raza, tenían un remache religioso especial, sacado arbitrariamente de las Sagradas Escrituras. Aquella la derivaban de una supuesta maldición

---

[16] Marie Ramos Rosado, « entrevista », in *Marges 21 : Las Casas frente a la esclavitud de los negros : vision crítica del undécimo remedio (1516)*, Victorien Lavou Zoungbo (ed.), CRILAUP, Presses Universitaires de Perpignan, 2001, p. 337.

[17] Louis Sala-Molins, *Le code noir ou le calvaire de Canaan*, Paris, PUF, 1987, p.8.

del etnarca Noé contra toda la descendencia de su hijo Cam por los siglos de los siglos (Génesis, cap.9, vers.25). Algunos católicos han atribuido la fábula a los protestantes. Pero ya corría esa teoría de la siguiente responsabilidad biblíca en los tiempos precolombinos, y se apoyaba en San Agustín, San Crisóstomo y San Ambrosio. [...] La sostuvo, después en el XVII hasta el célebre jesuita P. Alonso de Sandoval, llamado impropiamente por un biógrafo « libertador de una raza » y « apostol de los negros »[18].

Quelques fois, comme au Mexique, on tire argument du faible nombre des Noirs ou plutôt de leur « inexistence » sociale pour justifier l'inopportunité de travailler à faire émerger, dans les consciences, la mémoire de l'esclavage. Officiellement, en effet, du fait du métissage radical qui y aurait eu lieu durant et à la sortie de l'époque coloniale, il est impropre de parler de Noirs au Mexique.

On s'accorde aussi à dire que la désignation qui a cours dans d'autres pays d'Amérique Latine : afro-cubain, afro-brésilien, afro-colombien semble inapte à dire la complexité de la formation raciale mexicaine. C'est donc de ce point de vue une sainte horreur de se risquer à dire afro-mexicain(e). L'inexistence postulée des Noirs en tant que tels dans le Mexique contemporain est franchement discutable. Les Noirs sont physiquement présents sur la Costa Chica, à Veracruz ; ils informent constamment les objets culturels populaires mexicains tels que les chansons, la danse, les légendes, etc.

Il aura cependant fallu les travaux de Beltrán Aguirre pour que les mexicains s'éveillent à la « présence-histoire » des Noirs. Ces travaux inspirés, il faut le rappeler aussi, par son séjour aux États Unis, ont en outre montré qu'il y avait dans les régions mentionnées précédemment des « poches d'africanité » (habitat, *hexis* corporelle, vision du monde, alimentation, cuisine, port des bébés) qui incitent à repenser le mythe du métissage fossoyeur des identités spécifiques qui caractériserait la formation sociale mexicaine depuis l'époque coloniale[19].

En outre il y a un paradoxe saisissant que souligne et dénonce Marco Polo Hernández, par exemple, entre le discours officiel du Mexique des années 1940 qui nie et diffère la « présence-histoire » des Noirs et leur forte résurgence dans la production culturelle, notamment cinématographique :

Angelitos negros, a cinematografic *churro*, is important because it may be the widely known of a group of films from the late 1940s and early 1950s that

[18] F. Ortiz, art.cit, p.349.

[19] Gonzalo Aguirre Beltrán, *La población negra de México*, Fondo de Cultura Económica, 1946 ; *Cuijla Esbozo de un pueblo negro*, México, FCE, 1958.

presented, as their central theme, the Black question ; films such as : *Negra consentida* (1948), *La negra Angustias* (1949), *Negro es mi color* and *Píntame angelitos blancos (1954), among others.* The « rediscovery » of « visibly » black Mexicans in the mid forties, dealt a heavy blow to the myth of a purely Amerindian and « Spanish » *mestizaje*. It brought to the forefront the question of diversity in a would be racial paradaise. Mexico was forced to revise its own discourse in order to get in step with its World War II Allies[20].

On ne doit peut-être pas attribuer exclusivement ce qui ici ressemble fort bien à un retour du refoulé à une circonstance externe au Mexique : son positionnement antifasciste durant la seconde guerre mondiale et même bien avant, avec la geste de Lázaro Cárdenas qui ouvrit largement les portes de son pays à des milliers des espagnols, la plupart des républicains, qui fuyaient le fascisme du général Franco.

Par ailleurs, les années dont il est question ont vu aussi, à la lueur de la seconde guerre mondiale, une remise en question de l'absolutisme culturel de l' « Un-occidental ». Cette remise en question dont on pourrait situer les origines dans certaines universités « usaméricaines » a été désigné par le terme de « relativisme culturel ».

Mais il y a aussi la participation des Noirs dans les troupes libératrices qui va provoquer un véritable choc des imaginaires, y compris parmi les militaires blancs « usaméricains » eux-mêmes. Le Noir cesse d'être massivement perçu comme un « bon enfant » confiné, en outre, dans des rôles et des représentations stéréotypés pour être perçu comme un héros libérateur, un sujet historique, en somme[21].

Pour ce qui concerne le Mexique la question de la « présence-histoire » des Noirs ne devrait pas se poser en termes de nombre ou de « pureté » raciale. Comment donc la mesurer ? À partir de quelle aune et selon quels critères jugerait-on la dite pureté ? Même la pureté culturelle qu'on attribue, souvent dans une démarche non dénuée d'idéologie, aux Indiens et qui semble si évidente aux yeux de tous, ne l'est finalement pas

---

20 Marco Polo Hernández, « Angelitos negros a Film from the « Golgen Epoch » of Mexican Cinema : the coding of « visibly » black Mexicans in and through a far-reaching medium », in *PALARA*, Number, 5, Columbia, Fall 2001, pp.49-62. Alors que la production cinématographique « populaire » mettait l'accent sur la « présence-histoire » des Noirs au Mexique, le discours officiel s'en désintéressait ; le Mexique officiel a été amené à reconnaître cette « présence-histoire » du fait de son positionnement en faveur des alliés qui comptaient en leur sein des Noirs.

21 Cf. Michel Favre, *La rive noire*, André Dimanche éditeur, 1999. On perçoit dans ce livre des échos de ce choc des imaginaires. Bien entendu, M. Favre retrace davantage la fascination qu'exerçait Paris sur les producteurs culturels, surtout les écrivains, noirs américains.

autant que cela.

Par ailleurs, s'il est vrai que sur un plan national les Noirs sont faiblement représentées il en est tout autrement de certaines régions ou de certaines villes d'Amérique Latine où les Noirs sont majoritaires (Costa Chica au Mexique, Esmeraldas en Équateur, Choco en Colombie, Bahia au Brésil, Santiago de Cuba ou Matanzas, à Cuba, etc.).

Ainsi, contre l'argument, souvent évoqué, du faible nombre des Noirs qui n'autoriserait alors aucune politique nationale réelle en leur faveur il faut en revenir, comme l'a fait Jean Rahier pour le cas de l'Équateur, au processus qui a conduit à la construction des États-Nations en Amérique Latine. Ce processus a déplacé vers ses marges les populations jugées dangereuses pour l'idiosyncrasie nationale :

> Em suma, as representações de afro-equatoriano marcam-nos como seres marginais ao projeto nacional das elites equatorianas. *Essa marginalidade não é resultado do número relativo de negros com que conta o Equador*, como foi dito em várias ocasiões por intelectuais e políticos brancos e brancos-mestiços. Essa marginalidade é a expressão do fato de que as pessoas negras cumprem o papel de último Outro nos imaginários de identidade nacional. Na lógica da ideologia hegemônica de identidade que define a « equatorianeidad », os negros constituem o que ninguém (os brancos e branco-mestiços) quer ser. O ser negro é definido como o contrário de « ser civilizado ». Os negros não podem encarnar o que se proclama como os ideais da nacionalidade. Cumprem o papel de Outro, tanto dentro das fronteiras nacionais como fora delas. Nem são incluídos nos mitos da equatorinedad quando se fala de « branqueamento ». Este último é um processo que leva à « nacionalidade » (imaginada pelas elites) reservada aos indigenas[22] [Nous soulignons].

Au Mexique, comme en Équateur, la véritable question n'est donc pas celle de l'arithmétique des faits (les Noirs sont peu nombreux) mais bien celle de la désoccultation d'une partie de la population nationale. Cela pourrait ainsi conduire à la reconnaissance, et à l'acceptation de cette population, de son rôle historique dans la formation et de la construction de ce qu'est aujourd'hui le Mexique. Il y aurait donc un devoir d'héritage à assumer pleinement.

Tout comme le réclament les Indiens, cette reconnaissance devrait se traduire par une volonté politique réelle de réparation des infortunes coloniales qui persistent encore à ce jour chez les Noirs au Mexique. Ce que certains intellectuels latino-américains, plutôt de gauche, ont désigné dans

[22] Jean Rahier, « Mãe, o que será eu o Negro quer ? », in *Estudos Afro-Asiáticos*, Ano 23, n.1, Brésil, 2001, pp.27-28.

les années 1960 sous le terme polémique, reconnaissons-le, de colonialisme interne, s'appliquerait bien ici au sort des noirs.

Tous ces arguments avancés pour rendre raison de l'évacuation (problématique) car il revient par d'autres biais, de l'esclavage ne résistent pas à un examen critique. Au fond, cette évacuation obéit à d'autres ressorts. Souvent l'esclavage est tenu pour un phénomène inévitable ou un fait naturel : le colonialisme européen et l'impérialisme économique qui lui était concomitant avaient besoin des terres et des hommes pour accroître leur puissance, pour justifier leur raison d'être.

Cette façon de naturaliser l'histoire coloniale repose sur un postulat paradoxal qui tendrait à dire qu'à l'époque concernée le rapport entre les hommes de différentes cultures et d'horizons différents ne pouvait se traduire que par la force, par l'asservissement des plus « faibles » par les plus « forts », des « inférieurs » par les « supérieurs », par le triomphe des hautes civilisations sur des civilisations qui de toutes les façons seraient condamnées à la déchéance.

Une telle naturalisation de l'histoire de la domination esclavagiste et coloniale contribue à enterrer partiellement la mémoire de l'esclavage transatlantique. Celle-ci, tel un spectre, continue pourtant de hanter les rapports à soi et à l'autre, les pratiques scripturales officielles, les discours officiels et les pratiques artistiques et culturelles :

> Todavía huelo la espuma del mar que me
>   hicieron atravesar.
> La noche, no puedo recordarla.
> Ni el mismo océano podría recordarla.
> Pero no olvido al primer alcatraz que
>   divisé
> Altas, las nubes, como inocentes testigos
>   presenciales.
> Acaso no he olvidado ni mi costa perdida,
>   ni mi lengua ancestral.
> Me dejaron aquí y aquí he vivido.
> Y porque trabajé como una bestia.
> aquí volví a nacer.
> A cuánta epopeya mandinga intenté
> recurir.
>   Me rebelé[23] ...

---

[23] Nancy Morejón, « Mujer negra », in *Richard trajo su flota y otros poemas*, Ed. de Mario Benedetti, Visor Madrid, 1999, p.46

RAPPEL DE CERTAINS FAITS ET DE CERTAINS DISCOURS LIÉS À LA TRAITE

La habitación mayor donde dormían los esclavos negros se denominaba « galpón », voz no hispana ni africana sino de posible origen nahua (de calpulli, casa grande)... Los galpones quedaban en lo posible, a sotavento, morando los amos a barlovento. Se disponía esto por el fuerte olor cutáneo de los esclavos, olor que el viento sabía portar. Acaso también por ello los galpones estaban separados de la casa del patrón por patios llenos de macetas con claveles y alelíes, rosas y mastuerzos « y otras mil flores lindas y olorosas ». El olor cutáneo de la gente negra, al que era tan sensible el olfato europeo, no fue inconveniente para los criollos, acostumbrados desde temprano a él ; casi todos habían sido criados y lactados por negras esclavas.

José Antonio del Busto Duthurburu[1]

Fray Bartolomé de Las Casas, se ha dicho, fue « el hombre más odiado de América ». Hubo empeño en dejar sobre su nombre sólo el oprobio de la introducción de la esclavitud africana, pese a su honrosa retractación y au cuando fueron otros y más altos magnates, así laicos como religiosos, los verdaderos responsables de la trasatlántica esclavitud negrera, antes de surgir Fray Bartolomé. Precisamente fue el mismo rey Fernando V, apodado el Católico, quien, movido por su crueldad, su codicia y su habitual carencia de escrúpulos cristianos, inició por su cuenta el envío de esclavos negros desde el Viejo Mundo a las Indias Occidentales, antes que Bartolomé de Las Casas apareciera en Cuba para la historia y antes que se metiera a fraile predicador. Las Casas tuvo esclavos negros y aceptó su esclavitud, pero después abominó de ella...

Fernando Ortiz[2]

Le déni de mémoire dont il a été question précédemment s'explique

[1] José Antonio del Busto Duthurburu, *Breve historia de los negros del Perú*, Lima, Fondo Editorial del Congreso del Perú, 2001, p.50.

[2] F. Ortiz, *art.cit*, p.346.

par le fait que l'esclavage des Noirs constitue une espèce de mauvaise conscience qui non seulement hante et questionne les mémoires collectives mais aussi pose la question de la légitimité des discours qui spéculent sur les identités nationales, régionales et culturelles latino-américaines. Paradoxalement, ces discours reposent sur la revendication des bienfaits du passé colonial : langue, universalisme chrétien, progrès, science, certaines figures de conquérants représentés comme des héros civilisateurs, malgré leur cruauté.

S'il est vrai, comme nous l'avons fait remarquer antérieurement, que l'esclavage transatlantique ne constitue pas la première forme d'esclavage historiquement avérée il n'en demeure pas moins qu'il se distingue par son ampleur ou son étendue, tout un continent réduit en esclavage ou perçu comme potentiellement voué à l'être, par sa durée (plus de quatre siècles), par son acceptation généralisée à l'époque, par la « racialisation » de ses victimes : dans la Traite transatlantique seuls les noirs africains étaient concernés.

Aussi, à la suite de nombreux autres, dont André Saint-Lu, Marcel Bataillon, nous semble-t-il vain de vouloir ou de continuer à réduire la cause de l'esclavage des Noirs à la proposition faite par Bartolomé de Las Casas en 1516 (onzième remède d'un *mémorial* qui en comptait quatorze)[3]. Sa proposition qui visait à substituer les Indiens par les Noirs, ceux qui étaient déjà en Espagne, était symptomatique d'une certaine vision fortement répandue des Noirs et témoignait aussi de la justification de l'esclavage comme un mal nécessaire.

Dans son célèbre article déjà cité F. Ortiz montre clairement, en s'appuyant sur les travaux de J. Antonio Saco et sur certains textes de l'époque en question, que le « besoin » de la main-d'œuvre esclave noire pour travailler dans les plantations espagnoles dans les Indes Occidentales fut exprimée bien avant que Las Casas en fasse lui aussi la demande, dans le but de soulager les Indiens, auprès de la couronne espagnole en 1516, dans

---

[3] Dans *Marges21 : Las Casas face à l'esclavage des Noirs, vision critique du onzième remède*, [Victorien Lavou Zoungbo,ed.] Presses Universitaires de Perpignan, CRILAUP, 2001 il a été question de revenir le plus largement possible sur les contextes qui ont amené Las Casas à faire la proposition qui lui a valu « una leyenda negra antilascasiana » (Fernando Retamar) Ce numéro a été honoré par la participation de grands spécialistes de l'histoire coloniale espagnole, de Las Casas, des Noirs en Amérique Latine. En autres nous citerons André Saint-Lu, Michèle Guicharnaud-Tollis, J. Pierre Tardieu, Fernando Retamar (Cuba), Marie Ramos Rosado (Porto Rico), Manuel Lucena Salmoral (Espagne), Jaime Arocha (Colombie), Clara Camplani (Italie), Luis M. Díaz Soler (Porto Rico), Luz María Martínez Montiel (Mexique), ...

son *Memorial de remedios*[4]. Ortiz souligne aussi clairement que l'esclavage était une pratique largement légitimée en Europe et, par conséquent, la Traite ne saurait constituer un argument moral ou éthique qui distinguerait les bons des méchants. Aussi bien la Traite que l'esclavage des Noirs trouvent leur origine donc dans l'économique.

De ce point de vue Manuel Galich a raison de réfuter la « leyenda negra antilascasiana ». Cependant son argumentation pêche quelque peu par une « naturalisation » de l'esclavage des Noirs. Elle oublie en effet qu'il y avait une forme de travail salarié à l'époque dans les colonies. Celui-ci reposait sur un contrat entre le travailleur blanc et les propriétaires de terres, de plantations, de mines[5]. Cependant devant la demande croissante de certains produits et des bénéfices énormes qu'on en tirait, c'est le cas notamment du sucre, les colonies américaines devenaient de plus en plus gourmandes de main d'œuvre bon marché et, au final, gratuite.

Mais revenons à la position que soutient Manuel Galich :

> Cómo es posible concebir que un hecho de tan profunda trascendencia económica, política y social, esto es, la implantación del régimen esclavista, no sólo en las colonias españolas sino en las portuguesas, en las francesas, en las inglesas y en las holandesas, se pueda producir porque se le ocurre aconsejarlo a un fraile o a varios frailes ?... A mi parecer, y esto es lo que me ha movido a escribir este breve ensayo, la esclavitud negra en América se hubiera producido de todos modos como un hecho fatal, inexorable, nacido tanto de las condiciones creadas por la conquista y la colonización, como de las condiciones existentes antes de la llegada de los europeos a este continente. Hecho impuesto, asimismo, no sólo por la necesidad de sustituir la mano de obra ausente por exterminio de los indios antillanos, o ausente por rebeldía de esos mismos indios o de los brasileños o de otras partes, sino también por el tipo de economía desarrollado en las Antillas, en el litoral Caribe de la América continental y en el litoral brasileño, es decir, la economía de plantación, del azúcar y del algodón, en primer lugar, y de otros productos, en menor escala. Convencido de esto, creo que con Las Casas, con Predicadores o sin Predicadores, la esclavitud negra fue inevitable, de todos modos[6].

En outre, l'esclavage transatlantique est représentée par certains comme une affaire exclusive d'aventuriers véreux. Ce ne serait donc, assure-

---

[4] Cf. Victorien Lavou Zoungbo (ed), *Marges 21*

[5] C'est l'un des aspects sur lequel revient Eliseo Altunaga dans son roman *Canto de Gemido*, Ed. Letras Cubanas, La Habana, 1988.

[6] Manuel Galich, « El Indio y el Negro ahora y antes », in *Casa de las Américas : El Indio y el Negro, Nación y mestizaje. Problemas de identidad*, vol. 36-37, Habana, 1966, p.43.

t-on, que par la suite qu'il aurait pris cette ampleur qu'on lui connaît et qu'on déplore depuis la main sur le cœur. À l'encontre de cette vision de l'histoire coloniale européenne il faut rappeler que l'esclavage dont il s'agit a, dès le départ, allié les intérêts publics (couronnes, États, Papauté), et les intérêts privés (finances, banques, pirates et autres aventuriers à la recherche de la fortune).

Le « tratado de Tordesillas », l'existence de la « Casa de Contratación », du « Consejo Supremo de las Indias », de la « Royal African Company » (1672), les pratiques administratives tel que « el control de sanidad », « la licencia », les « asientos »[7], « le registro »[8], les « codes noirs »[9], les édits royaux, les « nombramientos », les bulles papales (telle celle accordée par le pape Nicolas IV au roi Alphonse V du Portugal et qui donnait à ce dernier le droit de main-mise sur les terres africaines découvertes ou à découvrir) et autres dispositions constituent autant de preuves de l'articulation intime et dynamique entre, ce qu'on appellerait de nos jours, le public et le privé.

Bien entendu, ces traités, ces édits, ces protocoles, etc. dont il a été question précédemment ont vu le jour à différents moments de l'histoire de l'esclavage. En les regroupant ainsi nous souhaitions mettre l'accent sur le fait qu'ils constituaient, dans la diachronie, la grammaire esclavagiste et coloniale. Ils forment ainsi donc un tout.

Par conséquent, il nous semble inexact de penser, ou de le laisser croire, que la modernité a consacré une séparation nette entre ce qui relèverait du public et ce qui relèverait du privé. En fait, comme le prouve l'expérience colonialiste et esclavagiste, le public est en réalité une des conditions de possibilité indispensable à l'épanouissement du privé. L'un ne s'oppose pas nécessairement à l'autre. Nous citerons ici deux voix qui attestent de l'articulation intrinsèque que nous avons évoquée :

---

[7] Cf. Sur ce point précis et sur l'ensemble du phénomène de la Traite, Georges Scelle, *La Traite négrière aux Indes de Castille*, Paris, Pedone, 1906.

[8] Sur toutes ces dispositions bureaucratiques nous renvoyons à l'excellent ouvrage de Jean Pierre Tardieu, *Le destin des Noirs aux Indes de Castille XVIe-XVIIIe siècles*, Paris, Édition L'Harmattan, 1984. Voir en particulier la première partie qui s'intitule « La traite des Noirs et l'administration espagnole.
Nous renvoyons aussi à Manuel Lucena Salmoral, *op. cit.* qui s'intéresse tout particulièrement à l'aspect juridique de l'esclavage dans l'Amérique espagnole. Ce livre constitue véritablement une somme.

[9] Cf. Manuel Lucena Salmoral, *Los códigos negros de la América española*, Paris, Ediciones UNESCO, Universidad de Alcalá, 1996.

Le trafic négrier n'a pas été une activité socialement marginalisée, de petite envergure, pratiqué par des nations ou des groupes sociaux arriérés. Il a au contraire disposé de capitaux, d'hommes et de ressources à une échelle gigantesque. Des dizaines de milliers de navires, des centaines de milliers de marins ont participé à cette immense entreprise, qui a si profondément conditionné l'histoire de l'Europe, de l'Afrique et de l'Amérique [Mario Maestri, *op. cit*, p.25].

Si l'on accuse encore les Portugais d'avoir été les premiers négriers et si les historiens se souviennent que la France et l'Angleterre ont pris part à ce commerce fructueux, il semble que l'on n'insiste pas assez sur le fait que c'est la Couronne espagnole qui a organisé d'une manière très officielle le trafic au mieux de ses intérêts, et que c'est avec elle que les différents pays européens impliqués dans la Traite ont établi des traités afin de pourvoir à l'approvisionnement en main-d'œuvre des Indes de Castille[10].

Entre le XVe (1441) et XIXe (1830-1865)[11] siècle des milliers d'enfants, de femmes, et d'hommes furent transportés de force en Europe et dans les Amériques. Les historiens ne s'accordent pas sur les chiffres exacts de cette « migration » forcée. Un certain consensus tendrait cependant à privilégier le chiffre de 15 000 000 d'africains effectivement déportés[12].

D'autres chercheurs, à l'instar de Luz María Martínez Montiel, avancent le chiffre de 100 000 000 de personnes touchées par l'esclavage. Ce chiffre, pour exagéré qu'il puisse paraître de prime abord, est certainement plus proche de la réalité des faits. Car il intègre les gens effectivement transportés dans le « ventre du navire négrier », les pertes dues à la capture, aux déplacements du « bétail humain » de l'intérieur des terres vers les côtes atlantiques ou se trouvaient les comptoirs négriers, les décès qui survenaient lors de la traversée (délestage, suicides, maladies ou épidémies, infanticides, avortements, révoltes ou soulèvements et répression... :

Sur le navire les esclaves étaient entassés dans la cale, sur les galères, l'un au-

---

10 J. Pierre-Tardieu, *op. cit.*, pp.7-8.

11 Ces dates correspondent au début de la traite transatlantique inaugurée par les Portugais et à la décision de son abolition par l'Angleterre et les États Unis. Mais l'esclavage ne sera réellement aboli qu'en 1886 à Cuba, en 1888 pour le Brésil et en 1898 à Porto Rico.

12 Ainsi de Jean Meyer : « Au XVe siècle, un gigantesque trafic se met en place entre l'Europe, l'Afrique et l'Amérique. Pendant quatre siècles, de douze à quinze millions d'hommes vont être transportés à fond de cale, comme des marchandises, à travers l'océan Atlantique. Ces hommes sont des Africains, des Noirs, des « Nègres » troqués en Afrique même contre des produits européens souvent insignifiants. On appellera « négriers » les commerçants européens qui vivent de ce trafic », in *Esclaves et Négriers*, Paris, Gallimard, 1986, p.23.

dessus de l'autre. On n'accordait à chacun d'eux que 4 ou 5 pieds de longueur et 2 ou 3 pieds de hauteur, de sorte qu'ils ne pouvaient ni s'allonger tout à fait, ni s'asseoir. Contrairement aux mensonges si tenacement répandus au sujet de la docilité des nègres, les révoltes au port d'embarquement et à bord étaient incessantes ; c'est pourquoi on enchaîna les esclaves, la main droite et la main gauche à la jambe gauche, en les attachant par rangs le long d'une barre de fer. Ils vivaient durant tout le voyage dans cette position, ne se levant qu'une fois par jour pour se donner de l'exercice en aidant les marins à vidanger leurs ordures ... La proximité de si nombreux êtres humains nus, leur chair meurtrie et ulcérée, l'air fétide, la dysenterie, l'accumulation d'immondices, faisaient de ces lieux un enfer. Pendant les tempêtes, on fermait les écoutilles et le chargement était jeté, dans l'obscurité repoussante et la réclusion, d'un bord à l'autre du vaisseau agité, maintenu en place par les chaînes qui meurtrissaient la chair. Comme l'observait un écrivain du temps, aucun lieu sur terre ne concentrait plus de misère qu'un vaisseau négrier[13].

Peu importe, parce que dérisoire et souvent tendancieuse, la querelle des chiffres, l'esclavage transatlantique est considéré comme une tragédie majeure, une des plus ignominieuse qu'ait connu l'histoire des hommes. On s'étonne cependant de voir qu'elle ne soit pas encore pleinement reconnue comme un génocide doublé d'un crime contre l'humanité.

Il ne s'agit pas uniquement d'une question de définitions plus ou moins convenues, les raisons qui font que cette « expérience du gouffre » (E. Glissant) ne soit pas reconnue comme un génocide sont politiques. Les instances habilitées à délivrer le « label » de génocide sont issues en fait des pays qui ont pris part à l'esclavage des Noirs.

Les raisons qui ont motivé l'indifférence de la population française du XVIIIe face à l'esclavage des Noirs, que Léon-François Hoffmann souligne ici, restent encore valables de nos jours et peut légitimement s'étendre au reste de l'Europe quant à son rapport avec la « mémoire de l'esclavage » transatlantique :

> Le vaisseau négrier, ce haut-lieu de l'horreur, a—t—il hanté la conscience collective de nos ancêtres comme les wagons de déportés hantent la nôtre ? Non, sans doute, et pour trois raisons : d'abord parce que le passage des siècles avait fini par conférer à la traite une sorte de respectabilité ; c'était un abus entré dans les mœurs, non pas un scandale nouvellement apparu. Ensuite, parce que le théâtre du crime était éloigné dans l'espace : le français ne se sentait pas immédiatement concerné par ce qui se passait dans ces contrées lointaines qu'étaient l'Afrique et les îles. Les malheurs de la Grèce,

[13] C.L.R, *Les Jacobins noirs. Toussaint-Louverture et la Révolution de Saint Domingue*, Éditions Caribéennes, Paris, 1983, pp.6-7.

de la Pologne ou de l'Irlande le touchaient de façon autrement direct. Enfin, parce que le racisme avait fait son œuvre : les victimes étant noires, le crime semblait moindre. On était tenté de croire l'Africain incapable de concevoir pleinement ce qui lui arrivait. Il était par ailleurs tentant de faire confiance aux colons qui prétendaient qu'en devenant esclave le Noir améliorait ses conditions de vie[14].

Il est certain que le mouvement abolitionniste a connu des fortunes diverses en Europe. Dans certains pays, comme le Portugal et l'Espagne, ce mouvement était inexistant, tout au plus on notait quelques personnalités qui s'élevaient contre l'infâme commerce de la chair humaine. En règle générale c'est dans les pays anglo-saxons que le mouvement abolitionniste a connu une plus grande importance, notamment en Angleterre[15].

Il y a un risque réel à reconnaître l'esclavage comme un génocide car cela ternirait l'image que les pays européens se donnent d'eux-mêmes : un espace unique et privilégié des droits, dont ceux de l'Homme. Reconnaître l'esclavage comme un génocide c'est aussi s'exposer à rendre des comptes, ou à ce que des réparations soient exigées.

L'exemple le plus actuel et le plus flagrant de ce que nous avançons ont été les négociations préparatoires qui ont eu lieu à Genève et dont le but proclamé était d'arriver à la Conférence Mondiale Contre le Racisme que projetait les Nations Unies du 31 août au 4 septembre 2001 en Afrique du Sud, à Durban. Ces négociations ont buté notamment sur la question de la qualification de l'esclavage, surtout transatlantique, et des réparations qu'exigeaient les pays d'Afrique noire.

En guise de réparation ces pays demandaient en effet que leur dettes extérieures soient purement et simplement annulées. Car il y a belle lurette qu'a été prouvé le lien intrinsèque entre l'esclavage (et le colonialisme qui lui emboîté le pas) et la misère ou le sous développement de l'Afrique noire. Les États Unis, en tête, et les pays européens, par la suite, refusèrent d'accepter une telle demande, allant jusqu'à brandir la menace de la politique de la chaise vide lors de la Conférence de Durban[16].

Les États Unis, qui ont pourtant pesé de tout leur poids politique pour

---

14 Léon-François Hoffmann, *Le nègre romantique. Personnage littéraire et obsession collective*, Éditions Payot, Paris, 1973, p.187.

15 Cf. Eric Williams, « Les « saints » et l'esclavage », in *Capitalisme et esclavage*, Éditions Présence Africaine, Paris, 1968.

16 Les plus hauts représentants de ces nations n'ont finalement pas assisté au sommet de l'Afrique du Sud. Craignant certainement de ne pas savoir quelle réponse appropriée apporter aux revendications de réparation de l'esclavage et du colonialisme.

que la shoah soit justement qualifiée comme génocide et que les juifs spoliés pendant la seconde guerre mondiale soient dédommagés par certaines grandes banques, et les pays européens se contentèrent de déplorer l'esclavage et proposèrent plutôt des mesures humanistes visant à alléger la souffrance et les malheurs de milliers d'hommes et de femmes de l'Afrique noire. La mémoire de l'esclavage et donc encore une fois sacrifiée sur l'autel des intérêts particuliers et nationaux au prétexte qu'il faut tourner la page et regarder vers l'avenir[17].

Faute d'une juste qualification de l'esclavage transatlantique comme un génocide on assiste encore malheureusement à un débat, à une polémique qui s'est fait jour, pour l'essentiel aux États Unis, entre certains intellectuels noirs et certains intellectuels juifs qui revendiquent respectivement ce que l'on pourrait appeler le « privilège du malheur ou de la souffrance » comme une exclusivité. Opposant ainsi deux expériences humaines spécifiques mais tout aussi destructrices l'une comme l'autre : la shoah ou l'holocauste lors de la seconde guerre mondiale et la traite transatlantique :

> Les juifs et les Noirs des États Unis sont deux peuples avec deux histoires de souffrances très différentes. Tels sont les faits. Il y a malheureusement un autre fait : la tension entre ces deux groupes est très forte. Cette tension provient, si l'on peut dire, d'une égale prétention à la plus grande souffrance. D'une part, les Juifs américains croient au tréfonds de leur cœur, que leur souffrance, celle de la Shoah, est la pire manifestation du mal que l'homme ait connu. D'autre part, les Noirs américains pensent avec la même intensité que leur propre souffrance, née de l'esclavage américain, est la pire manifestation du mal que l'homme ait connu... Cette rivalité dans la souffrance à de quoi surprendre car, à première vue, l'esclavage américain et la Shoah sont foncièrement différents. Chacune de ces deux formes de souffrance ayant sa gravité, il n'est pas de Juif ni de Noir qui préférerait la souffrance de l'autre à la sienne[18].

Si la « caravane » humaine qui, mêlait esclaves et chameaux, était le symbole par excellence de l'esclavage trans-sahélien, dans le cas de la Traite transatlantique c'est la cale, haute d'à peine plus de un mètre, du navire négrier ou sont entassés enfants, femmes, hommes et vieillards, qui en était le signe distinctif. Le bétail humain qu'on transportait dans les navires négriers était destiné à être vendu sur les marchés des esclaves en Amérique. Par ailleurs, ce « voyage sans retour » institua l'avènement du

---

17 Cf. *Le Monde*, section International, du samedi 4 août 2001, p.3.

18 Laurence Mordekhai Thomas. « Rayonnement moral et rivalité de la souffrance », in *Mémoire juive, mémoire nègre. Deux figures du destin*, ouvrage collectif, Portuland, Vents des Îles, avril 1998, pp. 281-282.

« Migrant nu » (E. Glissant)[19].

Ce concept qui est en vogue désormais, dans les Caraïbes et aux Antilles surtout, mériterait d'être quelque peu infléchi, pour au moins deux raisons. Tout d'abord, il ne s'agit pas à proprement parler d'une migration et, par ailleurs, outre le marquage au fer rouge, certains esclaves portaient sur leurs corps dénudés des scarifications qui étaient autant de signes marquant leur appartenance à un groupe social, une filiation ethnique ou généalogique, etc. Il convient de rappeler aussi que l'esclave africain gardait présente dans sa mémoire les traces de son histoire personnelle, celle de son groupe, les traces de sa généalogie...

On a eu raison, comme le fait Alain Anselin, de mettre en garde contre le « discours de la nudité culturelle » des Noirs transplantés de force dans l'économie esclavagiste et colonialiste des plantations :

> Reste enfin le discours de la « nudité culturelle ». Malgré les conditions d'arrachement et de déchirement social et culturel, l'africain n'est pas arrivé « nu » en Amérique comme l'avance parfois la littérature. Ce serait voir dans les « populations serviles » une « masse amorphe et indifférenciée d'individus » à laquelle seule l'adaptation conformiste ou contestataire à la société esclavagiste pouvait fournir une culture et une histoire. Ce serait faire sien le discours colonial, qui fait de l'homme un bien. La culture c'est justement ce qui reste quand on a tout perdu, particulièrement, pour en avoir été arraché, la société où elle a tout son sens. Les valeurs et les référents que l'on a convoyés seul ou en groupe, n'ont plus de jeu social ou accrocher leurs pratiques. Mais elles demeurent susceptibles de trouver de espaces sociaux où s'exprimer et se transmettre, des espaces de ré-intégration pour tous ceux qui jour après jour continuèrent d'arriver pendant des siècles voués à la nudité culturelle et promis aux habits neufs- aux haillons neufs ?- d'une société nouvelle et inconnue[20].

En devenant esclave, l'Africain était dépouillé de son être, de son humanité. Il était *de jure* relégué à la catégorie de marchandise, de « bétail »

---

19 E. Glissant, *Introduction à une poétique du divers*, Éditions Gallimard, Paris,1996.

20 Alain Anselin, « Transculturations africaines : les marassas et le mabelo », in *Paradoxes du Métissage*, sous la direction de Jean-Luc Bonniol, Éditions du Comité des travaux historiques et scientifiques, Paris, 2001, p.120.

et d' « instrument utile » servant à la création des richesses en Amérique[21].

Nonobstant les réserves que nous avons faites au sujet du « Migrant nu », il n'en demeure pas moins qu'il a au moins l'avantage de mettre en exergue la spécificité du tragique départ du Noir vers les Amériques. Ce n'est pas un « migrant » comme les autres :

> On peut dire qu'il y a eu en gros trois sortes de « peuplants » dans les Amériques. Le « migrant armé », c'est à dire celui qui débarque du Mayflower ou qui remonte le fleuve Saint-Laurent. Il vient avec ses bateaux, ses armes, etc., et il est le « migrant fondateur ». Il y a ensuite le « migrant familial », domestique, celui qui vient avec sa cantine, son four, ses marmites, ses photos de famille et qui peuple une grande partie des Amériques du Nord ou du Sud. Et enfin celui que j'appelle le « migrant nu », c'est-à-dire celui que l'on a transporté de force sur le continent et qui constitue la base de peuplement de cette espèce de circularité fondamentale qu'est pour moi la Caraïbe[22].

Dans certaines régions, l'arrivée du « Migrant nu » sur les terres américaines était parallèle à la disparition rapide des Indiens, soumis aux pires traitements par les colons qui voulaient à tous les prix exploiter les richesses de « nouvelles terres » qu'ils venaient de découvrir et de conquérir. Ainsi, une tragédie succède-t-elle à une autre. Une tragédie en alimente une autre.

Pour les mentalités de l'époque les Noirs étaient naturellement voués à être des esclaves ; dans tous les cas, ils étaient réputés être plus solides et surtout aptes à affronter positivement les pires conditions climatiques (soleil brûlant, paludisme, miasmes, dysenterie) qui sévissaient dans les Caraïbes et les Antilles mais aussi ailleurs dans les Amériques.

Les justifications de l'asservissement des Noirs étaient nombreuses. Elles allaient de la théorie du climat, ci dessus évoquée, à une exégèse tendancieuse de la Bible (la malédiction de Cham) en passant par l'animalité

---

21 « La traite des Noirs est un commerce. Ce qui en fait la singularité, c'est qu'à la différence de toute autre activité commerciale, la marchandise n'est pas un objet quelconque naturel ou artificiel, extrait fabriqué, manufacturé ou produit par l'homme. Cette marchandise est l'extracteur, le fabricant, le manufacturier ou le producteur, l'homme lui même. Ainsi il n'est pas aisé de donner de ce commerce une définition scientifiquement passable. Serait cliniquement exact quelque chose comme : « la traite consiste à produire par différentes sortes d'intervention, à acheter puis à vendre à l'extérieur de chez eux des êtres vivants d'origine africaine considérés comme négociables ». Cliniquement exact et moralement odieux », Serge Daget, *La traite des Noirs. Bastilles négrières et velléités abolitionnistes*, Paris, Éditions Ouest-France, 1990, p.20.

22 E. Glissant, *Introduction à une poétique du divers*, p.14.

du Noir[23]. Toutes ces justifications ne doivent pas faire oublier les raisons économiques qui fondamentalement sont à la base de l'esclavage transatlantique : une main-d'œuvre bon marché, mais aussi taillable et corvéable à souhait[24].

Après avoir été vendus sur le marché des esclaves selon des critères établis (âge, dentition, sexe, taille, origine de provenance, robustesse, beauté) les africains devenaient aussitôt des objets, des « instrument utile », une « machine animée » au service exclusif de leurs maîtres du moment jusqu'à une hypothétique manumision ou jusqu'à une revente.

Les Noirs seront répartis sur tous les territoires de l'Amérique Latine, surtout dans les parties qui ont vu l'extermination des Indiens, et ils vont constituer l'élément déterminant dans l'exploitation des richesses (mines, agriculture, élevage, plantation, domesticité). Aussi la souffrance des Noirs, a-t-elle été à la base de la création des richesses pour les marchés européen et américain.

Le travail des esclaves était strictement réglementé et codifié : ils ne devaient pas travailler moins de dix-huit heures par jour et toute la semaine, dans les plantations ils travaillaient enchaînés pour éviter les évasions ... Si les intérêts des propriétaires le commandaient, ces règles, par exemple, les esclaves ne devaient pas travailler les jours fériés, étaient allégrement bafouées. L'essentiel était l'enrichissement des propriétaires, l'acheminement de certains produits tels le sucre, le cacao, le coton, le café, les épices vers l'Europe pour y être vendus et/ou transformés par les industries manufacturières.

Certains historiens, comme J. A Deoring, insistent sur une différence significative du statut de l'esclave dans les colonies hispano-américaines, luso-américaines et dans les colonies anglo-américaines[25]. Cette différence, à la vérité, est bien plus nominale que réelle, elle constitue aussi une vue de l'esprit de certains historiens.

Souvent, la législation dont il est question (le *Code noir*, par exemple)

---

[23] cf. S. U. Abramova, « Les aspects idéologiques, doctrinaux, philosophiques, religieux et politiques du commerce des esclaves noirs », *La traite négrière du XVe au XIXe*, Monographie, Paris, Ed. Unesco,1979, vol 3d.

[24] Cf. Eric Williams, *op. cit.*

[25] « En tierras hispanoamericanas y lusoamericanas, el esclavo negro poseía, al contrario de lo que ocurría en tierras angloamericanas, donde faltaba por completo una legislación para los esclavos, un estatuto legal : no estaba expuesto a la voluntad de su amo, aunque su posición fuera poco envidiable », J. A. Doerig, « Situación de los esclavos a partir de las Siete Partidas de Alfonso el Sabio », in *Folia Humanística*, Vol. IV, 1966, p. 140.

est restée lettre morte. Son application en outre était tributaire de la volonté des maîtres et des intérêts bien supérieurs, comme on dit aujourd'hui dans le jargon de la diplomatie internationale, de l'économie coloniale. En somme, une espèce de « Realpolitik » avant la lettre.

La collusion objective entre les intérêts financiers et politiques des colons et des métropoles coloniales réduisait presque à néant, en peau de chagrin, les dispositions légales concernant l'esclave et son travail. Pour tout dire, ces lois et autres dispositions n'avaient que peu de force exécutoire. La règle était plutôt le droit permanent à l'état de non-droit, la doctrine bien connue (dans les colonies espagnoles, par exemple) du « hecha la ley, hecha la trampa » ou encore du « aquí mando yo » parce que « Dios está en el cielo y los reyes en España ».

Il ne s'agit bien évidemment pas de dire que les esclaves n'ont pas su tirer un quelconque profit de ces lois, de ces dispositions. Il s'agit de souligner que leur portée était limitée et que le nombre de ceux et celles qui y avaient recours l'était tout autant. Les contextes de l'époque, où tous les intérêts étaient inextricablement liés, étaient foncièrement dissuasifs[26].

Par ailleurs, comment faudrait-il alors comprendre les multiples rebellions et soulèvements des Noirs (dont la Révolution de Haïti) au regard de ce statut légal censé protéger les esclaves des abus de leurs maîtres ? Le *code noir* se prononce davantage sur la façon dont les colons blancs doivent se comporter vis à vis des Nègres (toujours dans un rapport hiérarchique et de supériorité), de leur travail qu'il ne prévoit des recours et des droits effectifs dont ces mêmes Nègres auraient pu se prévaloir.

Maître Dieudonné Kounkou, actuellement avocat près la Cour Suprême de Montpellier avait eu une formule incisive pour décrire la portée idéologique du code noir français : « il s'agissait de dire par le droit le non-droit d'accès au droit des esclaves noirs »[27].

Nina S. de Friedemann dit aussi la même chose dans sa perception des dispositions visant théoriquement à améliorer le sort des esclaves noirs. Écoutons la :

> A diferencia de lo que sucedía con el indio, el negro como entidad humana y pieza clave en el desenvolvimiento económico, estuvo totalmente desprotegido en el ámbito jurídico colonial. La cédula real firmada en

[26] Cf. Lucena Manual Salmoral, *op. cit.*, introduction p. 10.

[27] Dieudonné Kounkou, « Du satut du meuble au statut d'être humain et de citoyen », in *Marges 18 : Les Noirs et le discours identitaire latino-américain* [Victorien Lavou, Coord.], CRILAUP, Presses Universitaires de Perpignan, 1997, pp.59-69.

Aranjuez el 31 de mayo de 1789, con la pretensión de « proteger » a los negros, es más bien un reflejo atenuado del pensamiento consignado en códigos anteriores expedidos en Portugal, Holanda e Inglaterra, con respecto al trabajo de los esclavos negros. Y por supuesto en la misma España donde abundaron instrucciones, ordenanzas y reglamentaciones sobre el comportamiento social y laboral del negro. Tales *códigos negros* como se les conoció, conforman con la dicha cédula un cuerpo jurídico de apoyo a la esclavitud como sistema socio-económico, los cuales se han denominado *los códigos del sol*[28].

La position de Docrig sollicite, en outre, une distinction tendancieuse que certains croient devoir opérer entre l'exploitation coloniale latine, (espagnole, portugaise surtout) plutôt patriarcale et relativement bienveillante[29] donc, et l'exploitation coloniale anglo-saxonne qui serait sans âme, brutale, orientée uniquement par les lois du marché capitaliste qu'inaugurait la Traite et l'esclavage des Noirs.

Il existe désormais chez les historiens et autres spécialistes de la Traite négrière transatlantique un consensus tendant à répartir le travail esclave dans les colonies américaines en périodes ou en cycles. Il y aurait ainsi le « cycle minier », basé sur la recherche et l'extraction de l'or surtout, mais aussi du diamant, comme au Brésil et en Colombie. Suivrait ensuite un « cycle agricole », dont la canne à sucre et la culture de la plantation seraient le symbole le plus représentatif, particulièrement dans les Caraïbes, les Antilles et les régions côtières ou tropicales de l'Amérique continentale (Venezuela, Mexique). Le troisième serait le « cycle industriel », les premières industries de transformation sur place de certains produits, notamment la canne à sucre : « ingenios » et « trapiches ».

Cette répartition du travail esclave en cycles, pour être pertinente et opératoire, ne rend cependant pas nécessairement compte de la spécificité de ce travail dans toutes les colonies américaines. C'est, dans tous les cas, la réserve que fait Escalante Aguiles en prenant appui sur l'exemple de Cuba :

> Es obvio que la periodización en ciclos tiene un valor instrumental para lo que atañe a algunos países latinoamericanos, como Brasil ; empero, no ocurre lo mismo en cuanto a Cuba, donde los periodos o etapas no podrían sino referirse a condiciones concretas de su desarrollo histórico y, por ende,

---

28 Nina S. de Friedemann, *Presencia africana en Colombia La saga del negro*, Pontificia Universidad Javeriana, Santa Fe de Bogotá, 1993, pp.59-60.

29 Nous ferons remarquer que ce même argument est repris, par exemple, par le discours officiel académique de Porto Rico pour souligner, et s'en vanter par la même, la spécificité de l'exploitation coloniale dans l'île qui se démarquerait ainsi par sa « douceur » de ce qu'on a pu observer ailleurs en Amérique Latine durant la même période.

diferirán de lo que al parecer es rasgo bastante común entre otros países de América. Bastaría decir que no hubo propiamente un ciclo minero inicial y mucho menos que en el mismo jugara un papel importante la gente de origen africano. La débil y fugaz minería de oro con muy escaso empleo de africanos no constituye un ciclo, si tenemos en cuenta que la venta de ganado y de otros productos a Nueva España, Perú y barcos de tránsito constituye desde 1520 la actividad más general y frecuente de los conquistadores-colonizadores...[30].

Le XVIIe siècle restera dans les annales de l'histoire comme celui qui inaugura la déportation massive des noirs africains dans les plantations américaines. C'est en effet la période où le sucre était devenu une denrée très prisée par le marché européen. Il était donc économiquement rentable d'en produire. Comme on le sait, la culture de la canne à sucre est extensive et de ce fait dévoreuse de main-d'œuvre noire.

Par ailleurs, on découvre aussi, comme en Colombie (Cauca, Nechí) et au Brésil (Minas Gerais), de nouveaux gisements d'or qui vont accroître la demande de ce type de main-d'œuvre. Les propriétaires de ces mines étant eux aussi soucieux de s'enrichir très rapidement.

Le XVIIe c'est aussi la période où le monopole colonial de l'Espagne sera battu en brèche progressivement ; ainsi d'autres empires, comme la France, l'Angleterre, la Hollande et le Danemark, vont-ils entrer dans la danse macabre de la Traite négrière et dans la course aux profits colossaux qu'elle générait directement (par la vente des esclaves) ou indirectement : ce que la « machine animée », c'est à dire le Noir, produisait par son travail :

> Le commerce triangulaire donna ainsi une triple impulsion à l'industrie britannique. Acquis en échange de produits manufacturés, le Noir expédié dans les plantations produisait du sucre, du coton, de l'indigo, de la mélasse et d'autres produits tropicaux, processus qui entraîna la création de nouvelles industries en Grande-Bretagne. En même temps, l'entretien des esclaves et de leurs propriétaires, sur les plantations, ouvrait un nouveau marché à l'industrie anglaise, à l'agriculture de la Nouvelle Angleterre et aux pêcheries de Terre-Neuve. Vers 1750, il n'y avait pratiquement pas de ville commerçante ou manufacturière en Angleterre qui ne fût, de quelque manière, associée au commerce colonial triangulaire ou direct. Et c'est aux bénéfices de ce commerce que s'alimenta un des principaux courants de cette accumulation du capital qui finança plus tard en Angleterre la révolution industrielle. Les îles des Antilles devinrent pour l'Empire britannique un pivot d'autant plus important qu'il représentait la grandeur et la prospérité de l'Angleterre. Grâce aux esclaves nègres, les colonies de la canne à sucre devinrent les colonies les plus riches jamais enregistrées dans toutes les

---

30 Escalante Aguiles « Facetas del esclavo africano en América Latina », *América Indígena*, Vol. XXIX, n.3, México, 1959, pp. 666-667.

annales de l'impérialisme[31].

La sueur et le sang du Noir sont à la base du développement de l'économie moderne européenne ; cette vérité historique continue pourtant à être niée par certains esprits chagrins. Le travail esclave, il convient de le souligner aussi, était marqué par la violence brute érigée en loi, par la coercition, par des humiliations, des vexations permanentes de toutes sortes. Des expressions langagières françaises telles que « travailler comme un nègre », « broyer du Noir », « être le nègre de quelqu'un », qu'on devrait prendre au premier degré, tirent sans doute leurs origines de cette période esclavagiste et coloniale.

De ce travail esclave on doit aussi mettre l'accent sur le rôle qu'y a joué la femme noire[32]. Elle était en effet doublement exploitée. Comme les autres esclaves elle était astreinte à produire constamment un travail physique harassant mais elle était en outre instrumentalisée comme objet de plaisir livré aux caprices de la libido des autres esclaves, de celle du maître ainsi que de celle de ses rejetons. Mais elle était aussi, comme cela arrivait parfois, instrumentalisée dans le sens de la fabrication d'un autre « bétail-esclave »[33].

En effet, la condition d'esclave dépendait du statut de la mère. Les enfants d'une femme noire esclave étaient automatiquement des esclaves. Cela bien évidemment, était perçu par les colons comme le moyen de limiter le risque de tarissement des esclaves du fait des mesures de plus en plus contraignantes contre la Traite et du fait du coût des esclaves.

Considérons l'exemple des Antilles françaises :

> À partir de 1763 un nouveau thème est impulsé par les administrateurs et repris par des voyageurs puis par les colons absentéistes (les seuls qui nous aient laissé des traces), celui de la « repopulation » des îles sans moyens étrangers (c'est à dire sans traite) pour faire face à l'effrayante « dépopulation ». En effet les colons se mettent à craindre le tarissement de l'Afrique, l'augmentation des prix des esclaves, les arrêts intempestifs de la

---

31 Éric Williams, *op. cit.*, p.74

32 Le travail de l'écrivaine noire cubaine, Nancy Morejón, qui déplace et questionne donc, à partir de la poésie, la focalisation univoque et consensuelle des discours historiques sur l'homme esclave noir mérite d'être souligné. Elle attire l'attention sur la participation de la femme noire dans l'économie coloniale de Cuba et du reste de l'Amérique Latine.

33 Cf. Victorien Lavou Zoungbo, « Du nègre comme un hercule doublé d'un Saint-Phallus : une humanité différée », in *Marges 21 : Las Casas face à l'esclavage des Noirs, vision critique du onzième remède (1516)*, Victorien Lavou Zoungbo [Coord.], Presses Universitaires de Perpignan, CRILAUP, juillet 2001, pp. 59-93

traite, mais ils voient aussi la difficulté de la formation des Africains à l'esclavage, le nombre important de ceux qui meurent l'année de leur arrivée. Par contre l'esclave créole « nourri dans l'esclavage, son esprit s'y moule insensiblement, comme son corps par de petits essais se prépare de bonne heure aux plus rudes travaux ». Pour se former une « pépinière » de nègres créoles, certains maîtres proposent de lutter contre le libertinage, d'exciter les unions et de marier les esclaves[34].

Le système inique d'exploitation du Noir va durer quatre siècles donc et par la suite il périclitera. Une conjonction de facteurs (humains, politiques, éthiques, etc.) jouant les uns par rapport aux autres, se renforçant mutuellement ont permis de mettre fin à l'ignoble « commerce des hommes ». Plusieurs raisons peuvent être avancées pour expliquer la fin de la Traite négrière et de l'abolition de l'esclavage.

Nous reviendrons succinctement sur trois éléments qui, d'après nous, ont fortement contribué à l'interdiction de la Traite et à l'abolition de l'esclavage, en pratique échelonnée suivant les colonies. Tout d'abord il y a ce que l'on pourrait appeler la mauvaise conscience des européens, les abolitionnistes surtout, face à l'esclavage. Il était devenu une pratique moralement insoutenable d'un point de vue éthique ou moral. L'esclavage avilissait tout autant l'esclave que le maître et la civilisation qu'il est censé représenter.

Les récits des voyageurs, certains fameux, et souvent cités par l'historiographie, et, d'autres moins connus, reviennent constamment sur cette dégradation des valeurs fondatrices de la civilisation occidentale dont les maîtres esclavagistes sont responsables. À la limite, mais c'est certainement exagéré, les « amis des noirs » et autres philanthropes défendaient moins le noir ou le nègre esclave qu'ils n'étaient soucieux de rendre à l'Occident une certaine image qu'il a de lui même. Cette image se trouvant ternie et bafouée par la longue expérience esclavagiste et coloniale. Ainsi fallait-il aller à l'encontre de tout ce qui tendait à avilir toute notion d'humanité :

> Les mutilations étaient fréquentes ; membres, oreilles et quelques fois parties sexuelles- pour les priver des seuls plaisirs dont ils pussent jouir gratuitement. Les maîtres versaient de la cire enflammée sur leurs bras, leurs têtes et leurs épaules, leur enduisait la tête de sucre de canne bouillant, les brûlaient

---

[34] Arlette Gautier, « Les esclaves femmes dans les Antilles françaises 1635-1848 », *Historical Reflections*, USA, Vol.10, 1983, p. 416.
Nous renvoyons aussi à la réactivation de la mémoire de cette présence active de la femme esclave noire dans *Femmes des Antilles. Traces et voix* [Gisèle Pineau et Marie Abraham, eds], Éditions Stock, Paris, 1998.

vivants, les grillaient à petit feu, les remplissaient de poudre explosive et les allumaient ; leur barbouillaient le cou ou la face de sucre pour attirer les mouches dévorantes et les approchaient ainsi des nids d'abeilles ou de guêpes ; leur faisaient manger leurs excréments, boire leur urine, et avaler la salive d'autres esclaves ... Ces tortures, parfaitement authentifiées, étaient-elles courantes, ou n'étaient-elles que des incidents isolés, extravagances de quelques colons demi-fous ? Bien qu'on ne puisse produire des centaines de cas, tout prouve que ces pratiques bestiales étaient des événements normaux de la vie des esclaves[35].

Pour les abolitionnistes et les esprits éclairés de l'époque l'esclavage constituait une atteinte à la dignité humaine. Il fallait surtout retrouver et consolider l'idéal de la « mission civilisatrice » qui incombait naturellement à l'Occident. En outre, le triomphe de la Révolution française de 1789 avait propagé les idéaux de l'égalité et de la liberté individuelle et collective[36]. Le mouvement abolitionniste a eu davantage de développement et d'impact en Angleterre[37] même si dans d'autres pays européens, comme l'Espagne ou la France, il existait des sociétés abolitionnistes.

La deuxième raison est liée à la réaction même des esclaves noirs face à l'asservissement, à la déshumanisation dont ils étaient victimes. Leur attitude fut souvent marquée par des soulèvements, des révoltes. Ceux-ci ont commencé dès l'embarquement sur les bateaux négriers et tout au long de la traversée de l'Atlantique. À côté de ces révoltes collectives il y avait des actes individuels de ceux ou de celles qui refusaient leur condition d'esclave et qui donc se suicidaient en se jetant par dessus bord ou se laissaient mourir d'inanition parce qu'ils ou elles refusaient de consommer la pitance qu'on

---

35 C.L. R James, *op. cit.*, p.11.

36 On a parfois exagéré l'impact de la Révolution française de 1789 sur la genèse et le développement de la Révolution noire d'Haïti. Le livre fondamental de C.L.R, *Les Jacobins noirs. Toussaint Louverture et la Révolution de Saint Domingue*, tend plutôt, exemples concrets et preuves historiques à l'appui, à démontrer le contraire. Il souligne aussi que l'attitude des révolutionnaires de Paris était plutôt guidé par l'attentisme et la volonté de conciliation des intérêts des colons et ceux de l'Empire. Les « avancées » en matière de justice sociale étaient surtout due à la pression constante des insurgés noirs car la proclamation officielle de l'abolition de l'esclavage à Saint-Domingue par la Révolution français ne signifiait absolument pas une transformation effective des structures de domination coloniale.
Sur cette question importante on consultera aussi : Aimé Césaire, *Toussaint Louverture. La Révolution française et le problème colonial [1960]*, Édition Présence Africaine, Paris, 1981 et Jacques de Cauna, *Haïti : L'Éternelle Révolution*, Éditions Henri Deschamps, Haïti, 1997.

37 Cf. Éric Williams, *op. cit.*.

leur donnait[38].

Ce refus de l'esclavage devrait se poursuivre en Amérique, dans les plantations, dans les mines ou dans l'espace domestique de la maison des maîtres. Déjà dès la première introduction des Noirs à Hispaniola le gouverneur N. de Ovando demanda explicitement aux Rois Catholiques de ne plus envoyer d'esclaves noirs dans les colonies car du fait de leur contestation de la « grammaire coloniale », ils servaient de mauvais exemple et pouvaient ainsi mettre en danger la sacro-sainte mission civilisatrice, c'est à dire l'économie coloniale.

Le XVIe et le XVIIe constituèrent des moments de grande tension. Les esclaves noirs s'organisent et luttent pour mettre fin à la condition qui leur était faite, preuve que les dispositions existantes relatives à la manumission des esclaves étaient inefficaces. En fait souvent il fallait racheter sa liberté ou la payer au prix de son âge, c'est le cas des « matungos », ou d'une maladie qui rendaient alors les esclaves de ce type non rentables pour leurs maîtres. Les archives coloniales ne précisent pas le nombre des esclaves mansés durant l'esclavage transatlantique, elles n'indiquent pas non plus l'ampleur d'un tel phénomène qui, finalement, dépendait du bon vouloir du maître.

Partout en Amérique devrait alors se multiplier la dissidence face à l'ordre esclavagiste, à travers des résistances souterraines comme l'empoisonnement des maîtres (les domestiques et les cuisinières noires étaient devenus leur terreur) et de leurs bétail ou à travers la résistance ouverte, généralement connue sous le terme de « cimarronaje » ou de « cimarronismo ». Cette forme de résistance a été le plus souvent conçue comme la fuite d'une condition servile. On n'insiste pas assez sur la dimension d'affrontement et de contestation de l'ordre esclavagiste qu'elle comporte.

Les fugitifs fondaient des communautés dans les montages, dans les endroits où ils se trouvaient, à l'abri des représailles ; ces communautés avaient une durée de vie généralement limitée, elles étaient en effet l'objet de la répression acharnée des troupes à la solde des maîtres et de l'économie coloniale. Mais certaines communautés pouvaient durer longtemps et devenir ainsi de véritables foyers de résistance et de vie, dotés d'une organisation militaire et politique.

Les exemples de San Basilio en Colombie et de Palmares au Brésil sont de ce point de vue significatifs. La hantise que suscitait la

[38] Cf. E. Altunaga, *Todo mezclado*, Ed. Letras Cubanas, La Habana, 1984.

confédération des Quilombos de Palmares était inversement proportionnelle à la liesse et au soulagement qui accompagnèrent sa destruction, plus de 50 ans plus tard, par les forces répressives coloniales :

> Em fins do século 17, o aniquilamento da confederaçao dos quilombos dos Palmares, nos sertoes meridionais da capitania de Pernambuco, tornou-se verdadeira idéa fixa das autoridades colonialis. Temia-se que seu crescimento ameaçasse o coraçao da sociedade escravista. A conquista do Macao, em inícios de 1694, cauzó regozijo na corte portuguesa. Em Recife, festejou-se o acontecimento com seis dias iluminárias. Os responsáveis pelo feito militar foram regiamente recompensados. A importância dos fatos foi registrada por boa parte dos autores do século 18 que escreveram sobre o Brasil[39].

La désignation de ces communautés pouvait varier d'une région à une autre : « Quilombos »[40], « Palenques », « Cumbes », ou « Free villages ». C'est le triomphe de la Révolution d'Haïti (1791-1804) qui donna son titre de notoriété au phénomène de la résistance ouverte des Noirs contre un ordre colonial et esclavagiste en Amérique Latine. Haïti était une des colonies les plus riches des Caraïbes. On y produisait du sucre, du coton, du cacao et diverses épices. Une agriculture de rente qui permettait ainsi de générer beaucoup de bénéfice pour les colons mais aussi pour la métropole, c'est à dire la France :

> En 1789, les deux tiers du commerce extérieur de la France se faisaient avec sa colonie antillaise de Saint-Domingue, laquelle représentait le plus grand marché de la traite européenne des esclaves. La plus grosse colonie du monde, fierté de la France et objet de convoitise de toutes les autres nations impérialistes, faisait partie intégrante de la vie économique d'alors. Tout cet ensemble reposait sur le labeur d'un demi million d'esclaves.
>
> Au mois d'août 1791, après deux ans de révolution française avec ses répercussions à Saint-Domingue, les esclaves entrèrent en révolte. Leur lutte dura douze ans. Ils mirent tour à tour en déroute les blancs locaux et les soldats de la monarchie française, une invasion espagnole, une expédition britannique de près de 60 000 hommes, et un contingent français identique, commandé par le propre beau-frère de Bonaparte. La défaite des troupes napoléoniennes, en 1803, permit l'installation de l'État nègre d'Haïti, qui

---

[39] Mário Maestri, « Benjamin Péret : um olhar heterodoxo sobre Palmares, in *Marges 18 : Los Negros y el discurso identitario latinoamericano* [Victorien Lavou, ed.], Presses Universitaires de Perpignan, CRILAUP, 1997, p.159. De nouvelles recherches tendraient, par ailleurs, à prouver qu'il existe au Brésil, dans le Mina Gerais, des Quilombo presque aussi grands et aussi importants que Palmares.

[40] Il n'est pas inutile d'observer qu'aujourd'hui en Argentine, par exemple, s'est opérée une désémantisation du mot « Quilombo » qui équivaut désormais à embrouilles, à quelque chose de louche.

s'est maintenu jusqu'à nos jours.

> C'est la seule révolte d'esclaves dont l'histoire ait enregistré le succès. Les obstacles qu'elle dut franchir témoignent de l'importance des intérêts qui étaient en jeu. La transformations des esclaves, qui auparavant tremblaient par centaines face à un seul blanc, en un peuple capable de s'organiser et de défaire les nations européennes les plus puissantes de l'époque, constitue une des grandes épopées de la bataille et de la réussite révolutionnaires[41].

Du fait de son importance l'économie des plantations en Haïti présupposait donc des conditions de travail encore plus exécrables pour les esclaves noirs mais aussi, en même temps, une répression féroce constante. Les évasions y étaient fréquentes, au point que le « *Code noir* » prévoyait un châtiment exemplaire pour ce qui apparaissait comme un « délit » :

> Le délit de fuite ou « marronage » est puni par l'amputation des oreilles ou d'une jambe et la mort en cas de *troisième récidive* [c'est nous qui soulignons][42].

La troisième récidive et la peine capitale qui l'accompagne, témoigne bien de la volonté farouche des noirs esclaves d'être libres et humains, malgré les châtiments horribles auxquels il s'exposaient immanquablement.

Tel Sebastián dans le film de G. Alea, *La última cena* (1976), qui n'a de cesse de vouloir échapper à sa condition d'esclave. À chaque tentative d'évasion il est poursuivi et rattrapé par la garde blanche de la plantation à laquelle il était lié. Le clou de son châtiment va être l'ablation d'une de ses oreilles devant les autres esclaves rassemblés pour la circonstance et devant le propriétaire de la plantation. « Le comte » va ressentir un dégoût d'autant plus fort que l'oreille de Sebastián est jetée à un chien qui l'ingurgita sans demander ses restes.

Même si dans le film on joue constamment sur l'opposition entre un « comte », plutôt absentéiste, et son commandeur, qui régente tout et a, en outre, l'obligation de faire du rendement, il faut se garder de voir dans la scène que nous venons de rapporter une opposition entre l'inhumanité du commandeur et l'humanité du maître bienveillant, capable de ressentir de l'affect (dégoût). Car par la suite, après la révolte des esclaves et l'incendie de sa propriété, le masque de l'humanité et de la bienveillance du maître tombe. Il va recourir au « texte de la violence légitime », jusque là mis en suspens, en ordonnant la persécution des leaders de la révolte, leur exécution, leur décapitation et de l'exposition de leurs têtes plantés dans des piquets.

---

41 C.L.R James, Préface à la première édition de *Les jacobins noirs*, 1938.

42 Cf. Robert Cornevin, Haïti, *Que sais-je* N.1955, Paris, PUF, 1982.

Douze têtes pour douze piquets dressés en attente, derrière une croix. Le symbolisme chrétien est ici frappant et justifie le titre du film. Cependant, en s'échappant définitivement Sebastián-Judas (car il faisait partie des douze choisis pour commémorer avec le Maître l'ultime cène) dénonce la sauvagerie de la répression contre les esclaves rebelles et, en même temps, fait apparaître la lutte, le refus de la soumission comme quelque chose d'irrévocable.

Dans l'un de ses romans, *Mahagony*[43], Edouard Glissant reprend le motif de la contestation politique de l'esclave noir, sa soif de liberté à tout prix. On découvre à cette occasion la trace des peines qui étaient appliquées inévitablement aux nègres fugitifs repris : l'amputation. Ainsi certains personnages portent-ils les noms de Manchoté I, II, III, un peu comme, Charles V, Philippe II, ou de Jarreté I et II, etc.

Loin d'être des titres de noblesse ces désignations soulignent que les personnages qui les portent ont été amputés soit du bras soit du jarret. Cela témoigne aussi de l'ordre de l'amputation : celui a qui on a coupé le premier un bras ou un jarret...

Aussi bien dans le film de Gutiérrez Alea que dans le roman de E. Glissant on s'aperçoit que la violence brute est érigée et codifiée en loi dans les plantations d'Amérique pendant l'esclavage. Ce « texte de la violence légitime » s'écrit sur le corps-nègre. Une façon de lui rappeler constamment son statut de « machine animée » ou d' « instrument utile » totalement voué à l'économie esclavagiste et coloniale. Une façon aussi pour le système colonial de réaffirmer sa légitimité désormais contestée par le mouvement du « cimarronaje »[44].

Un théâtre du pouvoir, en somme, délimité par des scènes de tortures, d'exécutions sommaires, de supplices publics inimaginables dans la plupart des cas, qui cependant ne résistera pas au verdict de l'histoire. Il était en effet non seulement contesté mais irrémédiablement condamné par le désir légitime de liberté des esclaves.

La Révolution de Haïti constitue, C.L.R James y insiste tout particulièrement, un exemple unique dans l'histoire : des esclaves se sont libérés eux-mêmes de leur joug par l'affrontement ouvert et direct, sans une intervention extérieure, sans aucune une aide divine. Ils sont ainsi devenus

---

43 E. Glissant, *Mahagony*, Paris, Gallimard, 1997.

44 Cf. José Luciano Franco, « Cuatro siglos de lucha por la libertad : los palenques », in *La presencia negra en el nuevo mundo. Cuadernos de la revista Casa de las Américas*, La Habana, 1968.

des sujets de leur propre histoire. L'expérience historique de la Révolution d'Haïti souligne, si besoin en était, que le travail idéologique, qui consiste, par plusieurs voix/voies, à naturaliser l'esclavage aux yeux des maîtres et des esclaves eux-mêmes, ne suffit pas pour maintenir en l'état un système inique d'exploitation.

Dans le cas des colonies américaines du temps de l'esclavage ce travail idéologique était doublée d'une violence brute érigée, comme nous l'avons dit, en loi[45]. Avant d'être fondatrice d'un « Nouveau monde », la colonisation en Amérique a d'abord été destructrice des organisations sociales préexistantes, des visions du monde, en un mot, destructrice de toute idée d'humanité, en particulier celle du Noir :

> Nègres brûlés vifs... bourrés de poudre et mis au feu... nègres condamnés à être broyés au moulin..., enterrés jusqu'au cou, enduits de sucre près d'un nid de fourmis... cloués sur des planches... pilés dans des mortiers... dévorés par des chiens, etc.[46].

La Révolution de Haïti à contribué grandement à l'accélération du processus de l'abolition de l'esclavage en Amérique Latine. De nos jours les historiographies nationales n'ont pas encore accordé à cette Révolution toute la place qu'elle mérite, elles n'ont pas davantage insisté sur l'intérêt qu'elle comportait non pas uniquement pour l'abolition de l'esclavage mais aussi pour les luttes de libération nationale qui mettront fin, avec plus ou moins de succès, à l'histoire coloniale en Amérique Latine.

Seule la production culturelle semble en parler, et pour cause !. Et de ce point de vue l'exemple le plus représentatif en est le célèbre roman de Alejo Carpentier, *El reino de este mundo* (1949)[47]. Ce roman, outre son évident ancrage historique, rappelle l'importance de la participation des africains noirs et de leurs descendants, dans l'édification de l'Amérique et la prospérité de l'Europe.

C'est en somme, d'après nous, une espèce de revalorisation de la « présence-histoire » des noirs en Amérique Latine. Il ne s'agit donc pas tellement de réécrire l'histoire des Noirs à Haïti et, par de-là, en Amérique

---

45 Voir à ce propos les différents rappels souvent occultés ou tus que fait Rosa Amelia Plumelle-Uribe, dans *La férocité blanche Des non-blancs aux non-aryens Génocides occultés De 1492 à nos jours*, Préface de Louis Sala-Molins, Éditions Albin Michel, 2001.

46 Robert Cornevin, *op. cit.*, pp.24-25.

47 Alejo Carpentier, *El reino de este mundo*, Barcelona, Seix Barral, [1967], 1993.

Latine[48]. Il s'agit de remettre en cause l'occultation du Noir par les discours officiels et légitimes, par les imaginaires sociaux. Cette occultation, dans certains pays, a été une des conséquences de l'indo-américanisme et de l'Indigénisme (1920-60)[49].

D'un point de vue culturel et pratique (les interactions sociales avec les autres groupes en présence) la résistance du Noir esclave pendant la colonie et celle de ses descendants durant la période de formation des États-Nations latino-américains s'est traduite par ce que Herskovits nomma naguère l' « ambivalence socialisée ». Une notion très opératoire, selon Roger Bastide, mais qui fut longtemps ignorée des spécialistes de l'afro-américanité :

> Cette redécouverte est toute récente, elle ne date que de ces cinq ou six dernières années ; nous pensons qu'elle n'a pas fini de nous révéler la richesse de sa fonction heuristique ; car elle consiste à montrer à l'intérieur de l'afro-américain non, comme on le pensait parfois, une psyché syncrétique, mais au contraire le jeu dialectique de deux personnalités, l'une façonnée par la famille nègre, l'autre par la société globale dirigée par la société des blancs et dominée par les valeurs blanches ; or il serait, croyons-nous, possible de découvrir, par l'analyse d'exemples concrets de personnalités afro-américaines, les lois multiples de cette dialectique, d'hésitations ou de complémentarité, de remords et de reprises, de compensations et de conflits[50].

Nous devons reconnaître aussi que nous découvrons à peine cette notion. Du fait de ce qu'elle implique, elle peut légitimement être rapprochée d'autres notions forgées naguère par un intellectuel noir « usaméricain » et depuis reprise par d'autres. Il s'agit de la notion de « doubling », de « double consciousness » ou encore de « twoness » (W.E.B Dubois) sur laquelle nous reviendrons ultérieurement.

Le troisième élément qui aura aussi fortement contribué à la fin de la Traite négrière et à l'abolition de l'esclavage est l'avènement d'un capitalisme de monopole dont l'Angleterre de l'époque était l'illustration

---

48 C'est aussi là une lecture qui a été souvent faite d'un autre texte célèbre, celui de Manuel Zapata Olivella, *Shangó el Gran Putas*. On y a vu une saga des Noirs en Amérique Latine, occultant ainsi tout l'aspect de dénonciation des injustices sociales dont les Noirs sont encore les premières victimes et la nécessité donc d'une réparation sociale.

49 Victorien Lavou Zoungbo, « Miroirs obscurs des spéculations indigénistes », in *Marges 18 : Les Noirs et le discours identitaire latino-américain*, [Victorien Lavou, coord.], CRILAUP, Presses Universitaires de Perpignan, 1997, pp. 59-90.

50 Roger Bastide, « Mémoire collective et sociologie du bricolage », in *L'Année sociologique, vol.3*, Paris, PUF, 1970, p.67.

parfaite. Le développement des industries et du commerce international impliquait nécessairement une recherche effrénée de nouveaux marchés pour écouler les produits manufacturés. L'Angleterre, en tant que grande puissance économique et maritime à l'époque, ne pouvait guère tolérer la concurrence des autres puissances qui continuaient largement de tirer profit du travail gratuit et bon marché des esclaves[51].

C'est donc tout à fait logiquement que devait lui incomber le rôle de gendarme des mers. Elle pourchassait les bateaux négriers et usait de la dissuasion diplomatique pour obtenir l'abolition de l'esclavage. Celle-ci, dans la plupart des cas fut décrétée en 1848. Mais l'application de ce décret variait suivant les colonies et suivant les pressions que les colons et leur représentants pouvaient exercés auprès des puissances tutélaires. On peut néanmoins considérer que dans la deuxième moitié du XIXe siècle la mesure était effective : le Brésil étant l'une des dernières colonies à abolir l'esclavage en 1888.

Il faut cependant rappeler que l'abolition de l'esclavage ne signifiait pas pour les noirs, anciens esclaves et leurs descendants, un accès immédiat à une légalité sociale. Rien n'était fait pour faciliter leur intégration économique ainsi que leur acceptation en tant que citoyens latino-américains à part entière par les imaginaires nationaux. Pour ces Noirs s'ouvre alors une autre période douloureuse marquée par la lutte pour la reconnaissance de leur citoyenneté, pour la reconnaissance de leur participation active à la création des économies nationales ainsi qu'aux identités nationales.

L'irruption des Noirs sur les scènes publiques nationales va soulever un ensemble de problèmes à la fois social, politique, économique, culturel et imaginaire. Un peu à l'image de ce qui s'était passé au XVIIIe siècle en France et que Léon-François Hoffmann rappelle ici :

> On s'est enfin rendu à l'évidence : l'existence de l'homme noir pose de multiples problèmes à la pensée européenne : problème religieux (comment concilier l'Évangile et l'esclavage ?), problème scientifique (comment expliquer les différences de pigmentation ?), problème esthétique (les canons de la beauté « blanche » peuvent-ils s'appliquer aux africains ?), problème économique (comment exploiter les colonies sans le travail forcé des esclaves ?)... L'esclavage des Noirs sera pour la première fois, et de plus en plus violemment, attaqué, et ceux qui en profitaient mis en demeure de le justifier. Pour cela ils inventeront le racisme ou plutôt, si l'on peut dire, ils

---

51 Cf. Éric Williams, *op. cit.* ou encore les chapitres qui s'y rapportent, notamment en ce qui concerne les Caraïbes, dans son livre *De Christophe Colomb à Fidel Castro : l'histoire des Caraïbes 1492-1969.*, Traduction de Maryse Condé avec la collaboration de Richard Philcox, Présence Africaine, Paris, 1975.

activeront le racisme latent de l'homme occidental. C'est ainsi que certains auteurs essayeront de prouver l'infériorité naturelle des fils de Cham, de justifier leur exploitation en se réclamant sinon de la théologie, au moins de l'économie politique, d'une certaine psychologie, voire d'une biologie aberrante. D'autres écrivains, plus nombreux, prendront la défense des Nègres au nom des principes fondamentaux de liberté, égalité, fraternité. Jadis simple objet de curiosité, le Noir s'insinuera dans la mauvaise conscience collective des Français. Sa longue revendication de la dignité humaine dans un monde dominé par les Blancs commence[52].

52 cf. Léon-François Hoffmann, *op. cit.*

MÉMOIRES OUBLIEUSES : LE NOIR COMME ANALYSEUR SOCIAL

> Nadie recomendaría a un negro la edificación de un palacio, la defensa de un reo, la dirección de una controversia teológica o el gobierno de un país
>
> Alejo Carpentier, *El siglo de las luces* (1962)

> De todas las personas a las que he preguntado, nadie parece saber con exactitud dónde se encontraban los lazaretos y, por supuesto, nadie ha juzgado necesario especular siquiera sobre ello para señalar al lugar con una placa o un monumento. Al parecer, existe, planes al respecto, por el momento no hay nada. Debiera, al fin y al cabo, ser uno de los emplazamientos más significativos de Estados Unidos, pues se trata del lugar en el desembarcaron más de 30 por ciento de todos los africanos que arribaron a América del Norte. La isla de Ellis negra.
>
> Caryl Phillips, *El sonido del Atlántico* (2001)

Le Noir sort de l'expérience esclavagiste, coloniale et des luttes pour les indépendances nationales avec une image dévaluée, dépréciée, marquée à jamais par la tache infamante de l'esclavage. Il se retrouve pris, à présent, dans tout un ensemble de stéréotypes, dont les origines remontent pour partie à l'esclavage et à la Traite, qui vont le surdéterminer et, en même temps, vont servir de philtres dans les rapports que vont avoir les sociétés globales avec lui.

Alors que le Noir était inscrit dans l'histoire économique, sociale, politique, juridique, religieuse de l'Amérique Latine, il demeurait fondamentalement invisible. Pour les imaginaires sociaux il restait à jamais marqué par le stigmate de l'esclavage. Paradoxalement donc, l'expérience dramatique de l'esclavage va servir à disqualifier les noirs ex-esclaves libres ou affranchis. Pour certains auteurs ou penseurs latino-américains l'esclavage a fatalement laissé dans les gènes des noirs des dispositions, des comportements ou des attitudes incompatibles avec les temps nouveaux que supposent l'avènement de nouvelles républiques latino-américaines. Les traces de ce discours concernant le supposé poids insurmontable de la « huella de la esclavitud » se donnent à voir dans certains discours académiques ou littéraires et voire même dans le discours de la doxa[1].

D'un point de vue social, et en partie du fait de ce stigmate, le Noir était considéré comme un non-sujet, un non-citoyen[2]. Se pose alors la question de son incorporation dans les sociétés globales, la question de la compréhension-lecture de ses savoirs, de ses us et coutumes, de ses religions, de son rapport au monde, de son être.

Par ailleurs, le problème du statut qu'on doit lui accorder ou lui reconnaître se pose aussi. Est-il ou doit-il être considéré comme un citoyen comme les autres ? Autrement dit, peut-il ou est-il autorisé à prétendre aux privilèges et droits juridiques, politiques et d'association liés justement à la citoyenneté[3] ?

Carmen Bernand souligne que le débat autour de la citoyenneté du Noir, de l'Indien et, plus largement, des « castas » s'est posé dans la métropole coloniale espagnole, suite à l'invasion napoléonienne et à la chute consécutive de Fernando VII :

> A raíz de la invasión de España por los ejércitos de Napoleón y de la deposición de Fernando VII, la legitimidad de la monarquía pasó a la Junta General de Sevilla. Las Cortes, que reunían delegados de las juntas de ambos hemisferios, fueron convocados en Cádiz en 1810 con el objecto de redactar una constitución. Lo esencial de los debates giró en torno a las bases de la

---

[1] Cf. Antonio Cornejo Polar, *Escribir en el aire. Ensayo sobre la heterogeneidad socio-cultural en la literaturas andinas*, Editorial Horizonte, Lima, Perú, 1994. En particulier le dernier chapitre, « Piedra de sangre hirviendo : los multiples retos de la modernización heterogénea », pp. 159-233.

[2] Pour Cuba, Cf. l'excellent livre de Fuente (de la) Alejandro, *Una nación para todos...*, Ed. Colibrí, madrid, 2000.
Pour la Colombie, Cf. Claudia Mosquera, Mauricio Pardo, Odile Hoffmann (eds.), *Afrodescendientes en las Américas. Trayectorias sociales e identitarias. 150 años de la abolición de la esclavitud en Colombia*, Universidad Nacional de Columbia, ICANH, IRD, ILSA, Colombia, 2002.

[3] Sur la question de la citoyenneté en Amérique Latine nous renverrons à deux travaux récents, l'un collectif l'autre pas. Même s'ils ne se réfèrent qu'aux cas de l'Argentine et de la Bolivie ces deux ouvrages présentent un incontestable intérêt : ils reviennent en effet largement sur la notion politique de la citoyenneté. Permettant ainsi de mieux comprendre les enjeux de cette notion. Ils permettent aussi de mesurer l'inscription des minorités ethniques nationales (indiens et Noirs) dans la dite citoyenneté qui se mettait en place dès l'avènement des États-Nations latino-américains :
—Mónica Quijada, Carmen Bernand y Arnd Schneider, *Homogeneidad y Nación : con un estudio de caso : Argentina, siglo XIX y XX*, Consejo Superior de Investigaciones Científicas, Madrid, 2000.
—Marta Irurozqui Victoriano, « *A Bala, Piedra y Palo* ». *La construcción de la ciudadanía política en Bolivia. 1826-1952*, CSIC, Madrid, 2000.

representación de las Indias. Un punto fundamental era la determinación de la ciudadanía Quienes debían ser considerados como españoles ? Qué estatus jurídico y político debía ser reconocido a los indios y a las castas ?... Las castas originadas en negros esclavos no podían ser consideradas como limpias, y mientras que los diputados obtenían medidas en favor de los indios, como la supresión de la mita y del tributo, así como la redistribución de las tierras a las comunidades que habían sido despojadas, la inclusión de gente de color en la categoría política de español planteaba serias dificultades[4].

Ce refus des Cortes, malgré le saisissant plaidoyer d'un certain José Mejía Lequerico, de considérer les « castas » comme des citoyens espagnols va entraîner, selon Carmen Bernand, des débats considérables dans les colonies. Même si pour certains une marge de faveur devrait être concédée aux « castas » qui se sont distinguées pendant les guerres de l'indépendance, l'opinion générale y était défavorable. Les « castas » étant fondamentalement perçues par les imaginaires sociaux comme porteuses du stigmate de l'esclavage, de la Traite et de la colonie.

La réponse à toutes les questions antérieurement posées traduisait bien le rapport des sociétés globales vis à vis de la « présence-histoire » des Noirs en Amérique Latine. L'attitude contradictoire des intellectuels, on peut mentionner ici l'exemple de Fernando Ortiz avec *Los negros brujos* (années 1930), est assez symptomatique du dit rapport. Ces intellectuels, les plus en vue, s'intéressaient moins au Noir qu'ils ne spéculaient sur leur propre légitimité en se fondant sur l' « irreprésentabilité » du Nègre dans un sens à la fois cognitif et politique.

Posé d'entrée de jeu comme l'expression parfaite d'une altérité radicale, le Noir, disaient-ils, ne rentrait dans aucune catégorie cognitive et discursive digne de ce nom. En outre, il restait profondément marqué par l'« impureté » de l'esclavage qui fait donc de lui et de ses pratiques sociales et culturelles une menace et à la fois un facteur de corruption des identités nationales.

Autrement dit, l'avènement des Républiques latino-américaines d'après les indépendances ouvre, paradoxalement, une ère d'inquiétudes et d'incertitudes liées à la « présence-histoire » du Noir. Dans les régions des Caraïbes et des Antilles en particulier mais aussi dans certaines régions de l'Amérique continentale (Mexique, Vénézuela, Uruguay, Colombie, etc.) où il y avait une forte concentration de la population noire.

En somme le Noir faisait éclater les catégories cognitives, largement

---

4 Carmen Bernand, « La población negra de Buenos Aires (1777-1862) in, *Homogeneidad y nación*... p.126.

empruntées à l'Europe et aux États Unis, et autres systèmes classificatoires qui servaient de fondements « scientifiques » aux intellectuels latino-américains du XIXe siècle. Le Noir pose problème, il fait peur. Pour les intellectuels latino-américains d'après les indépendances le défi consistait par conséquent à lire le Noir de façon appropriée. Il semble donc important de rappeler que le Noir entre dans les nouveaux États-Nations latino-américains davantage comme objet de discours (anthropologique, littéraire, criminologique, juridique, etc.) que comme sujet de droit. En effet, les promesses de citoyenneté faites aux Noirs affranchis ou anciens esclaves n'ont pas été tenues, elles ont été à chaque fois différées.

Ainsi donc ces intellectuels, mais aussi certains politiques latino-américains découvraient le Noir en fomentant en même temps sa méconnaissance. Pas plus que pendant la période esclavagiste et coloniale les Républiques latino-américaines ne reconnurent au Noir des facultés intellectives, pour ne pas dire intellectuelles, des capacités à être porteur et producteur de culture(s)[5]. En codifiant de manière exclusivement négative sa « présence-histoire », ils n'ont fait qu'entériner et conférer un caractère pseudo-scientifique à tout un ensemble de préjugés et de jugements de valeur qui disqualifiaient et disqualifient encore le Noir.

En même temps qu'on produisait donc en littérature, en philosophie et ailleurs les conditions de méconnaissance du Noir en tant bâtisseur des Amériques et en tant que sujet historique, on observait que les structures sociales et politiques ne changeaient guère. Une infime minorité oligarchique blanche et créole accaparait les leviers du pouvoir et contrôlait les structures économiques.

Le cas de Cuba que rappelle ici Gastón Baquero est symptomatique de cette main-mise et de ce contrôle :

> Cuando la república es instalada, al frente de ella aparece un hombre, Estrada Palma, que era incapaz, según dicen, de robarse mil dólares, pero que también era incapaz de oponerse a ninguna « indicación » de los

[5] Il faut souligner néanmoins qu'à partir des années 1930, on observe un changement dans la perception de la « Présence-histoire » des Noirs en Amérique Latine. Elle est liée, comme c'est le cas à Cuba, à l'échec de la mystique de l'État Nation comme vecteur de Progrès et de développement, mais aussi à la volonté de certains intellectuels de lutter contre l'impact dominant des États-Unis. La négritude (à Cuba) comme l'indianité (au Mexique et au Pérou), viennent se muer en facteur définitoire des identités nationales. Cette évolution n'est cependant pas exempte de contradictions et de simplifications. Elle a des fois entraîné la fixation des Noirs et des Indiens dans une espèce d'authenticité fictive mais elle a aussi contribué, comme au Mexique et au Pérou, à l'occultation des Noirs. Cf. Victorien Lavou Zoungbo, « Miroirs obscurs des spéculations indigénistes », *in Marges 18*, (1997. Cf. Alejandro de la Fuente, ¿ Una nueva Cuba ?, *in op. cit.*, pp. 245-292.

norteamericanos. La propiedad seguiría en manos de los españoles, como estaba acordado en el Tratado de París, pero también seguirían en manos de éstos los empleos, aun los más humildes. La primera situación difícil en el campo laboral se plantea porque los cubanos aspiran a algo tan modesto como es a poder entrar de aprendices en los talleres de tabaco y en otros centros de trabajo. Los españoles reclaman el derecho que les concede el Tratado, Estrada Palma los respalda, y hay muertos en las calles de la Habana. Los muertos son, naturalmente, negros cubanos que pedían trabajo en la República libre. Al comprender que nada había cambiado esencialmente, los soldados del Ejército Libertador pretenden llevar las cosas a su sitio justo. Piden, especialmente los negros, que eran los más necesitados, que se les dé en la República una oportunidad de empleo[6].

L'impossibilité ou, plutôt, la difficulté d'accès aux opportunités sociales et économiques pour ces Noirs qui ont pourtant amplement contribué à façonner la République constitue une contradiction dans les premières années de l'indépendance à Cuba. Cette situation, sous la pression politique constante des Noirs, va s'exacerber en 1912 en prenant la forme de ce que certains historiens appellent « la guerrita de 1912 »[7].

Dans cette « petite guerre » se conjuguent à la fois la peur du Noir à Cuba, les préjugés raciaux et la vision du Noir comme ne faisant pas partie de la légitime population nationale. À ce titre il n'est donc pas autorisé à revendiquer le droit au travail, à une meilleure prise en compte politique de ces aspirations sociales et politiques.

L'historiographie officielle et nationale cubaine n'accorde encore que peu d'importance et de place à cette « guerrita de 1912 ». Au mieux, elle la représente comme une des profondes tares de l'époque pré-castriste, donc finalement comme quelque chose qui justifierait la Révolution de 1959 et ses idéaux de justice sociale pour tous, sans distinction aucune de « races » ou de « couleurs ».

La guerrita de 1912 eut pour conséquence, entre autres choses déplorables, l'extermination de nombreux noirs civils et la décapitation de

---

[6] Gastón Baquero, Indios, *Blancos y Negros en el Calderon de América*, Madrid, Edición Cultura Hispánica, 1991, p. 112.

[7] Pour la genèse et les dramatiques développements de cette « petite guerre » nous renvoyons à Rafael Fermoselle, *Política y color en cuba, la guerrita de 1912*, Madrid, Editorial Colibrí, 1998, [1ère édition 1974, Ediciones Géminis, Montevideo]. Nous remercions ici notre collègue Muriel Altunaga Aguirre d'avoir attiré notre attention sur cet événement et sur le livre de Fermoselle.
Cf. Fuente (de la) Alejandro, *Una nación para todos*, pp. 83-86.

l'élite émergeante noire[8]. En fait de guerre il s'agissait d'un soulèvement des Noirs contre le sort qui était le leur. La goutte d'eau qui fit déborder le vase fut la « ley Morua » qui interdisait aux Noirs la possibilité de se constituer en organe de représentation politique racialement intégré, comme le « Partido Independentista de Color » fondé en 1910.

L'existence de ce parti est due non pas, comme cela avait été grossièrement présentée, à une insidieuse volonté des Noirs de rompre la cordialité raciale ou d'opérer un racisme à l'envers mais, justement, à une volonté de voir leurs revendications légitimes mieux prises en compte par les partis Libéral et Conservateur.

Ce soulèvement des Noirs fut sauvagement réprimé dans le sang, l'État cubain a déployé son arsenal militaire, des milices blanches furent levées, l'armée américaine craignant pour les intérêts de ses ressortissants déploya la marine de guerre et des troupes de combat. Une réaction somme toute disproportionnée qui traduit bel et bien la phobie du Noir toujours vécu comme une menace interne dans le Cuba postindépendantiste.

On n'a pas fini de mesurer l'impact de cette « petite guerre » sur les imaginaires cubains ni sur la situation actuelle des Noirs dans l'île qui, depuis cette guerre, vit dans la peur et la hantise de voir les Noirs se rebeller contre la blanche société une autre fois, comme dans un infernal ballet cyclique de jacqueries mobilisant des hordes sauvages assoiffées de sang blanc et de la blanche virginité des jeunes filles. La mise en avant de leur supposée lubricité congénitale, et autres divers stéréotypes, constitua la réponse privilégiée qu'on apporta à la demande des Noirs de bénéficier d'un statut économique digne de ce nom[9].

En ce qui concerne le Brésil, Gilberto Freyre devait affirmer qu'il était plus facile d'être Noir pendant l'esclavage que sous la République. Autrement dit le maintien ou le renforcement de ces structures coloniales ne préparait pas les imaginaires à l'acceptation du Noir comme citoyen à part entière, pas plus qu'il ne favorisait son accès au bien être économique et social.

Au sortir de la colonie, l'élite blanche dirigeante de l'Amérique Latine redoutait, en général, les « mezclas abyectas », selon les termes de

---

[8] Cf. Aline Helg, *Lo que nos corresponde. La lucha de los negros y mulatos por la igualdad en Cuba 1886-1912*. Traducción de José Antonio Tabares del Real, Ediciones Imagen Contemporánea, La Habana, Cuba, 2000.
Nous remercions sincèrement notre collègue Sandra Hernandez, Maître de Conférences à l'Université de Nantes, de nous avoir offert ce livre fondamental.

[9] Cf. la mise au point intéressante que propose Alejandro de la Fuente, *op. cit.*

l'argentin Alberdi. Cela a souvent entraîné leur relégation sociale mais aussi le renforcement du mythe du nécessaire et salutaire blanchiment des sociétés latino-américaines, notamment par une politique délibérément raciste (seuls étaient accueillis les blancs européens) de l'immigration aux XIXe siècle[10].

Bien que ce que nous venons de dire concernant le sort fait au Noir au sortir de la colonie vaille globalement pour toute l'Amérique Latine cet aperçu mériterait certainement d'être nuancé en tenant compte de la situation particulière de chaque pays. L'un des exemples les plus illustratifs en serait la double période de gouvernement de Rosas en Argentine (1825-1862).

D'après les historiens, Rosas aurait favorisé une certaine visibilité sociale des Noirs qui, à l'époque, vivaient massivement à Buenos Aires[11] :

> En Buenos Aires, a partir de la segunda década del siglo XIX, los negros gozaron de una situación relativamente privilegiada, en la medida que constituyeron la gente de confianza de Jan Manuel Rosas. Este caudillo, terrateniente de la provincia de Buenos Aires, fue nombrado gobernador en 1829... À partir de 1835, con la instauración del gobierno rosista, los negros gozaron de la confianza del tiran. Muchos de ellos fueron reclutados como libertos en las tropas de Rosas para luchar contra los indios de la frontera, y muchos perecieron en los combates. Los criados y sirvientes desempañaron un papel importante ya que su inserción en la casa de sus amos les permitía controlar las conversaciones y denunciar a los opositores... Los negros fueron durante toda esa época glorificados por los periodistas a sueldo de Rosas. En los candombes se cantaban estribillos en que se ensalzaba la causa federal[12].

L'attitude de Rosas n'est cependant pas mue par une quelconque volonté de reconnaître, ou de faire admettre, les Noirs en tant que citoyens de plein droit dans l'Argentine qui se construit. Sa démarche était politique, elle visait à asseoir sa légitimité sur les couches populaires, dont les Noirs, afin de mener la « guerre des frontières » contre les Indiens mais aussi pour faire pièce aux velléités libérales des « Unitaires » farouchement opposés à l'idée d'une fédération (« Provincias Unidas ») qui favoriserait la production

---

10 Pour l'Argentine nous renvoyons à Arnd Schneider, « Inmigrantes europeos y de otros orígenes », in Mónica Quijada y al, *op. cit.*, pp.141-178. Cet article réactualise certaines données concernant le discours qui tend à représenter l'Argentine comme un pays d'immigrants blancs européens. Ce discours remonte au péronisme et a une constance réelle, mais il a connu beaucoup de transformations.

11 Cf. Monica Cejas Minuet & Mirta Pieroni, « Mujeres en las naciones afroargentinas de Buenos Aires », in *América Negra, N.8*, 1994, Bogotá, Colombia, pp.133-145.

12 Cf. Carmen Bernand, « la población negra de Buenos Aires (1777-1862) », in Mónica Quijada y al. *op. cit.*, p.133.

locale et le marché intérieur au détriment de l'insertion de l'Argentine dans le marché international.

D'où cette tendance chez les « Unitaires », de l'époque concernée, à identifier les « Morenos de Rosas » (Carmen Bernand) et singulièrement Noirs comme le symbole par antonomase de l'avilissement du Rosisme. Autrement dit, pour simplifier au maximum, il en était du Rosisme comme des Noirs : quelque chose « fuera del lugar », une horreur, à proprement parler. L'œuvre dans laquelle cette identification se donne à voir de manière évidente est sans nul doute *El Matadero* (1870). Écrit pendant le Rosisme, il ne fut publié qu'après la mort de son auteur[13].

On devrait pouvoir identifier les traces de cette projection disqualifiante chez les intellectuels qui soutenaient ou défendaient l'idéologie des Unitaires, notamment Mármol, Sarmiento, Alberdi, etc. Ce conflit historique entre les « unitaires » et les « fédéraux » convoque et/ou instaure le Noir davantage en figure littéraire et culturelle qu'il n'institue un débat sur la citoyenneté de ce dernier en Argentine[14].

Quoi qu'il en soit il demeure vrai que naître Noir(e) dans les Amériques à l'époque de la formation et de la consolidation des États-Nations, comme à l'époque actuelle, implique d'être, d'ores et déjà, affublé(e) d'un costume d'Arlequin ; non pas celui qui se signale par une citation ou une mosaïque de couleurs, dont certains théoriciens ont fait le symbole de l'hétérogénéité positive[15], mais celui fait d'un conglomérat de stéréotypes tenaces, moins brillants ou chatoyants, dont l'efficace sociale est cependant redoutable et néfaste.

Tout l' « Étant Noir » est concerné, rien n'échappe à cette stéréotypie : ses traits physiques et physiologiques, ses pratiques culturelles et cultuelles, ses pratiques linguistiques (« Black english » aux États Unis, « Mekatel you » au Costa Rica, le « jarocho o media lengua » au Mexique »), le port de son corps, ses pratiques vestimentaires, etc. Les productions culturelles américaines sont habitées par cette stéréotypie,

---

[13] Cf. Michèle Soriano, « Logos et abjection : la différence en jeu. Analyse sociocritique de l'enjeu spéculaire dans l'économie archaïque du discours libéral argentin », in *Imprévue, 1995-2*, Montpellier, CERS, pp. 7-50.

[14] Pedro Orgambide (compilador), *Unitarios y federales. Esteban Echeverría y otros autores*, Ameghino Editora, Rozario, Argentina, 1998. Sur l'ensemble des textes rassemblés il faut remarquer aux pages 43-44 un poème anonyme, *La negrita*, (1833) où Juana Peña, une noire, se vante d'être fédéraliste (« Federal ») et demande à ses autres frères d'embrasser cette même cause.

[15] Cf. Michel Serres, *Le Tiers-Instruit*, Paris, Éditions François Bourin, 1991.

qu'elles déconstruisent ou, comme dans certains cas, qu'elles ratifient et consolident.

Il existe désormais une démarche théorique et critique qui s'intéresse aux images des Noirs dans les pratiques discursives et scénographiques. Nous nous arrêterons un instant sur les secondes pour au moins une raison :

> Parce que le théâtre est avant tout un art de la représentation, il offre le moyen d'appréhender concrètement les artifices qui construisent le stéréotype. Le théâtre ne souffre pas les compromissions de l'imaginaire, il se donne comme la réalisation concrète des réticences, des rejets ou des solidarités. Car le théâtre donne d'abord à voir. Là où le roman donne à imaginer, le poème à sentir, l'essai à comprendre, l'œuvre dramatique elle, montre sans détour, et elle montre du vivant. En somme elle donne vie aux fantasmes ou aux hantises. D'autre part, le théâtre s'est imposé à nous comme essentiel pour comprendre la fabrication des clichés concernant l'idée du nègre et l'histoire des mentalités puisqu'il était, avant l'ère audio-visuelle, le moyen d'information le plus direct pour la plus grande partie de la population qui n'avait pas accès à l'écrit ; la littérature, elle, restait réservée à une élite qui savait lire[16].

Peu ou prou, la fonction sociale du théâtre, que souligne Sylvie Chalaye à propos de la France se retrouvait aussi dans le Cuba de l'époque qui nous intéresse. Mais ce qui importe davantage c'est l'accent qu'elle met sur ce qui fonde la spécificité du théâtre : donner à voir, mais aussi à entendre et à imaginer quelque chose sur scène devant un public, jamais le même par principe.

De ce point de vue le théâtre constitue, d'après nous, un espace privilégié où l'on pourrait décrypter la stéréotypie qui surdétermine les Noirs en Amérique Latine. L'exemple le plus illustratif en serait le « Minstrel shows », aux États Unis, et el « teatro Bufo », à Cuba[17]. Leur succès phénoménal est largement attesté par des témoignages et des écrits de/sur l'époque concernée (la deuxième moitié du XIXe siècle).

Ce genre de théâtre persiste encore, certes avec peut-être moins

---

16 Sylvie Chalaye, *Du Noir au nègre, l'image du Noir au théâtre. De Marguérite à Jean Genet (1550-1960)*, Paris, Éditions l'Harmattan, 1998, p.13.

17 Rine Real est l'un de ceux qui ont inauguré l'étude du « teatro bufo » à Cuba. Ses textes suivants sont devenus aujourd'hui des classiques :
La selva oscura. De los bufos a la neocolonia, (Historia del teatro cubano de 1868 a 1902). Editorial Arte y literatura, Habana, 1982.
Teatro bufo siglo XX (Antologia), 2 tomos, selección y prólogo de Rine Real, Editorial Arte y literatura, Habana, 1975
Nous remercions Nara Mansur de nous avoir indiqué ces ouvrages.

d'impact que naguère. Ce qui importe c'est sa survivance, le fait même qu'il continue d'être programmé dans certaines rencontres théâtrales, comme à Cuba lors du « Mayo teatral », organisé par la « Casa de las Américas » et auquel nous avons assisté en 1997, mais aussi dans le « festival du « teatro vernaculo » de Miami.

Le teatro « Bufo » est doublement significatif. Il désigne le rapport des sociétés globales aux Noirs à travers des images caricaturales, des « comportements types » que ces sociétés attribuent aux Noirs. Mais il pose aussi, en même temps, la question du corps de l'acteur et celle de sa couleur. Cela nous semble important car il ne faut pas perdre de vue, puisqu'il s'agit ici de représentations que l'expérience coloniale a légué à l'Amérique Latine une taxinomie raciale fondée sur la couleur de la peau. Les deux pôles les plus extrêmes étant le Noir et le Blanc. Le résultat biologique de leur rapport entre eux ou avec les indiens a été un casse-tête pour l'administration coloniale, toute occupée à étiqueter et à classer les produits de ces unions. Ces désignations administratives changeaient selon les époques et selon les régions considérées.

Deux exemples pour faire court. Le passage de « Moriscos » à « cuarterón de mulato », en Amérique du sud, et celui de « Zambo » ou « Zambaigo », au Pérou, à « Mulato pardo » (au Mexique). Ce passage ne traduit pas un euphémisme du type Noir/Nègre à gens ou personnes de couleur. Dans ces exemples que nous proposons, le dernier, comme du reste le premier, désigne un trajet de représentation mentale qui veut que le « Mulato », à l'instar du « Mestizo », soit un pas vers le Blanc car ils sont issus d'une union entre le Blanc et la Noire, entre le Blanc et l'Indienne ; alors que « Zambo », parfois aussi désigné comme « Lobo » implique l'union entre un Noir et une Indienne. En fin de compte, il s'agissait d'une union entre deux pardos au sang également vil et vicié et donc impropre au Progrès et à la Civilisation. Ainsi le voulaient les représentations qui avaient cours pendant la colonie.

À la lueur de ce trajet de représentation on devrait mieux apprécier les termes de « Mestizaje » ou de « Mulatez » ou encore « Mulatía » qu'on utilise fréquemment, le plus souvent sans aucun recul critique, comme si la chose allait de soi, pour caractériser la formation culturelle de certaines régions de l'Amérique Latine.

Il convient aussi de faire remarquer que, dans la plupart des cas, lorsque le croisement impliquait les Noirs, le faire taxinomique de l'administration coloniale (espagnole et portugaise entre autres) convoquait presque toujours le sème animalier ou végétal ou encore le sème du brûlé. Cela est important à nos yeux car en creux il est toujours question du statut du Noir, de sa nature : est-il réellement humain ou participe-t-il de la chaîne qui se situe entre le végétal et l'animal ? Quelques exemples :

> *Lobo* : En casi todas las colecciones designa el producto del cruzamiento entre negro e indio, es decir, a quienes en un principio fueron denominados *zambos*. En otras, no se ajusta concretamente a este tipo de mezcla, aunque siempre se refiere a cruzamientos donde intervienen individuos con acentuados carácteres negroides o amerindios. La denominación alude al color de dichos individuos, cuya piel pardusca se parecería al pelaje de estos animales.
>
> *Cambujo* : « Dícese del caballo o yegua de color negro rojizo ». También se denominan así « las aves con patas rojas oscuras » (Diccionario de Agricultura, Zootecnia y Veterinaria, 1939). Como puede suponerse, la denominación designó a los mestizos provenientes de enlaces entre individuos negros o indios y otros dihíbridos negro-indios.
>
> *Chamizo* : « Arbol o leño chamuscado o a medio chamuscar » (D.A.Z y V., 1939) Su utilización respecto a un tipo determinado de mestizos es clara. Se refiere, por analogía a un color de la piel.

Ce faire taxinomique de l'administration coloniale trouvait, bien évidemment, ses limites dans la multiplication des unions entre les castes ou entre ceux-ci et les blancs. Cela prouve qu'il s'agissait d'un préconstruit idéologique destiné à classer mais surtout à déclasser les individus. Chaque étiquetage correspondait aux privilèges sociaux auxquels on pouvait prétendre, au capital symbolique qui y était lié ou associé :

> *Tente en el aire* : Eran todos aquellos productos de cruces interraciales en que las características físicas se mantenían intermedias entre las razas primitivas sin acercarse a ninguna de ellas.
>
> *Ahí te estás* : Concepto similar al anterior. El propio término es suficientemente explicativo.
>
> *No te entiendo* : Tal designación aludía a los individuos que no presentaban los caracteres esperados del tipo de cruzamiento del que eran resultantes o cuyas características repetían las de un ancestro poco definido racialmente[18].

Ces deux dernières catégories montrent à l'envi l'absurdité et les limites du faire taxinomique colonial ; il est cependant rentable socialement et politiquement dans la mesure elle visait à diviser les castes et tendait à renforcer l'idée de la suprématie politique et sociale du Blanc. L'exemple du sort fait aux mulâtres d'Haïti en attesterait largement :

> Au début, tout mulâtre était libre jusqu'à l'âge de vingt-quatre ans. Ce n'était pas une disposition légale, mais les blancs étaient si peu nombreux par

---

18 Tous ces exemples sont tirés de Isidoro Moreno Navarro, « Un aspecto del mestizaje americano : el problema de terminología », in *Revista española de antropología americana*, Vol.IV, Madrid, pp. 212-213.

> rapport aux esclaves que les maîtres essayèrent de s'attacher ces intermédiaires plutôt que de les laisser grossir les rangs de leurs ennemis (...) Mais par une chance heureuse, il n'y avait pas de limites —contrairement à ce qui se passait dans les îles anglaises— à l'acquisition de propriétés. Intelligents et de belle santé, les mulâtres administraient eux- mêmes leurs entreprises, sans dépenser leur fortune dans d'extravagants voyages à Paris ; ils amassaient des richesses comme maîtres-artisans, puis comme propriétaires. Lorsqu'ils commencèrent à s'établir à leur propre compte, la jalousie et l'envie des colons blancs devint haine féroce et crainte. Ils divisèrent les rejetons des blancs et des noirs et les combinaisons intermédiaires en 128 catégories[19].

Quoi qu'on en dise, il n'y avait finalement qu'une seule polarité qui gérait ce faire taxinomique colonial. Elle consistait à un « retorno hacia el blanco » ou à un « retorno hacia el Negro ». Les symboles de cette polarité irrécusable pour l'époque (seulement ?) en sont, dans un ordre inversé, le « Torna atrás » et le « casi limpio de origen ». « Adelantar » ou « Regresar » telle semblait être la loi qui gouvernait l'imaginaire racial à l'époque coloniale.

Cette nomenclature officielle racialisante a cependant produit des « identités » ou, plutôt des identifications (dans le sens policier du terme). La *doxa* s'applique toujours a bien distinguer les nuances des couleurs. De là les préjugés de couleur qui éloigneraient le reste de l'Amérique Latine des États Unis où l'on déplorerait davantage des préjugés de race.

Il apparaît donc désormais que notre interrogation au sujet du corps de l'acteur et de sa couleur cesse d'être une obsession de couleurs pour devenir une préoccupation pertinente. À l'époque du « minstrel » ou du « Bufo » le Noir ne pouvait qu'être présentifié sur scène. Tout un travail de mise en scène pour « représenter » ou figurer le Noir devant un public blanc ou *white-like*.

Dans ce donner à voir devant un public qui distingue le théâtre des autres modélisations culturelles interviennent aussi des « horizons d'attente », des habitus (toujours historiques et sociaux) qui vont tour à tour déterminer ce qui mérite d'être vu et le décodage de la chose représentée, tout particulièrement pendant l'époque qui nous intéresse ici.

Dans le « minstrel » et le « Bufo » l'expérience vécue du Noir, qui a partie liée avec l'histoire même des États-Nations américains, se joue, est jouée et moquée à la fois. Le Noir se joue, comme quelque chose d'externe à un « Nous » ou à un « Je » (individuel ou collectif). Le théâtre a justement

---

19 C.L.R James, *op. cit.*, pp. 33-34.

cette particularité d'établir une coupure nette entre la chose « représentée », ce qui est donné à voir et l'assistance, le public qui se trouve dans le hors scène, l'opinion des critiques du théâtre diverge sur ce point, mais qui fait malgré tout partie de la représentation.

C'est précisément cette coupure là (« Nous sommes au théâtre », ou encore « il s'agit de théâtre ») qui, paradoxalement, permet une articulation avec le socio-discursif, avec le social et avec l'histoire. De ce point de vue le Pr. Daniel Meyran a raison, c'est là une de ses formules préférées, de souligner que le théâtre c'est la vie[20].

Il reste cependant que cette vie, l'histoire du Noir, n'est pas appropriée, n'est pas partagée par tous. Le « teatro bufo » oblitère la participation du Noir à l'histoire politique, économique, sociale et culturelle de l'Amérique Latine. De l'expérience du Noir il n'en retient que sa servilité supposément congénitale, sa lourdeur, sa paresse irréductible, son grotesque. En outre, le grotesque suppose un décalage, reconnu par le public, entre les faits et gestes du Noir qui essaie, en général vainement, de singer les « buenos modales » des sociétés globales dominées par des valeurs de la culture blanche :

> El negrito surgirá como una necesidad dramática, pues el negro estaba ahí y era imposible crear una literatura o escena ignorándolo, lo que comprendieron tempranamente los románticos. Pero por esos mismos motivos, su esencia sufrió una remodelación y se creó al negrito en una hábil maniobra que lo situó al margen del gran repertorio, del carácter épico, de los conflictos dramáticos. En pocas palabras, *se le fomentó como bufón y se le negó como héroe*. Así transformado en un personaje de burla, de choteo, de exotismo y superficialidad, el negrito canaliza la perspectiva discriminadora y esclavista de nuestro teatro, y es un producto típicamente colonial[21] (c'est nous qui soulignons).

L'opinion de Rine Leal peut paraître exagérée car il y avait dans le « teatro bufo » cubano d'autres personnages types, comme le « Gallego » et la « Mulata » qui étaient eux aussi soumis à la dérision du public. Il faut cependant remarquer qu'il s'agissait tout autant de personnages dont le coefficient social était dévalué ou constamment soumis à une réévaluation symbolique.

C'est ainsi qu'à Cuba, et tout particulièrement à la Havane, le constat

---

20 Meyran Daniel, *El discurso teatral de Rodolfo Usigli. Del signo al discurso*, CITRU, México, 1993.

21 Rine Leal, « Prólogo » a *Teatro del siglo XIX*, edición de Eduardo Heras León, Habana, Editorial Letras Cubanas,1986, p.20.

à propos de la présence importante des Galiciens s'accompagne de la dérision de leur maîtrise approximative de la langue espagnole. Le galicien se signalerait aussi par ailleurs par une carence avérée de bonnes habitudes, de civilisation. La « mulata » quant à elle est vénérée pour sa beauté, sa légèreté et ses compétences sexuelles. Elle renvoie cependant dans les imaginaires au Noir.

Autrement dit, le Noir, en tant que figure centrale du « Bufo » cubain est toujours pris dans une chaîne de représentations qui intègre d'autres figures abjectes ou abjectables, d'autres figures stigmatisées ou stigmatisables[22]. Il est donc indéniable que le théâtre « Bufo » a produit et a contribué donc à produire une identification négative et paradoxale du Noir. Il devenait ainsi à la fois si proche (« on connaît les Noirs », « ils agissent et se comportent réellement ainsi ») et si lointain (« ils ne nous ressemblent pas, vraiment », « ils sont bizarres et ridicules », « ils feraient mieux de retourner en Afrique », « ils n'y arriveront jamais », etc.).

Le théâtre est donc un espace privilégié pour décrire le rapport des imaginaires latino-américains à la « présence-histoire » des Noirs, particulièrement dans des pays à forte tradition théâtrale comme le Mexique, le Chili et Cuba. Mais cela suppose un outillage critique et théorique adapté et pertinent afin de mener à bien une telle tâche. La sémiotique (Piercienne ou Greimasienne) et la sociocritique peuvent constituer, de ce point de vue, des outils théoriques et méthodologiques opératoires[23].

Cela dit, ce que nous avançons au sujet du « minstrel » et du « Bufo » (cubain en particulier) devrait être confronté avec ce que la tradition critique du théâtre a pu définir comme les caractéristiques propres à ce genre de théâtre[24]. Il n'est donc pas dans notre intention de prétendre faire œuvre d'originalité. Nous avons tout simplement suggéré une hypothèse heuristique qui permettrait de « mesurer » l'articulation spécifique, d'après

---

22 Cf. Erving Goffman, *Stigmate. Les usages sociaux des handicaps* [1963], traduit de l'anglais par Alain Kihm, Les Éditions de Minuit, Paris, 1975.

23 Le travail du P. Meyran sur l'œuvre théâtrale de Rodolfo Usigli, à partir justement des systématisations Piercienne, en montre la pertinence.

24 Cf. Les travaux de Matías Montes Huidobro, en particulier, *Persona, vida y máscara en el teatro cubano*, Ediciones Universal,1973. On lira aussi avec un réel intérêt les pages que la Pr. Michèle Guicharnaud-Tollis a consacré au teatro Bufo cubano et le traitement qu'il fait du Noir, cf. « Voies/voix africaines du discours identitaire cubain : histoire des gens sans histoire », in *Marges 18 : Les Noirs et le discours identitaire latino-américain*, Victorien Lavou (ed.), CRILAUP, Presses Universitaires de Perpignan, 1997, pp.41-58.
Voir aussi Nick Tosches, *Blackface. Au confluent des voix mortes.* Traduit de l'anglais par Héloïse Esquié, Éditions ALLIA, Paris, 2003.

nous, entre le texte (écrit ou parlé), la scène et le public que l'on trouve dans le Bufo ou le Minstrel[25].

C'est précisément dans cette articulation que nous proposons de considérer la question du corps de l'acteur. Et ce d'autant plus que le « Bufo » tout comme le théâtre d'extraction occidentale est marqué par une très forte frontalité. Ce qui, en outre, permet de renforcer ce que nous avons identifié comme la modélisation principale du « Minstrel » et du « Bufo », à savoir la comicité grotesque.

Être face au public, jouer face aux spectateurs, voir le public et être de lui vu, institue un rapport dynamique qui est à la source de la production d'images et d'identifications diverses, qui est à la source de production d'affects également différents et constamment renouvelés. C'est certainement la raison pour laquelle on a dit ou postulé qu'au théâtre les représentations se suivent mais aucune ne ressemble à la précédente, même s'il s'agit d'une même pièce exécutée par les mêmes acteurs.

Cela dit, la question qui mérite d'être posée est celle de savoir quels affects sont convoqués par le « Bufo » ou par les « Minstrels shows » des États Unis. Nous sommes d'autant plus fondés à poser cette question que ces deux modélisations théâtrales ont eu à leur époque un impact et un succès considérables. Rine Leal, fin connaisseur du théâtre cubain du XIXe siècle, revient ici sur l'importance du « Bufo » dans son pays :

> El domingo 31 de mayo de 1868 debutan los Bufos Habaneros. Es a partir de ese momento que podemos situar el nacimiento oficial del género, sin olvidar sus antecedentes que arrancan con Covarrubias y pasan por Creto Gangá, Zafra, Guerrero y Socorro de León. Su éxito fue inmediato, y en pocas semanas dominan por completo la temporada. Los Bufos respondían, en su impulso inicial, a los madrileños, creados en 1866 por Francisco Aderíus. Pero aunque los nuestros se declaren deudores de los españoles, debemos anotar la influencia de los *minstrels shows* norteamericanos que, entre 1860 y 1865, visitan la Habana, y muestran su versión domesticada de Jim Crow. Pero todos tenían en común el sentido musical, el uso de la parodia y el baile, la caricatura y la sátira. A lo anterior los cubanos añaden el *negrito* y los tipos vernáculos, y de este modo se sazona la receta del género.
>
> Su éxito fue tan sensacional, que en los ocho meses de temporada surgen ocho compañías, incluso una formada exclusivamente por mujeres. Y no sólo en la capital, sino también en Cárdenas y Vuelta Abajo. La prensa señalará

25 Il nous faudra envisager d'approfondir notre reflexion sur cette articulation postulée en nous intéressant, comme Mme Chalaye l'a fait dans son travail, à la réception du Bufo. Cela supposerait, par exemple, de travailler sur les journaux de l'époque qui parlaient du Bufo, de la réaction du public (débats ou controverses, ratifications), sur les représentations iconiques des festivités liées au Bufo.

que « no hay ciudad de alguna importancia en el interior que no tenga su compañía bufa ». La balanza del gusto se inclina de manera aplastante a favor del nuevo gusto[26].

À Cuba le teatro « Bufo » est non seulement une pratique discursive (textes produits généralement par des professionnels du théâtre, de la danse et de la musique pour être exécutés en public) mais aussi, comme on vient de le voir, une authentique pratique sociale (sa diffusion, sa réception, ses codes, ses lieux de production, la saison théâtrale qui lui est accordée et reconnue). D'où l'importance qu'il y aurait à l'étudier dans la perspective qui est la nôtre, mais pas uniquement, à savoir le rapport des imaginaires vis à vis de la « présence-histoire » des Noirs en Amérique Latine en général et à Cuba en particulier.

Le « Bufo », comme l'a dit Rine Leal ne parle pas du Noir mais bien du « *Negrito* » ; tout en produisant une image dégradée et décalée du Noir, soumise à la dérision du public, il contribue à forger un interprétant du Noir qui condense des préjugés racistes, linguistiques, comportementaux, vestimentaires... qui surdéterminent le Noir et en fait, encore de nos jours à Cuba, une inquiétante étrangeté, une « negra angustia ».

Finalement, mais de manière tout à fait provisoire, dans le teatro « Bufo » il ne s'agit pas de « représenter » l'absent ou l'absence du Noir. Il s'agit plutôt de présentifier un absent social. Ce qui, de notre point de vue, produit un double déplacement de la scène sociale et de la scène dramaturgique.

Drame dans le théâtre mais surtout vie dramatique du Noir en Amérique Latine se conjuguent. Il n'est donc pas étonnant que, dans certains de ses travaux, l'anthropologue colombien Jaime Arocha en soit encore aujourd'hui à poser la question de savoir « s'il est réellement impossible d'intégrer les Noirs dans la société globale colombienne »[27]. En fait la démarche de Jaime Arocha consiste à dénoncer le décalage, encore un autre, entre le discours officiel de revendication et d'acceptation, même partielle, du Noir et de son passé et son vécu réel.

Ce décalage remontait déjà à la période fondatrice des indépendances :

Dans d'autres pays d'Amérique [au contraire des États Unis], l'État et les

[26] Rine Leal, *Breve historia del teatro cubano*, Cuba, Editorial Letras Cubanas, 1980, pp.73-74.

[27] Jaime Arocha, « La inclusión de los afrocolombianos, Meta inalcanzable (?) », in *Geografía humana de Colombia. Los Afrocolombianos, Tomo VI*, Instituto Colombiano de Cultura Hispanica, SantaFe de Bogotá, D.C., 1998, pp. 339-395.

classes dirigeantes n'officialisèrent pas la séparation entre les Blancs et les Noirs. Néanmoins, en pratique, les communautés noires furent systématiquement exclues des destinées de la nation. Elles furent systématiquement isolées du pouvoir et contraintes à rester en marge de la vie économique, sociale et politique, parfois même dans des conditions d'isolement territorial. Dans ces pays, l'homme noir continue à pratiquer ces mêmes activités qui lui étaient dévolues pendant l'esclavage : travail dans les mines, coupe de la canne dans les sucreries, récolte dans les plantations. En ville, c'est toujours lui qui est chargé du nettoyage des rues, du travail domestique, etc. Une telle situation de marginalisation et d'exclusion est justifiée par une différence de race[28].

La persistance d'une telle situation se mesure à la dénonciation de Roger Bastide, il y a quelques décennies, qui trouvait déplorable qu'il faille au Brésil, mais ce n'est vraiment pas l'unique exemple, « se suicider en tant que Noir pour naître homme » et donc espérer ainsi être reconnu comme semblable. Autrement dit, le fondement idéologique qui sous-tend cette équation est la suivante : le Noir n'est pas un homme. Ainsi donc il ou elle ne peut prétendre aux droits et aux privilèges légitimement réservés à l'homme. Une telle équation, soit dit en passant, constituait la base du racisme scientifique qui a surgi au moment où la bataille pour l'abolition de l'esclavage était rude. Une caution, supposément scientifique, aux thèses des anti-abolitionnistes.

Il nous a toujours semblé un enjeu d'importance d'examiner la définition du Noir que donnent les textes fondateurs (constitutions et autres) ainsi que la place et la reconnaissance qu'on lui accorde. Ce travail a été impulsé par R. Stavenhagen pour ce qui concerne les Indiens. Et les résultats obtenus peuvent paraître surprenants. Car il est des pays à forte population indienne qui affichent leur volonté d'intégration et de promotion de l'Indien, comme au Pérou, mais qui, par ailleurs, ne lui concèdent officiellement qu'une reconnaissance folklorique. En revanche, des pays comme Cuba, ou il n'y a pratiquement plus d'Indiens, leur accorde une plus grande importance juridique[29].

Le « malheur généalogique » du Noir, qui persiste encore de nos jours, décrit alors une circularité dont la genèse remonte aux temps de l'esclavage. Pour rendre compte de cette tragique situation du Noir on a pendant longtemps parlé d'exclusion et/ou de marginalisation. Ces deux termes cependant ne décrivent pas exactement la trajectoire socio-historique

---

28 Mario Maestri et Luz Stella García O., *op. cit.*, pp.96-97.

29 Stavenhagen Rodolfo (ed.), *Derecho indígena y derchos humanos en América Latina*, El colegio de México, LIDH, 1988.

du Noir en Amérique Latine. Désormais ces termes sont réservés à la dimension économique de la question. Pour le reste on leur préfère le terme de « invisibilisation ». Pour ce qui concerne la Colombie, c'est Nina S. de Friedmann qui a inscrit cette notion d' « invisibilización » dans les études afrolatino-américaines. Il s'agit de tout un faisceau d'attitudes, de comportements, de discours, de pratiques individuelles et/ou collectives qui concourent à rendre le Noir socialement invisible et « absent » alors qu'il est et a toujours été physiquement présent en Amérique Latine.

Alors qu'on rend le Noir absent, on présentifie, comme à Porto Rico et à Cuba, l'Indien (mais davantage sa figure) qui lui, par contre, est physiquement absent, en tous les cas quasiment. En revendiquant l'héritage exclusif de José Martí dans la genèse de la Révolution de 1959, le discours officiel cubain participe de cette « présentification » idéologique de l'Indien.

On le sait, pour José Martí (cf. *Nuestra América*, principalement) les fondements socio-culturels et politiques de la nouvelle Amérique Latine doivent être avant tout indiens. S'il vaut pour certains pays d'Amérique Latine ce postulat s'applique difficilement aux Caraïbes, en général, et à Cuba, en particulier. Dans la mesure où le choc violent avec les conquérants espagnols a eu pour conséquence immédiate la disparition quasi totale des Indiens.

La notion d' « invisibilisation » est opératoire. En effet, elle subsume les notions d'exclusion ou de marginalisation et elle concerne tout à la fois l'économique, le politique et le culturel. Autrement dit, elle permet de décrire la façon dont les sociétés globales latino-américaines se représentent et donnent à voir leur passé et leur présent. L' « invisibilisation » recoupe donc nécessairement l'histoire, comme lutte des classes ou conflits d'intérêts et comme lutte politique visant au monopole de la violence symbolique de classement et donc de déclassement, et l'imaginaire social qui l'accompagne ou qu'elle génère :

> Han transcurrido casi cinco siglos desde cuando los primeros africanos llegaron a América. De sol a sol, ellos y sus descendientes contribuyeron a forjar el nuevo mundo. A partir de los fragmentos de las sociedades aborígenes que los europeos saqueaban para imponer sus propios moldes, los negros usaron creativamente sus vivencias y recuerdos culturales, convirtiéndolos en piezas medulares del complejo socioeconómico que desde el siglo XV rige las relaciones entre el norte y el sur.
>
> No obstante el volumen de la contribución hecha por los negros, el reconocimiento de sus aportes en la formación colombiana y de otras sigue siéndoles esquivo. Protagonistas de épicas guerreras como la del africano Benkos Bioho, promovieron los primeros movimientos de liberación contra las monarquías europeas. Empero, con timidez, la historiografía de Colombia y América apenas empieza a reconocerles su espíritu emancipatorio. Infortunadamente, tendrán que transcurrir años más para ver las figuras de

alcurnia hispánica compartiendo los altares de la Patria con héroes y personajes de estirpe negroafricana[30].

La situation que décrivent Nina S. de Friedemann et Jaime Arocha n'est pas privative de la Colombie, bien au contraire, elle concerne l'Amérique Latine toute entière. Au reste, depuis 1991 la Colombie, après des luttes âpres et pour des motifs politiques a modifié sa constitution : elle reconnaît désormais le caractère multiethnique et multiculturel de sa formation sociale. Cela en théorie devrait ouvrir la voie à la correction de ce que Nina S. de Friedemann et Jaime Jarocha déplorent et dénoncent à la fois : la méconnaissance des Noirs comme les bâtisseurs des Amériques, leur « invisibilisation ».

Les manifestations officielles et intellectuelles prévues pour le dixième anniversaire de cette modification ont été une occasion unique pour faire un bilan critique des avancées socio-politiques et culturelles qui auraient dû normalement accompagner cette rupture. Ces célébrations auront sans doute permis d'évaluer dans quelle mesure il y a eu une avancée dans la perception-appréhension de la « présence-histoire » du Noir en Colombie. D'autant plus que les zones habitées par les Noirs depuis des lustres et dont, à la faveur de nouvelles dispositions politiques, ils sont supposés en avoir le contrôle sont, en même temps, très convoitées pour leurs richesses. C'est la raison pour laquelle elles sont depuis peu le théâtre d'affrontements violents entre des groupes para-militaires, l'armée et les différentes forces de la guérilla présentes sur le territoire colombien.

Le résultat dramatique de cet affrontement fut le massacre d'une partie de la population noire, l'assassinat de ses leaders autonomistes et régionalistes, un fort mouvement de migration vers certaines villes, notamment vers Bogotá. Les habitants de la capitale colombienne (re)découvrent l'existence des Noirs dans leurs pays. Une telle irruption sur les scènes de la capitale, même si les « migrants » noirs sont plutôt cantonnés dans les banlieues de Bogotá, doit nécessairement produire un choc pour les imaginaires ; pas seulement chez les autres membres de la population vivant dans la capitale mais, il est à parier, chez le reste de la population nationale.

En effet les journaux écrits et télévisés s'intéressent à « ces nouveaux venus ». L'État finance, par ailleurs, des programmes de recherche qui s'emploient à examiner les nouvelles dynamiques produites par cette vague d'immigration noire. Depuis quelques années en effet le gouvernement

---

30 Nina S. de Friedemann y Jaime Arocha, *De sol a sol. Génesis, transformación y presencia de los negros en Colombia*, Bogotá, Planeta Colombiana Editorial, 1986, pp. 16-17.

national, à travers la « Alcadía Mayor de Bogotá » et « la Secretaría de Gobierno et de la Dirección Participación Ciudadana », a confié au Centro de Estudios Sociales de l'université Nationale de la Colombie, le soin de réaliser une vaste enquête sur ces « nouveaux migrants » des côtes pacifique et caraïbe de la Colombie.

Cette enquête s'intègre dans le cadre du « Estudio socioeconómico y cultural de la población afrobogotana ». Nous reportons ici la méthode de travail ainsi que les objectifs recherchés par ce programme :

> El estudio que hará visibles a las familias y a la gente afrocolombiana en Bogotá está por comenzar. Jóvenes estudiantes se acercarán a la gente del afropacífico y del afrocaribe residente en Bogotá. Le preguntarán dónde vive y si puede referirnos a otras personas de la misma identidad, quienes a su vez puedan indicarnos su lugar de residencia y su disponibilidad para responder las preguntas que más tarde les harán, usando un formulario especial. Entre las preguntas a responder, figuran la de los lugares de nacimiento y procedencia, la referente a la ayuda que proporcionaron familiares y amigos al llegar a vivir a la ciudad, con el empleo, la vivienda, la educación y la salud. También aparecerá la relacionada con los trabajos que ha ofrecido esta ciudad y la manera como las personas han progresado[31].

Les résultats de ce travail sur le terrain ont certainement fait l'objet d'une présentation lors des travaux prévus à l'occasion des différentes manifestations organisées en 2001 dans le cadre de la commémoration des cent cinquante ans de l'abolition de l'esclavage en Colombie et à l'occasion de la célébration du dixième anniversaire de la modification de la constitution de la Colombie[32]. Nous sommes personnellement en contact, depuis quelques années déjà, avec Dr. Jaime Arocha, qui suit personnellement l'avancement des travaux du programme du groupe dont il a la charge ; il nous a fait part aussi de nombreuses réticences que ses chercheurs rencontrent sur le terrain ainsi que des atermoiements du gouvernement, notamment ceux de la « Dirección de Comunidades Negras », qui dépend directement du Ministère de l'Intérieur.

---

[31] L'anthropologue colombien Jaime Arocha qui travaille depuis fort longtemps sur la population noire de la Colombie est l'un de ceux qui coordonnent et dirigent ce programme. À toutes fins utiles nous communiquons ici l'adresse électronique de son programme : ces@bacata.usc.unal.edu.co

[32] Le Symposium Internacional, « Pasado, presente y futuro de los afrodescendientes » auquel nous avons participé et qui s'est tenu à Cartagena de las Indias du 18 au 20 octobre 2001 en faisait partie.

NOIR OÙ ES-TU : À PROPOS DES DÉNÉGATIONS ET DES SPÉCULATIONS DU « JE »

> *Tu abuela, ¿ Dónde está ?*
>
> Resulta intrigante por qué la esclavitud en Costa Rica ha sido tan ignorada por los investigadores. No es inadecuado afirmar que, en muchas ocasiones, ha sido tergiversada voluntaria y maliciosamente, disminuyendo, el investigador, el número de esclavos, restando importancia a la participacón de estos en la economía y presentando al amo con apariencia paternal y bondadosa para disimular el verdadero trato que les daba.
>
> *Negros y Blancos. Todo mezclado,* 1997[1].

Les habitants de Bogotá ont fait cruellement l'expérience de l'irruption de la « présence-histoire » du Noir, comme dans un retour du refoulé. Le Noir est en effet cet « Autre » interne relégué aux confins de la géographie nationale, de la géographie sociale et de la scène politique, aux confins des imaginaires sociaux :

> Ideologies therefore work by the transformation of discourses (the disarticulation and re-articulation of ideological elements) and the transformation (the fracturing and recomposition) of subject-for-action. How we « see » ourselves and our social relations *matters*, because it enters into and informs our actions and practices. Ideologies are therefore a site of a distinct type of social struggle. This site does not exist on its own, separate from other relations, since ideas are not free floating in peoples heads. The ideologicals construction of black people as a « problem population » and the police practice of containment in the black communities mutually reinforce and support one another[2].

La lecture du fonctionnement des idéologies qu'offre ici Stuart Hall, connu pour être l'un des fondateurs et promoteurs des « cultural studies » en

---

[1] Tatiana Lobo Wiehoff y Mauricio Meléndez Obando, *Negros y Blancos. Todo mezclado*, San José, Costa Rica, Editorial de la Universidad de Costa Rica, 1997, p.11.

[2] Stuart Hall, « The whites of their eyes. Racist ideologies and the media », in *George Bridges and Rosaling Brunt (ed), Silver Linings. Some strategies for eighties. Contribution to the communist university of London*, 1981, pp.32-33.

Angleterre dans les années 1960, permet de mieux saisir le rapport paradoxal des populations latino-américaines à la « présence-histoire » des Noirs. Il souligne aussi quelque chose que l'Angleterre, espace où est ancré son analyse, partage avec de nombreux pays d'Amérique Latine : la construction du Noir comme un « problème ».

Parce qu'il fait peur, parce qu'il en est venu a signifié l'inquiétante étrangeté par excellence. Les marqueurs les plus puissants, malgré les dénégations fortes à ce sujet, restent sa « couleur » et la macule de l'esclavage. Ces deux marqueurs sont toujours dans un rapport métonymique dans la mesure où l'un renvoie automatiquement à l'autre. Nous postulons qu'il en est donc de la Colombie comme du reste de l'Amérique Latine.

Ce qui nous amène à considérer la perception-appréhension de la « présence-histoire » du Noir par les discours et les pratiques scripturales officiels, eux-mêmes pouvant être considérés comme révélateurs des imaginaires sociaux d'où ils émergent. Nous devons reconnaître que la tâche est vaste et surtout risquée : les formations sociales et idéologiques sont complexes, les données nationales ne se confondent pas nécessairement avec les données régionales ou locales, etc.

Par exemple, si pour les habitants de México D.F et de Bogotá le Noir est une « donnée nouvelle », il ne l'est pas pour ceux qui vivent dans la Costa Chica, à Veracruz, à Choco ou encore à Cartagena. Le même constat pourrait être fait à propos du Costaricien vivant à San José et celui qui vit à Limón, sur la côte atlantique, où les Noirs sont présents, depuis des générations, bien avant même la construction du chemin de fer qui drainera une grande population noire de la Jamaïque et du Panama vers cette région[3].

Pour ces raisons notre objectif est modeste, nous proposons tout juste une hypothèse de travail qui devrait être affinée, approfondie par des expériences empiriques. Il ne s'agit donc pas pour nous de prétendre à une quelconque systématisation qui, de toutes les manières, serait fatalement confrontée aux limites que nous évoquions précédemment. Notre point de départ sera donc le concept de « sujet culturel que le Professeur Edmond Cros a systématisé ainsi qu'il suit :

> Représentation donc essencifiée par excellence, elle [la culture] est le lieu où l'idéologique s'exerce le plus efficacement, d'autant plus qu'elle se greffe sur la problématique de l'identification où la subjectivité est sommée de venir s'abîmer dans la représentation collective au sein de laquelle elle s'aliène.

---

[3] Cf. Carmen Murillo Chaverrí, *Identidades de hierro y humo. La construcción del Ferrocaril al Atlántico 1870-1890*, San José, Costa Rica, Editorial Porvenir, 1995.

Lorsque je parle de *sujet culturel* je désigne simultanément :
1- une instance de discours investie par le *Je ;*
2- l'avènement et le fonctionnement d'une subjectivité ;
3- un sujet collectif ;
4- un processus d'assujettissement idéologique[4].

Cette proposition conceptuelle de Edmond Cros s'appuie sur les travaux de Lacan et Benveniste. Malgré ce qui peut apparaître comme ses « limites », notamment la délimitation du pourtour du sujet culturel, ce concept est opératoire et nous semble apte à décrire ce dont il va être question : le discours sur les origines (raciales).

Ce discours n'est pas homogène ; il est, malgré ses constantes ou invariants idéologiques, soumis à des transformations, à des modifications, à des refigurations en fonction des enjeux politiques et symboliques du moment. De sorte que le discours sur les origines conserve au moins l'avantage de montrer les origines du discours de celui ou de celle qui le tient, c'est à dire les lieux idéologiques et sociaux à partir desquels il est produit et reproduit.

Les trois principaux discours sur la « formation raciale » latino-américaine dont nous décrirons la sémantique, classe, déclasse et reclasse produit des effets de reconnaissance mais davantage encore des effets de méconnaissance qui, dans les deux cas, ont une efficace sociale attestée. Ces discours sont en effet au cœur de la définition individuelle ou collective de soi et des autres et au cœur de la lutte pour la reconnaissance sociale, civique et politique.

Nous pouvons rappeler à ce propos la confusion savamment entretenue (et que Jaime Arocha dénonce[5]) en Amérique Latine entre « Race » et « Progrès », depuis la colonie jusqu'à nos jours, avec en pointe le XIXe et la politique officielle du « blanqueo », par l'encouragement et la promotion de l'immigration blanche-européenne, et entre « Métissage » et « Démocratie », surtout après la révolution des indépendances de 1810.

Les deux derniers Congrès Internationaux de Sociocritique (à Baeza, en Espagne en 1999 et à Chapala, au Mexique, en 2000), ont montré l'opérativité du concept de « sujet culturel » ainsi que le définit le P. Edmond Cros. Mais, en même temps, les travaux de ces congrès ont aussi soulevé certaines interrogations liées au dit concept : à partir de quel

---

[4] Edmond Cros, *D'un sujet à l'Autre, Sociocritique et Psychanalyse*, Montpellier, Éditions du CERS, 1995.

[5] Jaime Arocha, *Ombligados de Ananse Hilos ancestrales y modernos en el Pacífico colombiano*, Facultad de Ciencias Humanas UN, Santafé de Bogotá, 1999.

moment devient-on « sujet culturel » ? Quand cesse-t-on d'en faire partie ? Quelle distance sépare ces deux étapes ? Quel est le degré d'extension du « sujet culturel » dans une formation sociale, coloniale, néo-coloniale, post-coloniale ? Peut-on imaginer un état idéal, presque adamique ou fœtal, où serait absent toute espèce de conflit symbolique, culturel ou de classes qui est à la base de cet « espace d'identification projeté » qui fonde le sujet culturel ?

À ces interrogations sur la délimitation du « sujet culturel » et de ses contours on peut ajouter le fait que le « sujet culturel » a jusque là été plutôt décrit, examiné, analysé, dans les études sociocritiques informées par ce concept, à partir d'une perspective hégémonique ou en passe de l'être : « cristiano viejo », « letrado », star système et « vedettes », « autor », l' « aristocratie », la « noblesse », la « bourgeoisie »... Ce qui laisserait supposer donc que l'existence ou l'avènement d'un « sujet culturel », plus ou moins délimitables, implique toujours déjà une position hégémonique dans la formation culturelle ou sociale considérée.

Notre question est donc la suivante : Peut-on encore parler de « sujet culturel » si l'on change de perspective analytique et que l'on privilégie un point de vue subalterne ? Dans ce cas, quel serait alors le sens et quelle serait la portée de cet « espace projeté d'identification » (E. Cros) ? Nous souhaiterions rappeler, pour justifier nos interrogations, que dans l'énonciation liée au système d'exploitation colonialiste et esclavagiste, l'esclave parle de lui a la troisième personne (« **Il** ») : « Bamboche **il** est ceci ou **il** est cela ». Parfois il utilise un « **nous** » qui montre qu'il partage les souffrances et les peines du Maître : « Comment allons-**nous** aujourd'hui », « **nous nous** sommes fait mal, massa »...

Dans ce cas de figure le « nous » est symptomatique d'un conflit de classes, d'une séparation entre Maître et esclave. Ce « nous » est aussi en même temps la trace du bâillonnement du « Je ». En outre, il ne faut pas perdre de vue que le « Je » de l'esclave ou ex-esclave est marqué par une sédimentation de discours liés à l'économie des mines et des plantations, aux discours de légitimation de l'esclavage et à une mémoire longue qui transcende le cadre stricte des Amériques. On peut donc dire que le « Je » de l'esclave ou de l'ex-esclave investit, dans son énonciation, plusieurs instances de discours. Ce que montrent très pertinemment les travaux portant sur les « autobiographies » des esclaves ou ex-esclaves[6].

Des exemples de ce que nous avançons sont nombreux dans la production culturelle coloniale ou dans celle qui prend la colonie pour référent. En guise d'illustration nous souhaiterions nous arrêter brièvement sur le film *La última Cena* (1976) du cubain Gutiérrez Alea dont la scène hilarante et scabreuse qui évoque le dernier dîner du Christ et de ses apôtres, annonce en fait l'insurrection finale des esclaves noirs qui sera, par la suite, sévèrement réprimée.

Dans la scène en question le maître qui investit la position du Christ parle à la première personne alors que les esclaves, même Sébastien qui est donné à voir comme le plus rétif à l'ordre esclavagiste de la plantation, utilisent, tour à tour, la troisième personne du singulier. Un contraste d'autant plus saisissant que nous nous trouvons apparemment dans une situation de communication idéale ou rêvée entre le maître et ses esclaves. Il faut rappeler aussi que nous sommes dans une temporalité sociale particulière, qui en principe estompe l'ordonnancement de la plantation esclavagiste. Il s'agit, en effet, d'une commémoration de la dernière cène du Christ en compagnie de ses douze apôtres, avant sa trahison par Judas Iscariote, avant donc sa crucifixion.

En réalité tous les écarts, comme lorsque Sébastien s'obstine à ne pas vouloir s'asseoir à la droite du « comte » et finit par, dans une attitude subversive, lui cracher au visage, ramènent irrémédiablement à l'ordre du discours de la plantation et à la « grammaire coloniale » qui le gère ou le traverse. Autrement dit, la commémoration de la Semaine Sainte s'inscrit moins dans l'adéquation à une pratique religieuse fondatrice et signifiante (le Christ, dans son extrême humilité vis à vis de ses apôtres leur rappelle sa condition d'humain) qu'elle est une médiation à travers laquelle Gutiérrez Alea dénonce les fondements naguère supposés transcendants de l'esclavage des Noirs et leur réduction à l'état et au statut de bêtes de somme.

Le « comte » apparaît ainsi pleinement comme un antéchrist ou si l'on veut comme un usurpateur de la figure du Christ. Deux signes au moins le rappellent dans le film. Lorsqu'il s'habille devant le miroir le crucifix accroché au mur, en face de lui comme par hasard, devient obscur. Par ailleurs le « comte » va se dévoiler comme un faux Christ lorsqu'il jette sa

[6] Cf. Henry Louis Gates, Jr. « The Blackness of Blackness : a critique of the sign and the Signifying Monkey », in *Black Literature and Literary theory* (ed) Henry Louis Gates, Jr., Routledge, New York and London, 1990.
On consultera aussi Sylvia Molloy, « From serf to self : the autobiography of Juan Francisco Manzano », in *Modern language note*, Baltimore, USA, 1989, pp.392-417.

coiffe-masque dans un accès de rage consécutif à l'exécution du majordome « don Manuel » par les esclaves noirs insurgés. Plus précisément, le majordome fut exécuté par « Sebastián » qui se vengeait ainsi des pires humiliations et des brutalités que le premier lui a fait subir à chacune de ses nombreuses tentatives de fuite.

Le « comte » va alors ordonner la persécution et l'exécution, sans pitié ni pardon de tous ceux qui étaient avec lui lors de la Sainte Cène. Qu'ils aient pris part ou non à l'insurrection. Ils sont au nombre significatif de douze. Leurs têtes, à l'exception de celle du cimarrón « Sebastián » qui ne sera pas capturé, seront, au fur et à mesure qu'avance l'expédition punitive, clouées aux douze piquets dressés en face d'une croix.

Le comportement du « comte » dans ce film rend compte d'une pratique généralisée et institutionnalisée dans les colonies, lorsqu'il s'agissait de mater, de réprimer les insurrections des esclaves et surtout ceux qui en étaient les leaders :

> Contre les esclaves ils ne connaissaient qu'une arme, la terreur. Les noirs couvraient leurs habitations de victimes blanches. L'Assemblée piqua les têtes des noirs sur des pieux échelonnées sur les routes qui conduisaient au Cap. Lorsque Bouckman fut tué courageusement au combat, l'Assemblée exposa sa tête au Cap avec un placard indiquant : « Ceci est la tête de Bouckman chef des rebelles ». Les blancs dressèrent au Cap trois échafauds et brisèrent 20 à 30 noirs par jour sur la roue[7]

Cette répression spectaculaire aussi bien dans le film que dans l'économie esclavagiste de l'époque visait à réaffirmer la toute puissance de la machine infernale coloniale (planteurs, Assemblée, lois et dispositions, etc.) mais aussi, quand la symbolique chrétienne est ouvertement convoquée (inscription sur la tête de Bouckman rappelant celui du Christ crucifié, la croix de la croisade contre les impies mais aussi la croix qui rappelle la « mission » évangélisatrice qui justifiait la Conquête espagnole en Amérique Latine) le fondement supposément sacré de la « grammaire coloniale ».

Nous ferons remarquer deux paradoxes qui limitent l'intentionnalité du film, produit pendant la consolidation de la Révolution Cubaine, qui voulait dénoncer un passé esclavagiste et colonial qu'on voulait révolu. Le premier tient au fait que la chapelle soit épargnée par l'incendie de la plantation et des barracons et au fait que la fabrique du sucre ne soit que partiellement endommagée par les esclaves insurgés. Le second paradoxe se trouve dans le déplacement que décrit l'exécution du majordome. En effet, contrairement à ce que l'on pouvait attendre, c'est lui qui est finalement

[7] C.L.R, *op. cit.*, p.84.

sacrifié et pas le « comte » qui, tout comme le Christ qu'il incarne dans le film, devait en principe être voué à la crucifixion.

Il serait tout a fait réducteur de voir, comme on pourrait légitimement être tenté de le faire, dans ces deux paradoxes un parti pris d'objectivité ou une volonté de « coller à certains faits historiques ». Ils renvoient, nous semble-t-il, davantage à certaines contradictions de Cuba des années 1970. À cette époque Cuba était, en principe, officiellement athée et le rapport des dirigeants de la Révolution avec l'Église était plutôt très tendu : confiscation et nationalisation des biens et propriétés de l'Église, interdiction de la célébration publique de la liturgie. C'est aussi à cette époque que le choix politique privilégiait l'extension et la consolidation de la culture du sucre comme fondement indispensable de l'économie nationale cubaine.

Ce choix est ce qui dans le film réactive le mouvement insurrectionnel des esclaves noirs qui a marqué l'économie sucrière coloniale. Mais, au contraire de ce qui transparaît dans le film de Gutiérrez Alea, les documents de l'époque attestent que, lors des ces insurrections, les Noirs détruisaient effectivement les « outils » de leur exploitation. Ce que privilégie le film, c'est donc une représentation consensuelle et officielle qui tendrait à fomenter une vision culturaliste du Noir[8].

Dans le film, en effet, la parole des Noirs, au moment où ils ont momentanément conquis le droit au discours, apparaît chaotique, hiératique. Pour tout dire, elle est saisie sous la forme d'un brouhaha incompréhensible. Sébastien est certes représenté comme le prototype de l'insoumis, du rebelle « cimarrón », cependant on ne lie pas son attitude à une prise de conscience quelconque de sa condition d'esclave, on le rattache aux pouvoirs ancestraux dont il détiendrait encore le secret : la poudre qu'il souffle au visage du « comte » endormi à table était censée le rendre invisible et invulnérable.

Lors de sa persécution par les « chiens de garde » du « comte » on le voit, à la fin du film, se jeter du haut des rochers et se faufiler à travers la forêt. Malgré le ralenti final qui accentue sa superbe, il est en effet léger comme le vent, a le regard droit, on ne peut s'empêcher d'insister sur le fait qu'il s'agit d'une odyssée individuelle et égoïste, et que « Sebastián » est, finalement, renvoyé à l'Afrique : image idyllique de la savane, course légère au milieu de blancs chevaux, roulements de tambours et chants africains.

Bien que représenté comme leader, « Sebastián » reste malgré tout esclave de ce que, à l'époque, la Révolution et certains discours

[8] Cf. Fuente (de la) Alejandro, *op. cit.* Le rapport de la Révolution de 1959 à l'esclavage que l'historien examine.

académiques désignaient comme des « réminiscences africaines » néfastes à toute conscience de classe, néfastes à l'avènement de l' « Homme nouveau » si cher à Ernesto Che Guevara. Aujourd'hui, on constate néanmoins que ces mêmes « réminiscences » sont saluées par le discours officiel comme un des signes identitaires distinctifs de Cuba.

On ne doit donc pas assimiler, sauf à investir et à réactiver un stéréotype tenace qui fait du Noir un « grand-enfant », l'énonciation à la troisième personne de l'enfant, dans la phase d'acquisition du langage, à celle de l'esclave. Car ce dernier, au contraire de l'enfant, n'oublie pas un seul instant sa condition d'esclave. Tout est fait en outre pour le lui rappeler : depuis sa chasse et capture, son embarquement forcé dans les vaisseaux négriers, la traversée de l'atlantique jusqu'à son insertion dans l'économie des plantations.

L'esclave ne se méprend pas sur sa condition, pas plus qu'il n'a une image faussée de lui même. On observe en effet que dans le film de A. Gutiérrez, les esclaves ne se laissent pas duper par la parenthèse, le suspens du temps esclavagiste que suppose la commémoration et la célébration de la « dernière cène », à Pâques.

Si l'enfant, dans ce que le discours psychanalytique désigne comme la « phase du miroir », ignore ce qu'il est, l'esclave quant à lui ne l'ignore guère. Autrement dit, l'esclave n'est pas seulement assujetti par un ordre symbolique, il l'est fondamentalement par un ordre politique et économique spécifique. C'est en devenant esclave que le noir africain perd son « authenticité ». On ne peut donc pas confondre le devenir-esclave de l'africain noir qui, rappelons-le, parlait déjà ses langues et, de ce point de vue, était donc déjà inscrit dans un ordre symbolique différencié avec le devenir-sujet de l'enfant à travers le langage ou à travers la Loi... du Père :

> El interés científico de la lingüística criolla ha estado determinado hasta el presente más por planteos generales, en especial por la esperanza de poder verificar en las lenguas criollas el surgimiento del lenguaje en general, ya sea como trasferencia del léxico europeo a otras estructuras sintácticas (por ejemplo « africanas »), o como expresión de una capacidad autónoma del cerebro humano para producir un lenguaje. Sin embargo, ambas hipótesis aceptan el supuesto que, a su llegada a las plantaciones coloniales, los esclavos africanos eran seres « sin lengua », incapaces ya de seguir empleando sus lenguas de origen en la nueva patria[9].

Contrairement à certaines visions eurocentriques que dénonce Ulrich

---

[9] Ulrich Fleishman, « Los africanos del Nuevo Mundo », in *América Negra, N. 6*, Bogotá, 1993, p. 13

Fleischman, il faut rappeler que l'esclave noir n'est pas vierge de tout ordre symbolique, il traîne avec lui des référents culturels (langues, dieux, pratiques cultuelles, médecine traditionnelle, croyances, mythes, etc.) qui entreront en convergence avec ceux des autres ethnies et en contradiction avec ceux du Maître. La psyché de l'esclave est, dans la plupart des cas, constituée et structurée en dehors de l'esclavage transatlantique.

En effet, comme le rappelle U. Fleishman, le pourcentage des esclaves noirs enfants qu'on exportait en terres américaines était très faible ; les contraintes de l'exploitation étaient telles que ce qu'on achetait prioritairement des esclaves jeunes ou adultes qui pouvaient ainsi être directement utilisés dans l'économie coloniale et esclavagiste.

Même dans le cas des « criollos », c'est-à-dire ceux qui sont nés en Amérique, l'impact de la sociétés des esclaves, à différencier de la sociétés des maîtres, avec lesquelles ils seront finalement en contact permanent va être finalement considérable[10].

On oublie souvent que les révoltes contre l'esclavage avaient lieu aussi en Afrique même. En effet, les « Quilombos », ainsi que l'a rappelé Nina S. de Friedemann, étaient des armées de Noirs farouchement opposées à la Traite et à l'esclavage transatlantique. Certains esclaves qui arrivaient en Amérique sortaient des conflits inter-ethniques, inter-tribaux. Leur expérience africaine de la guerre a grandement contribué au triomphe du phénomène du « maronnage ».

Par ailleurs, il y aurait une distinction importante à faire entre les « bozales », esclaves africains noirs nouvellement débarqués en terres américaines, et les « ladinos » ou « aladinados », c'est à dire ceux et celles qui vivent déjà dans le système d'exploitation de la plantation, car souvent les premiers gagnaient les « palenques » avant même d'être soumis à l' « espace généalogique » (Antonio Benítez Rojo) des plantations.

Pour en revenir à la question de l'énonciation que nous évoquions

---

10 Nous reprenons cette distinction de U. Fleishman. Elle tranche certainement avec les représentations tendancieuses de la « douceur » de l'esclavage, au Brésil, en Argentine, à Porto Rico, au Costa Rica, par exemple, qui réunirait maîtres et esclaves dans un monde, certes hiérarchisé, mais unique des « senzalas » ou des « casas grandes » autour desquels graviteraient, dans un rapport harmonieux, les barracons des esclaves. L'existence des deux sociétés est, par exemple, mise en exergue dans le roman de l'argentin Sergio Bizzio, *Son del África*, FCE, México, 1994. La terreur qu'éprouvent les commandeurs et la garde blanche à entrer dans la société des esclaves montre bien que celle-ci obéit à un autre fonctionnement, à une autre dynamique. C'est dans ces sociétés que naissent souvent les projets de révoltes, qui durent des fois des années, contre les maîtres et leur système d'exploitation inique et inhumain.

plus haut il est à observer que dans les deux exemples (« **Il** » et « **Nous** ») le « **Je** » est absent ou barré par une instance de pouvoir qui rappelle constamment à l'esclave et colonisé qu'il n'a pas ou ne peut pas prétendre à une position d'énonciation.

Ce que dit René Depestre fort justement à propos du « Je », esclave-colonisé, mérite d'être pris en considération :

> En el caso de ese *negro* inventado por la economía de plantación, el famoso « Je est un autre » de Arthur Rimbaud, pasaba a ser : « Yo » es una caída inferior del blanco modelo europeo. « Yo » es un instrumento de producción, valor de uso, fuerza animal y motor de trabajo. En una palabra : un sub-hombre-combustible-biológico que crea potencias exteriores y hostiles a él en mercancías coloniales y, además, mucho antes la electricidad y el vapor, un creador de riquezas que posibilita, sin saberlo, la primera revolución industrial que engendrara el mundo moderno[11].

Cependant, malgré la « grammaire coloniale », qui se traduisait par des coercitions physiques et un travail idéologique incessant, il y eut une révolution des Noirs en Haïti[12], il y eut des révoltes et des soulèvements des esclaves noirs dans toute l'Amérique. Le marronnage dont les Noirs ont été à l'origine est aujourd'hui largement attesté.

Dans le cas de ce phénomène du marronage, comment lire l'émergence et le fonctionnement de la subjectivité acquise ? Peut-on aussi ou encore parler de l'existence d'un processus d'assujettissement idéologique. Comment fonctionnerait-il alors ? Nous suggérons là une piste de travail possible pour une lecture novatrice du marronage dont la traduction visible les « palenques », « cumbes », « free villages », encore majoritairement décrits comme des « lieux de refuge », constituaient en fait un espace d'opposition et de confrontation avec l'ordre colonial esclavagiste.

Nous serions donc tenté, à la suite de Nina S. de Friedemann, d'y voir un espace utopique de construction d'une nouvelle identité politique basée à la fois sur un territoire, sur une réactivation des appartenances et solidarités ethniques mais aussi sur le sens d'un destin commun et la de volonté construire une citoyenneté reconnue et garantie par des faits politiques

[11] René Depestre, « Saludo y despedida a la negritud », *África en América Latina*, Manuel Moreno Fraginals (relator), UNESCO, Siglo XXI Editores, 1977, p. 344.

[12] Cf. C.L.R James, *Les jacobins noirs. Toussaint-Louverture et la Révolution de Saint-Domingue* [1938], Paris, Éditions Caribéennes, 1983.

concrets[13].

Une fois établi le protocole théorique et critique de notre démarche nous allons à présent confronter le concept de « sujet culturel », du moins l'interprétation que nous en avons, avec, d'une part, le résultat de nos travaux de recherche sur le rapport des latino-américains à la "présence-histoire" des Noirs et, d'autre part, avec certains travaux ou discours du champ des études afro-latinoaméricaines. Il s'agirait de savoir, c'est la question que nous nous posons, si chacune des trois tendances dont il sera question un peu plus tard peut être considérée comme définissant un « sujet culturel » précis.

Nous tenons à souligner aussi que l'ordre d'exposition de ces tendances n'est que purement pédagogique. En réalité il conviendrait de les saisir à la fois en diachronie et en synchronie. Par ailleurs, ces tendances peuvent aussi être décelées à l'intérieur d'un même espace géographique national et/ou régional.

Considérons à présent ce qui, de notre point de vue, semble marquer la perception-appréhension de la « présence-histoire » des Noirs par les discours académiques, officiels et « doxiques » en Amérique Latine.

D'une manière tout à fait provisoire, car il faudrait encore mieux affiner nos hypothèses, on peut y déceler trois tendances principales. La première consiste à dire qu'il n'y a pas ou il n'y a pas eu de Noirs[14] dans tel

---

13 Nina S. de Friedemann, « San Basilio en el universo Kilombo-Africa y Palenque-América », in *Geografía humana de Colombia, Los afrocolombianos, Tomo VI*, Instituto Colombiano de Cultura Hispanica, Santafé de Bogotá, D.C., 1998, pp.81-101.

14 Lors du symposium qui s'est tenu du 18 au 20 octobre 2001 à Cartagena (en Colombie) à l'occasion de la commémoration du 150e anniversaire de l'abolition de l'esclavage nous avons dans notre intervention souligné la nécessité impérieuse de ré-historiciser la catégorie de « Noir ». On observe en effet que, selon les pays, cette catégorie est utilisée ou pas, souvent on lui préfère des substituts (?) tels que « moreno », « pardo », « gens de couleur », « gente de color », « mulato », « black » (préféré à negro ou nigger ou encore nègre), etc. Ces déplacements sont au moins significatifs du rapport qu'on a avec la « présence-histoire » du Noir en Amérique Latine. Á ce que nous venons de souligner s'ajoute le fait que le préfixe « afro » n'est pas généralisable à toute l'Amérique Latine. En outre, du point de vue du sens, il y a une distinction à faire dans l'usage de la catégorie « Noir » sous sa forme adjectivale ou nominale. On aurait tort de dire simplement que la catégorie « Noir » pose un problème de définition plus ou moins exacte de ses contours. Il s'agit, bien au contraire, de rappeler que cette catégorie advient déjà chargée sémantiquement et idéologiquement, ce qui fait qu'elle a toujours constitué, comme en témoignent ces déplacements, ces euphémismes, un enjeu symbolique, épistémologique (exemple la différence que dans la tradition critique anglo-saxonne on fait entre « Darkness » et « Blackness » ou « Negroness ») et politique (toutes les luttes actuelles des mouvements de construction et de consolidation-revendication de l'identité noire).

ou tel pays, dans telle ou telle région de l'Amérique Latine. De ce fait leur présence, pourtant historiquement attestée, et qui se laisse voir dans certains traits physiques ou phénotypiques, dans les productions culturelles, (musique, littérature, films, imagerie, bréviaire animalier et autres noms de lieux), est raturée.

C'est le cas dans le « Cono Sur » : l'Argentine, en particulier, mais aussi le Chili, l'Uruguay, le Paraguay. On pourrait y ajouter certains pays de l'Amérique Centrale comme le Nicaragua, le Guatemala, le Costa Rica qui, par exemple, ne reconnaissent pas pleinement les « Noirs-garifunas » comme faisant partie intégrante de leurs populations nationales. Nous proposerons ici un exemple se rapportant à l'Argentine qui, dans son extrémité, condense parfaitement le positionnement de la première tendance :

> En líneas generales es habitual la consideración de que no hay negros en Argentina ; no sólo en el ámbito de nuestro país, ya sea a través de lo que dictamina la « Historia Oficial », o bien lo que expresan los medios o también la opinión pública ; sino que incluso en los estudios y trabajos sobre la Diáspora Africana, de importantes investigadores extranjeros, pocas veces se toma en cuenta o se habla de la indiscutible presencia histórica, y mucho menos de la actual o del aporte fundamental que el negro hizo a nuestra cultura y nuestra identidad. Es así que los Afroargentinos, y más si no vivimos en una gran urbe como Buenos Aires, vemos día y día acrecentar una gran herida sobre nuestra autoestima, atacando quizás lo más esencial de nuestra integridad psíquica : NUESTRA IDENTIDAD. Día a día soportamos preguntas, tales como : ¿ Y ud. de dónde es ?, O aseveraciones indiscutibles : « Ud. es brasileña, ¿ No ?, Ah... entonces, sus padres lo eran, y así recorren una larga línea sucesoria que raras veces llega a la realidad : SOMOS ARGENTINOS DE MUCHAS GENERACIONES, seguramente, algunas más que las del que hace la pregunta[15].

Ce témoignage est intéressant à un double titre. D'un côté, il est la preuve de l'inexistence en Argentine d'une politique mémorielle liée à la Traite et à l'esclavage dont les Africains et leurs descendants ont été victimes. Cette inexistence a néanmoins pour pendant une représentation officielle (et populaire) de l'Argentine comme un pays d'immigration... blanche et européenne[16].

---

[15] Lucía Dominga Molina, « El racismo : «pecado original» de la identidad nacional Argentina », in *PALARA*, Publication of the Afro-Latin/American Research Association, number 4, Columbia, Fall 2000, p.50.

[16] Cf. Arnd Scheineider, « Inmigrantes europeos y de otros orígenes », in Mónica Quijada y al, *op. cit.*, pp.141-178.

Il est cependant curieux d'observer que même au XIXe siècle, moment ou en Argentine comme ailleurs en Amérique Latine fut promue une politique délibérée d'immigration blanche, les Noirs représentaient plus de vingt pour cent de la population de Buenos Aires. Leur « disparition » après les moments de l'indépendance et de formation de la nation argentine constitue une des énigmes qui occupent des chercheurs qui s'intéressent actuellement à la « présence-histoire » des Noirs en Argentine.

D'autre part, on note dans le témoignage un sens profond de la « territorialisation » (« *somos argentinos de muchas generaciones...* ») commun, au reste, à tous les « afrodescendientes ». Le paradoxe, et non des moindres, est que les imaginaires sociaux latino-américains n'intègrent pas ce droit des « afrodescendientes » aux terres américaines et continuent toujours de les « renvoyer » à un allá qui serait « naturellement » l'Afrique. En outre, dans de nombreux pays d'Amérique Latine, c'était le cas à Cuba, les Noirs n'avaient pas le droit d'acheter des terres.

Il y a très certainement dans ce déni de territorialisation un argument important qui inviterait à revoir ou à rediscuter certaines analyses qui lient la citoyenneté au territoire, dans un rapport quasi automatique ou organique. La citoyenneté, d'après nous, n'est pas une réalité empirique. Elle est une donnée politique, soumise à de constantes réévaluations selon les intérêts en jeu, selon les moments historiques donnés. Cette construction politique de la citoyenneté a fatalement partie liée à des représentations imaginaires et fantasmatiques qui lui préexistent ou l'accompagnent. Elles jouent aussi un rôle important dans la « négociation » de la citoyenneté. Il en est ainsi du débat bien réel en Europe entre le « droit de sol » et/ou le « droit de sang » comme mode d'accès à la citoyenneté nationale. L'oscillation entre ces deux tendance est fonction des enjeux qui agitent les formations sociales européennes à tel ou tel autre moment de leurs histoires socio-politiques.

Le rôle important que jouent les représentations dans la perception de la citoyenneté et des droits ainsi que des devoirs ou obligations individuelles ou collectives qui vont avec explique, à notre avis, le fait que les Noirs, dont la présence effective en terres américaines remonte au moins au XVe siècle, continuent d'être perçus prioritairement comme des étrangers alors que les immigrants récents, blancs et européens il est vrai, ne souffrent a priori pas de ce « déni de arraigo ». En Argentine, par exemple, ceux-ci sont vécus ou se revendiquent principalement comme vecteurs d'argentinité, comme vecteurs de la citoyenneté argentine moderne.

L'impact de ce que Arnd Schneider appelle « la construcción ideológica de la Argentina como una nación de inmigrantes europeos » est bien réel car cette idéologie est partagée également par l'opinion publique et la « ciudad letrada ». Nous en percevons les traces dans la lecture de la

« formation raciale » de l'Argentine que Néstor García Canclini propose dans *La globalización imaginada*[17].

En effet, dans l'énumération qu'il fait des composantes ethniques de la nation argentine il omet, à plusieurs reprises, de parler explicitement de la « présence-histoire » des Noirs. On peut lui savoir gré cependant de reconnaître publiquement, contre le discours dominant en Argentine, l'existence de l'Indien[18]. Dans cette reconnaissance il conviendrait certainement aussi de faire la part de la territorialisation de Canclini, qui, depuis plus de vingt ans, vit au Mexique, un pays où, au-delà des discours officiels aussi bien politiques que académiques, la présence de l'Indien s'impose, comme qui dirait naturellement.

La deuxième tendance consiste à reconnaître partiellement la « présence-histoire » des Noirs. On prend cependant bien soin d'insister sur le fait que la « démocratie raciale » (exemple du Brésil), le « mestizaje » (exemple du Mexique) ou la « mulatez » (exemple de Cuba, de Porto Rico, entre autres pays) qui caractérise les formations sociales latino-américaines empêchent de parler d'une culture ou d'une identité authentiquement africaine ou noire. Celle-ci ne subsisterait que sous forme de « poches », de « survivances », ou de traces (« huellas »).

On oublie cependant volontairement de prendre en compte le fait que dans certaines régions de l'Amérique Latine c'est le Noir qui est vecteur de miscégénation sociale et culturelle. De ce point de vue, il n'en est pas uniquement, c'est la vision dominante dans les discours qui s'intéressent aux phénomènes des cultures en présence pendant la colonisation en Amérique Latine, la résultante :

> Un análisis inicial de los afroveracruzanos sugiere que su papel, activo o proactivo, en el proceso de enlace social entre blancos e indios, eventualmente condujo casi a su extinción racial y étnica, entendidas estas categorías como entidades diversibles dentro de la población en general... Un análisis más detenido ofrece una lectura alterna de la historia ; la visión mediadora afroveracruzana ayudó a crear un orden social de castas. Este nuevo sistema social no predominó en el Veracruz central ni en el resto de la nación sino hasta mucho tiempo después del finanl del siglo XIX, cuando las castas se aproximaron a un estatus de mayoría dentro de la población general.
>
> Las modificaciones/mediaciones de los americanos negros dejaron una

---

[17] Néstor García Canclini, *La globalización imaginada*, Ediciones Paidós, 2000.

[18] Nous renverrons aussi au travail de Monica Quijada qui revient aussi sur l'occultation de l'Indien par l'historiographie nationale argentine, « Indígenas : violencia, tierras y ciudadanía », in Monica Quijada et Al, *op. cit.*, pp.57-92.

herencia a la región, que evolucionó frente a las persistentes presiones legales y sociales en su contra, por parte de los españoles y los indios. Además, esta herencia da fe de la elasticidad e innovación social de los afroveracruzanos, que por sus acciones, intencionales o no, en abierta oposición o no, demostraron que estaban dispuestos a experimentar con la homogeneidad bajo modalidades que sus homólogos polarizados, los blancos y los indios, no podrían haber imaginado. Al hacerlo, los veracruzanos negros, y los mexicanos negros en general, se convirtieron en una mano casi invisible que formó y participó en la creación de la moderna fábrica social de la nación[19].

Il est aussi à noter que le contenu que l'on donne à ces « huellas » varie d'une « tradition universitaire » à une autre, et parfois d'un chercheur à un autre. Nous retiendrons, pour notre part, la lecture que propose Nina S. de Friedemann et qui nous semble plus pertinente dans la mesure où elle va au delà du constat de bon sens, au delà de l' « arithmétique des faits » (M. Foucault) :

Desde mi visión antropológica, la historia es contexto primordial para la explicación de la cultura y de las sociedades afrocaribeñas continentales e isleñas. Que han llegado al presente en el ejercicio de resistencias socio-culturales mediante procesos donde han jugado papel vital las *huellas de africanía*. Estas se entienden como símbolos, iconografías que permaneciendo en el consciente y el subconsciente de los africanos y sus descendientes, han tomado parte en la formación de las culturas afroamericanas[20].

Cette deuxième tendance est de loin la plus diffusée et imposée car, en fin de compte, elle ne se fonde pas ouvertement sur un déni de l'histoire. On la retrouve même chez les défenseurs d'une histoire spécifique aux Noirs d'Amérique Latine et ceux ou celles qui, sans aller jusqu'à remettre en cause la dite histoire, militent néanmoins pour son dépassement pour des raisons de cohésion sociale ou de luttes de libération nationale (exemple de Porto Rico).

Par ailleurs, en réaffirmant ou en proclamant la « mulatez » ou la « mulatía » ou bien encore le « mestizaje » des formations sociales latino-américaines, marquées par une grande proximité des « races », on entend se démarquer des États Unis où la séparation des « races », en fait tout se réduit à une bipolarité tendancieuse : « blancs » *vs* « noirs », a été et continue

19 Patrick J. Carrol, « Los mexicanos negros, el mestizaje y los fundamentos olvidados de la « raza cósmica » : una perspectiva regional », in *Historia mexicana*, Vol. XLIV, Julio, 1994-Junio, 1995, pp.403-437.

20 Nina S. de Friedemann, « Historiografía afroamericana del Caribe : hechos y ficciones », in *América Negra, N. 7,* Bogotá, Colombia, 1994, p.12

d'être indéniable.

Pierre Bourdieu et Loïc Wacquant partagent aussi cette même vision :

> Les Nord-Américains sont les seuls à définir la « race » sur la base de la seule ascendance et, cela, dans le cas des seuls afro-américains : on est « Noir » à Chicago, Los Angeles ou Atlanta, non par la couleur de sa peau mais par le fait d'avoir un ou plusieurs parents identifiés comme Noirs, c'est à dire, au terme de la régression, comme esclaves. Les États Unis sont la seule société moderne à appliquer la « *one drop rule* »et le principe d'« hypodescendance », selon lequel les enfants d'une union mixte se voient automatiquement assignés au groupe inférieur (ici les Noirs)[21].

Les rappels que contient cette citation sont importants parce que généralement méconnus. Il y a en effet une tendance à dire que face aux Noirs toute l'Amérique se comporte d'une seule et même façon. Néanmoins, cette démarche qui vise à établir la spécificité idéologique des États Unis a, paradoxalement, donné lieu à un discours pervers portant sur l'appréciation *a posteriori* des formes de colonisation dans les Amériques.

De telle sorte que la colonisation latine, malgré ses horreurs attestées, a, se plaît-on à dire, au moins l'avantage d'avoir laissé en héritage un métissage biologique et culturel tandis que la colonisation anglo-saxonne ne saurait même pas être rédimée sur ce point précis[22]. Un tel discours convenu, largement diffusé et partagé fait fi, en réalité, de certaines vérités historiques.

Tout d'abord, il n'est pas établi qu'il y ait eu plus de proximité entre les « races » dans les colonies latines que dans les colonies anglo-saxonnes, le sud des États Unis en est un exemple contraire. En outre, le « mélange racial » aujourd'hui célébré ne constituait pas une valeur authentique dans la colonisation latine, les textes de l'époque tendent plutôt à dire le contraire. Le contact des « races », le contact entre certaines « races » étaient proscrits et sévèrement punis. Ces interdictions et ces punitions ont été, on le sait désormais, vaines.

Autrement dit, pendant la colonisation latine, le métissage que d'aucuns célèbrent aujourd'hui sans aucune démarche critique, n'a jamais été posée comme le moyen le plus efficace de dépassement de l'hétérogénéité raciale[23]. Le classement, mais en réalité il s'agissait d'un

---

21 P. Bourdieu et L. Wacquant, *art. cit*, p.112.

22 Cf. Victorien Lavou Zoungbo, « Du nègre comme un hercule doublé d'un Saint-Phallus », *Marges 21*.

23 Nous renvoyons à la communication que nous consacrons à cette question du métissage en Amérique Latine et les discours qui en parlent dans la deuxième partie de ce livre.

déclassement, auquel donnait lieu le fameux mélange des races est, de ce point de vue, éloquent. Nous n'en voulons pour preuve que les catégories de « lobo », « tente en pie », « salto atrás », « si te vi no me acuerdo », « no te entiendo », « torna atrás », et autres gammes des mélanges « indoblanquinegros », « blanquinegrindios » ou « negrindoblancos » attestées, par exemple, dans la nomenclature racialisante des colonies espagnoles[24].

En d'autres termes, l'idéal vers lequel il fallait tendre irrémédiablement était le blanc. C'était, en tous les cas, le point (non problématisé, érigé en transcendance par la « grammaire coloniale ») à partir duquel les autres étaient perçus, et appréciés. Les sèmes animalier et végétal qui informent certaines de ces catégories raciales montrent aussi, à l'évidence, que l'humain était blanc.

Une chose est sûre et certaine, en érigeant la « mulatez » et le « mestizaje » en trait essentiel pertinent et différentiel des sociétés globales latino-américaines on déplace irrémédiablement la "présence-histoire" des Noirs des imaginaires sociaux car on instaure et on conforte une confusion perverse entre « mulatez » ou « mestizaje » et citoyenneté.

Le « métissage » qui est célébré sur tous les tons, notamment par José Vasconcelos et le courant ontologique de l'être mexicain des années 1910-1950, est en réalité exclusif, il ne concerne que celui dans lequel le « blanc » en tant que paradigme est impliqué. Dans le cas ou, le Noir est vecteur de métissage on parlera de « castas », de « mezclas », ou de « variopinto » mais nullement de « mestizaje ».

Le discours sur le « mestizaje » est donc, de ce point de vue, fortement idéologisé. L'exemple du Mexique colonial et post-indépendantiste, que rappelle Marco Polo Hernández, nous le prouve assez :

> The black African slaves taken to New Spain, today's Mexico, arrived mainly through the port of Veracruz. From there, they were taken all over the colony. The exact number of slaves taken to New Spain « legally » and illegally is unknown. It is generally estimated that hundreds of thousands were taken there. What is known is that by the time of the War of Independance (1819-1821) black African blood, in different proportions, ran in the veins of the majority of Mexicans, who, until then, had been classified into more than a dozen « racial » mixes known as « castas » or « mezclas » from which about 80% refers to « racial » mixes where the black African element is present [...] In Mexico slavery became illegal in 1829. By then the large amount of

24 Voir à ce propos Nicomedes Santa Cruz Gamarra, « El negro en Iberoamérica », in *Cuadernos hispanoamericanos : Los negros en América*, Nos. 451-452, Madrid, Enero-Febrero, 1998, pp. 7-46.

« castas », and cheap labor they represented, made the importation and keeping of the slaves a luxury. Meanwhile, the newly created nation was up for grabs and undergoing a series of internal struggles power. It is at this juncture that the idea of mestizaje emerged[25].

La deuxième observation que l'on pourrait faire est que la célébration de la « mulatez » ou du « mestizaje » convoque en même temps une démarche sociale visant à renvoyer chaque individu, mais surtout le Noir, à sa « race » : façons de marcher, forme des cheveux, la forme du nez, le port du corps[26], la grand-mère noire que l'on cache soigneusement lorsque des visiteurs arrivent. Elle est en effet la mémoire vivante et la trace visible d'une origine stigmatisée et infamante qu'on voudrait, de ce fait, occulter.

Dans le rapport des imaginaires sociaux à la « présence-histoire » des Noirs en Amérique Latine il conviendrait de remarquer le fonctionnement paradoxal de la « mémoire privée » et de la « mémoire publique » (P. Ricœur). Au contraire de la seconde qui se caractérise assez souvent par un refus de l'héritage africain ou noir, la première obéit à des modalités fort diverses.

En effet, elle peut allier, à la fois, une revendication ouverte et magnifiée des traces africaines ou noires dans la généalogie familiale et une conscience malheureuse, des fois torturée, de ces mêmes traces. On s'emploiera alors d'autant plus savamment à les masquer, à les occulter que le capital social et le coefficient symbolique dont on est détenteur (ou auxquels on aspire) repose justement sur le déni ou le refus des « racines africaines ».

Ainsi donc P. Bourdieu et L. Wacquant vont-ils peut-être un peu vite en besogne dans leur appréciation de la « démocratie raciale » brésilienne qu'ils posent comme la preuve d'un vécu social où la di-vision raciale est moins prononcée qu'aux États Unis :

Au Brésil, l'identité raciale se définit par référence à un *continuum* de « couleur », c'est à dire par l'application d'un principe souple ou flou qui, prenant en compte des traits physiques comme la texture des cheveux, la forme des lèvres et du nez et la position de classe (les revenus et l'éducation

---

25 Marco Polo Hernández, « The 'Afro-Mexican' and the Revolution : Making Afro-Mexicans Invisible Through the Ideology of Mestizaje in La Raza Cósmica », *PALARA*, number 4, Fall 2000, p.61. Ce passage insiste sur le fait que le nombre exact des esclaves noirs importés au Mexique n'est pas réellement établi ; cependant il est avéré que pendant la guerre des indépendances les Noirs étaient un facteur important de miscégénation ; le « mestizaje » était un argument politique des dirigeants criollos mexicains préoccupés par l'importance des « castas » et la force politique qu'ils représentaient potentiellement.

26 La « tizna » qu'on s'attache à détecter ou à cacher.

notamment), engendrent un grand nombre de catégories intermédiaires (plus d'une centaine répertoriées lors du recensement de 1980) et n'entraînent pas d'ostracisation radicale ni de *stigmatisation* sans remède »[27].

L'existence même de ce continuum et de ces traits (et leur perpétuation) ne signifie pas seulement l'impossibilité d'assigner des individus à des lieux identitaires sur la base des « dégradés des couleurs » ; elles sont tout autant révélatrices d'une tendance bien réelle en Amérique Latine qui consiste à « racialiser » des individus sur la base des « couleurs ». Cette tendance d'arraisonnement pigmentocratique est d'autant plus forte que les catégories de couleur sont démultipliées. Ainsi donc, contrairement à ce qu'affirme Francis Affergan il ne nous semble pas que la démultiplication exponentielle des couleurs en Amérique Latine les aient, du même coup, rendues inefficaces, invisibles à elles-mêmes. Offrant de cette façon aux sujets sociologiquement marqués par les couleurs la possibilité infinie de jouer avec elles[28].

Quoi qu'en disent ceux et celles que nous désignerons comme des « exotes de couleurs », être « Noir », « Mulâtre », « sang-mêlé », « Nèg nwé », « Zambo », « franc-mulâtre » etc. n'est pas un jeu dont on peut jouer indéfiniment pour en tirer des profits réels ou symboliques en fonction des situations et contextes socio-politiques qu'on traverse. S'il s'agit d'un jeu (il faudrait aussi se demander pour qui ?) on doit alors remarquer que les règles échappent aux « joueurs » car elles sont constamment brouillées et modifiées. Tel « l'effet de visière » dont parle J. Derrida. Ce « jeu » se révèle d'autant plus insaisissable qu'il est puissamment ancré dans des imaginaires marqués par la couleur comme facteur de distinction sociale. C'est la fameuse conscience raciale dont parlent certains critiques.

---

27 P. Bourdieu et L. Wacquant, *art.cit.*

28 Ce que dit ici Francis Affergan dans « La mascarade des couleurs : contribution à une anthropologie du métissage » nous semble révélateur de ce que nous appellerions un « exotismes des couleurs » : « La couleur est un masque en cela tout d'abord qu'elle exhibe quelque chose qu'on ne pourrait pas voir autrement, à savoir une appartenance sociale ou raciale. Mais elle est un masque aussi dès l'instant où elle dissimule ce que les sujets ne veulent pas montrer, précisément la réalité des places et des rôles qu'ils occupent dans la société. La couleur masque et dévoile, simultanément et non alternativement, une ontologie qu'on se refuse à montrer d'abord en fonction de son incapacité à afficher un être qui se dérobe sans cesse à sa saisie identitaire, ensuite parce que la couleur a fini par jouer un rôle ontologique et par se substituer aux autres fonctions du sujet. Celui-ci se résout alors à jouer de la couleur comme d'un masque en fonction des situations dans lesquelles il se trouve et des rôles qu'il remplit. On change ainsi de couleur —comme de masque— selon les besoins et les humeurs qu'elle peut satisfaire et les intérêts qu'elle peut rapporter (...) On est tantôt Nègre, tantôt mulâtre, tantôt « vieux-blanc », tantôt « assimilé », in *Paradoxes du métissage*, Jean-Luc Bonniol (ed.) Éditions du CTHS, Paris, 2001, p.35.

Par ailleurs, une certaine frange de la Cité savante bien-pensante et sur elle propre a coutume d'établir une différence entre la « frontière de couleur » et la « frontière de race » pour ainsi distinguer, dans une démarche qui se voudrait progressiste et anti-impérialiste, l'Amérique Latine des États Unis :

> Mestizaje y latinoamericanidad son conceptos indisolubles. De hecho, con la posible exclusión del cono criollo formado por Argentina, Uruguay y, en menor medida, Chile, la región bien podría denominarse Mestizoamérica. Porque a diferencia del *melting pot* yanqui, renuente a amalagamar ya no se diga a blancos e indios (o a blancos y negros), sino a los mismos nórdicos y mediterráneos que emigraron de Europa a los Estados Unidos, en el Sur sí existió un verdadero crisol étnico en el que se fundieron gradualmente las más disímiles razas humanas. La mezcla racial que se ha dado en América Latina, en verdad, no tiene paralelo[29].

Il y a deux curiosités qui doivent être relevées dans cette affirmation péremptoire. La première, plus visible, concerne le sort traditionnellement fait au Cono sur. Le refus de reconnaissance de la présence historique et actuelle des Indiens et des Noirs comme facteurs de miscégénation raciale dans cette contrée de l'Amérique par l'historiographie officielle et par la *doxa* ne peut se confondre avec la réalité historique documentée de l'époque concernée ici. Il y a bel et bien eu des Noirs et des Indiens dans le Cono sur, avec le même phénomène que célèbre Agustín Basave Enríquez. Il y a encore des Noirs et des Indiens dans le Cono Sur.

La deuxième curiosité, moins visible cette fois-ci, concerne la mythification de l' « esprit latin » qui, au contraire de l' « esprit anglo-saxon », aurait admis et promu le métissage, au point que ceci soit devenu la *inprompta* de l'Amérique Latine. Une curiosité qui ne résiste pas un instant lorsqu'elle est confrontée à l'histoire coloniale en Amérique. Si métissage il y a eu c'est plus par la force de choses que par une volonté expresse et par une politique cohérente visant à le promouvoir et à le garantir. La séparation des « races » et des « castes » était, au contraire, la règle dans les colonies :

> En la preocupación obsesiva por el color y la condición social que caracterizaba a esta sociedad de castas, sólo una cosa era segura : ser negro o indígena era malo, ser blanco era bueno. Ser rico solamante, era útil pero inadecuado : entrar a las universidades, la Iglesia o la administración requería pruebas de limpieza de sangre y cualquier herencia dudosa era un gran obstáculo. Conforme a la verdad, después de 1783, la Corona podía por decreto otorgar una « cédula » de gracias al sacar », una limpieza real, un

29 Agustín Basave Benítez, *México mestizo. Análisis del nacionalismo mexicano en torno a la mestizofilia de Andrés Molina Enríquez*, Fondo de Cultura Económica, 1992, P.17.

certificado de blancura, y desde 1795 esta licencia podía comprarse por cerca del doble del precio del esclavo de mejor calidad[30].

Pour nous donc la distinction que nous considérions ci-dessus n'est pas aussi pertinente qu'on veut bien le croire ou le faire croire. Dans les imaginaire sociaux, occidentaux ou occidentalisées la « couleur » et la « race », catégories dont on discute rarement la pertinence, ne s'opposent pas ; bien au contraire, elles se montrent interchangeables[31].

En outre, appréhender la « présence-histoire » du Noir en Amérique Latine en termes de « traces » ou d' « empreintes » pose problème pour plusieurs raisons. Tout d'abord, s'il est vrai que l'empreinte est ce que chaque individu a en propre, force est de rappeler que c'est aussi en même temps ce qui condamne, désigne, identifie ou démasque. Il en est ainsi des expressions suivantes fort courantes en Amérique Latine : « le sale lo de negro » ou « negro/indio tenía que ser ».

René Depestre fait remarquer fort à propos, comme on le verra plus tard, qu'on ne parle pas de « huellas europeas ». Cela est symptomatique du fait que, on l'a dit déjà plusieurs fois, l'Europe est l'idéal vers lequel on tend ou on doit tendre. C'est l'élément fécondant de la culture et de l'identité latino-américaine.

À force de parler de la « présence-histoire » des Noirs en Amérique Latine en termes de « huellas », parfois on parle de « supervivencias », on en est venu à soumettre celles-ci à une logique comptable. On s'évertue alors à compter, à répertorier à identifier et à donner corps à ces « huellas ». Ce sont les fameux « africanismos » si chers à certaines études.

C'est précisément contre cette tendance que René Depestre s'est élevé en fustigeant la démarche anthropologique de Melville J. Herskovits reprise non seulement par ses propres disciples mais aussi par une partie du champ des études afro-latinoaméricanistes :

> En 1941, Melville J. Herskovits consagró un célebre estudio a la « herencia del negro » en el continente americano, y estableció una escala de

30 Peter Wade, *Gente negra Nación mestiza. Dinámicas de las identidades raciales en Colombia*. [1993], Ediciones Uniandes, Bogotá, 1997, p.40.

31 La discussion des liens ou des articulations entre « race », « couleur » et, des fois, « classe » occupent désormais un espace central dans les publications anthropologiques ou sociologiques. Nous renverrons pour notre part au livre ci après cité de Paul Gilroy surtout au premier chapitre où il fait une mise au point sur ces catégories en en soulignant les apories et les limites. Paul Gilroy, *There ain't no black in the union jack*, Routledge, London and New York, 1987.
On peut aussi mentionner le livre collectif de Etienne Balibar et Immanuel Wallerstein, *Race Nation Classe. Les identités ambiguës*, Éditions La Découverte, 1990.

« intensidad de las supervivencias africanas ». Ni por un instante se preocupó por brindar una correlativa « escala de intensidad de las supervivencias europeas ». Los aportes africanos fueron mecánicamente yuxtapuestos a modos de sentir, soñar, pensar y actuar supuestamente heredados del occidente cristiano por las naciones mixtas, criollas de nuestro hemisferio. Herkovits y sus discípulos perdieron de vista que, en el espacio geográfico y socioeconómico que va desde el sur de Estados Unidos hasta el norte de Brasil, si bien hubo ruptura histórica entre raza, etnia y cultura, entre infra y superestructura, tal disociación no caracteriza solamente a la herencia africana... Más de un cuarto de siglo después de las hipóthesis de Herkovits, continúa estudiándose el aporte de Africa como si este formara un plancton racial en eterna suspención en las olas del proceso de liberación nacional de las sociedades sui generis de América[32].

Nonobstant les remarques que nous avons faites et que d'autres bien avant nous avaient faites, force est de constater que toute démarche visant à objectiver les fondements du grand récit du « mestizaje », présenté par ailleurs comme une évidence imparable, risque d'être considérée comme une tentative malhonnête de construction d'une identité noire fictive. On a beau jeu alors de faire remarquer que tous les soi-disant Noirs ne s'identifient d'ailleurs pas à une telle identité.

L'exemple des « Libres » de l'Occident colombien que révèle Anne-Marie Losonczy semble d'ailleurs accréditer cette dernière hypothèse :

> Les groupes noirs de l'Occident colombien, loin de toute auto-connotation en termes de couleur ou d'un référent ethnique, utilisent le mot unificateur « Libres » pour se désigner eux-mêmes, face aux autres groupes qui les entourent. Si aucune glose n'explicite jamais le rapport a contrario de ce terme avec le passé esclave, en revanche il est volontiers interprété comme dénotant un caractère de mobilité dans laquelle les Libres voient une de leurs différences majeures par rapport à d'autres groupes[33].

À notre avis la démarche des « Libres » est moins un refus d'une identité fondée sur la « conscience de couleur » que le rejet d'une histoire dont le Noir est la marque infamante. La démarche des « Libres » devrait donc être lue et perçue comme une démarche politique qui résulte d'un travail critique contre le stigmate « Noir ». Car il convient de rappeler qu'historiquement (XVIIIe siècle) les « Libres » o « Libres de todos los colores » étaient une catégorie officielle qu'on opposait à « Esclavos » ou à

---

32 René Depestre, « Saludos y despedida a la negritud », in *Africa en América Latina*, Manuel Moreno Fraginals (relator), UNESCO, Madrid, Siglo XXI Editores, 1977, pp. 338-339.

33 Anne-Marie Lozonczy, « Du corps-diaspora au corps nationalisé : rituel et gestuelle dans la corporéité négro-colombienne », *Cahiers d'Études Africaines*, 148, XXXVII-4, Paris, 1997, p.894.

« Esclavos de todos los colores ».

En se posant comme « Libres » les Noirs se différencient non seulement, comme le dit d'ailleurs fort justement Lozonczy, des autres groupes mais ils dénoncent aussi un certain imaginaire déterministe qui, en mettant sans cesse en avant, dans un but discriminatoire, l'origine stigmatisante des Noirs en Colombie, empêche ou diffère toute identification avec leur "présence-histoire". L'esclavage est en effet ce qui renvoie imaginairement les Noirs latino-américains à l'Afrique mais c'est aussi ce qui les identifie comme étrangers à cet entre-deux idéologisé, constitué par les Indiens et les Blancs-européens.

On peut donc difficilement affirmer comme le font ou proclament certains, parfois de manière autoritaire mais surtout en dépit de l'histoire, que l'identité noire ou africaine est absente de l'Amérique Latine ou qu'elle est une construction de certains anthropologues. Ce débat a cependant lieu en Colombie et au Mexique, pour ne citer que deux exemples extrêmes.

La constitution du Mexique ne reconnaît en effet pas aux Noirs une existence ethnique. Ce terme est exclusivement réservé à la définition socio-politique des Indiens. En Colombie, à la faveur de la réforme de la constitution en 1991, il a fallu batailler pour démontrer que les Noirs pouvaient aussi, San Basilio en serait une preuve flagrante, être définis au moyen de la catégorie, très controversée, de l'ethnie[34].

Cela démontre au moins deux choses. D'une part, que le Noir ne peut acquérir une existence officielle que mué en Indien. Au point qu'on pourrait dire que le Noir est un Indien qui s'ignore. D'autre part, cela pose la nécessité impérieuse de revisiter certaines catégories qu'on utilise encore pour dire et décrire la formation raciale de L'Amérique Latine. L'investissement autour du « mestizaje » et de la figure du « mestizo » représenté comme l'illustration de l' « être-ensemble » dans la concorde ou l'harmonie raciale des latino-américains devrait, à notre avis, être reconsidéré. Car cet investissement est porteur de confusions, de réductions et de raccourcis néfastes. La question ne se pose donc pas en terme de « mestizofilia » ou de « mestizofobia ».

La troisième tendance est dite afro-génétique[35]. Elle s'appuie sur la présence effective des Noirs en Amérique Latine. Plus massivement dans les

---

[34] cf. *Au cœur de l'ethnie (ethnies, tribalisme et état en Afrique)*, Jean-Loup Amselle et Elikia M'bokolo (coord.), Paris, Éditions La Découverte, 1985.

[35] Selon l'anthropologue colombien Jaime Arocha ce concept provient de Ulrich Fleishman qui entendait ainsi l'opposer à « eurogenesis ».

Caraïbes et les Antilles mais aussi dans certaines régions dans le littoral atlantique ou pacifique des autres pays latino-américains. L'argument que cette troisième tendance soutient et promeut est que la violence physique et symbolique de l'esclavage n'a pas enrayé la culture africaine des mémoires des esclaves. Cette culture a su résister, se conserver et se développer dans des traits qui lui sont propres.

> El hecho contundente es que las condiciones de la esclavitud por horrorosas que fueran no arrasaron la memoria cultural de sus víctimas. La deculturación total no ocurrió. En el marco de horizontes de creatividad, innovación, resistencia frontal y subrepticia y quizás en la trama de lo que Jaime Arocha, siguiendo a Francis Jacob, ha llamado el proceso de *bricolaje* las memorias del guerrero tribal y las de los kilombos africanos pudieron también formar parte de la etnogénesis palenquera[36].

Il est important de rappeler que la tendance afro-génétique ne méconnaît pas le métissage. Mais elle souligne le danger d'un discours désormais hégémonique qui, en insistant exclusivement sur le métissage, finit par éluder et rendre invisible la présence des Noirs en Amérique Latine.

Celle-ci se traduit aussi par le corps-mémoire ou la mémoire corporelle dont les Noirs sont porteurs et détenteurs. Elle est transcrite par le port du corps ou par des formes ritualisées de certaines pratiques religieuses comme la Santería, le Candomblé ou le Vaudou. Cette « mémoire corporelle » est sans nul doute portée à son extrême lors des festivités qui scandent la pratique sociale du Carnaval. Il est évident que dans ce cas il conviendrait de ne pas perdre de vue l'effet en retour de certaines médiations sur la dite « mémoire corporelle » : l'officialisation du carnaval, les enjeux économiques, l'image de soi dans le regard autre, etc.

Compte tenu de ce qui vient d'être dit il nous semble impératif de rappeler que le métissage, qui désormais est devenu un discours contraint en Amérique Latine, ne saurait être unilatéral, ni neutralisateur des différences. Il suppose un contact contradictoire entre deux ou plusieurs cultures. Ces cultures ne sont pas plus passives qu'elles ne sont actives. Ce qui amène à poser, parce que peu abordée, la question des modalités de relation de ces cultures en présence.

D'où l'intérêt du concept de « créolisation » que Édouard Glissant a popularisé. Pour nous ce concept déplace, en soulignant ses limites, le concept de « métissage ». Voici ce qu'en dit Édouard Glissant lui même :

> La créolisation exige que les éléments hétérogènes mis en relation « s'intervalorisent », c'est à dire qu'il n'y ait pas de dégradation ou de

---

36 Nina S. de Friedemann, art. Cit, in *Geografía humana de Colombia...*, p.95.

> diminution de l'être, soit de l'intérieur, soit de l'extérieur, dans ce contact et dans ce mélange. Et pourquoi la créolisation et pas le métissage ? Parce que la créolisation est imprévisible alors que l'on pourrait calculer les effets d'un métissage. On peut calculer les effets d'un métissage des plantes par boutures ou d'animaux par croisements, on peut calculer que des pois rouges et des pois blancs mélangés par greffe vous donneront à telle génération ceci, à telle génération cela. Mais la créolisation, c'est le métissage avec une valeur ajoutée qui est l'imprévisibilité. De même était-il absolument imprévisible que les pensées de la trace inclinent des populations dans les Amériques à la création de langues ou de formes d'art tellement inédites. La créolisation régit l'imprévisible par rapport au métissage[37]

La créolisation ainsi que l'entend E. Glissant n'est cependant pas une reprise ou une réfiguration de la « transculturación » qui rendrait compte de la formation raciale et culturelle de Cuba, en particulier, et des Caraïbes, en général. Au fond, la « transculturación » présuppose toujours un contact entre une culture forte et établie et une culture minoritaire qui, du fait de ce contact, va se transculturer.

C'est donc, si l'on veut, une espèce d'acculturation ou de déculturation positive. La « transculturación » suppose une dialectique paradoxale de perte et de gain. La culture réputée faible aurait en effet tout à y gagner en intégrant, dans ses béances et ses lacunes, les traits culturels qui lui font défaut. Finalement, la « transculturation » reste marquée par l'idéologie évolutionniste qui voudrait qu'on aille nécessairement et irrémédiablement de l'infiniment arriéré à l'infiniment évolué.

La « transculturation », pour diverses raisons et par différents détours, a été reprise, popularisée et imposée comme la seule grille novatrice et opératoire de lecture des phénomènes sociaux et culturels d'Amérique Latine. Angel Rama, par exemple parle de « transculturación narrativa » à propos de la production littéraire de J. María Arguedas. On n'a pas vu ou bien on n'a pas voulu voir que, malgré son attrait réel, la « transculturación » n'est pas apte à rendre pleinement compte de la formation sociale et culturelle de Cuba, des Caraïbes ou des Antilles.

Manuel Moreno Fraginals dénonce fort justement un tel aveuglement dans son désormais emblématique article « Aportes culturales y deculturación » :

> En nuestra opinión no puede llegarse a la raíz de este problema si partimos del esquema antropológico prefijado que considera la transculturación como un fenómeno de choque y síntesis entre un grupo de inmigrantes (coercitivos

[37] Edouard Glissant, *Introduction à une poétique du divers*, Paris, Éditions Gallimard, 1996, pp. 18-19.

o no) que son insertados en una sociedad de moldes culturales europeos. La realidad de las que, muy vagamente, pudiéramos llamar « zonas negras del Caribe » es otra distinta. Desde sus inicios se trata de sociedades *nuevas* donde africanos y europeos van llegando simultáneamente : los primeros en condición de grupo explotador. No hay pues una sociedad preexistente, a la europea, que se impregna de aportaciones africanas. Por lo tanto, es falso como método la simple búsqueda de africanismos para sospesar cuantitativamente cuántos se insertaron en los moldes establecidos[38].

Les limites du concept de la « transculturación » étant ainsi mises à nu, cela permet, en retour, de mieux saisir la portée et l'opérativité du concept de « créolisation » que propose E. Glissant. Ce concept conduirait aussi à infléchir la notion de « culture ou d'identité interstitielle » que A. Lozonczy, et d'autres sans nul doute, développe à propos des « nègres » de certains pays d'Amérique Latine[39].

Le travail de Lozonczy part essentiellement du sens que R. Bastide donna naguère à « Nègres » :

> « un mode particulier d'identité et de sociabilité ; celui où les modèles linguistiques, rituels et mythiques africains se sont désintégrés et ont perdu leur pouvoir structurant dans les groupes des descendants d'esclaves. Ces groupes intègrent des éléments africains épars -manifestes surtout dans les contes oraux, la musique, la danse et le gestuel- dans un ensemble de croyances et de représentations qui naît à la charnière du catholicisme populaire hispanique. Ce qui semble donc spécifier leur mode d'être collectif, c'est une sorte d' « oubli » de l'héritage culturel africain »[40].

Lozonczy parle aussi d'un double oubli, du passé, on dira plutôt avec E. Glissant, de l'Antécédent africain, et de l'expérience traumatisante de l'esclavage, qui est au fondement de la culture ou de l'identité des « Nègres ». De ce double oubli proviendrait cette culture passerelle ou interstitielle qui fonde le rapport des « Nègres » aux autres cultures. Le double oubli inscrirait, par ailleurs, véritablement l'identité des « Nègres » dans la modernité.

La lecture de A. Lozonczy qui ne manque pas d'attrait, appelle cependant quelques remarques. Tout d'abord, la coupure postulée par de nombreux critiques entre la modernité et le passé reste encore

---

[38] Manuel Moreno Fraginals, « Aportes Culturales y deculturación », in *África en América Latina*, p. 31.

[39] A. Lozonczy, « Mémoires nègres : le creux et le plein », in *Bastidiana*, vol. 13-14, Paris, 1993, pp.163-173.

[40] A. Lozonczy art. cit, p. 163.

problématique. Mais, fondamentalement, on ne voit pas, et ce malgré l'autorité des recherches ethnographiques que fait valoir Lozonczy, pourquoi la culture africaine serait plus sujette à des transformations ou à l'acculturation que d'autres.

En outre, il conviendrait de le rappeler, la Traite et l'esclavage sont au centre même de la modernité occidentale. Ils l'inaugurent tragiquement puisqu'ils font basculer brutalement le Noir dans la dite modernité. Ce n'est donc pas par une opération mentale marquée par l'oubli que le Noir (« Nègres » dans le sens de R. Bastide) s'inscrit dans la modernité occidentale.

En affirmant ou en essayant d'établir le caractère syncrétique ou interstitiel de la culture nègre ne court-on pas le risque de réactiver les distinctions fort douteuses entre les « cultures fortes et structurantes » et les « cultures faibles », moins établies et donc nécessairement plastiques ? Et ce d'autant plus qu'elles ont subi, à leur corps défendant, la violence coloniale.

La démarche qui vise à conférer à la culture africaine le simple rôle de passerelle n'est pas sans rappeler celle du mexicain José Vasconcellos qui, dans son fameux essai ontologique, *La raza cósmica*, réduit la culture africaine d'Amérique Latine à un pont, à une passerelle qui permettrait la réalisation d'une « race cosmique » supposée. Cette race, par ailleurs, traduirait mieux l'inscription de l'Amérique Latine dans la modernité, dans l'universel.

Bien évidemment, il ne nous a pas échappé que Lozonczy cible une catégorie particulière de l'identité noire en Amérique Latine (Les « Nègres »). Il n'en demeure pas moins que le danger d'une confusion ou d'une projection, sémantico-idéologique, de ce cas spécifique sur les autres identités noires n'est pas à écarter. À preuve, « Libres » a fini par se transformer en équivalent exact de « Negros » alors qu'il s'agissait justement, en s'auto-désignant ainsi, de s'affranchir de l'opprobre social qui inévitablement renvoyait à l'esclavage, c'est à dire à une origine stigmatisée et/ou stigmatisante.

La notion de « culture interstitielle » gagnerait à être reposée à partir du concept de « créolisation » dont nous avions parlé précédemment. De l'avis de nombreux analystes et chercheurs l'opérativité du concept de « créolisation » le rend apte à lire autrement les formations sociales et culturelles des Antilles et des Caraïbes. Mais on peut parier qu'il pourrait s'avérer opératoire pour le reste du continent américain[41]. Il a en outre

---

[41] Cf. Jean-Luc Bonniol (ed.), *Paradoxes du Métissage*, Éditions du CTHS, Paris, 2001.

l'avantage de battre en brèche la répartition géopolitique traditionnelle du continent américain. Le sud des États Unis, d'après E. Glissant, a connu aussi le processus dynamique de la « créolisation » tout comme les Caraïbes et les Antilles.

Par ailleurs, la notion de culture interstitielle peut aussi être reposée à partir des concepts de « Twoness » ou de « double consciousness » (WEB Dubois repris par M. Gilroy, entre autres) qui ne se confondent pas nécessairement avec l'idée de « syncrétisme », déjà douteux dès ses origines, qui, nous semble-t-il, informe malheureusement le travail de A. Lozonczy.

En effet, la modernité du Noir, dans le cas des propositions de WEB DuBois et de Paul Gilroy, ne se fonde pas sur un quelconque oubli. Au contraire, elle intègre, dans un rapport dynamique, deux temporalités différentes : africaine et européenne. Au demeurant, c'est ce qui en fait une des spécificités de la trajectoire du Noir en terres américaines[42].

Au terme de notre présentation il est donc permis se demander si ces trois formes principales du rapport des imaginaires sociaux à la "présence-histoire" des Noirs en Amérique Latine décrivent autant de « sujets culturels ». Quoi qu'il en soit, ces trois positionnements expriment au moins une lutte symbolique de définition de soi et des autres, une lutte pour le classement, le déclassement et le reclassement des éléments donnés à voir comme constitutifs des identités régionales, nationales culturelles et « raciales » latino-américaines.

De ce point de vue nous pensons, comme le suggère E. Cros, que le « sujet culturel » est un avatar idéologique. Pas tellement dans le sens où il bâillonnerait purement et simplement ceux ou celles qui y sont assujetti(e)s mais parce que, c'est en tous les cas l'hypothèse que nous soutenons, le processus de projection, de reconnaissance ou d'auto-identification qui fonde le « sujet culturel » produit du sens, crée ou légitime des différences, des hiérarchies, un ordre de priorité dans les origines (et leur authenticité) qui, dans le cas qui nous concerne, diffère la "présence-histoire" des Noirs en Amérique Latine.

C'est ainsi que la lecture suivante de P. Bourdieu nous apparaît très pertinente :

> Les luttes à propos de l'identité ethnique ou régionale, c'est à dire à propos de propriétés (stigmates ou emblèmes) liées à *l'origine* à travers le *lieu*

---

42 Cf. Web Dubois, *The souls of black folk*, 1903.
Paul Gilroy, *The black atlantic. Modernity and double conciousness*, Harvard University Press, Cambridge, Massachusetts, 1993.

d'origine et les marques durables qui en sont corrélatives, comme l'accent, sont un cas particulier des luttes de classements, luttes pour le monopole du pouvoir de faire voir et de faire croire, de faire connaître et de faire reconnaître, d'imposer la définition légitime des divisions du monde social et, par là, de *faire et de défaire les groupes* : elles ont en effet pour enjeu le pouvoir d'imposer une vision du monde social à travers des principes de division qui, lorsqu'ils s'imposent à l'ensemble d'un groupe, font le sens et le consensus sur le sens, et en particulier sur l'identité et l'unité du groupe, qui fait la réalité de l'unité et de l'identité du groupe[43].

E. Cros prend aussi en compte la lutte pour la domination symbolique dans la configuration ou dans l'auto-représentation du « sujet culturel ». Cela apparaît particulièrement dans son analyse du prologue de la grammaire de Nebrija qui célèbre la nécessité politique d'institution du castillan en une langue hégémonique sur laquelle devrait reposer l'empire espagnol dans sa phase de grandeur historique. Ce qui suppose l'assimilation, dans une structure qui se voulait homogénéisante, de l'altérité ou de l'hétérogène.

Le discours sur les origines et leur légitimité mais aussi la hiérarchie qu'il implique forcément, pourrait donc être considéré comme le noyau autour duquel s'articule chaque « sujet culturel ». Car ce qui est en jeu c'est la définition de ce qui est donné à voir comme l'identité légitime de l'Amérique Latine. D'un point de vue individuel ou collectif c'est ce que le « Je » et le « nous » projettent ou revendiquent comme « idéal identitaire ».

43 Pierre Bourdieu, *art. cit*, p. 65.

LUTTES ET PRISE DE PAROLE DU NOIR EN AMÉRIQUE

> *Al negro bocón se le da un bofetón.*
>
> La nueva Constitución que permitió el ingreso definido de los aborígenes como sujetos de derechos, apenas mencionó pálidamente a los negros en su expresión étnica diferenciada. Así la legitimidad de su identidad para los propósitos del ejercicio territorial con la especificidad de una diversidad ancestral quedó ausente. No obstante, por fuera del proceso de dicha Constitución, distintas agrupaciones culturales y política de negros, adoptaron posiciones analíticas reflexivas y críticas. Las vicisitudes del transcurso de los negros en el panorama nacional, las contribuciones que desde la colonia han venido realizando, la marginalidad que han sufrido sus gentes son temas de discusión [...] El debate atañe al estudio de la conciencia acrítica del mestizaje como ideología discriminatoria con resultados de invisibilización de los negros...[1].
>
> Nina S. de Friedemann

> J'en avais assez de lire ou d'écouter ce qu'on écrivait ou disait au sujet des Africains : persécutés et opprimés en Afrique, sur l'Atlantique, aux États Unis et dans toute la Caraïbe. Je décidai d'écrire un livre dans lequel les Africains —ou leurs descendants dans le nouveau monde— au lieu d'être constamment l'objet d'exploitation et de la férocité d'autres peuples, se mettraient à agir sur une grande échelle, et façonneraient leur destin, et celui d'autres peuples, en fonction de leurs propres besoins. Les livres que j'avais lus sur la Révolution haïtienne n'avaient aucune valeur historique digne de ce nom...[2].
>
> C.L.R James

Nous avons posé jusque là le Noir, en tant qu'histoire, présence,

---

[1] Nina S. de Friedemann, *La saga del negro...*, p.100.

[2] C.L.R James, *Les Jacobins noirs*, préface à la troisième édition (1980).

pratiques sociales et culturelles, couleur, etc. en terme de Relation. Autrement dit, le Noir serait une limite, un seuil à partir duquel les imaginaires sociaux latino-américains se définissent et se positionnent, spéculent sur l'infériorité ou la supériorité raciale ainsi que les disgrâces et les bénéfices qu'elles engendrent.

Chacun des trois positionnements que nous avons décrits dans le chapitre précédent définirait alors ce qui nous semble, sous réserve bien évidemment, être le pourtour d'un sujet culturel spécifique. Cela veut dire que face au Noir il n'y a pas qu'une seule projection identitaire mais qu'il y en a plusieurs qui coexistent en diachronie ou en synchronie à l'intérieur d'un espace social donné, à l'intérieur d'un même univers culturel.

L'espace privilégié étant, comme nous l'avons dit, celui des sociétés globales latino-américaines, le pourtour des différents sujets culturels esquissés apparaît logiquement flou, instable. La question que l'on pourrait se poser est celle de savoir si en définitive on peut arriver à baliser exactement le pourtour d'un sujet culturel, tant est impliquée nécessairement la longue durée et tout ce que cela entraîne.

Cela veut dire aussi que le Noir, dans les trois articulations proposées précédemment, existe bel et bien en Amérique Latine. On ne peut le réduire, comme on le fait souvent, à quelque chose de plastique, de syncrétique, un vide sémiotique constamment redéfinit par les cultures en présence en Amérique Latine, et surtout par la culture blanche occidentale. La vision épistémologique qui sous-tend une telle vision-lecture de la « présence-histoire » du Noir en Amérique Latine est sujette à caution.

En effet, pas plus que dans les cas de l'Indien ou du Blanc, on ne saurait soumettre le Noir à un brevet de « pureté », de « primitivisme », d' « authenticité ». Toutes choses, postule-t-on par ailleurs, définitivement perdues à cause de l'esclavage et de la colonisation. Donc le Noir n'est pas ou n'existe pas en tant que tel.

Il s'agit là d'une pétition de principe qui a pendant longtemps prévalu dans les travaux anthropologiques portant sur l'Amérique Latine ou des formations sociales néo ou post coloniales. Cette logique est aujourd'hui dénoncée parce qu'elle est tendancieuse et fortement réductrice.

En outre, la vision en question est alimentée par d'une appréhension de l'Afrique noire comme une fixité, une atemporalité toute contraire à la grande plasticité ou au caractère fondamentalement syncrétique de l'Amérique Latine. De ce réductionnisme on tire au moins deux arguments. D'un côté, on postule qu'à l'instar de l'immobilisme caractéristique de l'Afrique, continent de référence, le noir latino-américain est incapable d'assumer les mutations générées par l'esclavage et la colonisation. Il est, de ce point de vue, inapte à s'intégrer dans les structures modernes des sociétés latino-américaines. Les premières études sur les Noirs s'employèrent en effet à détecter et à établir les réminiscences des cultures africaines chez les Noirs d'Amérique. Ces réminiscences expliqueraient le fait que le Noir soit inassimilable et à la fois corrupteur des identités projetées comme authentiquement latino-américaines[3].

D'autre part, le syncrétisme fondateur des formations sociales latino-américaines esclavagistes et post-esclavagistes expliquerait le décalage nécessaire entre l'Afrique et les « Amériques noires » (R. Bastide) de l'époque qui nous intéresse. Roger Bastide, à qui on aurait mauvaise grâce de faire le procès en réductionnisme, distingue une « culture nègre » se rapportant à l'Amérique Latine et une « culture noire » se référant à l'Afrique. D'autres établissent une distinction entre la « africanía » latino-américaine et la « africanidad » de l'Afrique.

Ces distinctions ne manquent pas de pertinence tant elles semblent pleines de bon sens. Il n'y a cependant pas, à notre avis, ce fossé qu'elles laissent supposer. Plus encore, elles ne tiennent pas compte du fait que l'Afrique noire a été et continue d'être hétérogène et ce dès ses origines, si on veut bien lui en reconnaître. Elle n'échappe donc pas à ce qui est perçu comme viscéralement lié à l'Amérique Latine coloniale. On ne doit donc pas mettre en corrélation la supposée fixité de l'Afrique et le bouillonnement métis des sociétés latino-américaines esclavagistes et post-esclavagistes.

Le Noir est Relation en ce sens qu'il est au cœur même des formations socio-économiques, politiques et imaginaires de l'Amérique Latine. Mais, afin qu'il n'y ait pas d'ambiguïté, nous disons aussi qu'on ne saurait le réduire à n'être qu'une Relation. Autrement dit, quelque chose qui n'existe qu'à travers les rapports que les autres membres des sociétés globales établissent avec elle.

De ce point de vue, ce seraient la société esclavagiste et le capitalisme commercial ou industriel qui créèrent le Noir. Un type de rapport spécifique qui fait que, finalement, on pourrait rapprocher le Noir de l'énoncé, ainsi que le pose M. Foucault dans *L'archéologie du savoir* (1969) : « Ni syntagme, ni règle de construction, ni forme canonique de succession et de permutation, l'énoncé, c'est ce qui fait exister de tels ensembles de signes, et permet à ces règles ou ces formes de s'actualiser »[4].

Si nous insistons particulièrement sur ce qui nous semble un

---

[3] Cf. Victorien Lavou Zoungbo (ed.) *Marges 18 : Los negros y el discurso identitario latinoamericano*, CRILAUP, Presses Universitaires de Perpignan, 1997.

[4] M. Foucault, *L'archéologie du savoir*, Paris, Éditions Gallimard, 1969, p.116.

réductionnisme outrancier et grossier c'est par ce qu'il a imprégné et continue d'imprégner certaines études sur la « présence-histoire » des Noirs en Amérique Latine. Au point que Roger Bastide fut justement amené à tirer la sonnette d'alarme, mais tous ses travaux allaient déjà dans ce sens, dans le bilan qu'il dressa à propos des recherches afro-américaines dans leurs différentes évolutions.

Le sociologue français souligna comme qu'elle chose de salutaire le passage, en afro-américanologie, de l'anthropologie culturelle incarnée par les idées d'Herskovits (poursuivies par ses disciples) à l'anthropologie sociale. Cependant il attira l'attention sur le fait que ce passage n'est pas exempt d'effets idéologiques :

> Nous ne dépassons pas le niveau d'explication de l'ancienne anthropologie culturelle : si le postulat caché de l'acculturation, c'est celui que le noir assimile peu à peu les valeurs occidentales et change de mentalité, l'assimilation est seulement remplacée ici par l'adaptation ou l'intégration ; il n'y a qu'un changement de terme. Le comportement des descendants d'africains est envisagé en termes d'adaptation —obligatoire pour eux — à certaines conditions sociales, politiques, et surtout économiques (régime de la plantation, besoin d'une masse de manœuvres pour l'industrie naissante, minifudium agraire pour Haïti, etc.). Certains iront jusqu'à dire qu'il n'y a pas une culture afro-latinoaméricaine, mais un processus d'adaptation continuelle aux vicissitudes de la vie sociale, économique et politique du Nouveau Monde. Ce qui fait que -pour échapper au Charybde de l'isolement dans l'africanitude- on tombera dans le Scilla du déterminisme de la société globale, qui n'est en fait que celui de la pression des blancs sur une masse d'exploités. Il faudra attendre « le Pouvoir Noir » pour s'apercevoir de l'importance de la créativité culturelle du nègre...[5].

D'une manière générale, l'idéal identitaire latino-américain rend invisible le Noir, il lui nie même une existence fondatrice. À l'encontre de cet idéal identitaire se développe un mouvement de prise de parole du Noir en Amérique Latine. Il serait illusoire d'attendre de ce mouvement une volonté de construction d'un « nouveau langage » susceptible de mieux dire l'expérience vécue du Noir en Amérique Latine. Nous y verrons plutôt une volonté politique d'articuler ou de réarticuler la « présence-histoire » du Noir en Amérique Latine à partir d'une position d'énonciation différenciée et surtout contradictoire.

Cette articulation ou réarticulation resémentise la « présence-histoire » du Noir en Amérique Latine. Cela est, en soi, contraire aux

[5] Roger Bastide, « État actuel et perspectives d'avenir des recherches afro-américaines », *Journal de la Société des Américanistes*, Tome LVIII, Paris, MCMLXIX, p.23.

réductionnismes qui surdéterminaient encore cette « présence-histoire » et qui, en fin de compte, la disqualifie. E. Glissant, nous l'avons rappelé ailleurs, a dit pertinemment que sans le Noir il y aurait un suspens d'identité en Amérique.

Cela peut se comprendre, d'après nous, à partir d'une double perspective : un point de référence qui donne lieu à des positionnements divers mais aussi et surtout une présence distincte ou distinctive qui, d'un côté, renvoie ces positionnements à leur genèse et aux intérêts qui les structurent et, de l'autre, assure la spécificité des formations nationales latino-américaines. Celles-ci ne peuvent prétendre au statut de nations tant qu'elles n'assumeront pas pleinement la « présence-histoire » du Noir.

Tel nous semble être un des enjeux de la prise de parole par les Noirs qui a lieu en ce moment en Amérique Latine et dont les articulations dépendent des contextes aussi bien socio-économiques, politiques que culturelles dans lesquels elle se produit et se développe.

Des pays comme Cuba, le Brésil, la Colombie qui ont, à des moments historiques divers, marqué une certaine préoccupation pour la « présence-histoire » des Noirs constituent logiquement, à nos yeux en tous les cas, un « laboratoire » idéal pour mesurer les effets de cette prise de parole, à tout le moins, de cette parole revendiquée, parce que précisément confisquée depuis fort longtemps par un certain ordre du discours.

Finalement, c'est à une relecture de l'histoire sociale, politique, économique, culturelle et intellectuelle, de l'Amérique Latine que convie aujourd'hui la prise de parole par des sujets-Noirs latino-américains. La voix retrouvée qui dit une mémoire longtemps oblitérée, parce qu'elle est fondamentalement problématique, est en soi porteuse de revendications non satisfaites, de revendications différées car dérangeantes.

Le fait donc que la dite voix s'articule à travers le langage de celui qui en fut maître n'en limite pas forcément la portée subversive. Elle garde la capacité de brusquer les discours officiels et les discours académiques hégémoniques. Le Noir peut donc parler, ce dont on a douté pendant longtemps. Pour des raisons strictement politiques on a pendant longtemps représenté sa voix comme quelque chose de hiératique et d'incohérent :

« mumbo jumbo »[6], « parler petit nègre », « mekatel you », etc.

Mais que dit exactement le Noir ? Que prétend-t-il dire vraiment ? Tout d'abord, le droit, et non le monopole, de formuler lui même un discours propre au sujet de son parcours et de son enracinement en terres américaines. Ce discours, avec quelques décennies d'avance, avait été formulé par les Noirs usaméricains. Le prix payé fut incommensurable : vexations et humiliations de toutes sortes, y compris dans le monde de la production culturelle et artistique, assassinats, répression violente, bannissement, renforcement du mythe de la suprématie blanche[7].

Mais cette prise de parole a été inéluctable et indispensable ; elle a été voulue par les Noirs, non pas comme la revendication d'une essence, il n'y a que des Noirs pour parler de leurs semblables, « *it's a black thing* », mais comme un droit et aussi un devoir de contrer et de contrecarrer les simplifications, les raccourcis imposés par l' « africanisme » à leur propos.

Toni Morisson, et bien d'autres avec elle, a raison de dénoncer l' « africanisme » en tant qu'il n'est rien d'autre qu'un discours officiel idéologisant qui ne parle des Noirs ou de l'Afrique etc., qu'en les déplaçant vers un ailleurs mythique, ou fantasmatique. L'ici et maintenant des Noirs importe peu pour ce genre de discours.

« Black is beautiful », « Black Panthers », « Black Power », le Panafricanisme[8], le renouveau de Harlem[9], la participation des noirs dans

---

[6] Cf. Ishmael Reed, *Mumbo Jumbo*, 1972, traduit de l'anglais par Gérard H. Durand, Soul Fiction, Éditions de l'Olivier, Paris, 1975, 1998. Ce roman qui a été salué par les critiques pour ses qualités d'écriture et éthique met justement en scène l'angoisse obsédante de la société blanche américaine confrontée à la « recherche du verbe » par un mouvement de prise de conscience et d'affirmation des Noirs qui se dessine irrémédiablement. Tel l'insaisissable et incontournable « jes'grew ».

[7] Cf. Malcom X et Alex Haley, *L'autobiographie de Malcom X*, Bernard Grasset, Paris, 1966. *Malcolm X, The last speeches*, edited by Bruce Perry, Pathfinder, 1989.

[8] Georges Padmore, *Panafricanisme ou communisme ? La prochaine lutte pour l'Afrique*, Paris, Présence Africaine, 1960.

[9] Cf. Michel Favre, *op. cit.* Il dépeint avec beaucoup de détails les contextes de ce renouveau noir. Un renouveau qui n'est pas exempt de contradictions.

les forces de libération américaines pendant la seconde guerre mondiale[10], le combat pour les droits civiques des années soixante aux États Unis, mais dont l'impact a été incontestable dans le reste des Amériques.

En un mot le « nationalisme noir », malgré ce qu'on lui a reproché comme charge d'afrocentrisme ou de racisme à l'envers, il faudrait aussi s'interroger sur les lieux d'où ce nationalisme est jaugé et jugé, le plus souvent négativement, a sinon mis fin du moins pointé les fondements idéologiques de l' « Africanisme ». En fin de compte c'est le discours de l'Un sur lui même ou, si l'on veut, le discours du Même aux prises avec ses propres angoisses, ses propres fantasmes, sa propre mauvaise conscience. L' « Africanisme », s'y méprendre serait se laisser prendre au piège qui a donné naissance à l' « Orientalisme » que dénonce Edward Said[11], n'a jamais rendu pensable le Noir ni sa « présence-histoire » aux États Unis ou en Amérique Latine.

Le démasquage de l' « Africanisme » a été rendu possible grâce aux mouvements précédemment cités. La naissance des *Black studies* mais aussi des *African studies* ou encore des *Afro-Americans studies* dans les Universités américaines est à rattacher certainement à cette farouche volonté de prise de parole par les Noirs « usaméricains » :

> En el mundo angloparlante americano, una de las primeras manifestaciones de una nueva actitud de reinvindicación identitaria de la gente de color fue la del movimiento de la *Harlem Renaissance*, que se afirmó en los Estados Unidos entre los años veinte y treinta del siglo XX. Era una corriente literaria y de pensamiento que tuvo su epicentro en Harlem, centro urbano con una gran concentración de población negra, en que escritores y músicos (entre ellos, Langston Hugues, Claude McKay y Zora Neale Hurston) empezaron a afirmar los valores de una nueva generación de negros americanos, en contraste con la cultura blanca y con la mentalidad de sus predecesores que nunca se habían atrevido a reivindicar una identidad negra. El ser negro, pues, empezó a ser objeto de creación artística, y la esclavitud dejó de ser un elemento del pasado que había que olvidar y se convirtió en un campo de

---

10 Lors de la guerre des indépendances en Amérique Latine, la forte participation des Noirs dans les forces de libération a donné lieu à un protagonisme social et politique des « vétérans ». C'est le cas notamment à Cuba où les « vétérans » aspirèrent ouvertement à une prise en charge politique des doléances générales de la population noire et à une meilleure représentation politique. Ces aspirations mettront, par ailleurs, à nu les fondements racistes et/ou exclusifs de la société dominante de Cuba de l'époque. Cf. Alejandro de la Fuente, *op. cit.*

11 Cf. E. Said, *op. cit.*.

investigación por parte de los mismos afroamericanos[12].

La prise de parole des Noirs a été donc à la fois politique et culturelle. Cela mérite d'être rappelé car on entend encore trop souvent des gens bien intentionnés de la Cité savante dire que les Noirs, au contraire des Indiens, par exemple, ne savent pas s'organiser ou n'ont pas su s'organiser pour défendre leurs intérêts, leurs droits légitimes. Et de brandir l'inexistence ou le nombre peu élevé des organisations noires comparativement à celles des Indiens. Tel est le schéma de pensée qui a cours encore en Amérique.

Ce schéma fait fi de plusieurs choses, notamment du fait que les organisations des Noirs existent mais qu'elles sont rendues invisibles ; en outre, même les organisations culturelles et religieuses ont toujours été sévèrement contrôlées et voire même réprimées[13]. Parfois elles sont purement et simplement interdites, parce que données à voir comme illégitimes ou comme de la propagande en faveur de la haine raciale à l'envers. Parce qu'il y aurait alors un en-Droit de la haine raciale, du racisme ?

L'acharnement contre les organisations politiques et culturelles des Noirs dans les Amériques montre, si besoin en était, qu'elles posent problème car elles touchent à des questions que les consensus nationaux veulent oublier, ignorer, où, en tous les cas qu'ils tiennent pour résolues comme, par exemple, celle du statut juridique et celle de la place qui revient au Noir dans les sociétés globales américaines post exclavagistes.

De sorte que le canal privilégié par lequel s'exprime cette parole retrouvée demeure celui de la culture. Cela est particulièrement vrai pour l'Amérique Latine ou on compte encore peu d'organisations politiques ou syndicales noires. Quoi qu'il en soit, la prise de parole par les Noirs en Amérique Latine est aujourd'hui indéniable. Dans le domaine de la littérature il serait, par exemple, intéressant de cerner comment cette prise de parole se traduit et comment les pratiques littéraires nationales l'intègrent, l'incorporent ou l'ignorent.

Établir, comme une certaine critique traditionnelle, très ancrée dans les universités, a coutume de faire, une « évolution » en diachronie dans la représentation du Noir dans les littératures américaines est certes salutaire mais limité ; cela ne rend pas assez compte de ce que la prise de parole dont

---

12 Cf. Francesa Neri, « Multiculturalismo, Estudios poscoloniales y descolonización », in *Introducción a la literatura comparada*, Al ciudado de Armando Gnisci, Barcelona, Editorial Crítica, 2002, pp.398-399.

13 Cf. « Las sociedades afrocubanas », *in* Alejandro de la Fuente, *op. cit.*, pp. 230-244.

nous parlons porte en creux. Il faudrait tout d'abord, comme cela a été fait aux États Unis, grâce notamment aux travaux des critiques comme Cornel West, Toni Morisson, Ami Baraka et en particulier ceux de Henry Louis Gates, Jr., établir et définir un corpus de textes fondateurs (surtout de la tradition orale) de la littérature noire en Amérique Latine.

La deuxième étape consisterait alors à examiner le rapport que ces textes entretiennent avec la littérature contemporaine produite par les Noir(e)s et avec les littératures nationales latino-américaines. Le texte oral de l'araignée « Anansé », symbole par excellence de l'esprit de bricolage, de la ruse et de la résistance, dont les fils remontent de certaines régions de l'Afrique de l'ouest au Costa Rica (dans la région de Limón), aux États Unis et jusqu'en Colombie (la région du Pacifique) nous conforte dans cette hypothèse de travail :

> Los ombligados de Ananse son los iniciados en la hermandad de Araña, el dios y la diosa de los pueblos fanti-ashanti del golfo de Benín. Odioso para los esclavizadores por su amoroso egoísmo, humor negro, petulancia, y por la ubicuidad que lo puso en los barcos de la trata negrera que esclavizó a tantos africanos. Odiosa para los esclavistas por la astucia con la cual tejió redes de cimarrones, de cabildantes negros e insumisos en Cartagena, y de bogas mensajeros que remaban los champanes por el Magdalena. Se volvió negro cimarrón Zambe, bisexual, bailador incansable en los carnavales de Mompox, donde cada año castra a su hermano Tigre, que también se vino desde el África occidental, con conejo, cuervo, gato y la épica de los trucos que Ananse practica en los bosques de Ghana [...] Niños y niñas aprenden a imitarla con la complicidad de sus papás, que les ayudan poniéndoles polvos de araña en la herida que deja el ombligo al desprenderse[14].

Mais il pourrait en être de même du texte oral de la « Mamiouata », déesse blanche à la fois fascinante pour sa beauté et effrayante pour les pouvoirs qu'on lui attribue, que la Colombie et Haïti, par exemple, partagent avec les régions de l'Afrique centrale, de l'Afrique de l'ouest et certainement avec d'autres zones des Caraïbes ou des Antilles.

La prise de parole se traduit aussi en littérature latino-américaine, comme dans *Shangó el Gran Putas* (1981) de l'afro-colombien Zapata Olivella, par un retour critique sur la période fondatrice des États-Nations latino-américaines. Le texte de Olivella nous semble moins, ainsi que la critique qui a pignon sur rue l'a imposé comme lecture unique et exclusive, la grande saga des Noirs en Amérique qu'une revendication de justice, de réparation morale, sociale et politique pour les descendants de ceux et celles

---

14 Jaime Arocha, *Ombligados de Ananse Hilos ancestrales y modernos en el Pacífico colombiano*, Facultad de Ciencias Humanas UN, Santafé de Bogotá, 1999, p.13

qui furent broyé(e)s par les mines et les plantations et qui, de leur sang et de leur sueur, ont grandement contribué à l'édification des Amériques.

Par ailleurs, la littérature produite par les sujets noirs d'Amérique Latine opère une rupture dans le principal mode de représentation du Noir. Celui-ci n'apparaissait jamais dans la production culturelle latino-américaine comme un héros mais toujours comme un résigné, un être servile, un être alibi, condamné à la déchéance et à l'échec[15].

C'est, par exemple, le cas dans les romans cubains antiesclavagistes du XIXe siècle qui, tout en dénonçant, contre la doxa largement répandue qui soutenait le contraire, l'inhumanité de l'esclavage n'en reproduisait pas moins une vision paradoxale du Noir :

> Les romans anti-esclavagistes de Cirilio Villaverde (*Cecilia Valdès* o *la Loma del Angel*), de Anselmo Suárez y Romero (*Francisco*) ou de Gertrudis Gómez de Avellaneda (*Sab*), nous le montrent à peu près toujours vaincu, condamné à l'échec, victime de l'adversité et plus encore d'un système qui impose barrières morales et contraintes sociales. Mais il donne également à penser que l'institution de l'esclavage est la plus inhumaine des barbaries[16].

On devrait logiquement, à moins que cela ne soit qu'un vœu pieux de plus, dans les décennies à venir assister à une éclosion des producteurs culturels noirs. Mais davantage que d'une éclosion il faudrait parler ici de reconnaissance, d'accès à une plus grande visibilité culturelle. Les producteurs culturels noirs rencontrent en effet des difficultés insurmontables pour se faire éditer, pour publier leurs textes, monter des spectacles, se faire connaître du public latino-américain et, a fortiori, du public international[17].

---

[15] Cf. Jean-Pierre Tardieu, *Del diablo mandinga al Muntu mesiánico. El negro en la literatura hispanoamericana del siglo XX*, Editorial Pliegos, Madrid, 2001. Ce livre montre précisément que les études qui s'attachent à démontrer l'évolution du Noir dans les littératures nationales latino-américaines « oublient » de prendre en compte la permanence dans l'écriture d'une stéréotypie liée au Noir. Cette stéréotypie qui, comme le souligne J.P. Tardieu, s'exprime des fois terme pour terme d'un auteur à un autre concerne le physique du Noir : yeux, lèvres, corpulence, pieds, bras, couleur, etc. L'absence de facultés intellectives chez le Noir qu'on remarque dans ces textes est tout aussi significative. L'absence de toute capacité à aimer chez le Noir, dans le large éventail des textes abordés par J.P. Tardieu, mérite aussi attention. L'amour chez le Noir est réduit à une sexualité dégradante et bestiale. Une chose réprouvée et condamnée sans appel.

[16] Cf. Michèle Guicharnaud-Tollis, art. cit p. 45.

[17] En Colombie, l'exemple le plus frappant est peut-être celui du prolifique et protéiforme Rogelio Velásquez (1908-1965). Ses publications anthropologiques portant sur les Noirs mais aussi sa production littéraire n'ont pas reçu, de son vivant, l'accueil et la reconnaissance qu'il fallait.

Le marché de l'édition est encore peu développé en Amérique Latine ; en outre elle n'a pas pour habitude de promouvoir ou de parier sur des sujets dont le coefficient social est jugé faible, pour ne pas dire inexistant. Beaucoup d'écrivains noirs latino-américains (confirmés ou pas) ont publié ou continuent de publier dans des maisons d'édition précaires, qui tirent à un très faible nombre d'exemplaires et qui ont une part de marché dérisoire ou réduite. Ne permettant donc pas d'assurer une audience intéressante. Il y a aussi l'impact des instances universitaires de consécration des biens symboliques :

> Los afrodescendientes sí tienen una tradición erudita y cadémica y hay parte de esa tradición que sí enaltece el legado africano. El caso más importante es el de Manuel Zapata Olivella con su libro *Changó el gran Putás*, quien fue galardonado con el premio *Aplauso*, el pasado 17 de octubre de 2000. Pero había otros, como quienes están reseñados en la introducción al libro *De sol a sol*, o en el artículo « Estudios negros en la antropología colombiana » que Nina S. de Friedemann publicó en el libro *Un siglo de investigación : Antropología en Colombia*. Sin embargo, la propia comunidad afrodescendiente sigue identificando nombres de su comunidad que los académicos no han estudiado lo suficiente, alegando que, por ejemplo, los intelectuales chocoanos publican en editoriales poco conocidas, sin políticas de distribución o que sus obras están dispersas, como sucede con la del antropólogo Rogelio Velásquez. El publicó en la *Revista colombiana del folklore* porque no lo dejaban publicar en la *Revista colombiana de antropología* por discriminación. Se consideraba que los estudios sobre la gente negra en Colombia ha sido muy difícil. Entonces, Velásquez es una persona que merecería aparecer en un libro donde tu leyeras y vieras su obra completa, pero ha habido problemas para lograr esa meta[18].

Cet état de chose condamne les agents culturels noirs à l'invisibilité, à l'inexistence dans la culture livresque[19]. Même ceux ou celles qui sont connus, comme justement Zapata Olivella, n'ont pas la reconnaissance qu'ils mériteraient[20]. Il faudrait voir aussi dans cette histoire la part des

---

18 Cf. Jaime Arocha, « entrevista », in *Marges 21 : Las Casas frente a la esclavitud de los negros. Visión crítica del undécimo remedio*, Victorien Lavou Zoungbo (ed.), CRILAUP, Presses Universitaires de Perpignan, 2001, pp. 317-318.

19 On le mesure aisément lorsqu'on se rend en Amérique Latine. Nous en avons nous même fait l'expérience ; les librairies sont vides de textes produits par les écrivains noirs latino-américains, les vendeurs ou les libraires sont hébété(c)s de voir qu'on demande après ces auteurs. Dans la plupart des cas ils sont simplement inconnus. En Europe c'est le même constat décourageant qui prévaut.

20 Cuba semble constituer une notable exception à cette triste réalité. Ces dernières années ont vu la promotion et la consécration officielle de certains écrivains, artsistes et intellectuels noirs.

imaginaires exclusifs et réducteurs qui séparent *logos* ou écriture et Noir. Il y a fort longtemps qu'on a décrété en effet que le Noir n'était pas doué pour des « idées abstraites », pour l'écriture.

L'institution scolaire, à travers les textes et autres outils pédagogiques, en l'Amérique Latine n'accorde que peu de place à la production et à la création des agents culturels noirs. Or on sait l'importance que revêtent, par exemple, les textes scolaires dans la diffusion et la reconnaissance des écrivains mais aussi dans la formation d'une idiosyncrasie culturelle ou simplement nationale :

> Cuando la reforma educativa en los años 1980 no se planteaba el tema negro de manera digna en los libros escolares. Yo era entonces directora del Concilio Puertorriqueño contra el Racismo y lo denuncié porque los negros tienen poca visibilidad en los libros escolares y, más que nada, siguen apareciendo como esclavos, como sirvientes. Los negros son constantemente reducidos a unos papeles inferiores. Esto afecta negativamente la autoestima e identidad de las niñas y niños negros porque se crea la idea que ser doméstico o sirviente es el único papel desarrollado por los negros en la historia de Puerto Rico[21].

Ces textes sont souvent « choisis » parce qu'ils rendraient compte de la représentation que les pays donnent ou veulent donner d'eux mêmes. Si le producteur littéraire Noir est absent de ces textes officiels, le Noir quant à lui y est presque toujours présent à travers des images surannées qui mettent l'accent sur sa servilité, sa bonhomie, sa passivité, son exotisme, sa mentalité primitive particulière. Ce que déplore fort justement Marie Ramos Rosado.

Certains textes scolaires, comme à Porto Rico ou au Costa Rica, opèrent une lecture historique significative : on y exalte la « douceur » du régime esclavagiste par comparaison à d'autres endroits de l'Amérique Latine. Il ne s'agit pas là d'un mythe propre à ces deux pays.

Si l'on se réfère à *Casa grande et Senzala* (1933) de Gilberto Freyre nous serions tenté de penser que le Brésil officiel y sacrifie tout aussi bien. Cette image idyllique d'un esclavage paternaliste et conciliant est proprement contraire au fait que le Brésil ait été un des derniers pays à abolir l'esclavage en 1888. En outre on voit mal pourquoi cette « douceur » de l'esclavage n'y a pas donné lieu, au sortir de l'esclavage, à un meilleur sort pour les Noirs ; ils occupaient et occupent encore toujours les emplois les plus bas et les plus dévalués par la société.

Tout comme au Brésil le discours de la « démocratie raciale » que la

---

21 Marie Ramos Rosado, « Entrevista », *Marges 21*, p.338.

Colombie exhibe comme une chose qui lui est singulière n'est souvent qu'une façon pernicieuse de passer sous silence le racisme. C'est aussi le meilleur moyen de différer Noirs et Indiens et ce en dépit des dispositions officielles relatives à la promotion de leur histoire respective et à la reconnaissance de leur participation à la constitution et à la construction de la Nation :

> La idea de una « democracia racial » en Colombia todavía se difunde, y a pesar de las refutaciones que se le han hecho a este mito tanto en los círculos académicos como en los populares, aún puede oírse a algunas personas de todos los colores y clases que manifiestan la insignificancia de la raza como tema, especialmente en lo tocante a los negros.
>
> Las razones para esto tienen que ver, según mi perspectiva, con el complejo entrelazamiento de los patrones tanto de discriminación como de tolerancia, tanto de lo negro o lo indígena como del mestizaje. Este entrelazamiento tiene lugar en un proyecto, dirigido principalmente por las élites, de nacionalidad e identidad nacional que sostiene una imagen de Colombia, esencialmente, como una nación mestiza o mixta. Los negros y los indígenas pueden ser, por lo tanto, aunque de diferentes maneras, excluidos como no mestizos y a la vez incluidos como reclutas potenciales de lo mestizo. Un orden racial así, creo, no sólo es característico de Colombia, sino que tiene ecos en muchas regiones de América Latina[22].

On pourrait envisager, à moyen terme, une étude des textes et des programmes scolaires dans certains pays d'Amérique Latine et voir à l'intérieur de ceux-ci la représentation qu'ils proposent des Noirs. Les résultats obtenus apparaîtraient comme un bon indicateur du rapport des imaginaires de ces pays à ces derniers. En effet, le travail de sélection et de validation des textes et programmes scolaires est toujours collectif, il implique aussi forcément un consensus à propos de ce qui mérite d'être enseigné, étudié, transmis aux jeunes générations.

La réforme de la constitution de la Colombie en 1991 visait précisément, dans ses attendus, à donner un espace conséquent à « la présence-histoire » des Noirs à l'école et à l'Université, une place importante à la recherche universitaire et scientifique les concernant, un accès privilégié des Noirs à la formation supérieure et à la recherche universitaire. C'est une manière éloquente de reconnaître que cela n'avait jamais été fait auparavant ou bien, encore plus significatif, que cette « présence-histoire » n'était pas considérée comme faisant partie de l'idiosyncrasie nationale colombienne.

Nous reviendrons à la littérature produite par les Noirs pour dire qu'il

22 Peter Wade, *op. cit.*, p.33.

s'agit d'une « littérature mineure » (F. Deleuze), c'est à dire une littérature qui regarde et interroge l'histoire directement à partir des expériences dramatiques vécues pendant l'histoire coloniale et esclavagiste à partir du vécu présent des Noirs. Cette littérature allie, comme c'est le cas aux États Unis, l'éthique, la déconstruction du mythe de la suprématie blanche, des fantasmes nourris par des blancs à l'égard du Noir et le prophétisme : la menace de la destruction apocalyptique de la société blanche par les Noirs.

La croisade de Lee Gordon (1947), *La fin d'un primitif* (1955) et le roman posthume, *Le Plan B*, de Chester Himes ainsi que *La prochaine fois le feu* (1963) de James Baldwin, entre autres titres, constituent une illustration parfaite de cela[23]. Ces textes encadrent et posent comme un prolongement possible la contestation sociale et politique dont les Noirs usaméricains furent les acteurs dans les années 1940-60, dans les années de luttes pour le gain des droits civiques, pour le gain d'une respectabilité sociale.

La destruction violente de la société blanche hégémonique est l'une des structurations qui fondent la production littéraire des Noirs ou celle des auteurs non-Noirs mais qui mettent en scène dans leurs œuvres des protagonistes ou des personnages noirs[24].

En sorte que la représentation de la violence apocalyptique devient un enjeu idéologique capital. D'un côté, cette violence apparaît comme une réponse appropriée des Noirs aux conditions et aux traitements vexatoires dont ils sont victimes depuis l'esclavage et, de l'autre, elle identifie assez clairement l'angoisse de la société blanche confrontée, selon une certaine opinion dominante, à la présence en son sein d'une population noire jugée inassimilable et donc corruptrice des identités américaines. D'où la « nécessité » impérieuse de protéger le corps national de cette menace lancinante et permanente en en purgeant l'agent pathogène, à savoir le Noir.

À côté de cette représentation fantasmatique coexiste une autre, cette fois ci, politique et liée directement aux structures de la répression policière. Le Noir n'est pas qu'un « problème », il n'est pas qu'une « vermine », une lancinante et néfaste « pathologie » ; il est aussi un voleur, un brigand, un scélérat, un criminel. En outre, il prend un malin plaisir à violer les (« nos ») blanches femmes. Il s'agit là d'un des traits profonds des imaginaires

---

[23] Pour une vision assez exhaustive de la littérature noire américaine et ses ancrages socio-politiques nous renverrons à Michel Favre, *op. cit.*

[24] Dans son extrémité, parce que l'auteur n'est ni américain ni noir, nous mentionnerons le célèbre *J'irai cracher sur vos tombes* (1948) de Boris Vian, et également *Les morts ont tous la même peau* (1978) du même auteur.

sociaux et collectifs américains.

Ce que dénonce ici R. Bastide ne se limite pas, loin s'en faut, aux États Unis :

> C'est un fait que, parmi les standards, les idées toutes faites des blancs à propos des noirs, les éléments d'ordre sexuel sont parmi les plus nombreux et les plus virulents : organes sexuels masculins plus développés, sexualité féminine plus licencieuse, odeur, caractère simiesque, qui, fait de l'amour des blancs avec les noirs quelque chose d'analogue à une pratique de bestialité (...) C'est un fait également que la cause principale des lynchages ou des « riots » est le bruit que quelque nègre a violé une blanche et sans doute, ce n'est en général qu'un bruit sans fondement, mais il a suffi qu'un noir ait commis un acte délictueux quelconque, pour qu'aussitôt la communauté le traduise en termes de sexualité : un nègre a violé une blanche ! Et la punition qui en sera le contrecoup est particulièrement symbolique, elle aboutira à la castration du coupable présumé[25].

De même on considère que les réactions du Noir sont impénétrables comme son épiderme et qu'elles sont particulièrement violentes. Ce fut le cas, souligne-t-on encore, lors des émeutes et de la rébellion organisées ou fomentées par le mouvement des « Black Panthers ». La superstructure politique de l'époque avait dû en effet faire appel à l'armée américaine pour réprimer violemment cette rébellion et ces émeutes.

Des scènes de combats de rue insoutenables et dignes d'une guerre qui ont durablement marqué les imaginaires. On n'a que très peu mis l'accent sur le fait qu'il y avait une disproportion des forces en présence et que, en fait, l'une des armées les plus puissantes du monde s'est retrouvée à mater littéralement les Noirs qui ont eu recours aux armes pour réclamer des droits que la citoyenneté leur conférait, en principe. Ces Noirs refusaient publiquement et ouvertement, au péril de leurs vies, leur sort social ainsi que celui de la population dont ils étaient issus. Ils refusaient d'être cantonnés dans « el fondo del caño », dans les « desagües » de la modernité triomphante blanche...

Depuis ces événements le spectre de la destruction de la société blanche par les Noirs hante et obsède les imaginaires américains. La répression ou l'usage systématique de la « violence légitime » administrative ou policière sont ainsi justifiées comme une prévention contre la menace que ferait constamment peser la population noire sur les sociétés globales.

> I am suggesting that the view of the blacks as innately criminal, or at least more criminal than the white neighbours whose deprivation they share, which

---

25 R. Bastide, « Le heurt des races, des civilisations et la psychanalyse », in *Sociologie et psychanalyse*, PUF, Paris, 1950, Cap.X, pp.241.

> became 'common sense' during the early 1970s, is crucial to the development of new types of racial language and reasoning. As culture displaced anxiety about the volume of black settlement, crime came to occupy the place which sexuality, miscegenation and disease had held as the central themes and images in the earlier discourses or 'race'. Crime, in the form of both street disorder and roberry was gradually identified as an *expression of black culture* which was in turn defined as a cycle in which the negative effects of 'black matriarchy' and family pathology wrought destructive changes on the inner city by literally breeding deviancy out of deprivation and discrimination... What must be explained is the durability of these images and remarkable ability to act both as a focus for popular anxiety about crime in general and as a sign for national decline, crisis and caos. The element of blackness is crucial to how they work[26].

Ce que déplore et dénonce en même temps P. Gilroy, à savoir le lien intrinsèque qu'on établit entre le Noir et la violence, entre la violence et la culture noire et l'impact dommageable—dit-on— du matriarcat constitutif des « communautés noires », n'est pas privatif de l'Angleterre des années 1970 ; il trouve une réelle résonance aux États Unis, comme nous l'avons précédemment vu, mais aussi en Amérique Latine, tout particulièrement dans les régions où les Noirs sont majoritaires, dans certaines grandes villes (Rio de Janeiro, Lima, La Habana, Bogotá, Medellín, Quito, etc.) où, du fait aussi de l'immigration interne due à des raisons à la fois politiques et économiques, la présence des Noirs est notable.

Pour l'Amérique Latine, comme au reste pour l'Angleterre que Gilroy analyse, ce lien est en outre pervers et tendancieux. En effet, il réactive les postulats positivistes, de l'époque de la formation des États-Nations aux XIXe siècle, qui posaient et définissaient le Noir et sa culture comme quelque chose d'inassimilable et comme quelque chose de néfaste pour les identités nationales.

La violence qui fonde et structure la littérature produite par les noirs usaméricains n'est cependant pas absente de la littérature produite par les auteurs afro-latinoaméricains. L'exemple des écrivains noirs colombiens que Marvin A. Lewis a étudié dans *Treading the Ebony Path. Ideology and Violence in Contemporary Afro-colombian prose fiction*[27] en est révélatrice.

Son étude s'appuie sur quelques œuvres de Jorge Artel (*No es la muerte, es el morir,* 1979), de Arnaldo Palacios (*Las estrellas son negras*, 1949, *La selva y la lluvia*, 1958), de Carlos Arturo Truque (*Granizada y*

---

[26] Cf. Paul Gilroy, « Lesser Breeds without the law », in *There Ain't no Black...*, pp. 109-110.

[27] Marvin A. Lewis, *Treading the ebony path. Ideology and violence in Contemporary Afro-colombian prose fiction*, University of Missouri Press, Columbia, 1987.

otros cuentos, 1953 ; *El día que terminó el verano y otros cuentos*, 1973), de Juan Zapata Olivella (*Historia de un joven negro*, 1983 ; *Pisando el camino de ébano*, 1984), et de Manuel Zapata Olivella (*Tierra mojada*, 1947 ; *La calle 10*, 1960 ; *Chambacú : Corral de negros*, 1963 ; *Detrás del rostro*, 1963, etc.).

Dans le cas de la Colombie l'écriture de la violence est doublement importante. Du fait de la violence endémique qui ensanglante depuis plusieurs décennies déjà l'ensemble du pays, y compris les régions où on trouve le plus de Noirs, mais aussi du fait de la violence originelle qui fonde et détermine le rapport de la société globale aux Noirs et à leurs descendants, depuis l'esclavage de l'époque coloniale jusqu'à la période des indépendances. Ce deuxième ancrage devrait, à notre avis, distinguer la littérature afro-colombienne de celle qu'on a appelé la « literatura (novela) de la violencia » et qui a retenu et retient davantage l'attention de la critique autorisée.

La démarche de M. Lewis gagnerait être étendue aux autres pays latino-américains. Cela permettrait d'avoir une vision contrastée de l'incorporation de la violence dans la production littéraire des auteurs afro-américains des pays qui auront été choisis pour l'étude ; cela permettrait aussi d'échapper au sociologisme qui continue d'alimenter les écrits sur la « littérature de la violence » en Amérique Latine.

La littérature afro-américaine est prophétique et elle s'inscrit, par ailleurs, dans le prolongement de la tradition populaire de résistance des Noirs :

> La résistance noire à l'esclavage est connue par ses révoltes nombreuses mais inefficaces à cause de la taille des plantations et de la nature du terrain en comparaison des révoltes en Jamaïque ou au Brésil. Elle est connue par les évasions favorisées par les abolitionnistes et le « Chemin de fer clandestin ». Elle est moins connue comme refus d'assimilation, résistance dont les pratiques reflétaient moins une incapacité à s'adapter aux normes européennes, comme on l'a trop répété, qu'un refus délibéré de les faire siennes. Les grandes formes de la culture populaire afro-américaine s'élaborèrent ainsi en marge de la culture dominante : chants de travail, negro spirituals, blues, danses, sermons noirs et cultes syncrétiques, tandis que la mémoire motrice retenait des vestiges de la culture ancestrale. Très tôt, donc, la culture populaire, la tradition orale, constituent le fondement de la littérature afro-américaine tout comme l'alphabétisation représente l'autre pôle de ses réalisations[28].

---

28 Hélène Devaux, « Afrique-Amérique : aller-retour ? », in *Notre Librairie : les écrivains noirs américains et l'Afrique, N.77*, Novembre-Décembre, Paris, 1984, p.9.

Plus intéressant encore, de notre point de vue, est le fait que cette littérature mette l'accent sur la « présence-histoire » du Noir dans les Amériques alors que, comme nous l'avons maintes fois souligné, tout concourt à rendre celle-ci invisible. L'un des meilleurs exemples de la tendance caractéristique de la production littéraire écrite des Noirs afro-américains demeure, de l'avis de plusieurs critiques, *The invisible man* (1952) de Ralph Ellison[29].

Dans ce roman de Ellison les tribulations et les péripéties du héros anonyme, nous retrouvons là aussi une problématique capitale dans la production des intellectuels noirs d'Amérique, se confond avec celles de l'immense majorité de la population noire des États Unis. Comme dans *Shangó el Gran Putas*, précédemment cité, ce roman décrit les rapports contradictoires que les imaginaires de la société globale ont avec le Noir en Amérique.

N'est-ce pas le refus de voir le Noir, en tant qu'histoire spécifique liée au « migrant nu », en tant que porteur d'aspirations sociales et politiques qui expliquait déjà que dans les « Minstrels shows » ou dans le théâtre « Bufo » cubain du XIXe siècle le corps noir soit médiatisé, substitué ou cannibalisé par le corps d'un blanc acteur ? La question mérite, à notre avis d'être posée. Car l'importance du corps, tout comme celle de l'identité générique au théâtre est fondamentale.

Cela suppose une di-vision du corps comme un condensé de discours et de codes sociaux internalisés et perpétués. On voit le corps au théâtre mais le corps dit, par un effet de retour, la société où le théâtre est joué, représenté :

> Parce qu'il est un lieu d'incarnation, sur lequel le langage vient accomplir son passage dans des figures visibles et matérielles, le plateau de théâtre est pour toutes les sociétés un puissant révélateur du regard porté sur les corps. Avant que l'écriture dramatique vienne lui donner forme et profondeur, avant que la scénographie détermine l'axe selon lequel elle sera vue et l'espace au creux duquel elle viendra prendre place, la présence corporelle de l'interprète sur la scène est d'abord définie par des codes culturels, politiques ou religieux qui gouvernent l'ensemble de la vie publique. Le corps, pour le dire d'un mot, n'est jamais neutre : sexe, couleur, proportions, modelé, texture, dès que portés sur la scène, sont soumis à jugement -quand ce n'est pas, tout simplement, à interdiction-, et ce jugement dépend pour une très large part de

29 Ralph Ellison, *Homme invisible, pour qui chantes-tu ?*, Traduit de l'américain par Magali et Robert Merle, Préface de Robert Merle, Paris Bernard Grasset (1969), 1994.

la société dans laquelle il est formulé[30].

La prise de parole par les Noirs en Amérique Latine réinscrit l'Afrique noire dans l'histoire de ce sous continent. C'est un aspect qui a toujours été occulté, perçu comme non essentiel ou bien comme le contre exemple à éviter parce que symbolisant un primitivisme néfaste à toute idée de progrès ou de maturité.

Cette prise de parole pour être principalement culturelle n'est pas moins politique. Pour deux raisons au moins : elle suppose une revendication du droit de nommer ou de renommer, à commencer par soi-même, et elle pose en même temps, la question de la place des Noirs dans les sociétés globales américaines ainsi que celle de leur reconnaissance comme bâtisseurs de ces mêmes sociétés.

Le paradoxe saisissant est que cette prise de parole n'est pas suivie exactement d'une amélioration ou d'une transformation notable du sort social des Noirs en Amérique Latine. Cela présente le risque bien réel, on le déplore aux États Unis, d'une coupure entre les porteurs du discours noir, issus de la classe moyenne ou qui ont, malgré tout, bénéficié d'une certaine promotion sociale grâce à l'éducation, et l'immense majorité de la population noire.

Même s'il est vrai que l'économique et le culturel ne répondent pas à un même rythme, il va de soi que, dans le cas qui nous occupe, un très grand décrochage entre les deux condamnerait irrémédiablement la prise de parole salutaire des Noirs à n'être qu'un simple discours idéologique ou idéologisant.

Alors qu'aux États Unis la « Welfare State Policy »[31] est décriée et

---

[30] Didier Plassard, « De la couleur des corps », in *Africultures : le corps africain*, n/19, Paris, été 1999, p.29. Cet article est suivi d'un entretien fort éloquent avec Sylvie Chalaye, auteur de *Du Noir au Nègre. L'image du Noir au théâtre (1550-1960)*, Paris, L'Harmattan, 1998. Mme. Chalaye qui considère un large corpus de textes du théâtre français montre comment celui-ci s'arrange politiquement avec l'image du Noir. Ce qu'elle dit du Vaudeville (ou le Noir est joué par un acteur blanc) peut aisément être rapproché des Minstrels shows ou du teatro Bufo cubano. D'autant que dans un cas comme dans l'autre on retrouve toute une stéréotypie concernant le Noir et le fait que celui-ci soit dépossédé du langage, du discours et de l'action héroïque. Dans ce même numéro l'article de Gilles Moëllic, « Fred Astaire sur fond noir » montre, à travers l'immense star, nous citons, « comment le cinéma hollywoodien gomme l'apport noir en se s'appropiant », pp. 17-20.

vilipendée comme de l'assistance aux mères noires célibataires ou encore aux mâles noirs fainéants, l'initiative naguère prise par la Colombie de donner des droits territoriaux aux Noirs mais aussi de promouvoir leur accès aux privilèges liés à la citoyenneté (droit au travail, à l'éducation, à la santé, au bien être, etc.) constitue un réel espoir.

Dix ans plus tard cette initiative mériterait d'être soumise à l'épreuve des faits. Autrement dit, un bilan, même partiel, s'impose. Avec ce bilan on pourra se rendre compte si effectivement ce que déplorait Gastón Baquero dans les années 60 est désormais quelque chose de révolu ou pas. Il permettra de confronter les discours de reconnaissance à la réalité matérielle, concrète dans la quelle se meut encore l'immense majorité des Noirs en Amérique Latine. Voici ce que déplorait naguère Gastón Baquero :

> Ya se perdieron en la noche de los tiempos aquellos días tristísimos en los cuales nada menos que un Rubén Darío se molestaba si le aludían como a un mezclado de indio, y daba en la peregrina idea de atribuir las características realmente singulares de la República de Costa Rica al hecho de que allí no había negros, ni indios, sino, como él decía, « todos blancos gallegos ». Estos tiempos han pasado. Pero no ha pasado del todo la capitidisminución del indio, del mulato, del negro. En el Brasil hay un mestizaje amplísimo, y hay en la zona del Norte sobre todo, muchos negros, y hay, en general simpatía y buenas maneras en el trato entre blancos y negros, pero quién ha visto nunca un negro brasileño como embajador de su país ?, y cuándo, si no rarísimamente, se ha visto un negro miembro del Gabinete ? En Venezuela, desde la independencia hasta la llegada a poder de Rómulo Betancourt, no hubo un ministro negro o mulato... Lo mismo puede decirse de Cuba, de Puerto Rico, de Ecuador, de Colombia de tantos otros. En cada uno de ellos, mientras no llega una revolución, la élite, la alta aristocracia, considera « una afrenta » mostrar al mundo sus negros, sus indios, sus mulatos o sus mestizos[32].

G. Baquero ne se serait pas opposé au fait que nous substituions le « sus negros » par un « los negros », beaucoup plus conforme à ce que nous avons pu observer pendant certains de nos séjours en Amérique Latine, à

---

[31] Toutes les mesures prises par l'État fédéral afin de donner davantage d'opportunités sociales aux plus démunis. Ces mesures ont été mises en place à la suite de la lutte des Noirs pour l'égalité des droits (« civils rights ») des années 1960. En abrogeant donc ces mesures l'État fédéral renonce ouvertement à son rôle de garant d'un minimum de justice sociale. Ce sont, une de plus encore, les Noirs qui sont les premières victimes d'une telle régression politique que les défenseurs de l'État zéro, c'est-à-dire, les sectateurs de l'ultra ou du néo-libéralisme voient comme une mesure salutaire qui mettrait un terme à la paresse congénitale des couches populaires, dont les Noirs.

[32] Gastón Baquero, *op. cit.*, p.45.

Cuba notamment[33].

La quête des racines, ou pour parler comme E. Glissant, la quête de l'Antécédent africain qui a marqué et marque encore une majeure partie de la production intellectuelle des Noirs a toujours été accompagnée d'un désir patent de territorialisation, d'enracinement sur les terres américaines. Curieusement, ce sentiment d'appartenance, cette revendication de la territorialisation a fait et continue de faire l'objet de vives polémiques dans les Amériques.

Il convient de rappeler que les Noirs sont à ce point liés aux terres américaines que pendant la colonie et la Traite les propriétaires les vendaient souvent en même temps avec leurs terres. Le nom que les esclaves noirs portaient provenaient aussi des noms de propriétés, de la terre ; la plantation, dans les Antilles et les Caraïbes, a fini par constituer pour ces millions d'esclaves noirs un « espace généalogique » (Antonio Benítez Rojo)[34] qui vient se substituer partiellement, car les souvenirs persistent dans un processus d'anamnèse, à l'antécédence de la généalogie africaine.

De telle sorte que l'on pourrait affirmer qu'au « malheur généalogique », la conscience du « déchoucage » brutal et violent de la terre des ancêtres, succéda, pas dans une démarche compensatoire mais bien dans une démarche de construction identitaire et de révolution de l'être, un « espace généalogique », des plantations surtout, qui sera au fondement de ce que E. Glissant désigne appelle la « créolisation ».

Sur cette question du rapport viscéral du Noir aux terres américaines nous céderons la parole au comte Hermann de Keyserling qui déclare ce qui suit à propos du noir usaméricain :

> ... desde el punto de vista de la madre Tierra, el indígena negro representa al norteamericano más auténticamente que el blanco. Sé que a mis lectores norteamericanos no les gustará mucho que digamos esta afirmación, pero de nada sirve esquivar la verdad. El negro norteamericano es un tipo puramente norteamericano, y mucho más convincente como tal que ninguno de los tipos blancos que puedan encontrarse en los Estados Unidos. Dígase lo que se quiera, es indudable que su fuerza de convicción se ha afirmado en todo el haz de la tierra y que, probablemente, nada de lo que Norteamérica ha creado hasta ahora podría soportar la comparación con el poder convincente de la música y el baile negros... Como el norteamericano negro tiene sentimientos y emociones genuinamente norteamericanos, fieles a la tierra de Norteamérica,

---

[33] Cf. Fuente (de la) Alejandro, *op. cit.*, le bilan qu'il trace de l'accès réel des noirs aux opportunités sociales à Cuba.

[34] Antonio Benítez Rojo, *La isla que se repite*, Barcelona, Editorial Casiopea, 1998.

de que el blanco no ha dado muestras, de aquí que suplemente realmente a este último[35].

Ce désir d'enracinement se fait de plus en plus pressant, il est aussi inversement proportionnel à la reconnaissance de citoyenneté que leur confèrent les différents États-Nations latino-américains. Malheureusement, force est de constater que peu de pays latino-américains ont, en réalité, intégré dans leurs desseins politiques une démarche visant à promouvoir le « retour » des Noirs à leurs terres américaines.

L'exemple du Brésil est à ce point rare et unique qu'il vaudrait la peine de s'y arrêter un instant :

En 1988, le Titre 68 de la constitution brésilienne reconnaît aux descendants des esclaves fugitifs vivant encore dans les « communautés » fondées par leurs ancêtres (*quilombos*) le droit à la pleine propriété de leurs terres. Dans le contexte politique et constitutionnel de 1988, année où le Brésil fêtait son premier centenaire de l'abolition de l'esclavage, le texte était surtout apparu comme une concession symbolique et particulièrement discrète à la cause afro-brésilienne obtenue par les mouvements militants. Quatre ans plus tard, cependant, se firent jour les premières revendications de terres provenant de populations s'affirmant « remanentes de quilombo », c'est—à dire descendantes des anciennes communautés d'esclaves fugitifs. Dans la totalité des cas, il s'agissait de « communautés » de paysans noirs, confrontés à l'un des conflits de terre qui jalonnent l'espace et l'histoire du *Nordeste* brésilien. Aujourd'hui, plus de 700 « communautés rémanentes » ont été identifiées dans tout le Brésil, une cinquantaine sont pour l'instant officiellement reconnues par le ministère de la Culture, et, même si une toute petite minorité d'entre elles ont effectivement reçu les titres de leurs terres, le processus gagne une ampleur tout à fait inattendue[36].

Pour être salutaire, parce qu'elle installe la problématique noire au cœur de la scène publique, cette mesure politique devrait être consolidée chaque jour davantage par une pression politique et par la vigilance de la société civile. Car le plus souvent ce que l'État donne d'une main il le retire de l'autre lorsqu'il estime que les intérêts supérieurs de la Nation sont engagés (programme de développement, construction des routes ou autres infrastructures, exploitation des gisements du sous-sol) ; sans compter les intérêts privés qui lorgnent aussi sur les terres octroyées aux communautés noires parce qu'elles recèlent, dans certains cas, des richesses ou parce qu'elles sont propices aux spéculations foncières.

---

[35] Cité par Gastón Baquero, in Indios, *Blancos y negros en el caldero de América*, p.84.

[36] Jean-François Véran, « le droit à la terre des « communautés noires » brésiliennes, in *Africultures : Brésil noir*, n.4, Paris, janvier 2001, p.9.

La conjonction de ces intérêts font que le droit des communautés noires à la terre qu'elles occupent est beaucoup plus nominal que réel. En effet, au Brésil ces « communautés remanentes » sont, comme paraît le souligner Jean F. Vérant, confrontées aux menaces d'expulsion. Des menaces qui sont le plus souvent assorties d'une politique de terreur et d'intimidation qui obligent les habitants de ces communautés à une mobilisation de tous les instants pour protéger les acquis constitutionnels mais aussi pour obliger l'État à une titularisation effective et inaliénable des terres concédées[37].

La Colombie qui en 1991 est passée à un processus similaire à celui du Brésil connaît en ce moment les mêmes contradictions que nous avons signalées. La situation est aggravée par le fait que les régions ou vivent les Noirs sont devenues depuis peu le théâtre d'affrontements militaires entre l'État, les guérillas et différentes milices qui se disputent les zones pour des raisons économique et géopolitique.

Comment dans ce contexte faire valoir le droit au contrôle sur les terres qu'ils habitent depuis fort longtemps ? Certains noirs de ces régions ont été victimes de menaces et d'intimidation, d'autres ont été exécutés sans aucune autre forme de procès. On déplore en ce moment une importante migration des Noirs vivant dans ces régions vers Bogotá ou encore d'autres zones de la Colombie ; certains, comme à l'époque de l'esclavage, ont trouvé refuge dans les montagnes. Il apparaît donc clairement que les Noirs ne sont pas en dehors de l'histoire, en marge de la société globale en Amérique Latine. La question qui est posée depuis plusieurs décennies est celle de leur reconnaissance en tant que citoyens latino-américains authentiques.

On a, parfois, tiré argument du mouvement de retour en Afrique promu par Marcus Garvey dans les années 1930 pour justifier le fait que rien ne se faisait pour ouvrir des espaces à la population noire. Celle-ci ne se sentant pas partie intégrante de la population globale pourquoi donc l'y obliger ?

Pour être tout à fait juste il faudrait rappeler que le « Universal Negro

---

[37] Cf. « 500 anos Luta pela terra Neoautoritarismo Macro-Ecumenismo », in *Cuadernos de CEAS* (Centro de Estudos e Açao Social), 187, Bahia, Brasil, Maio-Junio, 2000. Nous avons rencontré lors du Symposium International de Cartagena, en Colombie, deux femmes représentantes de ce centre. Nous avons été frappé par le fait que la réévaluation de la catégorie « Noir » / « Negro » que nous suggérions dans notre communication ait retenu toute leur attention. Ce qui tend a montrer que le discours sur la « démocratie raciale brésilienne » est fortement idéologisé et baillonne finalement d'autres possibilités de formulation de la « présence-histoire » des Noirs dans ce pays.

Improvment Association (UNIA) » fondé en 1914 et dirigé par M. Garvey n'a pas connu le succès ni l'ampleur qu'on lui prête ; en outre, l'idée d'un retour en Afrique était davantage une idée des politiciens blancs qui craignaient pour la pureté de la race blanche si celle-ci venait à se mélanger aux Noirs nouvellement affranchis, suite à l'abolition de l'esclavage et à la fin de la guerre de sécession (1863-1865) remportée par les nordistes plutôt abolitionnistes.

D'où l'idée de l'émigration des Noirs, anciens esclaves, vers l'Afrique et l'idée aussi de la colonisation des terres d'Amérique Centrale et d'Amérique du sud par ces mêmes Noirs. Il fallait à tout prix sauvegarder ou préserver la pureté raciale de la nouvelle Angleterre. C'est alors qu'on vit fleurir dans les États Unis d'Amérique des « sociétés de colonisation des gens de couleurs ». Le Sierra Leone et le Liberia sont des exemples concrets de cette politique officielle d'émigration vers l'Afrique.

Alors que l'immense majorité de la population noire des Amériques luttent pour la reconnaissance de sa citoyenneté, elle doit faire face à certaines représentations imaginaires et politiques qui continuent, comme par le passé, à la confiner dans un ailleurs interne ou mythique, l'ici et maintenant des Noirs sont ainsi déplacés, différés.

Les faits parlent d'eux-mêmes, aujourd'hui encore en Amérique Latine les Noirs peuplent majoritairement le bas de l'échelle sociale et ils n'ont que peu d'accès aux postes de responsabilité, de décision et de respectabilité sociale : avocats, médecins, juges, ambassadeurs, généraux d'armée, professeurs d'université, journalistes à la télévision ou à la radio, ingénieurs, techniciens, hommes d'affaires... C'est une telle inexistence de promotion sociale que fustigeait déjà Gastón Baquero :

> Sólo para una minoría reducísima de negros y mulatos se abren de tarde en tarde las oportunidades de una posición social considerable. En general, tienen que ser, los negros, obreros manuales, trabajadores de campo, mineros, y los mulatos sastres, ayudantes de arquitectos (pero pocas veces arquitectos), hombres de confianza, pero en posiciones secundarias, etc. Y todos, negros y mulatos, pueden aspirar siempre a músicos populares a divertir la gente, o emocionarla con sus hazañas deportivas. Boxeadores, futbolistas, beisboleros, pianistas de jazz, cocineros simpáticos, criados, bufones en las películas norteamericanas (de un tiempo muy reciente a esta parte, en esas películas han comenzado a no presentar al negro, siempre, como un mono, bailarín de tap, cómico hasta la ridiculez, sino que muestran al negro digno, adolorido, responsable, sufridor), abnegadas nodrizas que envejecen en casa, modistas silenciosas, maestras para escuelas públicas en barrios pobres... todo eso, y un corto repertorio más es la zona de libre movimiento, hasta cierto punto, de los

hijos o semihijos de Cam en América Latina[38].

On peut espérer que la prise de parole qui se fait de plus en plus jour en Amérique Latine contribuera à installer véritablement au cœur du débat public le sort des populations noires d'Amérique Latine qui, globalement, continuent d'être perçues comme ne faisant pas partie des populations nationales. Ce passage du « Il » au « je » et au « nous » publiquement revendiqués contribuera, par ailleurs, à inscrire au centre de l'histoire de l'Amérique Latine et de la conscience universelle l'expérience dramatique de la nomination esclavagiste et colonialiste. Elle concerne tout aussi bien les Noirs que les Indiens d'Amérique Latine.

38 Gastón Baquero, « Los sufrimientos del negro », in *Indios, Blancos y negros en el caldero de América*, Madrid, Ediciones Cultura hispanica, 1991, p.50.

ET LA TRAITE CRÉA LE NÈGRE : « NOMBRAR ES CREAR... MONSTRUOS »

> Cuando Colón llegó a estas tierras pensó que arribaba a la India y que sus habitantes eran, por lo tanto, « los indios ». Quince años después se constató que éste era otro continente. ¿ Por qué quinientos años después de corregir ese error histórico se sigue llamando « indios » a los originarios del continente ? ¿ Por qué no se ha corregido esto ?
>
> A.G.P.

> Mais revenons au « captif », au « razzié », celui qu'on enchaîne et qu'on transborde. Pour lui, tout change. Il était homme, le voilà « Nègre ». Dans le cas de la Traite, tout est bouleversé : l'humain change d'objet et donc de destin possible. Le rapt, la captivité, le transbord et l'univers de la plantation transforment ce captif en hybride entre la chose, l'animal et l'homme. Cet objet qui n'a ni peut avoir de définition propre, qui n'autorise ni la pensée réfléchie ni l'identification, ne porte que le nom de sa relation, à savoir « nègre ». L'étant nègre na pas d'être, il n'a qu'une histoire.
>
> Jacques Coursil, « La catégorie de la relation »,
> *Poétiques d'Édouard Glissant* (1998)

« *Nombrar es crear* » est certainement l'un des nombreux poncifs qui circulent et sont reproduits allégrement dans l'hispanisme français, peut-être davantage dans les études hispano-américaines, mais dont on n'explicite pas assez les fondements symboliques et idéologiques. Bien souvent ce postulat nominaliste est réduit à son expression la plus simple, à un sens littéral : une chose n'advient à l'existence que lorsqu'elle a été préalablement nommée, désignée.

Pour pertinente qu'elle puisse paraître cette illustration n'est pas totale, complète. Elle demeure, pour tout dire, réductrice si on ne fait pas aussi remarquer, dans le même temps, que l'acte de nommer est une violence symbolique car il présuppose toujours déjà, ou en même temps, un autre acte, celui qui consiste à dénommer, à débaptiser. Cela nous semble particulièrement vrai dans un contexte de domination esclavagiste et coloniale, comme dans les Antilles et dans les Caraïbes.

Nommer, dans le cas qui nous intéresse, devient ainsi tout à la fois un acte de violence symbolique et un acte politique. L' « Indien » et le « Noir » sont des catégories qui permettaient de subjuguer ainsi les sujets dénommés. « Nombrar es crear » n'a donc pas cette valeur explicative que nous lui attribuons et que, par exemple, nos étudiants, faudrait-il leur en tenir rigueur ?, intègrent dans la série des « réflexes qu'il faut acquérir ».

L' « Indien » et le « Noir », il faut le rappeler avec force, sont des préconstruits idéologiques historiquement constitués mais dont les effets pervers se mesurent encore de nos jours. Il semble en effet que « Noir », adjectif ou substantif, n'ait pas la même portée illocutoire et sociale selon qu'on se trouve en Colombie, au Mexique, à Cuba, à Porto Rico ou à Haïti. On constate de même que cette catégorie du « Noir » n'est pas homogène. Elle regroupe en fait, comme dans l'exemple haïtien que rappelle Jean-Luc Bonniol, des sous catégories fondées sur la « coloration », la « décoloration » ou sur une hypertrophie de couleurs[1].

La genèse historique de ces deux catégories (Indien et Noir) est assez connue pour qu'on ne s'y attarde pas trop longtemps. Elles sont en effet liées à l'histoire politique et économique de la colonisation et de l'esclavage (XVIe-XIXe siècles) :

> Who has seen a black or red person, a white, yellow, or brown ? These terms are arbitrary constructs, not reports of reality. But language is not only the medium of this often insidious tendency ; it is its *sign*. Current language use signifies the difference between cultures and their possession of power, spelling out the distance between subordinate and superordinate, between bondsman and lord in terms of their « race ». These usage develop simultaneously with the shaping of an economic order in which the cultures of color have been dominated in several important senses by Western Judeo-Christian, Greco-Roman cultures and their traditions[2].

L'Indien et le Noir ont en commun d'être donc une invention de l'Occident, si l'on veut, d'une sociologie de domination coloniale. Ce sont

---

1 « À Haïti, le lexique populaire du métissage est désormais composé majoritairement d'une terminologie coloriste. Les qualificatifs utilisés témoignent d'une belle diversité : noir, noir-bleu, noir charbon, noir jais, noir rosé, noir-rouge, noir clair ou foncé, sombre, brun, brun foncé, brun clair, brun franc, brun rougeâtre, acajou, marron (clair ou foncé), bronzé, basané, caramel, rapadou (sucre brut en pain), mélasse, cannelle..., in Jean-Luc Bonniol, *La couleur comme maléfice. Une illustration créole de la généalogie des Blancs et des Noirs*, Éditions Albin Michel, Paris, 1992, p.124.

2 Henry Louis Gates, Jr. « Writing « race » and the difference it makes », in *« Race » Writing, and difference* (Henry Louis Gates, Jr. ed), p.6. L'accent est mis sur la construction de ces catégories sociales que sont les « races » et les « couleurs » ; on insiste aussi sur la langue en soi qui est problématique ce n'est donc pas qu'un médium servant uniquement à la communication.

des « races », des « espèces naturelles » dont l'Occident avait besoin pour représenter, à ses yeux mais aussi aux yeux de ceux qui lui étaient soumis, la conquête et la colonisation, et la violence qui les fonde, comme une mission civilisatrice et une œuvre d'humanité. Indien et Noir sont ainsi des catégories de relation. Elles renvoient au non-Noir, au non-Indien, c'est à dire, finalement, au Blanc en tant que paradigme ultime ou premier. C'est certainement là une tautologie ou une redondance :

> The objective of colonial discourse is to construe the colonized as a population of degenerate types on the basis of racial origin, in order to justify conquest and to establish systems of administration and instruction. Despite the play of power with colonial discourse and the shifting positionalities of its subjects (e.g effects of class, gender, ideology, different social formations, varied systems of colonization, etc.)[3].

Ainsi, par souci d'explicitation des enjeux symboliques du postulat nominaliste dont il a été question au départ, on pourrait donc se risquer à souligner que « Nombrar es crear » mais « A imagen y semejanza del Uno »[4]. Il est cependant paradoxal, à première vue, de constater que des groupes sociaux se reconnaissent ou s'auto-définissent encore aujourd'hui comme Noirs ou Indiens en Amérique Latine.

La question qu'il convient alors de se poser c'est celle de savoir si cette « réappropriation » (ont-ils vraiment le choix d'une autre alternative ?), même à des fins d'identification spécifique ou de combat, d'une catégorie coloniale stigmatisante est l'illustration du terrible constat, sur lequel P. Bourdieu revient constamment dans ses travaux, d'après lequel la lutte des opprimés ou des dominés est toujours et déjà limitée, et non pas vouée à l'échec, par le fait qu'ils utilisent pour dire leur expérience subjective le langage du Maître, c'est à dire un langage qui les bâillonne car façonné par la structure de domination symbolique.

Mais P. Bourdieu insiste par ailleurs aussi sur le fait que c'est le stigmate (« Indien » et « Noir », en l'occurrence) qui crée ou produit des dispositions à la lutte pour sa contestation et sa transformation. Reprendre à son compte des catégories historiquement et sémantiquement marquées n'est

---

3 Homi K. Bhabha, « The other question : difference, discrimination and the discourse of colonialism », in *Literature Politics & Theory*, Edited by Francis Barker, Peter Hulme, Margaret Iversen, Diana Loxley, Methuen, London and New York, 1986, p.154. Il est question de la justification de l'ordre colonial par une construction fantasmatique du « colonisé ».

4 cf. Antonio Gómez Moriana, « Christophe Colomb et l'invention de l' « Indien », in L' *« Indien », instance discursive, Actes du Colloque de Montréal 1991* (A. Gómez Moriana & Danièle Trottier, ed.), Toronto, Les Éditions Balzac, 1993, pp.19-51.

donc pas nécessairement, on a souvent tendance à le considérer ainsi, une marque d'aliénation ou d'incorporation de la domination. Cela fait partie de la lutte pour le monopole de la représentation légitime de soi, de la lutte cognitive :

> Lorsque les dominés appliquent à ce qui les domine des schèmes qui sont le produit de la domination, ou, en d'autres termes, lorsque leurs pensées et leurs perceptions sont structurées conformément aux structures mêmes de la relation de domination qui leur est imposée, leurs actes de *connaissance* sont, inévitablement, des actes de *reconnaissance*, de soumission. Mais pour étroite que soit la correspondance entre les réalités ou les processus du monde naturel et les principes de vision et de division qui leur sont appliqués, il y a toujours place pour une *lutte cognitive* à propos du sens des choses du monde... L'indétermination partielle de certains objets autorise en effet des interprétations antagonistes, offrant aux dominés une possibilité de résistance contre l'effet d'imposition symbolique[5].

La question du monopole de l'imposition symbolique nous semble particulièrement importante car elle croise, dans notre cas, l'histoire coloniale et certaines structures de domination qui organisent ou régissent le monde actuel. Gayatri Spivak pose en effet la question de savoir si les « subaltern », les sujets dominés, peuvent parler ou dire le monde. L'article au titre éloquent « Can the subaltern speaks »[6] dans lequel elle pose cette question a suscité de nombreuses polémiques ou controverses dans les universités « usaméricaines ». Cela nous semble constituer une preuve de sa pertinence.

Si nous avons bien compris ses propos il ne s'agissait pas de nier l'évidence : les « subaltern » parlent aussi. Ils parlent même beaucoup, particulièrement aux États Unis, lieu de la genèse et de production du discours de Spivak, où l'on assiste à une explosion d'identités. Ce que Henry Louis Gates, Jr. et Anthony Appiah ont désigné comme « The multiplying identities » (des identités démultipliées).

Bien au contraire, il s'agissait pour Gayatri Spivak de poser la question des conditions socio-symboliques et historiques de l'énonciation des minorités multiples qui composent la formation sociale « usaméricaine ». Car, de même que l'on postule l'existence d'une division internationale du travail, de même on peut parler de la division (internationale) du *Logos*. Cela, nous le reconnaissons volontiers, n'a jamais

---

[5] P. Bourdieu, *La domination masculine*, Paris, Éditions du Seuil, 1998, pp.19-20.

[6] Gayatri Spivak, « Can the subaltern Speaks », in Cary Nelson & Lawrence Grossberg (Ed.) : *Marxism and Interpretation of culture*, Urbana y Chicago, The University of Illinois Press, 1988, pp.271-313.

été du goût de tout le monde, il n'y a, assure-t-on, qu'un seul *Logos*.

Et Michel Foucault de nous rappeler la prégnance d'un ordre qui assure, structure et autorise ou disqualifie la production et circulation du discours. En fait, il s'agit, comme le souligne M. Foucault lui même, d'un processus pervers qui conduit à une raréfaction du discours (légitime)[7]. C'est cette raréfaction qui fait que les « subaltern » semblent condamné(e)s, en tous les cas, contraint(e)s de reproduire le langage qui, par ailleurs, les disqualifient ou qui produit, par divers mécanismes, les conditions de méconnaissance de leur domination ou de leur assujettissement.

Pour rendre compte de cet ordre Spivak Gayatri parle de « cultural sovereignity ». Il s'agit d'un monopole tout aussi bien technologique, technique qu'épistémologique qui assure à l'Occident le droit, vécu comme divin, de dire les gens, de dire le monde, le droit de « nombrar ». Il est important de rappeler que sans ce « cultural sovereignity », l'acte de nommer ne serait pas performatif.

Nul doute que les Indiens et les Noirs ont pu eux aussi nommer l'homme blanc-Chrétien-Occidental : « Cashlán », « Loba blanca », « chapetones », « gachupines » (en Amérique Latine) et Mounzou, vourou mè, wouan (en République Centrafricaine), Zorei (dans les Antilles françaises)... Cependant ces nominations sont restées inefficaces ou sont tournées en dérision parce qu'elles ne sont pas liées à une technostructure colonialiste ou impérialiste, à un pouvoir d'imposition culturelle et politique. Concrètement, on ne connaît pas dans le monde aujourd'hui des populations entières qui portent ces noms là ou qui les revendiquent.

Par ailleurs, pour les Noirs transplantés de force dans les plantations et dans les mines des Amériques, l'expérience du « Nombrar es crear » a été à ce point dramatique qu'il suppose une rupture incommensurable dans l'ordre généalogique. Les noms que les Africains vont dorénavant porter ne remontent plus vers un antécédent mais ils renvoient, tour à tour, à la marque du négrier inscrite sur le corps même du bétail-nègre dès le départ de l'Afrique, à la plantation, au nom du maître, souvent Père-violeur de la Mère-esclave au baptême catholique. Leurs noms provenaient aussi des fois, comme c'était l'usage chez les colons français, des fantasmes de leurs maîtres ou de leurs maîtresses :

> La mode orientale et peut-être l'exemple des colons revenus habiter Paris firent qu'au siècle des Lumières chacun voulut avoir des serviteurs nègres. Dans la littérature comme dans la vie réelle, ces domestiques ou esclaves reçoivent souvent des noms commençant par Z, qui auraient tout aussi bien

[7] Foucault Michel, *L'ordre du discours*, Éditions Gallimard, Paris, 1971.

servir à des personnages de turqueries : Zambo, Zingha, Ziméo, Zulmé, Zoflora, Zizi, Zéphir, sans oublier Zamor, le fameux serviteur (et certains disent amant) de Madame du Barry qui, la Révolution venue, s'inscrivit au club des Jacobins[8].

Le fait que ces noms soient constitués à partir de la dernière lettre de l'alphabet est tout aussi significatif, nous semble-t-il. Ils marquent ainsi d'un point de vue symbolique le statut social et juridique de l'esclave. La geste politique coloniale et esclavagiste de la nomination reposait, comme on vient de le voir, sur la toute puissance des maîtres. Cette puissance se traduisait aussi par les « erreurs » commises lors de la transcription dans les archives négrières des origines ethniques des captifs voués à l'esclavage ou par le raturage pur et simple du nom propre de ces captifs.

L'une des scènes les plus éprouvantes du film de Alex Haley, « Roots »/Racines concerne justement le moment où l'esclave bossal Kuntakité est contraint, à coups de châtiment corporel (fouets) infligé de surcroît par un autre esclave noir « ladino », d'accepter son nouveau nom de « Tobby ». Il est à ce moment là dépossédé de son nom originel, de son antécédent généalogique.

Ce passage de Kuntakité à Tobby consacre de fait le personnage dans sa condition d'esclave avec tout ce que cela comporte de soumission, de déshumanisation, de dévalorisation de soi. Il devient proprement une chose achetée et qu'on peut revendre, céder, louer ou hypothéquer selon l'humeur du maître, selon les dispositions de l'esclave à refuser la condition inhumaine qu'on lui inflige, selon les fantasmes et les peurs liés à la « nécessité » de préserver la « grammaire coloniale » et ses ordonnancements divers et variés.

> Dans tous les cas la nomination, la mémoire et l'identité entretiennent des relations très fortes. Tout devoir de mémoire passe en premier lieu par la restitution des noms propres. Effacer le nom d'une personne de sa mémoire, c'est nier son existence même ; retrouver le nom d'une victime, c'est la sortir de l'oubli, la faire renaître et la reconnaître en lui redonnant un visage, une identité[9].

Cependant la perte du nom, pour cause de la condition d'esclave, n'est pas définitive. Le nom demeure comme une trace qui lie l'esclave à une temporalité, « mythique » ou « imaginaire » mais vécue comme réelle et effective, à une histoire. Cette trace lie donc l'esclave à une longue mémoire.

---

[8] Jean-François Hoffmann, *op. cit.*, p.63.

[9] Joël Landau, *op. cit.*, p.60.

À ce titre, le travail que Alejo Carpentier réalise, par exemple, dans son emblématique *El reino de este mundo* (1949) mérite toute notre attention. En effet, les héros de la révolte des esclaves dans l'économie esclavagiste des plantations sont dotés de noms qui renvoient à leurs origines africaines : Bouckman, Mackandal, etc.

Cette trace subsiste dans l'économie esclavagiste et coloniale, au travers de la présence physique du noir esclave, comme une mauvaise conscience. Cette Trace est aussi au principe du « Doubling » (W.E.B Dubois)[10] ou du « Double consciousness » (Paul Gilroy)[11] qui marque la trajectoire du Noir dans les Amériques depuis l'esclavage jusqu'à l'époque contemporaine. En effet, le Noir-esclave et ses descendants vont être impliqués dans une double temporalité à la fois occidentale moderne et africaine. Nous ne faisons que reprendre une des thèses de P. Gilroy qui nous semble pertinente.

La désignation officielle des Noirs aux États Unis comme « African-Americans » ne tient pas que du folklore ou de la démagogie[12]. Elle prend en compte, à notre avis, cette « double consciousness ». On peut sans nul doute mettre en rapport ce dernier concept et ce que Nina S. de Friedemann nomme « las huellas de africanía » : une mémoire vivante de l'Afrique, pas absolument déstructurée par la Traite et l'esclavage, pas non plus nécessairement retravaillée par l'expérience américaine, car cette mémoire n'est pas inerte, et qui structure certains comportements, certaines pratiques cultuelles, culturelles, corporelles, etc. des Noirs dans les Amériques. Telle est, dans tous les cas, la compréhension que nous en avons.

La lecture de cette double articulation a cependant donné lieu à une divergence notoire. Certains la voient plutôt comme un drame schizophrénique ou paranoïaque, surtout dans un pays comme les États Unis qui a érigé la « blancura » en idéal absolu. Pour d'autres, et nous en sommes, la « double consciousness » est justement ce qui permet de dénoncer et de contester les fondements idéologiques de l' « Un-WASP ». Elle entre, en effet, dans l'articulation d'une lutte identitaire novatrice. Le combat des Noirs pour leur auto-représentation, pour leur reconnaissance

---

10 Cf. W.E.B Du Bois, *The Souls of Black Folk [first published 1903]*, introduction by Henry Louis Gates, Jr.,Bantam Books, 1989.

11 Cf. Paul Gilroy, *The Black Atlantic Modernity and Double Consciousness*, Cambridge, Massachusetts, Harvard University Press, 1993.

12 Sur cette question, nous renvoyons à « Destins du patriotisme », chapitre VII du livre de Arjun Appadurai, *Après le colonialisme. Les conséquences de la globalisation*, Paris, Payot, 2001, pp. 221-273.

comme citoyens à part entière et pour la reconnaissance de leur histoire spécifique a servi de modèle à d'autres groupes qui revendiquaient aussi leurs identités : Chicanos, Portoricains, homosexuel(le)s.

Ainsi donc le rapport corps-mémoire, déjà en place dans le ventre du navire négrier, s'établit définitivement. C'est désormais sur le corps-nègre, et non dans les archives coloniales, que se donne à voir et à lire l'histoire de l'esclavage. Traces visibles sur les corps broyés, laminés, torturés ; mais ces corps sont aussi façonnés par les diverses expériences qui ponctuent l'esclavage en tant que mode d'exploitation économique. Une des orientations nouvelles dans les études afro-américanistes vise justement à lire ou plutôt à rattacher le corps-noir (port, gestuels, « hexis ») à ces expériences de l'esclavage que la mémoire collective des Noirs a enregistrées et transmet de génération en génération[13].

L'absence de nom que nous remarquons, en littérature latino-américaine, chez certains personnages noirs, est le signe de cette dépossession violente de l'antécédence généalogique africaine. Mais c'est aussi le signe d'une insertion-reconnaissance problématique des Noirs dans les sociétés globales latino-américaines. Un nom renvoie, en principe, à une histoire commune ou familiale, à une généalogie ; il convoque aussi des codes culturels partagés.

Les écrivains noirs des États Unis ont développé dans leurs productions littéraires une grande conscience de la problématique du nom (« nameless », (« un ») « naming ») :

> For the Afro-American, then, self-creation and reformation of a fragmented familial past are endlessly interwoven : naming is inevitably genealogical revisionism. All of Afro-American literature may be seen as one vast genealogical poem that attempts to restore continuity to the ruptures or discontinuities imposed by the history of black presence in America. At its center —the slave-narrative tradition, which the poet Michael Harper calls the « sacred texts » of the canon— we find most explicitly the need to resituate or displace the literal master :father by a literal act of unnaming[14].

---

[13] Cf. Anne-Marie Lozonczy, « Du corps-diaspora au corps nationalisé : rituel et gestuelle dans la corporéité négro-colombienne », in *Cahiers d'Études Africaines*, 148, XXXVII-4, Paris, 1997, pp.891-906.

[14] Kimberly W. Benston, « I yam what I am : the topos of (un)naming in Afro-American literature », in *Black Literature & Literary theory*, Edited by Henry Louis Gates, Jr.,Routledge, New York and London, 1984, p.152. Cette citation met l'accent sur l'importance du nom et de la nomination dans la littérature noire américaine. Cette littérature rappelle en fait la douloureuse expérience de la dépossession originelle du nom par l'esclavage.

« Nombrar » n'est donc pas seulement, comme on le dit communément, une propriété du langage, un acte de violence symbolique sur la chose nommée qui advient ainsi à la réalité (« Crear »). Nommer, dans le cas de l'histoire coloniale et esclavagiste c'est déposséder, prendre possession, biffer une généalogie-histoire, c'est affirmer une toute puissance ou une supériorité. Il s'agit en fait du pouvoir de dire, « *tu* es Noir », « *tu* es Indien » et « *tu* le resteras ». De surcroît, *tu* reprendras à ton compte et *tu* répondras aux interpellations liées à ces qualificatifs, à ces fables, à ces noms :

> Ce qui m'irrite le plus dans tout ceci, c'est que l'Autre, parce qu'il a des moyens que je n'ai pas, s'autorise de me renvoyer à la figure une image qu'il a fabriquée de moi, sans que je lui ai demandé quoi que ce soit. Et, sachant bien que je n'ai guère les moyens de ne pas l'écouter, il me dit : « Voici qui tu es ». Il veut m'obliger à me convaincre que « je suis vraiment à l'image de ce qu'il a fabriqué ». Non seulement il veut me convaincre de cela, dans le sens d'une persuasion, mais il me force à adhérer à ce qu'il a décidé que je suis, à répéter cela pour mon propre compte, à le mimer, comme condition pour qu'il me laisse les apparences d'une vie sauve.
>
> Ce qui m'irrite et me révolte, c'est de réaliser cette impuissance ; de découvrir que, en réalité, quoique je fasse, il a les moyens de faire ce qu'il veut, de « valider », de façon autoritaire, les fables qu'il raconte à mes dépens ; de découvrir que, ce faisant, je suis placé dans l'impossibilité matérielle de pouvoir jamais produire, contre cette violence symbolique et cette pure prétention à la puissance, un argument de principe qui soit fondé sur la raison, puisqu'il est évident qu'ici, on n'a pas affaire à la raison[15].

Nous sommes donc proprement confrontés à un acte politique et de domination qui, nous le pensons, diffère de l'acte adamique des origines auquel on tend aussi à comparer (mais cela ne nous convainc pas) le faire taxinomique des colonisateurs en Amérique Latine.

La formation discursive latino-américaine a enregistré, depuis le fait colonial, et a largement diffusé comme quelque chose de tangible, doté d'une valeur authentiquement explicative les catégories coloniales que sont « Indien » et « Noir » ou leurs variantes tout aussi problématiques : « pardos », « zambos », « morenos », « negritos », « mulatos », « prietos », « indígenas » etc.

Ces « noms », parfaitement arbitraires au départ, lorsqu'ils viennent à

---

15 Cf. Achille Mbembe, « Regard d'Afrique sur l'image et l'imaginaire colonial », in *Images et colonies. Nature, discours et influence de l'iconographie coloniale liée à la propagande coloniale et à la représentation des Africains et de l'Afrique en France, de 1920 aux Indépendances*, Paris, Syros, 1993, p.136.

être ratifiés par les sociétés globales et lorsqu'ils sont internalisés par les individus ainsi désignés (« je suis *zambo* », « tu es *mulato* », « ils sont *cambujo* », « Nous sommes des *sang-mêlés*, etc.) finissent, en fin de compte, par s'imposer comme une « réalité » ou comme une « identité ». Aussi vrai qu'un homme est un homme, une femme est une femme et un Noir est un Noir.

C'est là, par exemple, où réside le drame du Zambo López qui, dans « Alienación », un conte du péruvien Ramón Ribeyro, se voit condamner, dès le début du conte, à une fin tragique parce qu'il transgresse la loi de la nature et la loi sociale en ne voulant pas rester « zambo ». En effet, afin de croit-il, réussir à devenir quelqu'un il va recourir au « blanqueo ». Il devient ainsi, pour la société, « un ser de retazos » (ainsi textuellement formulé dans le conte), un monstre. La question que nous posons est de savoir qui du Zambo López ou de la société péruvienne des années 1930-50 est réellement aliéné. La réponse à cette question partage les critiques dans leur lecture de ce conte qui a connu une très grande diffusion en Amérique Latine[16].

L'opinion commune latino-américaine, tout comme un certain consensus universitaire assez répandu, tend ainsi à dire, et à imposer, qu'il y a une distinction nécessaire à faire entre « Indio » et « Indígena », en ce sens que le second terme serait moins péjoratif que le premier. Nous avons eu l'occasion de montrer[17], en nous basant sur l'exemple du Mexique, qu'il est vain de vouloir opposer ces deux termes qui, outre qu'ils renvoient, dans les imaginaires à une même référence, correspondent, en réalité, à deux moments précis de la formation discursive latino-américaine (il peut y avoir des variations suivant les pays) et aux intérêts contradictoires qui les articulent :

> En primer lugar, lo denominado con tanta facilidad, « pueblos indígenas » no constituye un dato objetivo de la realidad latinoamericana sino una configuración ideológica (socio-subjetiva) de la Conquista, Colonia y posterior sujeción oligárquica y neocolonial de las sociedades latinoamericanas (que tampoco son « nuestras », estrictamente.). « Indígena » hace aquí referencia no al ser originario de un país, puesto que en este caso todos seríamos indígenas, sino que es sinónimo vergonzante o púdico para « Indio », es decir el *infrahumano* que conforma los *pueblos marginales* cuya función es servir a los Estados dominantes y oligarquías como fuerza de

[16] Nous analysons ce conte dans la deuxième partie du livre.

[17] Victorien Lavou Zoungbo, « Indio o Indígena : apuestas simbólicas e ideológicas », in *VI Coloquio de Literatura : La literatura indígena e identidad cultural*, Blanca Cárdenas Fernández (coordinación y compilación), Universidad Michoacana de San Nicolás de Hidalgo, 2000, pp.187-197.

trabajo o pintoresca diversión o para la práctica del genocidio. Los fieles no aceptarían que se llamara « indígena » al Papa aunque él es originario de Polonia. Todo el mundo sabe que la Reina Isabel es inglesa y no indígena aunque haya nacido en Gran Bretaña. Un mestizo latinoamericano, como la Reina Isabel, no es un indígena[18].

« Indien » et « Indigène », ainsi que nous l'avions postulé pourraient être considérés comme des idéologèmes[19]. Dans le cas du Mexique on peut ainsi s'interroger sur le fait que dorénavant le terme « Indígena » ait détrôné celui de « Indio ». Il s'agirait de savoir si ce déplacement ne vise justement pas à gommer une histoire qu'on voudrait dépassée, révolue, mais qui cependant ne cesse de hanter les mémoires collectives et les pratiques scripturales ou les discours officiels et autorisés[20].

De la même façon, l'opinion commune latino-américaine, tout comme un certain consensus universitaire assez répandu, tend à dire qu'il y a une distinction à faire entre « negro », « gente de color » et/ ou « afrodescendientes » en ce sens que les deux derniers termes seraient moins péjoratifs et offensants que le premier.

Il nous semble là aussi vain de vouloir opposer ces termes qui, outre qu'ils renvoient, dans les imaginaires à un même référent, correspondent, en réalité, à des enjeux précis dans l'histoire politique de l'Amérique Latine. L'exemple de la Colombie est peut-être à ce titre significatif. Ces derniers temps nous avons observé, à travers la lecture de la bibliographie spécialisée mais aussi lors de notre participation au Symposium International, « Pasado, presente y futuro de los Afrodescendientes » de Cartagena de Indias (en Colombie), toute une série de déplacements sémantiques dans le champ de la afroamericanística. Quelques exemples : on ne dit plus quasiment « esclavos » mais « esclavizados », de même qu'on ne dit plus « propietarios » o « dueños » de esclavos mais « esclavizadores », « afrodescendientes » tend à se substituer à « afrocolombianos », etc.

---

18 Helio Gallardo, 500 años : *Fenomenología del mestizo (violencia y resistencia)*, Editorial Departamento Ecuménico de Investigaciones (DEI), San José, Costa Rica, 1993, p.64.

19 E. Cros : « Je définirai l'idéologème comme un micro-système sémiotico-idéologique sous-jacent à une unité fonctionnelle et significative du discours. Cette dernière s'impose, à un moment donné, dans le discours social, où elle présente une récurrence supérieure à la récurrence moyenne des autres signes. Le micro-système ainsi mis en place s'organise autour des dominantes sémantiques et d'un ensemble de valeurs qui fluctuent au gré des circonstances historiques », in *D'un sujet à l'Autre : sociocritique et psychanalyse*, Montpellier, Éditions du CERS, 1995, p.105.

20 Cf. *Le Réveil indien en Amérique Latine*, postface de Michel de Certeau, textes réunis et présentés par Yves Materne, Paris, Les Éditions du Cerf, 1976.

Ces déplacements ne devraient pas nous laisser indifférent(e)s car ils sont certainement liés, en tenant compte des variations suivant les pays et les régions, à la prise de parole publique des mouvements politiques et de revendication noirs en Amérique Latine depuis au moins les années 1990. Cette prise de parole oblige les discours officiels et les pratiques scripturales académiques à repenser ce que être « Noir » veut dire dans tel ou tel autre pays.

Il est donc permis de s'interroger sur le fait que dorénavant le terme « Afro+l'ethnonyme » et « gente de color » aient détrôné (ou sont en passe de le faire) celui de « Negro ». La question que nous sommes en droit de poser est identique à celle concernant l'imposition de la catégorie « indígena ». Le déplacement de « negro » par d'autres catégories de savoir ne vise-t-il pas justement à gommer une histoire qu'on voudrait dépassée, révolue, mais qui cependant, comme dans le cas de l'Indien, vient sans cesse hanter les mémoires collectives ?

Il conviendrait aussi de prendre en compte l'impact en retour, sur les sociétés globales latino-américaines, fortement imprégnées par l'idéal de la blancheur, de cette irruption des Noirs (mais aussi des Indiens) sur les scènes publiques et la revendication du droit à l'auto-dénomination qui caractérise les mouvements politiques noirs en Amérique Latine (Colombie, Pérou, Équateur, Bolivie, Brésil, Nicaragua, Mexique...).

En effet, ce que la critique regarde comme une tendance (excessive, dit-elle, car marquée au coin du folklore ou de la réification) à l' « africanisation » ou à la « ré-africanisation » de soi (individuel ou collectif) des pratiques culturelles (le carnaval, la musique, par exemple), des pratiques cultuelles (vaudou, camdoble, santería) ou sociales (habillement, coiffures, port du corps, choix des noms, etc.) a au moins entraîné, et entraîne encore, une réarticulation du « capital racial » (Jean-Luc Bonniol) en Amérique Latine, dans les Antilles et dans les Caraïbes :

> Comme tout capital symbolique, le capital racial est sujet à des fluctuations liées aux mutations idéologiques qui ont lieu aux différents niveaux sociaux englobants. Durant les dernières décennies, le « taux de change » de la blancheur a connu une dévaluation certaine, alors que d'autres capitaux symboliques connaissaient au contraire une certaine valorisation. Il semble qu'il s'agisse là, malgré certaines discordances entre les niveaux sociaux, d'une tendance au long cours, marquant un renversement fondamental d'une pratique séculaire... Là encore, le même phénomène peut être perçu dans le domaine culturel, avec la revalorisation récente de certains types d'apports,

en particulier ceux conçus comme originaires d'Afrique...[21].

La mémoire officielle oublieuse et oblitérante est donc mise à mal par le surgissement, comme en Équateur et au Mexique, des Indiens sur la scène politique nationale. Il en est de même du surgissement sur les scènes publiques des Noirs. Historiquement et physiquement présents en Amérique Latine ils sont cependant, d'une manière générale, socialement invisibles, ou plutôt, rendus invisibles.

D'où l'importance que les Indiens et les Noirs accordent dans leurs manifestations artistiques et culturelles à la mémoire historique ; celle-ci renvoie, comme dans un miroir, les États-Nations latino-américains à leur genèse mais aussi aux promesses non tenues ou encore aux mesures politiques ou administratives partiellement appliquées.

Et Édouard Glissant de revenir sur une question fondamentale, toujours d'actualité :

> Faut-il, pour le bien des consciences et des inconsciences des humanités d'aujourd'hui et pour notre futur, reconnaître l'esclavage comme un crime contre l'humanité ? Faut-il que cette reconnaissance prenne des formes solennelles ? Je réponds : oui, il le faut, non pas par vengeance, non pas par revendication, mais parce qu'il faut raturer les non-dits et combler les pages blanches. Si nous voulons tous entrer dans l'histoire de notre Tout-Monde, il faut qu'aujourd'hui nous soyons tous d'accord. Sur la question de l'esclavage, je voudrais que nous soyons tous à considérer que ce qui nous a opposés et ce qui a constitué l'oppression, nous devons le connaître pour que cela ne se renouvelle pas[22].

La conférence Internationale contre le Racisme de Durban, en Afrique du sud, s'était achevée en chaos, en décevant les espoirs qu'on y avait mis. Elle aura au moins permis que l'esclavage transatlantique soit enfin reconnu, des siècles plus tard, comme un crime contre l'humanité[23]. Les « regrets » et

---

21 Cf. Jean-Luc Bonniol, *op. cit.*, pp.114-115.

22 E. Glissant, Table Ronde : « De l'esclavage au Tout-Monde », in *Poétiques d'Edouard Glissant*, Textes réunis par Jacques Chevrier, Paris, Presses de l'Université de Paris-Sorbonne, Actes du Colloque International « Poétiques d'Edouard Glissant », Paris-Sorbonne, 11-13 Mars 1998, 1999, p.77.

23 « La Conférence reconnaît que l'esclavage et le commerce des esclaves, y compris le commerce transatlantique, ont été des tragédies épouvantables dans l'histoire de l'humanité, que ces pratiques constituent un crime contre l'humanité et auraient dû être considérées comme tel, qu'elles figurent parmi les sources et manifestations majeures de racisme, de la discrimination raciale, de la xénophobie et de l'intolérance qui y est associée et que les Africains et les populations d'ascendance africaine, les peuples d'ascendance asiatique et les peuples autochtones ont été et continuent d'en être les victimes », in *Libération*, première édition, n. 6320, 10 sept. 2001, p. 8.

non les « excuses » des pays européens risquent de rendre difficile la question des « réparations » du dit crime.

Une période de lutte s'ouvre donc à nouveau. Les organisations sociales, culturelles ou politiques noires de l'Amérique Latine entendent jouer un rôle important dans cette lutte, elles aspirent à être les acteurs d'une histoire qui pendant très longtemps leur a été confisquée :

Chambacú, Chambacú, Chambacú...
la historia la escribes tú.
Negrita, pelo `e cucuú
te acompaño a la tenaza ;
muchas gracias, muchas gracias,
ahí mismo está Chambacú.
Chambacú, Chambacú, Chambacú...
Negrita, pa' onde vas tú
con tu pelo de escobita ?
Voy por manteca 'e pepita
donde la niña Luz.
Chambacú, Chambacú, Chambacú...
La historia de las murallas
con sangre la escribió la canalla,
con la pluma del dolor,
curando la carne esclava
a lo lejos se ve la muralla,
a San Pedro Clavé con la saya,
curando al negro bembé.
Chambacú, Chambacú
Chambacú, Chambaculero
de aquí no me sacas tú
ni comió de golero
Chambacú, Chambacú, Chambacú...
la historia la escribes tú[24].

Mais ces mouvements insistent aussi, comme l'ont laissé entendre les délégués du Pérou, de Honduras, du Brésil, du Nicaragua à Cartagena, lors du Symposium International : « Pasado, Presente y Futuro de los Afrodescendientes », sur le fait qu'il ne s'agit pas que d'une question des Noirs mais bien de celle d'une lutte pour la reconnaissance pleine d'une humanité et d'une citoyenneté depuis très longtemps différées. De ce point de vue toutes les consciences nationales et internationales devraient normalement se sentir concernées.

---

24 Totó La Momposina, « Pacantó », N. 7, « Chambacú », de Antonio María Peñaloza, una coproducción de MTM (Bogotá) y Nuevos Medios (Madrid), realizada por Yard High, 1999.

BIBLIOGRAPHIE *

Abramova S. U., « Les aspects idéologiques, doctrinaux, philosophiques, religieux et politiques du commerce des esclaves noirs » in, *La traite négrière du XVe au XIXe*, Monographie, Paris, Ed. Unesco, 1979, vol 3d.

Africultures : « Le corps africain », N.19, Paris, Éditions L'Harmattan, été 1999.

— « Brésil noir », N.34, L'Harmattan, janvier 2001.

Aguiles Escalante « Facetas del esclavo africano en América Latina », *América Indígena*, Vol. XXIX, n.3, México, 1959, pp. 666-667.

Aguirre Gonzalo Beltrán, *La población negra de México,* México, Fondo de Cultura Económica, 1946.

— *Cuijla Esbozo de un pueblo negro*, México, FCE, 1958.

América Negra, revista semestral, Expedición Humana, A la zaga de la América oculta, Pontificia Universidad Javeriana, Bogotá, Colombia, N^OS. 8-15.

Altunaga Eliseo, *Canto de Gemido*, Editorial Letras Cubanas, La Habana, Cuba, 1988.

— *A media noche llegan los muertos*, Editorial Letras Cubanas, La Habana, Cuba, 1997

— *Todo mezclado*, Editorial Letras Cubanas, La Habana, Cuba, 1984.

Amselle Jean-Loup et M'bokolo Elikia (coord.), *Au cœur de l'ethnie (ethnies, tribalisme et état en Afrique)*, Paris, Éditions La Découverte, 1985.

Andebeng (L.) Madeleine Alingué (ed), *Procesos de paz en África : una experiencia para Colombia*, Bogotá, Colombia, Universidad Externado de Colombia, 2001.

Anderson Benedict, *L'imaginaire national. Reflexions sur l'origine et l'essor du nationalisme*, La Découverte/Poche, 1996.

Arjun Appadurai, *Après le colonialisme. Les conséquences de la globalisation*, Paris, Payot, 2001.

Arocha Jaime, *Ombligados de Ananse Hilos ancestrales y modernos en el Pacífico colombiano*, Facultad de Ciencias Humanas UN, Colección CES, Santafé de Bogotá, 1999.

Autre (L') et Nous. « Scènes et Types ». Anthropologues et historiens devant les représentations des populations colonisées, des « ethnies », des « tribus » et des « races » depuis les conquêtes coloniales, Paris, ACHAC, SYROS, 1995.

Baquero Gastón, *Indios, Blancos y Negros en el Caldero de América*, Madrid,

---

* Cette bibliographie recense les ouvrages et textes sur lesquels nous nous sommes appuyé directement ou indirectement dans ce travail. Elle n'a donc pas une valeur de bibliographie générale.

Edición Cultura Hispánica, 1991.

Bhabha Homi K., « The other question : difference, discrimination and the discourse of colonialism », in *Literature Politics & Theory*, London and New York, Edited by Francis Barker, Peter Hulme, Margaret Iversen, Diana Loxley, Methuen,, 1986.

Bastide Roger, *Les Amériques noires*, Paris, Payot, 1967.

« Mémoire collective et sociologie du bricolage », *L'Année sociologique*, vol.3, Paris, PUF, 1970.

— « État actuel et perspectives d'avenir des recherches afro-américaines », *Journal de la Société des Américanistes*, Tome LVIII, Paris, MCMLXIX.

— *Le prochain et le lointain*, Préface de François Laplantine ; Pays, L'Harmattan, 2001.

Benítez (Antonio) Rojo, *La isla que se repite*, Barcelona, Editorial Casiopea, 1998.

Berthet Dominique (ed.), *Vers une esthétique du métissage ?* L'Harmattan, Paris, 2002.

Beverley John, *Subalternity and Representation. Arguments in cultural theory*, Duke University Press, 1999.

Bidima (Jean) Godefroy, *Théorie Critique et modernité négro-africaine. De l'école de Francfort à la « Docta spes africana »*, Paris, Publications de la Sorbonne, 1993.

Bonniol Jean-Luc, *La couleur comme maléfice. Une illustration créole de la généalogie des Blancs et des Noirs*, Paris, Éditions Albin Michel, 1992.

— (éd) *Paradoxes du Métissage*, Paris, Éditions du CTHS, 2001.

Bourdieu Pierre, *La distinction. Critique sociale du jugement*, Paris, Les Éditions de Minuit, 1979.

— *La domination masculine*, Paris, Éditions du Seuil, 1998.

— *Science de la science et reflexivité. Cours du Collège de France 2000-2001*, Paris, Raisons d'Agir Éditions, 2001.

Caderno do CEAS : « 500 anos Luta pela terra Neoautoritarismo Macro-Ecumenismo », 187, Maio-Junio, Salvador BA, Brasil, 2000.

Chalaye Sylvie, *Du Noir au nègre, l'image du Noir au théâtre. De Marguerite à Jean Genet (1550-1960)*, Paris, Éditions l'Harmattan, 1998.

Canclini Néstor García, *La globalización imaginada*, Argentina, Editorial Paidós, 1999.

Candau Joel, *Mémoire et Identité*, Paris, PUF, 1988.

Carpentier Alejo, *El reino de este mundo* [1949], Barcelona, Editorial Seix Barral, 1993.

Caryl Plillips, *El sonido del atlántico* [2000], Versión española de Gian Castelli, Madrid, Alianza Editorial, 2001.

Cauna (de) Jacques, *Haïti : L'éternelle Révolution*, Port-au-Prince, Haïti, Éditions Henri Deschamps, 1997.

Certeau (de) Michel, *L'écriture de l'histoire*, Paris, Éditions Gallimard, 1975.

Césaire Aimé, *Discours sur le colonialisme*, Paris, Éditions Présence Africaine, 1955.

— *Toussaint Louverture. La Révolution française et le problème colonial*, Paris, Éditions Présence Africaine, 1981.

Conferencia Internacional Presencia de Africa en América, Dr. Antonio Núñez Jiménez (comp.), Comisión Cubana Conmemorativa del Encuentro de las Culturas del Viejo y del Nuevo Mundos,, UNESCO, La Habana, Cuba, 1985.

Coquery-Vidrovitch Cathérine, *Afrique Noire. Permanences et Ruptures* [1985], Paris, Éditions L'Harmattan, 2e éd. rév., 1992.

Cornejo (Antonio) Polar, *Escribir en el aire. Ensayo sobre la heterogeneidad socio-cultural en las literaturas andinas*, Editorial Horizonte, Lima, Perú, 1994.

Cornevin Robert, *Que-Sais-Je : Haïti*, n.1955 [deuxième édition refondue par Marianne Cornevin], 1982.

Cuadernos Americanos : « *Los negros en América* », nos. 451-52, Madrid, 1988.

Cros, Edmond, *D'un sujet à l'Autre. Sociocritique et Psychanalyse*, Montpellier, Éditions du CERS, 1995.

— *Genése socio-idéologique des formes*, Montpellier, Éditions du Centre d'Études et de Recherches Sociocritiques, 1998.

Daget Serge, *La traite des Noirs Bastilles négrières et velléités abolitionnistes*, Paris, Éditions Ouest-France, 1990.

Depestre René, « Saludo y despedida a la negritud », in *África en América Latina*, Manuel Moreno Fraginals (relator), Madrid, UNESCO, Siglo XXI Editores, 1977.

Derrida Jacques, *Spectres de Marx*, Paris, Éditions Galilée, 1993.

Devaux Hélène, « Afrique-Amérique : aller-retour ? », *Notre Librairie : les écrivains noirs américains et l'Afrique*, N.77, Novembre-Décembre, Paris, 1984.

Doerig J. A., « Situación de los esclavos a partir de las *Siete Partidas* de Alfonso el Sabio », in *Folia Humanística*, Vol. IV, Madrid, 1966.

Du Bois W.E.B, *The Souls of Black Folk* [first published 1903], introduction by Henry Louis Gates, Jr., New York, Bantam Books, 1989.

Durand Gilbert, *Les structures anthropologiques de l'imaginaire. Introduction à l'archétypologie générale* [1969], Paris, Dunot, 1984.

Ela Jean-Marc, L*e cri de l'homme africain. Questions aux chrétiens et aux églises d'Afriques*, Paris, Éditions L'Harmattan, 1993.

Ellison Ralph, *Homme invisible, pour qui chantes-tu ?*, Traduit de l'américain par Magali et Robert Merle, Préface de Robert Merle, Paris, Bernard Grasset, 1969, 1994.

Éribon Didier, *Réflexions sur la question gay*, Paris, Fayard, 1999.

— *Une morale du minoritaire. Variations sur un thème de Jean Genet*, Paris, Fayard, 2001.

Fabre Michel, *La rive noire. Les écrivains noirs américains à Paris 1830-1995*, André Dimanche Éditeur, Marseille, 1999.

Fanon Frantz, *Peau noire, masques blancs*, Paris, Éditions du Seuil, 1952.

— *Pour la révolution africaine. Écrits politiques*, Paris, Éditions La Découverte& Syros, 2001.

Feraudy Heriberto, *IRNA, (un encuentro con la Santería, el espiritismo y Palo Monte)*, Editorial Marratí, Santo Domingo, 2002.

Fernández (Roberto) Retamar, *Todo caliban*, Editorial Letras Cubanas, La Habana, Cuba, 2000.

— *Introducción a José Martí*, Ed. Letras Cubanas, La Habana, Cuba, 2001.

Fermoselle Rafael, *Política y color en Cuba. La guerrita de 1912*, Editorial Colibrí, [1ere édition 1974], Montevideo, Ediciones Géminis, 1998.

Foucault M., *L'archéologie du savoir*, Éditions Gallimard, Paris, 1969.

— *L'ordre du discours*, Éditions Gallimard, Paris, 1971.

— *Les anormaux. Cours au collège de France. 1974-1975*. Hautes Études, Gallimard/Le Seuil, Paris, 1999.

Friedemann (de) Nina S. « Historiografía afroamericana del Caribe : hechos y Ficciones », in *América Negra*, Bogotá, Colombia, N. 7, 1994, pp.11-26.

— *Presencia africana en Colombia La saga del negro*, Pontificia Universidad Javeriana, Santa fe de Bogotá, 1993, pp.59-60.

— y Jaime Arocha, *De sol a sol. Génesis, transformación y presencia de los negros en Colombia*, Bogotá, Planeta Colombiana Editorial, 1986.

— « San Basilio en el universo Kilombo-Africa y Palenque-América », Geografía humana de Colombia, *Los afrocolombianos*, Tomo VI, Instituto Colombiano de Cultura Hispánica, Santafé de Bogotá, D.C., 1998, pp.81-101.

Fuente (de la) Alejandro, *Una nación para todos. Raza, desigualidad y politica en Cuba. 1900-2000*, Colibri, 2001.

Fonkua Romuald, *Essai sur une mesure du monde, Édouard Glissant*, Honoré Champion, Paris, 2002.

Galich Manuel, « El Indio y el Negro ahora y antes », *Casa de las Américas : El Indio y el Negro, Nación y mestizaje. Problemas de identidad*, Habana, 1966, vol. 36-37.

García (Jésus María) Añoveros, *El pensamiento y los argumentos sobre la esclavitud en Europa en el siglo XVI y su aplicación a los indios y a los negros africanos*, Consejo Superior de Investigaciones Científicas, Madrid,, 2000.

Gates Henry Louis, Jr. « Writing « race » and the difference it makes », « *Race* » *Writing, and difference*, Henry Louis Gates, Jr. ed, Chicago and London, Chicago University Press, 1986.

— *Figures in black Words, signs and the « racial » self*, Oxford University Press, 1987.

Gautier Arlette, « Les esclaves femmes dans les Antilles françaises 1635-1848 », *Historical Reflections*, New York, Vol.10, 1983.

Geografía humana de Colombia. Los Afrocolombianos, Tomo VI, Instituto Colombiano de Cultura Hispánica, SantaFe de Bogotá, D.C., 1998.

Gilroy Paul, *There ain't black in the Union Jack. The cultural politics of race and nation*, Routledge, London and New York, 1987.

— *The Black Atlantic Modernity and Double Consciousness*, Cambridge, Massachusetts, Harvard University Press, 1993.

Glissant Edouard, *Introduction à une poétique du divers*, Paris, Éditions Gallimard, 1996.

Gómez Moriana A., « Christophe Colomb et l'invention de l' « Indien », in *L' « Indien », instance discursive*, Actes du Colloque de Montréal 1991, A. Gómez Moriana & Danièle Trottier, ed., Montréal, Les Éditions Balzac, 1993, pp.19-51.

Guicharnaud-Tollis Michèle, « Voies/voix africaines du discours identitaire cubain : histoire des gens sans histoire », in *Marges 18 : Les Noirs et le discours identitaire latino-américain,* Victorien Lavou (ed.), CRILAUP, Presses Universitaires de Perpignan, 1997, pp.41-58.

— *L'émergence du Noir dans le roman cubain du XIX*[e] *siècle*, Paris, L'Harmattan, 1991.

Helg Aline, *Lo que nos corresponde. La lucha de los negros y mulatos por la igualdad en Cuba. 1886-1912*, Ediciones Imagen Contemporánea, Habana, Cuba, 2000.

Helio Gallardo, *500 años : Fenomenología del mestizo (violencia y resistencia)*, San José, Costa Rica, Editorial Departamento Ecuménico de Investigaciones (DEI), 1993.

Hernández, Marco Polo, « The «Afro-Mexican» and the Revolution : Making Afro-Mexicans Invisible Through the Ideology of Mestizaje in *La Raza Cósmica* », *PALARA*, number 4, Columbia, Fall 2000, pp.59-83.

Hoffmann Jean-François, *Le nègre romantique. Personnage littéraire et obsession collective*, Paris, Payot, 1973.

Hoffmann Odile, « Jeux de parole et de mémoire autour des mobilisations identitaires (Colombie), *Logiques identitaires, logiques territoriales*, Bondy, Éditions de l'Aube, IRD, 2000, pp.33-52.

Huidobro Matías Montes, *Persona, vida y máscara en el teatro cubano*, Miami, Ediciones Universal, 1973.

James F. Davis, *Who is Black ? One Nation definition*, The Pennsylvania States University Press, University Park, Pennsylvannia, 1991.

Jameson Frederic, *The political unconscious. Narrative as a socially symbolic act*, Cornell University Press, Ithaca, New York, 1981.

Identities, Edited by Kwame Anthony Appiah and Henry Louis Gates, Jr., The University of Chicago Press, Chicago and London, 1984.

Images et Colonies. Regards sur l'Afrique, Actes du Colloque organisé par l'ACHAC du 20 au 22 janvier 1993, Bibliothèque Nationale, sous la direction de Pascal Blanchard et Armelle Chatelier, Paris, Syros, 1993.

Introducción a la literatura comparada, Al ciudado de Armando Gnisci, Barcelona, Editorial Crítica, 2002.

Irurozqui (Marta) Victoriano, « *A Bala, Piedra y Palo* ». *La construcción de la ciudadanía política en Bolivia, 1826-1952*, Diputación de Sevilla, 2000.

Jackson Richard, *Black writers and the Hispanic canon*, Arizona State University, Twayne Publishers, 1997.

James C.L.R, *Les jacobins noirs. Toussaint-Louverture et la Révolution de Saint-Domingue*, Paris, Éditions Caribéennes, 1983.

Kimberly W. Benston, « I yam what I am : the topos of (un)naming in Afro-American literature », in *Black Literature & Literary theory*, Edited by Henry Louis Gate. Jr.,, New York and London, Routledge, 1984.

Kounkou Dieudonné, « Du statut du meuble au statut d'être humain et de citoyen », *Marges 18 : Les Noirs et le discours identitaire latino-américain* [Victorien Lavou, ed.], CRILAUP, Presses Universitaires de Perpignan, 1997, pp.59-69.

Lavou Zoungbo Victorien, « Miroirs obscurs des spéculations indigénistes », in *Marges 18 : Les Noirs et le discours identitaire latino-américain*, [Victorien Lavou, coord.], CRILAUP, Presses Universitaires de Perpignan, 1997, pp. 59-90.

— « Indio o Indígena : apuestas simbólicas e ideológicas », in *VI Coloquio de Literatura : La literatura indígena e identidad cultural*, Blanca Cárdenas Fernández (coordinación y compilación), Universidad Michoacana de San Nicolás de Hidalgo, 2000, pp.187-197.

— « Du nègre comme un hercule doublé d'un Saint-Phallus : une humanité différée », in *Marges 21 : Las Casas face à l'esclavage des Noirs, vision critique du onzième remède (1516),* Victorien Lavou Zoungbo [Coord.], Presses Universitaires de Perpignan, CRILAUP, juillet 2001, pp. 59-93.

Leal Rine, *Teatro Bufo Siglo XIX (Antología)*, 2 tomos, Selección y prólogo de R. Leal, Editorial Arte y Literatura, La Habana, 1975.

— *Breve historia del teatro cubano*, Editorial Letras Cubanas, Cuba, 1980.

— *La Selva Oscura. De los Bufos a la neocolonia*, Ed. Arte y Literatura, La Habana 1982.

— « Prólogo » a Teatro del siglo XIX, edición de Eduardo Heras León, Cuba Editorial Letras Cubanas, 1986.

Le Monde, section *International*, du samedi 4 août, Paris, 2001, p.3.

Lewis Marvin A., *Treading the ebony path Ideology and violence in Contemporary Afro-colombian prose fiction*, Columbia, University of Missouri Press, 1987.

Lobo (Tatiana) Wiehoff y Meléndez (Mauricio) Obando, *Negros y Blancos. Todo mezclado*, San José, Costa Rica, Editorial de la Universidad de Costa Rica, 1997.

Lozonczy A.,» Mémoires nègres : le creux et le plein », *Bastidiana*, vol. 13-14, Paris, 1993, pp.163-173.

— « Du corps-diaspora au corps nationalisé : rituel et gestuelle dans la corporéité négro-colombienne », *Cahiers d'Etudes Africaines*, 148, XXXVII-4, Paris, 1997, pp.894-900.

Lucena Salmoral, Manuel, *Los códigos negros de la América española*, Universidad de Alcalá, Ediciones UNESCO, 1996.

— *La esclavitud en la América española*, CESLA, Universidad de Varsovia, Varsovia, 2002.

Maestri Mario et García O. Luz Stella., *Les négritudes aux Amériques De l'esclavage à la mémoire retrouvée*, Bruxelles, Édition : Universidade de Passo Fundo, 1996.

Malcom X et Alex Haley, *L'autobiographie de Malcom X*, Bernard grasset, Paris, 1966.

Malcom X. *The last speeches*, Edited by Bruce Perry, Pathfinder, New York, 1989.

Marges 18 : Le Noir et le discours identitaire latino-américain, [Victorien Lavou, ed.], Presses Universitaires de Perpignan, CRILAUP, 1997.

Marges 21 : Las Casas face à l'esclavage des Noirs, vision critique du onzième remède, [Victorien Lavou Zoungbo, ed.], Perpignan, Presses Universitaires de Perpignan, CRILAUP, 2001.

Mariátegui José Carlos, *Siete ensayos de interpretación de la realidad peruana* [1928], México, Ediciones Era, 1998.

Martínez Montiel Luz María, *Negros en América,* Madrid Editorial MAPFRE, 1992.

Martinez Rogelio Furé, *Diálogos imaginarios*, Editorial Letras Cubanas, 1997.

Mbembe Achille, *Afriques indociles. Christianisme, pouvoir et État en société postcoloniale,* Paris, Éditions Karthala, 1988.

— *De la postcolonie. Essai sur l'imagination politique dans l'Afrique contemporaine*, Paris, Éditions Khartala, 2000.

Meillassoux Claude, *Anthropologie de l'esclavage Le ventre de fer et d'argent*, Paris, PUF, 1986.

Meyer Jean, *Esclaves et Négriers,* Paris, Gallimard, 1986.

Meyran Daniel (ed.) *Marges 19 : Histoire et représentations dans le théâtre mexicain contemporain*, CRILAUP, Perpignan, Presses Universitaires de Perpignan, 2000.

Meyran Daniel, Alejandro Ortiz, Francis Sureda, *Théâtre et Pouvoir*, Presses Universitaires de Perpignan, CRILAUP, 2002.

Molina, Dominga Lucía « El racismo : «pecado original» de la identidad nacional Argentina », in *PALARA*, Publication of the Afro-Latin/American Research Association, number 4, Columbia, Fall 2000, pp.50-54.

Moore, Robin, *Nationalizing Blackness : Afro Cubanismo and Artistic Revolution in Havana, 1920-1940*, Pittsburgh, University of Pittsburgh Press, 1997.

Morejon Nancy, *Nación y Mestizaje en Nicolas Guillén*, Ediciones Unión, Habana Cuba, 1982.

— *Fundación de la imagen*, Editorial Letras Cubanas, Habana, Cuba, 1988.

Moreno Fraginals Manuel, « Aportes Culturales y deculturación », *África en América Latina*, pp. 31-45, 1976.

— *La historia como arma. Y otros estudios sobre esclavos, ingenios y plantaciones*, Prólogo de Josep Fontana, Editorial Crítica, Barcelona, 1987.

Moreno Navarro Isidoro, « Un aspecto del mestizaje americano : el problema de terminología », in *Revista española de antropología americana*, Vol.I Madrid, pp. 210-220.

Mordekhai Laurence Thomas, « Rayonnement moral et rivalité de la souffrance », in *Mémoire juive mémoire nègre Deux figures du destin*, ouvrage collectif, Paris, Portuland, avril 1998.

Morisson Toni, *Playing in the dark. Blancheur et imagination littéraire* [1992], Traduit de l'anglais par Pierre Alien, Christian Bourgois Éditeur, 1993.

Mosquera Claudia, Pardo Mauricio, Hoffmann Odile (eds), *Afrodescendientes en la Américas. Trayectorias sociales e identitarias. 150 años de la abolición de la esclavitud en Columbia.* Universidad Nacional de Columbia, ICANH, IRP, ILSA, Bogotá, Colombia, 2002.

Mosquera Sergio Antonio, *Visiones de la espiritualidad afrocolombiana*, Editar, Manizales, Colombia, 2001.

Mudimbé V.Y, *L'Odeur du Père. Essai sur les limites de la science et de la vie en Afrique Noire*, Paris, Éditions Présence Africaine, 1982.

Múnera Alfonso, *El fracaso de la nación. Región, clase y raza en el Caribe colombiano (1717-1810)*, Bogotá, Colombia, Banco de la República/El Áncora Editores, 1998.

Murillo (Carmen) Chaverrí, *Identidades de hierro. La construcción del Ferrocarril al Atlántico 1870-1890*, San José, Costa Rica, Editorial Porvenir, 1995.

Negroni (de) François, *Afrique Fantasmes*, Paris, Plon, 1992.

Notre Librairie : « Les écrivains noirs américains et l'Afrique », N.77, Paris, novembre-décembre, 1984.

— « Images du Noir dans la littérature occidentale. Du Moyen-âge à la conquête coloniale », N. 90, Paris, octobre-décembre, 1987.

— « Images du Noir dans la littérature occidentale. De la conquête coloniale à nos jours », N.91, Paris, janvier-février, 1998.

Obenga Théophile, *Cheikh Anta Diop, Volney et le Sphinx. Contributi,on de Cheikh Anta Diop à l'Historiographie mondiale,* Paris, Présence Africaine Khepera et, 1996.

Organibide Pedro (compilador), *Unitarios y federales. Esteban Echeverría y otros autores*, Ameghino Editora, Rosario, Argentina, 1998.

Ortiz Fernando, *Los bailes y el teatro de los negros en el folklore de Cuba*, [1951], Cuba, Editorial Letras Cubanas, 1985.

— *Entre Cubanos. Psicología tropical*, La Habana, Cuba, Editorial de Ciencias Sociales, 1986.

— *Etnia y sociedad*, Selección, notas y prólogo de Isaac Barreal, La Habana,

Cuba, Editorial de Ciencias Sociales, 1993.

Paranagua Paulo Antonio (ed), *Le cinéma cubain*, Paris, Éditions du Centre Pompidou, 1990.

Pineau Gisèle et Abraham Marie, *Femmes des Antilles. Traces et voix. Cent cinquante ans après l'abolition de l'esclavage*, Paris, Éditions Stock, 1998.

Plassard Didier, « De la couleur des corps », in *Africultures : le corps africain*, n/19, Paris, été 1999, pp.29-32.

Plumelle-Uribe Rosa Amelia, *La férocité blanche. Des non-Blancs aux non-Aryens Génocides occultés De 1492 à nos jours*, Préface de Louis Sala-Molins, Paris, Éditions Albin Michel, 2001.

Poétiques d'Edouard Glissant, Actes du Colloque International « Poétiques d'Edouard Glissant », Paris-Sorbonne, 11-13 Mars 1998, Textes réunis par Jacques Chevrier, Presses de l'Université de Paris Sorbonne, 1999.

Politique Africaine : « Intellectuels africains », N. 51, Paris, Khartala, octobre, 1993.

— : « Philosophie et politique en Afrique », N. 77, Paris, Karthala,Mars, 2000.

Quijada Mónica, Bernand Carmen y Schneider Arnd, *Homogeneidad y nación. Con un estudio de caso : Argentina, siglos XIX y XX*, Consejo Superior de Investigaciones Científicas, Madrid, 2001.

Reed Ishmael, *Mumbo Jumbo*, Soul Fiction, Éditions de l'olivier/Le Seuil, Paris, 1998.

Réveil (le) indien en Amérique Latine, postface de Michel de Certeau, textes réunis et présentés par Yves Materne, Paris, Les Éditions du Cerf, 1976.

Ricœur Paul, *Histoire et Vérité*, 3e édition augmentée de quelques textes, Paris, Éditions du Seuil, 1955.

— *La Mémoire, l'Histoire, l'Oubli*, Éditions du Seuil, Paris, 2000.

Saïd Edward, *L'orientalisme. L'Orient créé par l'Occident* [1978], Préface de Tzvetan Todorov, traduit de l'américain par Cathérine Malamoud, Paris, 1980.

Sala-Molins Louis, *Le code noir ou le calvaire de Canaan*, Paris, PUF, 1987.

— *L'Afrique aux Amériques. Le code Noir espagnol*, Paris, PUF, 1992.

Sander L. Gilman, *L'Autre et le Moi. Stéréotypes occidentaux de la race, de la sexualité et de la maladie*, Traduit de l'anglais par Camille Cantoni-Fort, Paris, PUF, 1996.

Santa Cruz Gamarra, Nicomedes, « El negro en Iberoamérica », in *Cuadernos hispanoamericanos : Los negros en América*, Nos. 451-452, Madrid, Enero-Febrero, 1998, pp. 7-46.

Sayad Abdelmalek, *La double absence. Des illusions de l'émigré aux souffrances de l'immigré*, Préface de Pierre Bourdieu, Paris, Collection Liber, Éditions du Seuil, 1999.

Soriano Michèle : « Logos et abjection, la différence en jeu », in *Imprévue* : « *Río de la Plata, Littérature et société II* », Montpellier, CERS, 1995-2, pp.7-50.

— (ed) *Imprévue : « Itinéraires du positivisme »*, Montpellier, CERS, 1997-1&2.

Spivak, Gayatri « Can the subaltern Speaks », *in* Cary Nelson & Lawrence Grossberg (Ed.) : *Marxism and Interpretation of culture*, Urbana y Chicago, The University of Illinois Press, 1988, pp.271-313.

Tardieu Jean-Pierre, *Le destin des Noirs aux Indes de Castille XVIè-XVIIIè siècles*, Paris, Éditions L'Harmattan, 1984.

— *Del diablo Mandinga al Muntu Mesiánico. El negro en la literatura hispanoamericana del siglo XX*, Editorial Pliegos, Madrid, 2001.

Tosches Nick, *Blackface. Au confluent des voix mortes*. Traduit de l'anglais par Héloïse Esquié, Éditions ALLIA, Paris, 2003.

Traoré Aminata, *Le viol de l'imaginaire*, Paris, Actes sud-Fayard, 2002.

Viveros Mara, Olavarría José y Fuller Norma, *Hombres e identidades de género. Investigaciones desde América Latina*, Prefacio de Bonnie Sheppard, CES-Universidad Nacional, Bogotá, Colombia, 2001.

Viveros Mara, *De quebraderos y Cumplidores. Sobre hombres, masculinidades y relaciones de género en Colombia*, Bogotá, Colombia, CES-Universidad Nacional/Fundación Ford/Profamilia-Colombia, 2002.

Wade Peter, *Gente negra Nación mestiza, Dinámicas de las identidades raciales en Colombia*, Bogotá, Ediciones Uniandes,1997.

Williams Eric, *Capitalisme et esclavage* [1964], avec une introduction de D.W. Brogan, Paris, Éditions Présence Africaine, 1968.

Zapata Olivella Manuel, *Shangó el Gran Putas*, Introducción, Dorita Piquero de Nouhaud, Colombia, REI Andes, 1983, 1985 (2nda edición).

Zendrón P. Claudio, mccj, *Cultura negra y espiritualidad. El caso de Esmeraldas-Ecuador*, Centro Cultural Afroecuatoriano, Ediciones Afroamérica, Quito, Ecuador, 1997.

DEUXIÈME PARTIE :

ÉTUDES

LE NOIR OU LE DIFFÉRÉ DES CONSCIENCES ET PRATIQUES DISCURSIVES LATINO-AMERICAINES : ÉBAUCHE D'UNE RECHERCHE À VENIR*

À Clément Animan

En introduction à son excellent article, « Black bodies, White bodies : toward an Iconography of Female Sexuality in Late Nineteen-Century Art, Medecine, and Literature »[1], Sander L. Gilman pose cette question simple mais fort pertinente : how do we organize our perceptions of the word ? Ce que l'on pourrait se risquer à traduire ainsi qu'il suit : comment ou de quelle façon notre perception du monde s'opère t-elle ?

Cette question me semblait bienvenue dans une session fort justement consacrée au Savoir (de ou sur l'Autre). Car finalement dans cet article Gilman pointe l'épineux problème des catégories conceptuelles (doxiques et/ou scientifiques) dont nous disposons pour dire le monde. Ces catégories, souligne-t-il, décrivent moins le monde qu'elles ne traduisent, en réalité, un ou des rapports au monde. En outre, il rappelle que ces catégories sont structurées et structurantes, historiquement constituées. Elles font donc sens, comme on dit désormais de nos jours.

Pour abonder dans le sens de Sander nous poserons un seul exemple, sous forme de questionnement : Que gagnons-nous ou bien que perdons-nous en investissant et donc en imposant comme opératoire le concept de l'*Autre* ? Certainement un plus haut degré de sophistication et d'abstraction dans discours, ce qui a, au moins, l'avantage non négligeable de faire voir que des cas ou des situations, à première vue, opposées obéissent ou découlent *in fine* d'un fonctionnement identique, d'une même logique. Mais cela voudrait-il dire alors que les tenants-lieu du Noir, du Juif, de l'Indien, du Canaque, de la

---

* Communication présentée au Colloque international organisé par le Laboratoire VECT (Voyages, Echanges, Confrontations, Transformations) : « Les formes de Reconnaissance de l'Autre en question », Université de Perpignan, 11-12-13, mai, 2000.

1 cf. « Race », *Writing and Difference*, Edited by Henry Louis Gates, Jr., The University of Chicago Press, Chicago and London, 1985, pp.223-261.

Femme, du Gitan, du Yanomamo (ethnonyme qui prononcé d'une certaine façon en espagnol prend un tout autre sens), de l'Arabe, de l'Hottentot, et autres identités démultipliées sont interchangeables point par point ?

Plus largement, quelle est la place que les institutions du Savoir légitime accordent ou reconnaissent à la production intellectuelle et critique de ces différents tenants-lieux ? Ils ont souvent bien du mal à contrer, ne serait-ce que cela, les représentations (spontanées, écrites et/ou mentales) à leur sujet ou au sujet de leur être. Ils ont affaire à l'autorité du « on les connaît », « on a fait le pays », « on a tout dit déjà à leur propos » et autres mille façons de recouvrir leurs voix/voies.

Ainsi donc, la trop forte labialité du concept de l'*Autre* que nous constatons aujourd'hui a entraîné sa banalisation et voire même sa neutralisation : on est l'Autre de son voisin, l'Autre est dans tout et tout est dans l'Autre comme dans un jeu spéculaire ; un peu comme naguère (mais est-ce vraiment du passé) on disait ou on croyait que l'*idéologie* est dans tout et que tout, en ultime instance, -ajoutait-on- n'était qu'idéologi(e)que[2]. Il est donc à se demander sérieusement si le concept de l'Autre produit une réelle connaissance ou plutôt engendre, malgré la bonne volonté de ses utilisateurs, de la méconnaissance, en tous les cas, une certaine méconnaissance (Othering, Otherization).

Pour faire de l'Autre un *lieu commun* (dans le sens de E. Glissant : un lieu partagé du pensable) il conviendrait peut-être de le rematérialiser, de le rehistoriciser. Ainsi donc, en nous autorisant ici des inquiétudes-mise en garde de Gilman nous souhaitions tout simplement attirer votre attention sur la nécessité d'objectiver constamment les outils théoriques et méthodologiques qui circulent avec plus ou moins de succès sur le marché universitaire et qui, en plus de fonder ou d'articuler nos discours et nos pratiques en tant que sociologues, ethnologues, historiens, géographes, psychologues, géopoliticiens, sociolinguistes, littéraires, sémioticiens, etc. balisent en même temps des positions d'autorité et d'énonciation ou, disons, des lignes de partage (modulables ou franchement irréconciliables) dans le champ de recherches en sciences sociales et humaines.

Cela dit, vous m'accorderez qu'il y a quelque chose de dérisoire dans le fait de partir d'une notion assez commune et banale, *le différé,* pour essayer de rendre compte des phénomènes complexes et contradictoires comme l'*Altérité* (préconstruit idéologique ou construction à des fins d'identification positive, de différenciation ou de résistance, etc.),

---

2 Cf. L'excellente mise au point de Eliseo Veron, « Sémiosis de l'idéologie et du pouvoir », dans *Communications, N,28*, 1978, pp.7-20.

l'*Imaginaire*, le rapport à *l'Autre*, l'*écriture*, etc.

En effet, dans notre tout petit monde il est souvent question de cours, d'examens ou de colloques différés ; ailleurs on parle de mesures administratives, bureaucratiques ou politiques différées, de voyages (de noces ou pas) différés, de retransmission en différé de concerts ou de matches, etc. Pour les sujets-consommateurs des biens symboliques que nous sommes supposés être la FNAC, par exemple, a prévu un paiement différé. Une manière élégante ou plutôt une dénégation de ce qui est prosaïquement dit, ainsi qu'il suit, dans les supermarchés : « consommer maintenant et payer plus tard en 2, 3, ou 4 fois, etc.

Cependant, je ne suis pas sur que ces différents usages de la notion de différé disent la même chose, recoupent le même sens ou, en un mot, traduisent des enjeux, des projections identiques ou semblables. Pour cette communication je partirai du sens que Édouard Glissant, qu'on ne présente plus je présume, donne à la notion de *différé*. Il figure dans son essai *Faulkner Mississipi*, paru chez Stock en 1996.

Dans l'essai en question E. Glissant s'emploie à décrire le mode d'inscription du Noir dans l'œuvre monumentale de l'écrivain sudiste. Et il lui semble, mais on peut aisément le suivre dans son présupposé, que le Noir est systématiquement convoqué dans l'œuvre de Faulkner sur le mode du différé. Essayons, avant d'aller plus avant, de cerner ce que Glissant entend par « différé ».

Il s'agit avant tout d'un rapport signifiant avec le « réel » (textuel ou historique). Le différé suppose ou présuppose, par ailleurs, un processus de dénégation, d'occultation, de raturage (de la présence-histoire des Noirs dans le sud des USA). Finalement, le différé implique nécessairement un autre processus, celui du dévoilement. De telle sorte que s'établit ou se met en place une articulation opératoire, de notre point de vue : « Réel-Différé-Dévoilement ».

Différer c'est donc retarder, déplacer vers un ailleurs mais davantage vers un après, un plus tard (mesurable, quantifiable ou pas). Malgré ce la chose différée reste présente à travers la Trace ou des traces obsédantes qui viennent constamment hanter les consciences ou les pratiques d'écriture, les formations discursives. Je pense ici à l'excellent travail de l'afro-américaine Toni Morisson, *Playing in the dark (1993).*

D'après Glissant ce qui est constamment différé dans l'œuvre de Faulkner c'est le statut de « migrants nus » autrement dit ce qui constitue la spécificité majeure de l'histoire des Noirs dans les Amériques. Je reprends donc la notion de « différé » de E. Glissant mais, j'y insiste, tout en la détournant (Glissant lui même étant un farouche adepte ou promoteur de la philosophie du Détour). En ce sens que pour moi le « différé » n'est pas (seulement) lié à une question d'écriture ou de technique littéraire. Je l'envisagerais plutôt comme un processus (pas toujours conscient), un fonctionnement signifiant. C'est à dire, en l'occurrence, un rapport particulier des consciences et pratiques discursives latino-américaines vis à vis de la présence-histoire des noirs africains (esclaves et leurs descendants).

Cela m'amène donc logiquement à risquer une autre concrétion du « différé » : une construction fantasmatique dans laquelle le Noir, dans les Amériques, est érigé en Absolu Ontologique, quelque chose qui serait essentiellement marquée par la différence et donc de ce fait permet la ou les distinctions identitaire(s). Sans le Noir il se produirait (dans les Amériques) ce que Glissant nomme un *suspens d'identité*. Le Noir (en tant que couleur, anatomie, ontologie, pratiques rituelles et culturelles ou luttes politiques, etc.) est donc tout autant *discriminé* que facteur *discriminant*.

Autrement dit, dans les imaginaires ou dans les discours autorisés (et donc légitimes) le Noir n'est pas. Il n'advient que pour potentialiser-marquer des différences. On aura donc à cœur, dans les prochaines recherches, de traquer les différentes modalités de l'existence du Noir dans les imaginaires sociaux latino-américains. Pour ce faire il conviendrait d'examiner quelques cas concrets dans lesquels opère le processus que nous venons d'ébaucher dans ses grandes lignes.

Faute de temps, je ne le ferais pas ici. Je me contenterais donc d'en citer quelques uns et je m'arrêterais brièvement sur un seul exemple. Comme cas à examiner dans les recherches à venir j'ai pensé au discours ontologique de/sur l'identité mexicaine des années 1920-40 (depuis l'*Ateneo de la juventud* jusqu'à Octavio Paz et voire même après) ; les textes fondateurs (constitutions et autres) des États-Nations latino-américains. La modification de la constitution de la Colombie en 1991 (reconnaissance des fondements multi-ethniques de la Nation) plus qu'une rupture est, à nos yeux, révélateur du statut « différé » des Noirs comme populations nationales en Amérique Latine ; la valeur accordée à la pratique sociale du *blanqueo* ou du *blanqueamiento*. À Puerto Rico, par exemple, les traits négroïdes sont vilipendés comme des stigmates. Mais il ne s'agit pas là d'un cas isolé : les littératures nationales latino-américainesportent les traces d'un tel déni d'identification.

Nous rappellerons tout simplement qu'au XIXe siècle il a été mise en place par les États latino-américains une politique visant à favoriser l'immigration européenne (surtout les européens du Nord). Le but avouer était de purifier l'Amérique Latine des tares, qu'on disait, consubstantielles au sang indien et noir. Cela permettrait ainsi d'accéder rapidement à l'Ideal du Progrès. Si le sang indien et noir ne pouvait donc que confiner à la Barbarie, le sang blanc-européen était quant à lui investi mythiquement de valeurs de Civilisation, d'Humanité, de Science, de Beauté, etc. (cf. certains écrits de Sarmiento, Bunge, Alcides Arguedas, José Vasconcelos, entre autres) ; nous examinerons aussi la proposition de Las Casas (*Remedios* 1516) qui visait à remplacer les Indiens par des Noirs, naturellement faits pour être esclaves. Ici l'humanité des Noirs est différée alors que celle des Indiens avait déjà été reconnue.

Le numéro spécial de *Marges* 21 que nous avons coordonné[3] et qui, entre autres aspects, s'attache à reconstruire les raisons historiques et personnelles qui ont amené Las Casas à faire une telle proposition, constitue à nos yeux une avancée intéressante dans l'étude des cas que nous postulons. L'indigénisme, au Mexique, au Pérou et ailleurs en Amérique Latine, pourra aussi faire l'objet d'une étude attentive. Car, ainsi que nous l'avons souligné ailleurs, ce mouvement aux investissements multiples a contribué, en dépit même des Indiens, à l'élision des populations noires dans les pays qui se définissent exclusivement comme un entre-deux : blancs et indiens. Il y aura lieu aussi d'examiner certaines expériences politiques plutôt favorables aux Noirs. Telle l'expérience politique du *Rosisme* en Argentine dans les années 1820-50.

En promouvant une certaine visibilité des Noirs à Buenos Aires pendant le gouvernement fédéral, Rosas a déchaîné une hilarité très généralisée ; mais il a surtout fait l'objet d'attaques féroces de la part de l'élite intellectuel unitaire. On en a une illustration dans le fameux texte de Esteban Echeverria, *El Matadero*, écrit pendant la période du Rosisme. La représentation qu'on y fait des Noirs est positivement significative : leur être, pour autant qu'ils soient vus comme des humains, et leurs comportements sont décrits comme pathologiques et comme tels ne peuvent que conduire à la nausée.

La relative et contradictoire revendication-revalorisation de la figure de Rosas (souvent couplé à ou projeté sur Peron) qu'on observe depuis quelques années chez certains intellectuels argentins devrait logiquement amener à revisiter les actes politiques de Rosas en faveur des Noirs. Mais aussi la participation active des Noirs à l'économie (même domestique), aux luttes sociales et politiques de la période en question.

Il sera aussi question d'un examen critique du fonctionnement des différents champs de recherches : ses priorités thématiques, ses présupposés méthodologiques, ses grilles d'interprétation, les acteurs qui font de la

[3] Victorien Lavou Zoungbo (coord), *Marges 21 : Las Casas face à l'esclavage des noirs, vision critique du onzième remède*, CRILAUP, Presses Universitaires de Perpignan, avril 2001.

recherche. En sciences sociales, par exemple, il n'est pas rentable de faire dans le Noir. Ce n'est pas gratifiant, mais c'est surtout représenté comme illégitime. Il vaut mieux étudier autre chose, d'autres minorités éthiques nationales ou régionales. Le Noir est de ce fait reléguer dans un hors champ de la recherche. C'est, à proprement parler le signifiant absent, à s'y méprendre, le chaînant manquant. Finalement, nous nous proposons d'examiner quelques exemples de discours souventement articulés par la *doxa* et le sort qu'on y fait au Noir.

À ce propos je souhaiterais faire part d'une expérience que j'ai vécue au Costa Rica (Amérique Centrale) et qui, me semble-t-il, transcrit assez bien ce que j'essaie d'établir ici. À la question de savoir où étaient situées les minorités nationales il me fut répondu, presque systématiquement, que « *Nuestros* Indios se encuentran en tal lugar » et que « *Los* negros en tal otro (dans la région de Limon, sur la côte atlantique).

La tension entre « *Nuestros* » et « *Los* » est révélatrice du regard que l'imaginaire social porte sur la « présence-histoire » des Noirs au Costa Rica. Au contraire des Indiens, celle-ci est définie par un signe exclusif, un ailleurs, une vague présence qui ne motive pas encore une identification ou une reconnaissance, fût-elle condescendante ou paternaliste. Pour tout dire un *différé*.

La question ne se pose donc pas uniquement en termes de reconnaissance de l'Autre. Il faudrait aussi voir quelle est la forme que prend la reconnaissance tant désirée (paternaliste, condescendante, résignée) mais surtout dans quel cadre elle se réalise. S'il est vrai que la Reconnaissance de l'Autre est essentiel dans un processus de Relation (E. Glissant) elle ne constitue pour autant pas une fin en soi.

À la première lecture naguère proposée, elle est somme toute assez couramment répandue par la littérature sociologique, ethnologique ou anthropologique latino-américaine, qu'il soit ou non *BCBG*[4] il est possible d'agréguer une autre. L'exclusif peut être perçu comme la marque de la contradiction que le discours ontologique de l'identité costaricaine porte en creux. Quelque chose qui permet de lire, à rebours, un tel discours en en révélant les enjeux, les raccourcis, les non-dit, les sous-entendus, en un mot la mystique du discours identitaire national.

Par ailleurs, la seule présence des Noirs dans la zone référée suffit à remettre en question l'image officielle que le Costa Rica veut donner de lui même : *la suisse de l'Amérique Centrale.* C'est à dire un pays pacifique,

[4] Bon Chic Bon Genre.

neutre, tranquille, qui tient à son indépendance, un pays travailleur, mais surtout un pays blanc. C'est, en quelque sorte, le dévoilement dont il a été question dans le protocole théorique inaugural qui se traduit par cette présence histoire des Noirs, déniée, mais qui cependant revient sans cesse hanter les discours officiels (académiques, artistiques ou politiques).

L'inclusif, dans le cas des Indiens, est, en même temps, ce qui les bâillonne et tendrait à les réduire à la transparence du Même, de l'Un (la *Nation* costaricaine idéalement projetée par le discours hégémonique). Tout comme au Costa Rica il existe en Amérique Latine une idéologisation de la figure de l'Indien qui a aussi conduit, paradoxalement, à sa muséification. D'où les multiples définitions tendant à prescrire ce que c'est que l'Indien, son être intime. Mais il est heureux de constater que cette prescription est trouée, de part en part, par des événements historiques dont les Indiens sont les acteurs (la prise de pouvoir furtive mais redoutée en Équateur dans le courant de cette année, l'existence de l'Armée Zapatiste de Libération Nationale, *EZLN,* dans le Chiapas (au Mexique), depuis 1994).

Bien souvent donc les Indiens sont sommés d'être Indiens, c'est à dire d'être conformes aux représentations qu'on a ou qu'on se fait d'eux. Dans le cas contraire, ils sont rejetés comme étant de faux Indiens ou des Indiens faux, autrement dit ceux qui n'ont plus rien à voir avec les Indiens d'avant la conquête espagnole, les seuls réellement authentiques. Ceux-la même dont la transcendance confèrerait une légitimité sociale, historique, symbolique et politique irrévocable.

Faut-il rappeler que c'est justement au nom de ces Indiens que la revendication de filiation (et donc le cri pour une justice sociale enfin rendue) de leurs descendants est disqualifiée comme discours usurpé ? Faut-il aussi rappeler que c'est sur les ruines de ces Indiens historiques que s'enracine la spéculation concernant l'identité nationale en Amérique Latine ? Tout comme en *Gringolandia*, à une certaine époque, il semblerait qu'en Amérique Latine le bon Indien soit l'Indien mort. L'Indien contemporain et qui garde ou revendique une mémoire d'avant la conquête est différé.

Qu'on le veuille ou non -nous déclare-t-on péremptoirement- du fait de l'implacable chronologie, les Indiens actuels n'ont plus rien à voir ni à faire avec les Indiens historiques, authentiques. Ainsi donc l'alternative unique et, du reste, salutaire consisterait à « peruanizar al Indio », dans le cas du Pérou et à « mexicanizar al Indio », pour ce qui concerne le Mexique. C'est, au reste, un acte de civilisation : vouloir absolument faire de l'Indien un sujet national.

Dans une telle logique autoritaire, mais qui cependant se pique d'un humanisme content et repu (les Indiens, on le sait, sont dans leur écrasante majorité au sel et à la tortilla), toute autre démarche apparaît comme iconoclaste, antinationale, subversive. Comme telle elle doit être expurgée, pourchassée et délégitimée par les aboyeurs assermentés ou les chiens de garde de l'ordre identitaire ou identitariste (Laplantine).

À notre connaissance il n'y a jamais eu réellement en Amérique Latine un engagement national et officiel semblable à celui dont les Indiens sont l'objet et qui viserait à « peruanizar al Negro » et à « mexicanizar al Negro ». En général, la revendication de la « présence-histoire » du Noir reste très culturaliste, marquée au coin du folklorisme bienveillant. Cette revendication des années 20 doit aussi être mise en rapport avec les agressions incessantes et constantes du puissant voisin du nord qui ne cache plus ses visées impérialistes (débarquement des *marines* dans certains pays d'Amérique Latine).

Dans un tel contexte les cultures noires et indiennes sont redécouvertes et vont servir de paravent idéologique. C'est en effet ce qui permettrait de distinguer fondamentalement « Nuestra América » de l'Autre Amérique qui, par ailleurs, se vit et se représente ontologiquement comme exclusivement blanche. Car il ne faut pas oublier non plus que cette autre Amérique compte aussi parmi ses populations des Indiens et des Noirs.

Par ailleurs, il est illégitime et voire même tendancieux de justifier, comme on a tendance à le faire, la méconnaissance des Noirs dans les pays comme le Mexique, le Pérou, le Guatémala, le Vénézuela, l'Argentine, etc. par leur nombre relativement faible ou par les bienfaits d'un métissage, finalement salvateur, parce que ayant permis l'assimilation-disparition des Noirs. C'est argument est plutôt spécieux et ne résiste pas le moins du monde aux faits. Le métissage n'a pas produit le nettoyage ethnique tant souhaité des Noirs (mais il faudrait aussi s'entendre sur ce qu'on entend par Noir en Amérique Latine) ; il existe en outre, comme l'ont établi des anthropologues comme Gonzalo Beltran Aguirre, des « poches d'africanité », dans certaines zones du Mexique, pour ne citer que cet exemple.

De telle sorte que ce genre d'arithmétique du nombre a contribué et contribue encore au renforcement de l'*invisibilisation* du Noir en Amérique Latine. Par ailleurs, le cas des pays comme Cuba ou le Brésil qui semble revendiquer la présence-histoire des Noirs est à examiner attentivement. Le bénéfice politique et symbolique qu'ils tirent de cette revendication (« exception cubaine », « démocratie raciale à la brésilienne ») est inversement proportionnel au confinement du Noir dans le hors champ cognitif, social, politique, etc.

Quoi qu'il en soit, les mesures administratives et/ou politiques prises en faveur des Noirs (et du fait de leurs propres revendications) ne signifient pas un bougement des imaginaires sociaux vis à vis d'eux. Il est même déplorable de voir comment ces mesures ont fini par donner des Noirs une image d'éternels assistés et, comme aux États Unis, ont fini par faire des Noirs une minorité parmi tant d'autres.

Pour aller vite, on pourrait affirmer (en nous appuyant sur P. Bourdieu) qu'il y a tout un ensemble d'habitus : « système socialement constitué de dispositions structurées et structurantes qui est acquis par la pratique et constamment orienté vers des fonctions pratiques » (cf. *Réponses*, p.97) qui tendrait à révéler que le Noir est réellement un « différé » des consciences et des pratiques discursives (latino)américaines.

Notre affirmation procède des études que nous avons déjà menées sur les Noirs d'Amérique Latine. Il faudrait désormais la confronter aux résultats de l'analyse de certains des cas précédemment mentionnés. On peut, en attendant, postuler que le déplacement systématique du Noir est un des avatars de la colonisation. Car, comme on le sait, la colonisation repose sur la coercition physique et symbolique mais elle se singularise aussi par le *déplacement*, la différence de l'humanité des sujets colonisés ainsi que de leurs droits les plus légitimes.

Venons à présent au dévoilement qui constitue, rappelons-le, l'une des composantes de l'articulation qui fonde notre communication (« Réel-Différé-Dévoilement »). Nous reconnaîtrons, pour commencer, que ce n'est pas une mince affaire. Car, au fond, la question qui se pose est la suivante : qu'est ce qui origine et articule le déplacement dont il a été question tout au long de notre exposé ? À dire vrai, cette question nous intéresse parce qu'elle est redoutable car, à notre sens, elle ne peut donner lieu qu'à des réponses partielles, non définitives et donc contestables. C'est la raison pour laquelle vos remarques et suggestions, en tant que sujets latino-américains, en tant que connaisseurs de l'Amérique Latine ou en tant qu'observateurs avisés des phénomènes semblables à celui que j'esquisse ici, me seront certainement d'un grand bénéfice.

Un autre détour, le second. Dans l'œuvre de William Faulkner ce qui fonde et articule le déplacement constant du Noir serait, d'après E. Glissant, un profond sentiment de culpabilité, de faute originelle (et donc d'une irrémédiable damnation) lié à la participation du grand sud à l'esclavage des noirs africains.

Il s'agit là d'une piste qui mériterait d'être confrontée à l'expérience historique latino-américaine. Car nous n'avons pas l'impression, du moins pour l'heure, que les pratiques discursives latino-américaines recèle, à l'instar de ce qui se passerait dans les imaginaires des sudistes, un profond sentiment de culpabilité.

Donc, provisoirement et même très provisoirement (car nous poursuivons toujours nos recherches sur ce chapitre), ce *différé*, dans le cas des Noirs d'Amérique Latine, est articulé par la méconnaissance ou le refus de reconnaître les esclaves noirs africains comme les bâtisseurs véritables, en tous les cas originels, des Amériques. Ce statut est parfois, selon les circonstances, reconnu aux Indiens des « grandes civilisations » dont les œuvres architecturales et arquitectoniques parlent d'eux mêmes (par exemple, les temples ou les pyramides inca, maya et aztèque).

Mais, pour l'essentiel, ce statut de bâtisseurs des Amériques a été confisqué par les criollos blancs (et leurs descendants), héros et promoteurs non seulement de l'émancipation des Amériques mais aussi initiateurs de grands projets visant à son développement et à son intégration en tant que Nations véritables mais surtout civilisées. Cela s'est fait par des raccourcis historiques saisissants ou par l'éradication pure et simple des populations indiennes et noires, comme ce fut le cas en Argentine.

Soit l'exemple du Costa Rica (mais on pourrait en référer à d'autres pays de l'Amérique Latine) où le statut de bâtisseurs n'est pas reconnu aux Noirs. Je cite :

> Así como hubo indios encomendados, exterminados por la violencia y la sobre explotación de su fuerza de trabajo, hubo también negros africanos sometidos a igual trato. El negro trabajó en los cacaotales, en la ganadería, en las tareas urbanas, construyó caminos, levantó casas e iglesias, desarrolló el comercio, la agricultura, etc. El africano, con su sangre, su trabajo y su ingenio, contribuyó a forjar la sociedad costarricense y como tal debe ser reconocido en todos los textos de historia de la nación.

Le constat éloquent que font Tatiana Lobo Wiehoff et Mauricio Melendez Obando dans leur livre *Negros y blancos. Todo mezclado* (1997) pourrait facilement être transposé à bien d'autres pays d'Amérique Latine, même à ceux qui protestent leurs racines africaines et en retire les dividendes politiques ou symboliques. Le combat aujourd'hui consiste à inscrire ce constat dans les débats publics, à le faire accepter réellement par les consciences latino-américaines. À notre sens cela permettra, au-delà de certains discours convenus, mille fois ressassés et toujours équivoques, de porter un autre regard sur le sort véritable des descendants de ces premiers bâtisseurs des Amériques.

À terme, il s'agirait de déconstruire un certain Savoir sur le supposé Autre. Ces discours institués et ces pratiques également instituées qui, de par leur logique et leur fonctionnement ont produit et produisent encore les conditions de méconnaissance de la « présence-histoire » des Noirs dans les Amériques. L'utopie consisterait à rendre cette « présence-histoire » pensable.

De ce point de vue l'objectif est au moins double : à la fois éthique ou politique et scientifique. En effet, en rapportant les représentations symboliques, littéraires, artistiques, politiques, etc. des Noirs aux formations sociales et idéologiques de l'Amérique Latine, nous attirons l'attention sur les intérêts et les enjeux de ces représentations, leur nature, et ce qu'elles traduisent. Je vous remercie de votre écoute attentive.

LES BLANCS DE L'HISTOIRE : LA FABLE DES NOIRS DU COSTA RICA DANS *COCORÍ* *

À Sonia Marta Mora

> *Cocorí*, deliciosa novela para niños que tanto gusto nos da también a los adultos, tiene ya una larga historia : ganó en 1947 el Premio Rapa Nui, en Chile, y con los años, vuelta a editar por Zig Zag, saltó el océano y comenzó para ella, por sus méritos intrínsecos y calidad universal, una emocionante cadena de traducciones : al francés, alemán, ucraniano, checo, eslovaco y holandés. La edición ucraniana la hizo el propio Ministerio de Educación de esa república, y la holandesa fue declarada texto auxiliar de lectura. En Checoslovaquia hicieron, tomándola de guión, una película de marionetas. Las reediciones españolas de *Cocorí* son ya numerosas, contando las chilenas, cinco ; las argentinas, tres ; y otras cuatro costarricenses.
>
> En total de *Cocorí* se han hecho ya más de un cuarto millón de ejemplares y este éxito colosal, en distintos países y lengua, es sólo una prueba más de sus cualidades : su capacidad de entretener, de deleitar y de educar, que la han convertido en un clásico de la literatura infantil del siglo XX.

Ce point de vue qui figure sur la quatrième de couverture de *Cocorí*[1] permet de mesurer le succès scolaire et de librairie du texte de Joaquín Gutiérrez. Il s'agit là très certainement d'un phénomène unique dans l'histoire de la littérature du Costa Rica. Sans présumer de la qualité de son auteur on peut au moins avancer quelques hypothèses permettant d'expliquer le succès incontestable de *Cocorí*.

---

* Publiée pour la première fois dans *Tigre II*, CERHVIS (ILCE), Grenoble, 2001, pp. 109-124.

1 Joaquin Gutiérrez, *Cocorí*, Editorial Costa Rica, San José, Costa Rica, 1975. Pour notre travail nous avons utilisé cette édition. Toutes les citations y renvoient.

Tout d'abord l'attrait, le goût ou la fascination pour l'exotisme. Même pour le Costa Rica de l'époque Puerto Limón (espace représenté dans Cocorí) était encore une autre réalité, une réalité autre. En outre il s'agit d'une région caractérisée par la richesse de son milieu naturel mais aussi de son folklore. Elle a aussi la particularité d'être la région où vivent les Noirs du Costa Rica.

Il y a aussi une écriture propre à la fable ou à ce qui est reconnu comme tel : des personnages archétypes (dans leur fonction et dans leur dénomination) : le malin, le sage, le méchant, le plus fort, le plus intelligent, etc. une situation de communication particulière basée souvent (comme dans le texte qui nous intéresse) sur un jeu de questions et de réponses ou une mise en rapport d'un enfant avec des adultes ou avec le monde fascinant des animaux ; le recours aux topiques : la quête, l'initiation, le *loecus amoenus*, etc.

Mais, outre ces éléments, l'écriture de la fable convoque surtout des schèmes de perception et d'appréciation largement diffusés et internalisés : l'"ordre naturel" dans lequel chacun est une fois pour toutes à sa place. Toute transgression de cette loi transcendante entraîne toujours des châtiments ou de dures épreuves dont l'issue dépend de l'économie générale de la fable ; la séparation du monde des enfants et celui des adultes et le processus d'identification ou de rejet qui la fonde ; l'immuabilité de dame Nature ; la frontière ténue entre la vie et la mort ; le devenir humain des animaux (ils parlent et agissent comme des hommes, portent des noms) ; l'articulation polémique entre l'oralité et l'écriture, etc.

Ce dernier point semble être particulièrement important pour le Costa Rica. C'est ce que souligne Sonia Marta Mora, l'une des critiques littéraires les plus reconnues de son pays :

> En cuanto al prestigio de la "palabra escrita" es evidente que éste sobrepasa el ámbito escolar y constituye hoy un factor no despreciable de la eficacia de algunos medios de comunicación de masas. El pasaje del código oral al código escrito parece ser percibido como el pasaje de la subjetividad a la objetividad, de lo verosímil a lo verdadero. Es probable que este prestigio sea un efecto, entre otros factores, de años de acción de la dinámica y expansiva escuela costarricense. Por el momento resulta oportuno señalar sus posibles consecuencias, en tanto fenómeno generalizado, sobre el proceso de producción y/o recepción de textos[2].

L'articulation de tous ces éléments que nous avons partiellement

---

[2] Sonia Marta Mora, « El elogio a Colón o la conciencia de la oligarquía ; un texto escolar costarricense », *Imprévue (1492. La découverte comme événement interdiscursif, I)* 1989-1, p.10.

évoqués fait que toute fable est presque toujours déjà proche, familier, universel. La fable crée ou produit en quelque sorte un processus d'identification multiple.

En dépit de son succès Cocorí n'a pas moins suscité des polémiques, des controverses. On lui a reproché son paternalisme, sa complaisance mais surtout son invraisemblance :

> *Cocorí*, otra obra de Gutiérrez Mangel, ha sido considerada como cuento o como novela corta. Todo lo que acontece al negrito Cocorí, sobre todo al final, es muy poético, pero sin verosimilitud, y la vida nos ha enseñado que no todo lo poético es verdadero ni todo lo verdadero es poético. Y esto, que podría pasar en otras circunstancias, en un tema sobre la vida del negro no puede pasar. El negrito Cocorí, el Negro Cantor y mamá Drusila, como fueron negros pudieron haber sido chinos sin variar la moraleja con que cierra la obra. Por otra parte, se nos hace duro aceptar las congojas de un negrito que camina días y días, en busca de alguien que le explique el motivo por el cual la Rosa que le regaló la niñita rubia que venía en el barco duró tan sólo un día. Una cosa es querer que un niño negro piense en rosales y muy otra es que le hayamos dado la oportunidad de pensar en ello. Pero ¿ se nos ha olvidado que al hombre negro lo hemos hecho esclavo desde que nace ?[3].

D'autres critiques ont mis l'accent, au grand désespoir semble-t-il de Gutiérrez, sur les résonances racistes de Cocorí. En effet certains passages ou situations narratives de ce texte tendraient à accréditer un tel constat. Il en est ainsi de la scène du miroir qui ouvre la fable (En el barco viene una rosa) :

> En el agua tranquila de la poza, las copas de los árboles se reflejaban reproduciendo una selva submarina. Cocorí se agachó para beber en el hueco de las manos y se detuvo asombrado al ver subir del fondo del agua un rostro oscuro como el caimito, con el pelo en pequeñas motas apretadas. Los ojos de porcelana de Cocorí tenían enfrente otro par de ojos que lo miraban asustados. Pestañeó, también pestañearon. Hizo una morisquete y el negrito del agua le contestó con otra idéntica (11).

À première vue ce passage insisterait sur la peur du miroir chez l'enfant lorsque celui-ci découvre son image dédoublée ou démultipliée. Cette peur irrationnelle s'originerait dans la sensation ou l'impression de dilution ou de perte de soi. Comme dans ce passage de Borges (*El hacedor*) que cite Marta Gallo[4] :

> Yo conocí de chico ese horror de una duplicación o multiplicación espectral

[3] Alvaro Sánchez M., "El negro en la literatura costarricense", publié dans *El Negro en Costa Rica* de Carlos Meléndez et Quince Duncan (editores), Editorial Costa Rica, 1972, p.187.

[4] Marta Gallo, *Reflexiones sobre espejos*, Universidad de Guadalajara, 1993, p.75.

de la realidad, pero ante los grandes espejos [...] Temí, una veces, que empezaran a divergir de la realidad ; otras, ver desfigurado en ellos mi rostro por adversidades extrañas ("Los espejos vedados")

Mais à côté de cet ancrage subjectif du rapport au miroir (la formation du moi) il en est un autre, social. À ce propos il faut remarquer le glissement intéressant de "un rostro" (l'indéterminé) a "el negrito" (le distinct). La métonymie sert ici à caractériser la stupeur de Cocorí mais elle indique surtout les différents modes de désignation du Noir au Costa Rica.

Par ailleurs avoir peur de soi-même c'est, en l'occurrence, intégrer et reproduire les représentations imaginaires et fantasmatiques qui tendent, en Amérique Latine et ailleurs, à faire du Noir un repoussoir, l'Autre par ontonomase. Cette révélation de l'étant Noir de Cocorí par l'eau qui tient ici lieu de miroir s'inscrit dans un contexte doxique qui lui donne un sens. Le texte insiste en effet sur la reproduction à l'identique du personnage et non sur une quelconque diffraction ou démultiplication. Il ne s'agit donc pas d'un miroir déformant.

Toute infantile qu'elle apparaisse la réaction de Cocorí pointe un certain discours social qui surdétermine le Noir au Costa Rica. L'eau de source de ce point de vue reflète moins certains traits physiologiques caractéristiques de Cocorí qu'il ne révèle le discours disqualificateur dont ils sont l'objet. C'est, en outre, ce même discours qui est à la base de l'identification par la "niña rubia" de Cocorí à un singe ou à un macaque lors de leur première rencontre sur le pont du bateau :

– ¡ Mamá, mira un monito !
Cocorí buscó alrededor. ¿ Dónde está el mono ? No veía ninguno, y entonces se dio cuenta de que hablaban de él. La cara se le puso morada como una berenjena. Miró enfurruñado a la niña que lo había insultado, pero el asombro le disipó el mal humor.
– Pero si es un niño, como yo...-y se abalanzó hacia él- Pero está todo tiznado
Pasó un dedito curioso por la mejilla de Cocorí.
– ¡ Oh mamá, no se le sale el hollín ! (17-18).

La réaction donnée à voir comme spontanée de la petite fille illustre bien que nous sommes effectivement dans le cadre de la reproduction d'un discours qui disqualifie ou nie l'altérité du Noir. Celle-ci est ici réduite à sa dimension (aux yeux de la *doxa)* la plus étrange, la plus inquiétante : la noirceur : "tiznado", "hollín". Le Noir est perçu comme le Blanc en négatif, comme une tache sur laquelle on peut ou doit agir.

Au reste, il existe aussi bien en Amérique centrale que dans le reste de l'Amérique latine des dispositions visant à occulter, à "gommer" les traits physiques ou somatiques qui rappellent l'héritage biologique du Noir ou, ce qui revient au même, à les "blanchir". Ces dispositions sont marquées par des expressions telles que el blanqueo ou mejorar la raza.

Par ailleurs cette même réaction de la niña va, dans le déroulement de la fable, assigner Cocorí à faire preuve de son humanité en se démarquant du singe, du macaque. Tel est le sens profond de la promesse que fait le personnage à la "niña rubia" : "... Yo te traeré uno- le prometió impulsivo" (20). Cette promesse fera l'objet du chapitre "Un negrito cumple su promesa".

Les controverses autour de Cocorí soulignent au moins deux choses. D'une part, une conception de la littérature en générale et en particulier celle dite infantile (destinée aux enfants) dont le but, comme l'affirme la quatrième de couverture, ne serait que de divertir, de dépayser et voire même d'éduquer. Pour cette raison elle ne saurait être (ou elle ne l'est que malgré soi) porteuse de contradictions, génératrice de sens.

D'autre part, et c'est sans conteste l'aspect qui intéresse le plus notre propos, ces controverses portent en creux la question des modalités selon lesquelles la littérature nationale costarricaine a enregistré et répercuté la présence-histoire des Noirs, leurs pratiques sociales, culturelles, linguistiques, etc. Tout porte à croire qu'il s'agit là d'un champ fécond de recherche qui reste encore à explorer.

Notre objectif est cependant autre. Il s'agit de montrer que, même si *Cocorí* joue indéniablement le rôle de divertissement et de dépaysement qu'on lui attribue ou qu'elle suppose, la fable de Gutiérrez ne porte pas moins les traces de ses conditions de production et de publication. Notre étude visera donc à interroger ces traces en les mettant en rapport avec la formation idéologique du Costa Rica.

COCORÍ OU LE RÉCIT D'UNE QUÊTE FRUSTRÉE

Le texte de Joaquín Gutiérrez est articulé autour d'un personnage central, Cocorí (qui donne par ailleurs son nom à la fable), un jeune garçon noir de sept ans et que la trame situe à Puerto Limón (Port situé sur la côte atlantique nord, Costa Rica). Toute la trajectoire de ce personnage est marquée par le désir de découvrir des secrets, de débrouiller des énigmes, en un mot, par une volonté de savoir.

À plusieurs endroits le texte insiste sur cette caractéristique, ce trait massivement définitoire du personnage. Nous n'en reproduirons que quelques exemples :

> Acuclillado en el ruedo de hombres escuchó una vez más al Pescador viejo -sus barbas blancas bailaban con los vientos salinos- contar de los hombres rubios que vivían al otro lado del mar, de la dentellada fugaz del tiburón, de las anguilas eléctricas y de la iguana acorazada con su lengua de siete palmos (13).

... Cocorí, disimulando su ignorancia en los secretos de la selva... (20).
Está bien, te lo regalo, Cocorí, pero te prevengo que nada bueno va a aprender con este picaronazo (28).
Volvió el rostro hacia la selva. Quizás si la selva, poseedora de tantos misterios, podría revelarle el secreto del barco perdido. Pero la selva le contestó con la voz incomprensible del viento que pasó bramando con fuerza por entre el follaje (32).
Anda a preguntarle al viejo Pescador. Yo soy una negra ignorante y no entiendo tus preguntas (39).

Si ces quelques références témoignent bien de la présence dans *Cocorí* d'un texte de l'apprentissage ("escuchar", "contar", "secretos", "ignorancia", "contestar", "revelar", "preguntar", "preguntas", etc.) elles présupposent en même temps l'existence d'une instance de légitimation du savoir et de la parole dans la société de la fable.

De ce point de vue la quête ou la volonté de savoir opère donc comme la médiation que choisit le texte pour mettre l'enfant au contact des détenteurs de ce savoir autorisé, de cette parole légitime. L'objet privilégié (car il y a aussi la capture d'un singe Tití) de la quête de Cocorí consiste à découvrir ou comprendre pourquoi la Rose a une si courte durée de vie.

¿ Por qué la Rosa había huido tan luego ? ¿ Por qué no lo había acompañado hasta que fuera grande ? (36).

Cette Rose majuscule est la seule relique que Cocorí conserve de sa rencontre avec la "niña rubia" du bateau. On remarquera par ailleurs que cette interrogation, qui deviendra obsessionnelle chez le personnage, ouvrait déjà à proprement parler la fable qui nous intéresse sous la forme d'un épigraphe de Quevedo :

"A breve vida nace destinada, sus edades son horas en un día"

"Soneto ofreciendo a Velisa la primera Rosa que abrió el Verano"

Cocorí investit d'entrée une topique très féconde non seulement en littérature mais aussi dans les imaginaires sociaux : brièveté ou fugacité de la vie dont la Rose serait le symbole par excellence. Cet étrange objet de quête inscrira dans la fable un jeu de questions et de réponses. D'un point de vue de l'écriture littéraire ce jeu permet à Gutiérrez de prendre de la distance vis à vis de son jeune personnage ; il crée aussi, mais cette fois-ci du point de vue de la lecture, une impression d'authenticité qu'instaure la naïveté de Cocorí.

Comme dans les fables ou contes populaires Cocorí va commencer un parcours initiatique à travers la forêt afin, espère-t-il trouver une réponse au secret de la Rose, pour ainsi dire. Mais en réalité ce parcours initiatique était déjà programmé par une transgression liminaire et ce bien avant sa rencontre avec la "niña rubia" :

Cruzó los primeros matorrales en los límites de la selva. Se apresuró, receloso, porque el sol comenzaba a ocultarlse en el horizonte y se iniciaba el concierto nocturno (11).

La transgression de Cocorí permet aussi de se rendre compte de l'existence d'une frontière entre le monde des humains, des hommes et la forêt (avec son règne animal et sa flore extraordinaire). Il y a d'ailleurs dans le texte une insistance sur l'idée de frontière :

> Cruzaron el río, y en el bosque de bambúes se encontraron al Negro cantor (30).
> Salieron de madrugada, cruzaron los primeros matorrales y el bosque de bambúes, y poco después caminaban con gran dificultad por la selva enmarañada (47).
> La selva se abrió de pronto y apareció ante ellos el agua barrosa de la laguna del Caimán, orillada de mangles. Las raíces de los mangles se abrían como dedos que se hundían en el agua, formando múltiples canales bajo el follaje (55).
> Pasaron un riachuelo y, por un enorme tronco inclinado, vieron arrastrarse majestuosa, luciendo su piel jaspeada, la culebra más grande que hasta entonces habían visto. Durante un largo rato desfilaron sus anillos... A Cocorí se le fue el estómago a la garganta (72).

Une première lecture paraît s'imposer d'elle même : les peines, les difficultés et les "fascinations" sont inhérentes à toute quête ou parcours initiatique. Il est significatif que Cocorí ne soit pas seul dans son entreprise, dans sa quête. Il est accompagné par le singe et "doña Modorra", la tortue.

Mais ce premier niveau de lecture que convoque le texte de Gutiérrez n'est cependant pas totalement apte à rendre compte du sens profond de la systématique de la frontière que nous venons d'établir. Dans la mesure où la frontière s'exprime aussi sous d'autres modalités. Elle passe aussi bien par une distance entre les hombres rubios et les noirs, que par une séparation entre un ici (Puerto Limón) et un ailleurs (indéterminé). C'est ce que du reste la venue du bateau souligne très bien :

> – Un barco.
> – Que viene un barco.
> – Llegan los hombres rubios.
> (El Pescador Viejo sentenció) :
> – Hacía veinte lunas que no venía ninguno (14).

La quête de Cocorí, comme nous l'avons déjà signalé, le mettra successivement au contact d'autres personnages (humains ou animaux) présents dans la fable. Ceux-ci sont donnés à voir comme les porteurs légitimes d'un savoir autorisé. Dans cette chaîne des ayants droit à la parole le plus important (de par sa longévité) étant sans aucun doute le Caiman, don Torcuato :

> Y una rebeldía iba fermentándose en su corazón. Que su Rosa hubiera vivido un día y en cambio otros, que de nada servían sino para hacer daño, vivieran

tantísimos años ! Y al pensar en esto recordaba al Caimán, el viejo Caimán del lago al cual ya le habían tenido miedo los abuelos de los abuelos de Cocorí (36).

Le texte instaure un rapport de continuité entre la parole, le savoir légitime et l'age : "el viejo Pescador", la tortue qui se revendique comme centenaire : ¿ y qué te has figurado ? -Doña Modorra se pavoneó coqueta-. Si tengo solo ciento cincuenta años, lo que no es nada para nosotras, que vivimos trescientos" (23).

Mais c'est Cocorí qui met réellement en évidence le rapport dont nous parlons lorsqu'il s'est retrouvé en face du Caiman :

– Por eso vengo a hacerle una pregunta : ¿ Por qué mi Rosa vivió tan poco y otros se cansan de contar las lunas ? (59).

En d'autres termes la production et la circulation du discours légitime est rattachée à l'age, à la durée chronologique. On peut être tenté d'y voir, comme le texte lui même nous y invite, la topique (très présente dans les fables ou contes populaires, de l'age comme vecteur de la sagesse ou de la connaissance.

Pour légitime qu'elle soit cette lecture reste réductrice. Il nous semble beaucoup plus opératoire de reposer le rapport en question en termes d'antériorité (historique) et de parole autorisée. De ce point de vue c'est donc dans la frustration de la quête de Cocorí qu'il conviendrait de situer les enjeux socio-historiques du rapport que nous proposons désormais.

Au terme de son aventure dans la forêt Cocorí n'a pu entrer réellement en contact avec les détenteurs légitimes de la parole que sont le Caiman et la couleuvre, Talamanca la Bocaracá. Cette frustration, inhabituelle chez les héros des fables ou contes populaires, resémantise les deux éléments fondamentaux que nous avons mis en lumière à savoir la systématique de la frontière et l'antériorité posée dans le texte comme condition exclusive de prise de parole et d'accès à l'ordre symbolique, à l'histoire.

C'est l'existence de cette frontière qui est responsable de la faillite de la rencontre entre "el Negrito" Cocorí et de la "niña rubia". Le discours de l'antériorité quant à lui sert à légitimer le monopole du pouvoir symbolique, de la représentation (politique) et des privilèges sociaux. Il sert aussi dans le même temps à délégitimer toute revendication d'accès à cet ordre, à ces privilèges[5].

L'attente angoissée du "réveil" de la couleuvre donne lieu à ce commentaire éloquent de doña Modorra, la tortue :

> ¿ Y si después de esperar nos resulta como don Torcuato ? -terminó, ya que desde esa aventura había quedado muy escéptica acerca de la sabiduría de los grandes y algunos prestigios injustos que reinaban en el bosque...
>
> En el interior del Negrito se produjo una batalla. ¿ Irse, quedarse. Si se iba, quién podría resolverle su pregunta ? Talamanca había sido la última esperanza. ¿ Qué hacer, ay ! (78).

La quête de Cocorí était déjà en quelque sorte vouée à 'échcc à cause du malheur généalogique qui le surdétermine. Sa généalogie n'est pas vécue, représentée comme légitime. Le couplage savoir ou discours (légitime, autorisé) et antériorité révèle en fait l'enjeu social du discours des origines (abolengo ou linaje). En effet l'histoire des Torcuato se confond apparemment avec celle du Costa Rica, elle remonte aux origines, elle est première :

> Los ojos del caimán parpadearon extrañados : ¿ Cómo podía nadie interesarse por una flor, algo tan insignificante ? ¿ Para qué servían las flores ? No se podían comer ! Había que ser tan tonto como una mariposa para quererlas. El había esperado que le preguntaran algo respecto a sus gustos culinarios, a su última pelea con el Toro salvaje, o algún recuerdo de su padre, don Torcuato el Viejo, tan venerable que tenía el recuerdo de cuando llegaron las carabelas de Colón. Pero ¿ una flor ? Puah ! (60).

Le privilège généalogique qui légitime ou fonde le monopole de l'ordre symbolique est ici lié à un évènement historique : la soi-disant découverte de l'Amérique par Christophe Colomb et ses hommes. Et ce d'autant plus que le Costa Rica actuel a été aussi le théâtre du passage de Colomb en Amérique Centrale (1502-1504).

Anne Demazière rappelle que ce voyage fut ponctué de revers et de péripéties. C'est au cours de l'une d'elles que Colomb et ses quatre caravelles débarquèrent dans l'une des régions du Puerto Limón :

---

5 Dans notre thèse de doctorat nous avons établi aussi comment le discours de l'antériorité était mobilisé dans le conflit qui, durant l'époque du desarrollismo au Mexique, opposait la bourgeoisie mexicaine à l'oligarchie terrienne du Chiapas. Menacée par les réformes capitalistes de Cárdenas e la transformation des rapports sociaux dans les campagnes l'oligarchie mettait en avant sa "proximité naturelle et historique" avec les indiens pour délégitimer le projet de transformation capitaliste de l'économie mexicaine. La bourgeoisie quant à elle se prévalait de l'antériorité des indiens pour délégitimer le rôle de "guides naturels" des indiens que l'oligarchie mettait en avant. Cf. Victorien Lavou, "Mujeres e indios, voces del silencio : estudio sociocrítico de Balún Canán de Rosario Castellanos", Ph.D, University of Pittsburgh, 1991.

... Cap au sud, le long de la côte du Nicaragua, jusqu'au Costa Rica : Colomb décide de mouiller quelques jours près d'une petite île -peut-être Uvita, au large de Limón- pour que ses hommes s'y reposent. Là, ils rencontrent les indiens Talamancas, qui vivent sur le continent, et lors d'une expédition de reconnaissance, les espagnols sont frappés par l'abondance des variétés végétales et animales bien supérieur à celle qu'ils connaissent dans les îles antillaises[6].

Faut-il aussi rappeler que le personnage de la couleuvre s'appelle précisément Talamanca la Bocaracá ? Le fait qu'elle soit plongée dans un sommeil centenaire, au niveau anecdotique pour cause de digestion, n'est-il pas révélateur de ce que, pour la formation sociale et idéologique du Costa Rica, les indiens (en tant que présence-histoire) ont cessé de fonctionner comme une instance de légitimation ?.

Cette interrogation n'est pas dépourvue de sens car, au contraire de certains pays comme le Mexique, le Costa rica ne privilégie pas, ne serait qu'au niveau officiel, ses origines indiennes. Le sort qui est fait aux quelque 20 000 indiens qui vivent dans ce pays en dit assez long.

Sonia Marta Mora met l'accent sur l'importance symbolique et idéologique que représente l'aventure coloniale de Colomb pour les latino-américains :

Los hechos de 1492 y el conjunto de acontecimientos que se desencadenaron en esta fecha y que la historia ha guardado bajo el nombre de por sí revelador de "El Descubbrimiento de América", no representan para un hispanoamericano un mero dato del pasado. Como todo elemento decisivo de la historia de un pueblo, este hecho es un factor vivo y actuante en la conciencia colectiva de los hispanoamericanos. En este sentido, no "es", es decir, no tiene una existencia en sí mismo, acabada y definida de una vez por todas, sino que se construye y reconstruye continuamente desde diferentes puntos de vista, determinados por las condiciones de la formación socio-histórica en el seno de la cual su capacidad significativa resulta reactivada[7].

La mise au point de la critique costaricaine est particulièrement importante en ce sens qu'elle indique que la "Découverte" est ou peut être l'objet de spéculations diverses, c'est à dire finalement qu'elle représente un enjeu. La classe dominante (l'oligarchie du café) du Costa Rica a ainsi récupéré la figure et la geste de Colomb à des fins de légitimation politique et sociale.

En effet ce groupe se représente comme l'héritier exclusif d'une

---

[6] Eve Demazière, *Les cultures noires d'Amérique centrale*, Karthala, 1994, p.21.

[7] Sonia Marta Mora, art.cit. p.1.

aventure pourtant coloniale et néfaste à biens des égards. Néanmoins la prégnance d'une telle représentation est d'autant plus marquée qu'elle en arrive même à informer les manuels scolaires utilisés au Costa Rica. Cela s'opère au moyen de réductions, de déplacements (y compris des indiens), d'oublis, de déconstruction, d'occultation dont Sonia Marta Mora analyse le processus dans son étude magistrale.

Nous sommes fondés à postuler que Cocorí se situe au cœur d'une problématique identitaire qui surgit du fait de certaines circonstances historiques bien précises. C'est par rapport à ces circonstances que la quête frustrée de Cocorí prend tout son sens. De notre point de vue la trajectoire du jeune personnage, son aventure sort du cadre de la topique pour symboliser la quête de la reconnaissance, par la société costaricaine, des Noirs de Puerto Limón dont il est le signe.

La brève analyse que nous venons de conduire et les enjeux qu'elle a mis en exergue nous autorise à penser que Cocorí transcrit une période de crise de représentation (politique) et de légitimité. En effet, la couleuvre qui se trouve à la fin de la chaîne de la quête de Cocorí et qu'on donne aussi à voir comme détentrice d'un savoir reconnu, légitime est plongée dans un sommeil léthargique bien avant même sa rencontre avec le jeune personnage. En outre elle est proprement méconnaissable :

> Pero la Talamanca no se movía [...]
> – Pero, ¿ qué le pasa a la Bocaracá ?
> – ¿ No estará dormida ? -sugirió doña Modorra [...]
> El Tití comenzó a darse importancia, hasta que por fin declaró solemnente :
> – La cabeza de Talamanca reposa dormida. Por la boca abierta le salen dos cuernos.
> Ay, dos cuernos !
> – Una culebra con cuernos !
> Debe ser un dragón.
> – Vámonos.
> – Corramos

Pero el tití había tenido buen cuidado de preguntar a la reina de un hormiguero de los alrededores, la cual le había explicado :

> – No son cuernos de Talamanca. Es que ayer se comió un toro a la hora de la merienda. Se lo tragó de un solo bocado y, como los cuernos no le cupieron por la boca, le quedaron de fuera (74-75).

Représentation surcodée du Diable, de Satan car en plus d'être un serpent Talamanca est affublée de cornes. Le savoir qu'elle pouvait transmettre ne saurait être que diabolique. De ce point de vue il est disqualifié. Finalement on note aussi que la parole légitime est impuissante et inapte à dire le monde (symbolisée par le secret de la Rose).

Cette incapacité figure explicitement dans la déclaration suivante de "el Pescador Viejo", même si dans son cas son impuissance entre dans un autre registre de signifiance sur le quel nous reviendrons :

> – Ah !, Cocorí, cuando somos tan viejos como yo, ya no nos hacemos esas preguntas ! cada pregunta que yo me hice me dejó una arruga en la frente. Cada misterio que quise comprender me dejó con un diente menos. Ahora tengo más arrugas que las olas tiene el mar, y mira cómo me quedaron las encías [...] : Ahora espero que el océano y el bosque me cuenten lo que me quieran contar. Yo no les pregunto nada (39).

Le texte semble du reste valoriser le savoir pratique (et non spéculatif) que doña Modorra dispense à Cocorí lors de leur parcours à travers la forêt. Il s'agit là d'une authentique initiation. Par ailleurs la familiarité entre la tortue et le jeune personnage noir ne tien pas que de la fable, elle constitue un véritable point d'ancrage historique :

> ... Quel est le point commun entre une tortue, le canal de Panama et une banane ? C'est toute l'histoire des Noirs d'origine caribéenne installés sur les côtes centraméricaines, en particulier celles du Costa Rica et du Panama. Chassés de leur île natale par la misère, à partir du milieu du XIXe, ils partent chercher fortune dans les caraïbes péninsulaires. Les premiers arrivants y pêchent la tortue avant de s'installer sur la côte de Talamanca au sud-est du Costa Rica. Puis viennent les légions d'ouvriers, creusant la montagne pour y installer les rails du chemin de fer et les digues du canal, au Panama. Enfin des milliers vendront leurs bras aux compagnies fruitières nord-américaines, dans les plantations de bananes[8].

Le déracinement et la quête sont liés à l'histoire des Noirs d'Amérique Latine. Mais le constat que dresse Ève Demazière nous permet de dire que le rapport privilégié entre le jeune Cocorí et doña Modorra est une autre modalité d'inscription du texte des origines dans Cocorí.

COCORÍ OU LE RÉCIT D'UNE CRISE

On peut parier sur la place qu'occupe la trajectoire-présence-héritage des Noirs dans l'historiographie (dans son acception la plus large) du Costa Rica. C'est dans ce sens que Cocorí vient confirmer une hypothèse naguère formulée par M. de Certeau au sujet de la fable : "ce terme est relatif d'abord aux récits chargés de symboliser une société et donc concurrentiels par rapport aux discours historiographiques[9].

---

[8] Eve Demazière, *op. cit.*, p.169.

[9] Michel de Certeau, La Fable mystique I, XVIe-XVIIe siècle, Éditions Gallimard, 1982, 23.

Nous choisissons quant à nous de nous intéresser au pouvoir de symbolisation de Cocorí. Cette fable a été publiée dans les années 40 au moment où le Costa Rica connaissait une des plus graves crise de son histoire. Une crise économique nationale sans précédent due aux répercussions de la seconde guerre mondiale et de la concurrence régionale. Le prix des produits destinés à l'exportation, comme le café, chute terriblement.

Mais aussi une crise de représentation politique profonde : le pays est plongé dans une violente et sanglante guerre civile :

> La crisis que se abriera con el descenso de las exportaciones del café y que restó capacidad política a la burguesía cafetalera fue lentamente desarticulando y resquebrajando el orden de dominación tradicional-racional, disminuyendo su poder de imposición hegemónica sobre las clases subalternas, que accedían con inusitada fuerza al escenario político. Los cambios en la estructura social, sobre todo el desarrollo de los sectores medios ligados al aparato del Estado y del proletariado urbano y rural, acabaron por romper el bloque histórico dominante, iniciándose un proceso de recomposición interna que comienza con el gobierno de Calderón Guardia (1940-1944) y que culmina con la fundación de la II República, tras la promulgación de la Carta Constitucional de 1949[10].

Cette crise à donc mis un terme à une certaine conception de la politique qui avait jusque là cours au Costa Rica : élitiste, basée sur les origines, la caste, la richesse ainsi que le capital symbolique qui en découle et qui assure aussi le monopole de l'ordre du discours. Le Costa Rica va s'orienter vers une modernisation de la politique et la recherche d'un consensus national autour de l'État providence qui se propose de garantir et de faire respecter les intérêts de tous, de toutes les composantes du Costa Rica.

C'est à cette période là que les Noirs de Puerto Limón naissent à l'histoire officielle du Costa Rica. Mais cette naissance, qui intervient après que des générations de Noirs se soient succédé à Limón, est assez contradictoire. En tous les cas elle ne signifie pas l'acceptation des Noirs par l'imaginaire social du Costa Rica :

> Si con el gobierno del Partido Liberación el negro alcanzó a partir del 49 status legal de ciudadano, sigue sin disfrutar plenamente de sus derechos y sin ser reconocido realmente por el resto de los costarricenses, como ciudadano de primer orden[11].

---

[10] Marcos Roitman, « Política y mitos políticos en Costa Rica », in *Cultura y política en América Latina*, Hugo Zemelman (coordinador), Siglo XXI editores, 1990, p.333.

[11] Quince Duncan, "El negro antillano : inmigración y presencia", *op. cit.*, p.142.

Nous sommes à nouveau confrontés à la problématique de l'antériorité ("primer orden") qui suppose dans ce cas une hiérarchie disqualifiante (mais assumé) parmi les composantes sociales et ethniques du Costa Rica. Dans la représentation qu'elle se fait d'elle même la société costaricaine n'intègre pas la présence-histoire-héritage des Noirs. Ceux-ci restent largement perçus comme étrangers et donc comme étranges. C'est là une représentation qui n'est pas exclusive du Costa Rica, on en retrouve les traces dans d'autres formations sociales et idéologiques de l'Amérique Latine[12].

COCORÍ OU UNE QUÊTE IDENTITAIRE ET DE RECONNAISSANCE

Il apparaît désormais assez clairement que la quête du personnage Cocorí n'est pas qu'une construction poétique, imaginaire. La trajectoire du "Negrito" ou son parcours dans la fable décrit aussi celui des Noirs de Puerto Limón au moment d'une période de rupture ou de transition au Costa Rica.

Outre la phase inaugurale du miroir un autre indice signifiant de la fable autorise notre hypothèse concernant la quête identitaire : Cocorí n'a pas de Père. Il vit avec sa mère que le texte représente, à maintes reprises, comme autoritaire et possessive. En somme l'archétype de la mère mauvaise selon une certaine grille d'interprétation et de lecture autorisée.

La figure du Père (et son absence ici n'en deviendrait que plus éloquente) est, à en croire Sonia Marta Mora, fondamentale en Amérique Centrale. Tout ou presque y renverrait :

> ... La idea de identidad ligada a la de padre merece un estudio más detenido, escialmente si pensamos en su dimensión psicoanalítica y, dentro del terreno particular de la formacióón discursiva centroamericana, en numerosos sintagmas fijos, formas familiares y núcleos semánticos altamente rentables desde el punto de vista semiótico[13].

La démarche que suggère la critique costaricaine à savoir la lecture des phénomènes identitaires en Amérique Centrale à partir de la grille psychanalytique est sans doute intéressant. Il reste que on assiste parfois à

---

[12] Sur cette question nous renvoyons à, Victorien Lavou (coordinateur), *Les noirs et le discours identitaire latino-américain, Marges.18*, CRILAUP, Dpt. Espagnol, Université de Perpignan, 1997.

[13] Sonia Marta Morta, art.cit, p.13.

des simplifications ou de schématisations caricaturales qui n'apportent aucun éclairage au phénomène en question.

Paradoxalement elles ne donnent que l'impression d'être obnubilées par la démonstration de l'opérativité ou de l'efficace (à bien des égards discutable) du discours psychanalytique. Nous tenons à rappeler, pour notre part, que l'absence du Père est un trait de l'histoire de la traite et de l'esclavage des Noirs en Amérique.

Dans la structure d'exploitation et d'aliénation à laquelle ils étaient soumis la femme noire était le seul point fixe de "la famille" (si l'on peut raisonner ainsi). Pour des raisons de rentabilité le Père noir était revendu ou prêté à d'autres propriétaires afin de servir d'étalon. Comme dans le fameux roman de l'écrivain péruvien López Albujar, *Matalaché*.

Mais cette absence du Père dans Cocorí devrait être lue comme un indice de l'insertion des Noirs dans le marché du travail du Costa Rica. En effet les Noirs de Limón sont la plupart du temps obligés d'immigrer vers d'autres terres (Panama, Jamaïque, États Unis, etc.) pour chercher du travail. Autrement dit l'insistance complice et complaisante d'une certaine critique sur l'absence du Père se sert qu'à occulter la présence active de la Mère particulièrement significative dans les communautés noires d'Amérique.

Dans la fable c'est en effet mmamá Drusia qui par son acharnement a ressuscité la Rose. En somme c'est elle qui a permis à Cocorí d'entrer dans l'histoire par un acte de fondation : planter un rosier :

> Cocorí podría decir más tarde con orgullo :
>
> – Yo tenía siete años cuando este rosal fue plantado.
>
> Sus grandes rosas rojas se abrían bajo el candente sol del trópico. Y tenían también los estambres del más fino cristal, y esparcían alrededor un aroma sutil, como una nube rosada de encanto (86).

Il ne s'agit plus d'une Rose majuscule d'autant plus abstraite qu'elle était vouée au dépérissement. L'acte de mamá Drusila est fondamental car il signifie une territorialisation (G. Deleuze), un acte de civilisation. La fin de la fable n'est pas aussi banale qu'elle paraît. Il s'agit là aussi d'un ancrage historique majeur.

En effet Limón tient son nom d'un acte similaire à celui de mamá Drusila. C'est ce que rappelle Ève Demazière :

> Jusqu'alors, les bateaux jetaient l'ancre dans la baie de Moín, un petit hameau distant de quelques kilomètres du port actuel. La côte est pratiquement inhabitée lorsque les travaux (du chemin de fer reliant la capitale à la côte atlantique) commencent, mis à part les petits villages de la côte de Talamanca, plus au sud. Il ne reste plus rien à Matina des plantations de cacao du XVIIe siècle [...] Quelques familles de pêcheurs noirs sont installées sur la plage de Moín, depuis dix ou vingt ans. L'un d'eux a planté des

citronniers dans son jardin, et le fruit, en espagnol limón, donne son nom à la nouvelle ville portuaire[14].

L'acte fondateur de mamá Drusila réactive la problématique des origines qui fonde la fable de Cocorí. Un discours de revendication se dessine dans le texte de Gutiérrez. Celui des Noirs qui sont, comme le dit E. Demazière, les véritables pionniers dans cette partie du Costa Rica. Mais ils ne sont cependant pas reconnus en tant que tels.

Au terme de notre étude nous pouvons affirmer que Cocorí transcrit au moins deux périodes dans le processus historique de construction d'un sujet Noir au Costa Rica. La première semble marquée par la médiation de l'ordre du discours dominant du Costa Rica. C'est ainsi que nous avons lu la quête de Cocorí. Une quête qui aboutit à une frustration, à un échec.

C'est échec prend cependant un tout autre sens si nous nous appuyons sur l'analyse suivante de Pierre Bourdieu :

> Lorsque les dominés appliquent à ce qui les domine des schèmes qui sont le produit de la domination, ou, en d'autres termes, lorsque leurs pensées et leurs perceptions sont structurées conformément aux structures mêmes de la relation de domination qui leur est imposée, leurs actes de connaissance sont, inévitablement, des actes de reconnaissance, de soumission. Mais pour étroite que soit la correspondance entre les réalités ou les processus du monde naturel et es principes de vision et de division qui leur sont appliqués, il y a toujours place pour une lutte cognitive à propos du sens des choses du monde.

Sauf à être victime de l' « effet de théorie » (confondre la théorie et ce sur quoi elle s'applique) contre lequel P. Bourdieu lui même n'a de cesse de mettre en garde il nous semble que son analyse s'applique à la trajectoire de Cocorí. Au moins sur un point fondamental à savoir la volonté de savoir ou de connaissance qui le caractérise. Celle-ci l'amènera, son parcours initiatique aidant, à reconnaître le légitime monopole de la parole autorisée de ceux qui la détiennent du fait de leur antériorité ou de leur privilège généalogique (don Torcuato, le Caiman et Talamanca Bocaracá, la couleuvre).

Mais, ainsi que nous l'avons montré, cet ordre était en crise. En tous les cas il s'avérait incapable de satisfaire l'obsession de Cocorí. C'est finalement dans sa propre communauté que le jeune personnage trouvera une réponse crédible à l'objet de sa quête. Il s'agit donc d'une rupture qui inaugure la deuxième période que symbolise Cocorí. Les Noirs se posent et se revendiquent comme des sujets connaissants et non plus comme un objet de connaissance(s).

---

[14] Eve Demazière, *op. cit.*, p.179.

De ce point de vue la fable Cocorí peut être considérée comme une violence symbolique exercée sur les pratiques populaires et culturelles des Noirs de Limón. En effet elle les déshistorise et les fige dans une atemporalité ou une universalité que suppose la fable en tant que modélisation littéraire.

N'est-ce pas aussi cette déshistorisation qui a assuré (et assure encore ?) le succès tant célébré de Cocorí ? L'effet de reconnaissance que le texte de Joaquín Gutiérrez a suscité ou induit en dit, de notre point de vue, assez long sur l'imaginaire qui y est convoqué. Il serait donc légitime de s'interroger sur la réception de Cocorí non plus du point de vue du Costa Rica, des autres pays d'Amérique Latine ou de l'Europe mais de Puerto Limón.

LES ENJEUX DE LA SEXUALITÉ DANS LE ROMAN LATINO-AMÉRICAIN DU BOOM : LE SPÉCULUM DE LA MUCAMA (NEGRA) DANS *LA GUERRA DEL FIN DEL MUNDO* DE M. VARGAS LLOSA*

L'obscénité du sexe féminin est celle de toute chose béante : c'est un appel d'être, comme d'ailleurs tous les trous ; en soi la femme appelle une chair étrangère qui doive la transformer en plénitude d'être par la pénétration et la dilatation. Et inversement la femme sent sa condition comme un appel précisément parce qu'elle est "trouée".

Toda penetración es un conocimiento y llegaría el tiempo en que para tratar íntimamente a una mujer sería imprescindible acostarse con ella.

Le pommeau doré de la canne en bois de rose pistonnait le col de l'utérus dans les profondeurs abyssales du vagin. L'oiseau poisson zizi zinzin zozo zuzu zézayait en nageant dans un océan de voluptés la manivelle royale tournoyait lentement doucement floussement dans les succulences anales et vaginales en chaflutant le cul merveilleux de la reine.

Ces trois texticules-épigraghes sont empruntés à trois auteurs d'origine diverse : Jean Paul Sartre (France)[1], G. Cabrera Infante[2] (Cuba) et

---

* Communication présentée au Colloque International, « Genre(s)-formes et identités génériques » organisé par Pr. Michèle Soriano, IREC-ISM-CERS, 22 et 23 juin 2001. Les actes de ce colloque seront publiés prochainement.

1 Cette citation est extraite de : Jean-Jacques Barrère et Christian Roche, *Le bétisier des philosophes*, Seuil, 1997, p.127.

2 G. Cabrera Infante, *Ella cantaba boleros*, Alfaguara, 3ra edición, 1997, pp.66-67.

Frankétienne (Haïti)[3]. Ils ont en commun de constituer ce que l'on pourrait appeler des personnalités, des figures de proue en lettres (littérature et philosophie).

Ils sont en outre cités ou convoqués comme cas d'école pour leur engagement, leur passion de l'écriture ou bien encore pour les idées qu'ils incarnent, qu'ils ont défendues ou qu'ils défendent encore (Frankétienne, G. Cabrera Infante).

Ces trois texticules-épigraphes sortis, isolés de la totalité de leurs contenus respectifs et par rapport auxquels ils font ou prennent sens parlent tous de « trou », de « béance » et de « pénétration », avérée ou postulée comme indispensable ou nécessaire puisque cela fait partie de l'ordre des choses. Aussi vrai et naturel que 1+1 = 2.

Il n'est pas non plus inintéressant de s'arrêter sur le *médium pénétrant*. Celui-ci est non explicite chez Jean-Paul Sartre (« une chair ») et G. Cabrera Infante mais on (qui est ce « on » appelé ici ?) devine qu'il s'agit du Penis. Frankétienne à, quant à lui, recours à une canne (royale), objet phallique s'il en est. Plus tard, comme nous aurons l'occasion d'y revenir dans l'analyse, on s'apercevra que dans le roman de Mario Vargas Llosa nous avons affaire tout d'abord à la langue par la suite au Brave Organe Genital (G. Flaubert).

L'objet, la chose, le trou ou la béance pénétrée est mise en suspens. Cette chose-trou-béance ne sera ou n'adviendra (en tant que quoi ?) qu'une fois la pénétration accomplie. Il semblerait donc que cette béance ne soit là que pour justifier (dans le sens de rendre juste) le Pénis, sa suprématie, son autorité, sa raison ontologique, son pouvoir créateur, pour ainsi dire.

Il faut aussi observer que ce trou-béance, à cause ou au-delà de ce qu'il peut procurer comme plaisir et jouissance ou angoisse (on dit de la castration) est le lieu d'une spéculation très féconde dans le champ symbolique. S'intéresser à ce discours qui spécule (sa légitimité) sur le trou-béance permet donc de lire les imaginaires culturels, le système classificatoire, en un mot, la taxinomie à partir de laquelle l'objet-trou-béance est construit, dit et transmis de génération en génération, des Maîtres aux disciples, assermentés ou pas, par le biais des instances de la socialisation ou de légitimation-consécration (disciplines universitaires, champ scientifique, etc.).

Cette béance viendrait ainsi à fonctionner comme un vide sémiologique dont les contours seront sans cesse redéfinis, recodifiés par

[3] Frankétienne, *L'oiseau schizophone*, Éditions Jean-Michel Place, Paris, 1998, p.362.

des pratiques discursives (médecine, psychanalyse, histoire, anthropologie, littérature, etc.), par des pratiques artistiques (cinéma, peinture, théâtre, etc.), par la *doxa*.

Il est à remarquer qu'un tel travail de reconstruction ou de recodification permanente met souvent entre parenthèses la détentrice (mais peut être, pour cette même raison, devrait-on dire l'usufruitière) de la dite béance dans la mesure où elle s'y confond. Ou plutôt on la confond avec.

Cela revient à dire que la béance dont il est question n'est finalement pas un lieu vide de sens. Elle origine en effet une lutte farouche au sein du *logos* universitaire. L'enjeu étant l'acquisition du monopole de la parole légitime au sujet du trou-béance.

Ce qui précède nous semble d'autant plus important pour notre propos qu'en Amérique Latine les ténors de la littérature dite du *boom* ou la Nueva Narrativa Latinoamericana ont ceci de singulier qu'ils mettent constamment en scène dans leurs œuvres les plus réputées la béance-trou qui nous occupe.

Il n'y a pas bien longtemps que les modalités de la mise en texte ou de la mise en scène de la dite béance par ces auteurs sont analysées. Cela est à mettre au crédit des études féministes et, plus généralement, de celles qui s'attachent à mettre en évidence l'inscription des minorités sexuelles en littérature.

Paradoxalement, cette mise texte souvent grosse comme une maison, n'est pas perçue par les critiques les plus autorisés à prononcer sur les auteurs ou les œuvres du *boom* littéraire latino-américain. Tout à leur extase et à la célébration forcenée de la recherche formelle, qu'ils exhibent, à juste titre (?), comme la principale caractéristique du *boom*, la mise en texte du trou-béance ne leur semble qu'un simple détail. Rien, en tous les cas, qui puisse motiver ou justifier un regard critique digne de ce nom.

Il en fut ainsi de *La guerra del fin del mundo* de Mario Vargas llosa[4]. En effet, la publication de ce roman en 1981 a permis à l'écrivain péruvien de renouer avec le succès éditorial et universitaire. Tout le monde ou presque était unanime pour reconnaître que ce roman était un véritable chef-d'œuvre, un grand texte.

D'une certaine façon, la GFM aura définitivement consacré l'entrée de son auteur dans le cercle très fermé de grands écrivains contemporains et universels. Le roman aurait aussi, par ailleurs, confirmé la maturité de la littérature latino-américaine. De nombreux articles, des numéros spéciaux de

[4] Mario Vargas Llosa, *La guerra del fin del mundo*, Editorial Seix Barral, España, 1981. Toutes les citations de ce travail renvoient à cette édition.

revues littéraires lui furent dédiés. En France *La guerra del fin del mundo* faisait partie du programme de littérature hispano-américaine de l'agrégation d'espagnol de 1993.

Dans un article au titre évocateur, "La GFM una obra maestra del fanatismo artístico", Angel Rama décrivait ainsi qu'il suit les performances artistiques, les qualités littéraires et la portée culturelle du roman de M. Vargas Llosa :

> Concluida la lectura de las 549 páginas de *La guerra del fin del mundo*, dos conclusiones se imponen : es artísticamente una obra maestra y con ella ha quedado consolidado la novela popular culta en América Latina. No son necesarios los dones de Casandra para anunciar que tendrá millones de lectores y que en la renovada apuesta a cien años vista se la mencionará como una de las novelas claves de esta segunda mitad del XX que vio triunfal expansión del género en el continente. Tal éxito no se deberá al arte de la seducción, del que aún en esta novela sigue careciendo Vargas Llosa, sino al imperio de la fuerza creadora. A la intensidad, amplitud y coherencia del proyecto y a la soberana sapiencia narrativa, debe atribuirse que América Latina alcance su *Guerra y Paz*, aunque con cien años de retraso, haciendo de su autor nuestro mayor clásico vivo...[5].

Dans ce concert de louanges fondées (?) que Angel Rama synthétise, par ailleurs, parfaitement on note tout de même quelques voix discordantes. Tout en saluant *el asombro* de l'écriture que produit la GFM elles n'en soulignent pas moins les contradictions que recèle le roman de Vargas Llosa.

Notamment une perception et un traitement simplificateur et tendancieux de l'histoire. C'est ce que soulignait Antonio Cornejo Polar, l'un de ceux qui connaissent le mieux la littérature latino-américaine en général et la littérature péruvienne en particulier.

Le critique péruvien reproche à Vargas llosa une vision par trop mécaniciste de l'histoire. Celle-ci en effet n'apparaît exclusivement dans la GFM que comme une opposition-confrontation de deux mondes et non pas, d'après les termes du Maestro Antonio Cornejo Polar, comme une totalité. Cette mécanicité semble contradictoire au regard la volonté sans cesse réaffirmer de Vargas Llosa d'écrire "una novela totalizadora".

Autrement dit, la création-érection de la Jérusalem nouvelle de Canudos et l'avènement de la République Jacobine et dictatoriale participent d'un même mouvement historique : la définition-construction et imposition

---

[5] Angel Rama "La guerra del fin del mundo : una obra maestra del fanatismo artístico" in *La crítica de la cultura en América Latina*, Selección y prólogo Saúl Sosnowski y Tomás Eloy Martínez, Biblioteca Ayacucho, 1985, p.335.

de ce qui serait l'identité politique authentique du Brésil.

Il s'agit donc moins d'un conflit entre le Nord et le Sud, entre la Barbarie et la Civilisation, entre la Modernité et l'Archaïsme, entre la Raison et l'Obscurantisme, entre la Tyrannie et la Démocratie, etc. que d'une lutte pour l'imposition d'une utopie politique donnée à voir, par les uns et par les autres, comme exclusive et légitime.

Vargas Llosa montre d'ailleurs très bien comment El Consejero et ses adeptes tout comme la caste militaire et les défenseurs de la République Jacobine partagent le même fanatisme et font montre d'un même mysticisme, d'une même mystification. Il reste que cette réversibilité presque parfaite confine, selon Antonio Cornejo Polar, à un relativisme non seulement excessif mais aussi idéologiquement suspect :

> De esta manera el relativismo extremo del significado que propone *La guerra del fin del mundo* (todo es más o menos lo mismo) desemboca en un escepticismo también extremo (nadie tiene razón y la historia íntegra es un cruel sinsentido). Al margen por un momento del análisis textual, es a todas luces expresiva la parcial pero importante coincidencia de estos significados con la posición anti-ideológica que ha asumido Vargas Llosa en nombre de un realismo pragmático (como si eso no fuera también una ideología) y con ciertas interpretaciones de la violenciâ que sacude a América Latina como enfrentamiento de dos bandos igualmente enloquecidos-los subversivos y el ejército- que se destrozan y destrozan a los países en razón del exacerbamiento fanático de sus respectivas (e igualmente falsas ideologías). Es posible que una perspectiva de este tipo pueda representar la visión propia del liberalismo ilustrado que condena globalmente la violencia, sin ninguna discriminación acerca de su origen y dirección histórica, porque carece de valores e instrumentos conceptuales para jerarquizar e interpretar las convulsiones de una sociedad hirviente[6].

Nous partageons assez la remarque de fond que formulait brillamment Antonio Cornejo Polar. Et ce d'autant plus que les contradictions qu'il pointait (excès de relativisme et de scepticisme, éloge en creux d'un humanisme libéral, absolutisation de la violence politique interne ou régionale comme l'origine unique des maux qui affligent l'Amérique Latine, etc.) se reproduiront dans le roman *Lituma en los Andes,* publié immédiatement après la GFM.

Vargas Llosa y règle ses comptes avec el sendero luminoso, mouvement de guérilla néo-maoïste, qui occupe dans ce roman la position

---

[6] Antonio Cornejo Polar, "La guerra del fin del mundo : sentido (y sinsentido) de la historia", *Remate de Males, N.13 Revista do Departamento de Teoria Literária, Dossiê : Euclides da Cunha,* UNICAMP, Campinas, 1993, p.88.

qui était dévolue au Consejero et à ses sectateurs dans la GFM. Les senderistas sont d'autant plus fous, irrationnels et obscurantistes qu'ils cultivent et développent (comme dans l'armée) un culte de la hiérarchie, qu'ils s'en prennent sauvagement aux animaux sans défense (les *vicuñas)* et aux paysans également sans défense, etc.

Cela dit, notre intention dans cet article est autre. Elle vise à attirer l'attention sur l'un des aspects de la GFM sur lequel la critique autorisée ne s'arrête guère parce que certainement tenu pour marginal. Il s'agit du viol, mais cela n'est pas donné à voir comme tel, de la mucama Sebastiana par le Barón de Cañabrava, à la fin du roman (IVepartie, ch.6, pp. 500-508 dans l'édition que nous utilisons).

La représentation de l'assouvissement sexuel du Barón est significative. Ell est en effet révélatrice d'une conception du désir (sexuel)-jouissance que Vargas Llosa a toujours soutenue dans ses textes critiques, en particulier dans *La orgía perpetua* (1975). Nous y reviendrons plus avant.

Dans la GFM il est fait allusion à plusieurs cas de viol. Nous nous arrêterons sur trois cas que nous confronterons aussi. Car dans la représentation de ces cas nous avons remarqué une disparité éloquente.

Le premier cas concerne María Quadrado qui, rappelons-le, deviendra dans le roman l'un des adeptes les plus notoires de El Consejero, le Messie de Canudos (dans le nord-est du Brésil). Son pèlerinage à Canudos est donné à voir comme un véritable parcours initiatique. À ce titre il est donc logiquement ponctué par différents obstacles qu'elle devait vaincre. Le clou en sera son viol répété :

> Porque había sido violada cuatro veces desde que comenzó su recorrido : por un alguacil, por un vaquero, por dos cazadores de venados y por un pastor de cabras que la cobijó en su cueva. Las tres primeras veces, mientras la mancillaban, sólo había sentido repugnancia por esas bestias que temblaban encima suyo como atacados del mal de San Vito y había soportado la prueba rogándole a Dios que no la dejara encinta. Pero la cuarta había sentido un arrebato de piedad por el muchacho encaramado sobre ella, que, después de haberla golpeado para someterla, le balbuceaba palabras tiernas (49-50).

On n'en saura pas davantage. Mais il y a lieu de faire remarquer que le viol est nommé, désigné en tant que tel. Il est même, d'une certaine façon, condamné par l'instance narrative : les violeurs de la dévote sont assimilés à des animaux ("bestias"), leur forfaiture cause de la répulsion ("mancillar", "repugnancia").

Il est à noter aussi que la souillure de Quadrada est d'autant plus marquée (quatre fois) qu'elle deviendra ensuite une incommensurable disciple à Canudos. Vu sous cet angle, le viol répété du personnage intègre, comme nous le disions tantôt, la série des épreuves qui jalonnent ou balisent le parcours de la future Sainte.

Il se met donc déjà en place l'implacable logique entre la *souillure* et la *purification* souvent attestée dans certaines expériences extrêmes de la foi religieuse, comme chez les mystiques, mais qui, nous semble-t-il, peut s'avérer une clé de lecture opératoire du roman de Vargas Llosa.

Le second cas de viol est celui de Jurema, la femme du redoutable pisteur Rufino. Galileo Gall, l'anarchiste romantique, en est l'auteur. Afin de le situer nous rappellerons qu'il s'agit d'un aventurier qui, à la faveur d'un naufrage, s'est trouvé comme par hasard au Brésil, dans les zones référées par le roman.

Il prendra fait et cause pour les insurgés de Canudos par identification idéologique. Pour cette raison il sera poursuivi et traqué par les sbires des potentats locaux (les autonomistes de Bahía). C'est précisément l'une de ses traques qui va, alors que Gall était venu demander à Rufino de l'accompagner jusqu'à Canudos, se solder par le viol de Jurema.

Une sorte donc de *Thanatos* et *Eros*. En voici la scène :

> "Querían matarme a mí", susurra al oído de Jurema. "Ya no hay peligro, ya se llevaron lo que querían". La mujer se va serenando. Cesan sus sollozos, el temblor de su cuerpo, sus manos sueltan a Gall. Pero él la sujeta, le acaricia siempre los cabellos y, cuando Jurema quiere apartarse, la retiene. "*Don't be afraid*", silabea, pestañeandode prisa, "They are gone"... Ahora hace esfuerzos por desprenderse de Gall, pero éste no la suelta y, mientras la sujeta, susurra varias veces la misma frase que ella no puede entender : "*Don't be afraid, don't be afraid*". Jurema lo golpea con ambas manos, lo rasguña, consigue zafarse y escapa. Pero Galileo corre tras ella por la habitación, la alcanza, la apresa y, después de tropezar con el viejo baúl, cae con ella al suelo. Jurema patalea, lucha con todas sus fuerzas, pero sin gritar. Sólo se escucha el jadeo entrecortado de ambos, el rumor del forcejeo... (100) [ces passages sont en anglais dans le texte].

Au contraire de Quadrada Jurema ne vit pas son viol comme une "épreuve" de Dieu. Elle lutte et essaie d'opposer une résistance, vite subjuguée par la fureur et la force de son violeur. La résistance de Jurema apparaît tout de même comme conventionnelle, convenue. Car, en fin de compte, elle semble jouir dans son viol, elle ne crie pas et l'instance narrative parle de "jadeo de **ambos**" (c'est nous qui soulignons).

Autrement dit, le détachement que semblait observer Quadrada à chaque fois qu'elle était violée est ici gommé. Vargas Llosa reproduit une interrogation très courante : dans quelle mesure la réalité du viol (avec pénétration)[7] ne s'efface-t-elle pas pour céder la place à une jouissance, certes morbide mais partagée ? Quelque chose finalement qui serait de l'ordre du désir d'être violée.

En fin de compte, ne faudrait-il pas magnifier le Désir, par delà du viol en soi, qui n'en serait que l'expression la plus flagrante ? La vision qui informe de telles interrogations n'a cure de la réduction qu'elle opère en limitant, par ignorance ou volontairement, le désir à sa dimension purement sexuelle. Elle oublie aussi volontairement ou pas que tout désir, fusse-t-il sexuel, ne suppose pas nécessairement un passage à l'acte violent et avilissant.

Cette représentation du viol nous semble une refiguration de la pernicieuse dialectique du Maître et de l'Esclave. Comme on le sait l'un appelle l'autre. Tout comme dans la citation liminaire de Jean Paul Sartre où la béance appelle une chair pour la remplir. Ni violeur ni violé/e donc. Juste un entre-deux difficilement définissable puisque fondamentalement ontologique. C'est quelque chose qui échapperait donc à toute considération éthique, morale ou judiciaire. Seule la littérature serait habilitée à dire cette chose là.

Quoi qu'il en soit tout comme chez Quadrada le viol de Jurema est nommé, désigné comme tel. L'acte de Galileo Gall va donner lieu par la suite à un délire d'interrogations, à travers lesquelles l'instance narrative tourne en dérision et ridiculise le violeur et sa prétention, avant le viol de Jurema, à une abstinence sexuelle radicale. Afin, prétendait-il, de ne pas gaspiller sa libido tout consacrée à la noble cause révolutionnaire.

> El no era un débil, él sí pudo, hasta esa madrugada, cumplir el juramento. Porque el raciocinio y el saber dieron fundamento y vigor a lo que fue, al principio, un mero impulso, un gesto de compañerismo. ¿ Acaso la búsqueda del placer, la servidumbre al instinto no era un peligro para alguien empeñado en una guerra sin cuartel ?...
>
> Angustiado, pensó o soñó : "¿ Cómo he podido ? ¿ Por qué he podido ? ¿ Por qué se había precipitado sobre la muchacha ?... ¿ Qué había ocurrido, compañero ? Soñó o pensó : "No te conoces, Gall". No, su cabeza a él no le hablaba (107).

Dans les deux premiers cas de viol que nous venons de considérer l'instance narrative adopte une position critique, peut-être même davantage dans le viol de Jurema. Toutefois la signification profonde que le texte

---

[7] Il faut noter que la définition juridique du viol est très ambiguë et varie suivant les pays, en Espagne comme au Brésil on ne parle de viol que lorsqu'il y a eu pénétration effective de la victime.

confère au viol diffère. D'un côté, les violeurs sont des instruments sataniques ou divins (selon la perspective que l'on adopte vis à vis du messianisme de Canudos) destinés à éprouver la foi de l'impétrante Quadrada et, de l'autre, le viol de Jurema sert à disqualifier Galileo Gall en tant que porteur d'une idéologie positiviste et anarchiste que le roman condamne et récuse positivement.

On sait, au reste Antonio Cornejo Polar l'a fort justement rappelé, l'aversion de Vargas Llosa pour l'idéologie en générale. Au nom certainement de l'idéologie (qui n'en a pas conscience) de la mort ou de la fin des idéologies, ou tout simplement au nom d'un libéralisme humaniste et démocratique qui ne se représente pas comme une idéologie mais plutôt comme l'ordre naturel des choses[8].

Le balancement constant entre rêve, illusion (« soñó o pensó ») et réalité désigne d'ores et déjà Galileo Gall comme un *outsider* par rapport à la réalité décrite dans le roman. Par ailleurs, le roman moque le personnage en mettant l'accent sur la victoire de l'instinct, du désir (sexuel) sur la Raison ou plutôt sur le culte que Galileo Gall voue, à l'instar (?) de son homologue historique dont il porte le nom, à la Raison.

Avant d'en arriver à l'examen du troisième cas de viol il nous semble important de rappeler encore que dans les cas de Quadrada et de Jurema le viol, bien que désigné comme tel et bien que donnant lieu à un certain discours critique de l'instance narrative, est moins saisi comme douleur, souffrance subie ou avilissement que comme, ainsi que nous l'avons dit, une médiation qui sert à disqualifier.

Le troisième cas de viol auquel nous allons nous intéresser maintenant concerne la mucama Sebastiana. Son violeur n'est autre que son Maître, le Barón de Cañabrava. Trois points fondamentaux séparent le traitement, l'écriture du viol de Sebastiana de ceux dont ont été victimes Quadrada et Jurema.

Tout d'abord, contrairement aux viols précédents, le viol de Sebastiana n'est pas désigné, nommé en tant que tel. Secondement, le viol de Sebastiana se singularise aussi par le déploiement de détails réalistes concernant l'anatomie intime de la mucama : ses seins, ses cheveux, les poils de son pubis, l'odeur qu'elle dégage du fait de son excitation, son mont

---

[8] Voir sur ce point les fragments de l'interview que Vargas Llosa a naguère accordée à Heinz Dieterich publiés sous le titre de « Entre palabras e ideas », dans *1492-1992 La interminable conquista. Emancipación e identidad de América Latina 1492-1992*. Coordinación/Edición : Heinz Dieterich Steffan, Editorial DEI/ Departamento Ecuménico de Investigaciones, San José Costa Rica, 1991, pp.281-289.

de Vénus, les sucs ou les secrétions que libère son sexe, etc. Pour ainsi dire, un véritable spéculum.

Mais nous avons aussi droit aux détails de l'érection du Barón : "*él sólo era ese cuerpo caldeado, ese sexo ahora sí despierto del todo al que sentía erguido, duro, húmedo, botando contra su vientre*" (504).

Toute cette recherche de détails assure un effet de réel beaucoup plus prononcé. Le lecteur-spectateur assiste en effet à toutes les phases qui ponctuent la connaissance-appropiation charnelle de Sebastiana et qui va conduire inexorablement à son viol par le Barón de Cañabrava.

Toutes ces phases délimitées par des "ahora" sont, par ailleurs, déclinées en *cámara lenta*. Elles seront interrompues une fois par l'apparition impromptue de Estela, l'épouse du Barón. Mais elles reprendront de plus belle jusqu'à leur culmination : la pénétration forcée de Sebastiana :

> El deseo había vuelto con una especie de furia y el Barón volvió a inclinarse, a abrirse paso hacia el sexo de la mucama, separándole las piernas, obligándola a estirarse, a fin de poder de nuevo besarlo, respirarlo, sorberlo. Estuvo mucho rato allí, con los ojos cerrados, ebrio, gozando, y cuando sintió que ya no podía contener la excitación se enderezó y gateando se encaramó sobre Sebastiana. Separándole las piernas con las suyas, ayudándose con una mano atolondrada, buscó su sexo y consiguió penetrarla en un movimiento que añadió dolor y desgarramiento a su placer. La sintió gemir y alcanzó a ver, en el tumultuoso instante en el que la vida pareció estallar entre sus piernas, que la Baronesa tenía siempre las dos manos en la cara de Sebastiana, a la que miraba con ternura y piedad, mientras le soplaba despacito en la frente para despegarle unos cabellos de la piel (506-507).

Le viol de Sebastiana la convoque donc comme un être ("*la vida pareció estallar entre sus piernas*"). À en croire Jean Paul Sartre, on pourrait même dire que l'appel d'être a été entendu. Or jusque là Sebastiana n'était manifestement qu'une fonction (la domestique), un non-être donc, une chose au service de ses patrons.

On notera aussi qu'à l'inverse des deux cas de viol précédents, l'instance narrative ne prendra en charge aucun discours critique, même des plus équivoques, à l'encontre du Barón-*gran varón*[9]. Pour finir, le viol de Sebastiana se déroule en présence d'un tiers non interprétant mais manifestement complice : la femme du Barón.

---

[9] Il faut noter que la désignation du personnage porte déjà en creux le rôle verticalisant et dominateur que lui confère le roman de Vargas Llosa. En effet à la permutation Barón-Varón, il faudrait ajouter le fait que le bois de canne à sucre peut être perçu comme un symbole Phallique et l'expression « dar caña » (frapper fort).

Tous ces éléments que nous avons signalés attestent d'un décalage manifeste dans l'écriture du viol subi par la mucama Sebastiana. Il nous importe dès à présent d'essayer de rendre compte des possibles fondements de ce décalage manifeste.

Si l'on considère l'économie générale du roman, le viol de Sebastiana vient réactiver, en quelque sorte, le mythe selon lequel la femme est le "repos du guerrier" par excellence. Paradoxalement le repos ici ne résulte pas, comme traditionnellement c'est le cas, d'une victoire au combat, d'une victoire héroïque mais, bien au contraire, d'une défaite, d'un échec ou d'une déchéance annoncée.

L'incendie de Calumbí, la très prospère propriété du Barón de Cañabrava, signe en effet la fin d'un règne de vingt cinq ans sur Bahía. Mais il signe aussi la déchéance des ses amis autonomistes. Ils sont obligés de reconnaître (ou de pactiser avec) la légitimité politique de la République Jacobine dont la tête se trouve à Río de Janeiro.

À plusieurs reprises le roman insiste sur la rupture définitive dans le *statut quo ante* de Bahía (161, 23, 27, 500). Le viol de Sebastiana arrive ainsi donc comme une compensation destinée à raffermir la virilité mise à mal du Barón. L'actualité politique du moment le rend impuissant donc le dévirilise d'une certaine façon. Mais il y a aussi le fait que le rapport privilégié entre la mucama Sebastiana et Estela avait fini par excentrer le Barón de l'économie domestique.

La possession de la mucana sous les yeux et de son épouse (et avec la bénédiction de celle-ci) lui permet donc de se remembrer, de se verticaliser, en un mot, de reprendre la place centrale qu'il avait perdue mais qui lui était cependant naturellement dévolue par des siècles de phallocentrisme.

En fin de compte, le viol de Sebastiana transcrit la perception du désir (sexuel) tel que le conçoit M. Vargas Llosa. Dans son essai, *La orgía perpetua*, l'écrivain péruvien dit son admiration pour Gustave Flaubert. Celui-ci, à en croire Vargas Llosa, serait l'un des écrivains qui réaliseraient le mieux l'idéal de l'écriture romanesque :

> Una novela ha sido más seductora para mí en la medida en que en ella aparecían, combinadas con pericia en una historia compacta, la rebeldía, la violencia, el melodrama y el sexo. En otras palabras, la máxima satisfacción que puede producirme una novela es provocar, a lo largo de la lectura, mi admiración por alguna inconformidad, mi cólera por alguna estupidez o injusticia, mi fascinación por esas situaciones de distorsionado dramatismo... (20).

La combinatoire que vante Vargas Llosa est aussi fortement présente dans la *GFM*. G. Flaubert se distinguerait aussi par ailleurs par l'importance qu'il accorde au désir (sexuel). Le sexe étant conçu comme quelque chose qui subvertit les conformismes moraux et les bienséances sociales. En l'occurrence, en assumant son désir pour sa mucama le Barón de Cañabrava abolirait *de facto* la différence de classe entre les deux. Son acte questionnerait par ailleurs le mythe du lien sacré du mariage et de la fidélité conjugale. Le viol de Sebastiana apparaît donc de ce point de vue comme une célébration du Brave Organe Génital du Barón qui retrouve enfin sa fonction naturelle et originelle : baiser et foutre.

Cette fonction ayant été quelque peu bâillonnée, émoussée, épuisée par les intrigues politiques et par le peu d'intérêt que son épouse de toujours portait à la chose. Névrosée chronique elle vivait en effet cloîtrée et est, par ailleurs, donnée à voir comme sexuellement inhibée.

Ainsi assisterait-on au réveil sexuel du Barón de Cañabrava. Et par ricochet à celui de son épouse puisque cette dernière, comme nous l'avons vu, autorise le viol de Sebastiana. À aucun moment il n'est fait mention d'un quelconque dégoût ou d'une saute d'humeur contraire de chez la femme du Barón. L'appel de la plénitude d'être à donc merveilleusement fonctionner chez elle aussi. On remarquera que le viol de la mucama constitue le seul moment d'éveil dont fera montre la femme du Baron.

Le sexe ne fait pas tache, il ne corrompt pas mais, bien au contraire, il libère des frustrations et des servitudes, de la morale catholique qui le tient pour suspect puisque vecteur de perdition, de péché. Ainsi le conçoit Vargas Llosa. On ne devrait, en principe, qu'être d'accord avec ces assertions qui fleurent bon la libération sexuelle, qui fleurent bon la subversion sociale dont le désir, impénitent par définition, serait l'incarnation.

Néanmoins, il faudrait souligner que, contrairement à ce à quoi on assiste dans *Madame Bovary*, ce n'est pas la femme mais l'homme qui est représenté en position sujet sexuel plein. Deuxio, l'exutoire du désir sexuel du Barón est sa mucama, c'est à dire quelqu'un dont la condition (depuis l'époque coloniale) est d'être à la fois la servante-confidente de sa maîtresse et un objet sexuel voué, corps et âme, aux excentricités lubriques de son Maître (et de ses enfants mâles).

> Abre la boca-ordenó, en un tono que rara vez había usado en su vida con los sirvientes o con los esclavos, cuando los tenía-. Si tengo que obligarte a ser dócil, lo haré. Sintió que, condicionada sin duda por una costumbre, temor o instinto de conservación, que venía hasta ella desde muy atrás, con una tradición de siglos que su tono había sabido recordarle, la mucama le obedecía, a la vez que su cara, en la penumbra azul de la recámara, se descomponía en una mueca a la que al miedo se añadía ahora un infinito disgusto (504).

De sorte que « se mea sobre mojado ». Le Barón joue sur du velours, car la disponibilité sexuelle totale de la mucama faisait partie des prérogatives des maîtres dans l'oligarchie (brésilienne). Il n'est donc pas étonnant que le viol de Sebastiana ne soit pas désigné comme tel.

Au regard de ce genre de prérogatives c'est davantage le refus de céder ou d'obtempérer qui est vécu comme une transgression. De sorte que, le viol de Sebastiana est moins l'expression, comme le texte tendrait à le faire accroire, d'un salutaire désir sexuel chez un puissant rattrapé par le sexe qu'il n'est, en réalité, la perpétuation d'une pratique avilissante.

Notre hypothèse est que dans le cas qui nous occupe Vargas llosa n'écrit pas le désir, il spécule plutôt sur une pratique qui déshumanise la mucama (noire), il sollicite ou investit un certain imaginaire réceptif à son discours sur le désir. En outre, sa spéculation semble paradoxalement prendre appui sur certaines systématisations théoriques féministes (Luce Irigaray, Hélène cixous, entre autres) qui posent et construisent la femme comme un espace privilégié de fluides. Une fluidité transgressive (elle s'oppose à tout ce qui stagne, à l'illusion de totalité cohérente, etc.) mais qui serait surtout fondatrice de l'identité de la femme.

Le Barón de Cañabrava va en effet s'épuiser à vouloir tarir les sucs, les secrétions ou les fluides qui émanent des profondeurs du corps-sexe dilaté de Sebastiana. Il devra se résoudre à se servir de son Penis, ce Brave Organe Génital. Autrement dit, il aura recours à un acte des plus traditionnels et conventionnels. L'alibi du désir irréfragable et, voudrait-on, révolutionnaire tombe à plat, se rétracte, se dégonfle pour finalement laisser la place à la réaffirmation de l'ordre phallogocentrique. Il n'y a donc pas, de notre point de vue, subversion mais tout le contraire.

La chute du morceau de bravoure où est décrit le viol de Sebastiana devient ainsi éloquente. En effet, le présumé ordre unique de l'économie sexuelle est rétablie. Le Barón de Cañabrava peut donc savourer sa forfaiture en contemplant pieusement le tableau de la nature étrangement harmonieuse qui se présente devant lui. Mais peut-être serait-il plus juste de dire que la nature s'offre à lui :

> Avanzaba hacia la puerta del pasillo, donde la víspera se había despojado de sus ropas, cuando al pasar junto al balcón lo detuvo la bahía encendida por el naciente sol. Era algo que había visto innumerables veces y que nunca lo cansaba : Salvador a la hora en que el sol aparecía o moría. Se asomó y estuvo contemplando, desde el balcón el majestuoso espectáculo : el ávido verdor de la isla de Itaparica, la blancura y la gracia de los veleros que zarpaban, el azul claro del cielo y el gris verde del agua y, más cerca, a sus pies, el horizonte quebradizo, bermejo de los tejados de las casas en las que podía presentir el despertar de la gente, el comienzo de la diaria rutina (506).

Ce travail, à peine esquissé, amènerait à s'interroger sur les enjeux que renferme l'écriture de la sexualité ou de l'érotisme si fréquente dans la "Nueva Narrativa Latinoamericana". Les tenants reconnus de la *NNLA* ont, au moins dans un de leurs textes, mis en scène la sexualité. Au point qu'on pourrait même parler d'un phénomène de mode. Au reste, l'époque s'y prêtait aussi merveilleusement : le *boom* de la psychanalyse, les luttes et les discours concernant la libération ou la révolution sexuelle, etc.

On pourrait citer de nombreux passages des textes des écrivains du *boom* ou l'on assiste aussi à une mise en scène des plus contradictoires ou ambivalentes de la sexualité. Tel ce passage de *Informe sobre ciegos* (1990) de Ernesto Sábato lequel on considère aussi dans comme faisant partie des écrivains reconnus du *boom* littéraire latino-américain :

> Como una bestia en celo corrí hacia una mujer de piel negra y ojos violetas, que me esperaba aullando. Sobre su cuerpo sudoroso veo todavía su sexo abierto, entré con furia en aquel volcán de carne, que me devoró. Luego salí y ya sus fauces sangrientas ansiaban un nuevo ataque. Corrí hacia ella como un unicornio lúbrico, atravesando pantanos en que a mi paso se levantaban cuervos que chillaban, y entré nuevamente en aquella cueva (...) El aire electrizado se llenó de alaridos y debí satisfacer una y otra vez su voracidad como rata fálica, como mástiles de carne. La tempestad se hacía cada vez más terrible y confusa : bestias cohabitaban con la mujer, hasta su sexo fue cavado por ratas.Sacudido por los rayos, temblaba aquel territorio arcaico. Por fin la luna estalló en pedazos, que incendiaron los inmensoso bosques, descencadenando la destrucción total. La tierra se abrió y se hundió entre cangrejales. Seres mutilados corrían entre las ruinas, cabezas sin ojos buscaban a tientas, intestinos se enredaban como lianas inmundas, fetos eran pisoteados en medio de la bazofia. El universo entero se derrumbó sobre nosotros[10].

Quelques remarques avant d'indiquer certains parallèles saisissants entre la mise en texte de la sexualité qu'opère Mario Vargas Llosa et celle de Ernesto Sábato. Toute sexualité dans laquelle sont impliqués le noir ou la négresse est appréhendée comme quelque chose de bestial, et donc forcément excessive[11]. Il y a de ce point de vue une double transformation. Celle du violeur-Père qui se trouve mué en bête monstrueuse par son commerce de sexe avec une/la femme noire et celle de la violée-fille qui est mutée en négresse pour les besoins de consumation de l'inceste.

Comme dans la représentation que donne Vargas Llosa le tabou de l'inceste est ici transgressé par le désir (sexuel) irréfragable. Mais on peut

---

[10] Ernesto Sábato, *Informe sobre ciegos*, Edición de Marina Gálvez con un prefacio inédito del autor, Anaya & Mario Muchnik, 1994, p. 168.

[11] Cf. Victorien Lavou Zoungbo, « Du Nègre comme un Saint-Phallus doublé d'un hercule : une humanité différée », in *Las Casas frente a la esclavitud de los negros, visión crítica del undécimo remedio (1516), Marges 21*, Victorien Lavou Zoungbo (coord.), CRILAUP, Presses Universitaires de Perpignan, 2001, pp.59-93.

alors se demander pourquoi le texte a besoin de changer une fille blanche aux yeux verts en une femme à la peau noire et aux yeux verts pour que l'inceste ait lieu. Bien évidemment le texte joue sur la superposition entre le Noir et le Péché. Mais il n'en demeure pas moins que cette mutation est la médiation qui assure le retour au primitivisme et à l'archaïsme, car les sociétés civilisées se sont fondées sur la base de l'interdiction de l'inceste.

Le retour au primitivisme peut prendre la forme de la confusion-projection des animaux primitifs (cachalot, baleine, etc.) sur les personnages femmes noires[12]. Finalement le retour au primitisme apparaît comme le gage de sensations sexuelles démultipliées, paroxysmiques. On notera aussi, comme dans le texte de Vargas Llosa, la convocation de dame Nature. Cependant il ne s'agit pas d'un « concierto » mais de « un fin del mundo ». La raison en est qu'il s'agit d'un inceste-viol d'une fille par son géniteur.

La mutation de la fille en noire participe aussi de la sollicitation de cet imaginaire qui informe l'écriture de la sexualité par Vargas Llosa. Car le corps-sexe que l'on construit par le jeu de l'écriture, de la caméra ou de la photographie et que l'on exhibe dans les objets culturels (littérature, cinéma, romans-photo, etc.) est souvent confondu avec la négresse ou la Mulata. Celles qui précisément sont investies de tous les fantasmes sexuels ou érotiques. En outre, c'est aussi celles qui, dans les imaginaires collectifs, ne peuvent exister autrement qu'à travers leur corps-sexe.

---

12 Cf. Toni Morrison, *Playing in the dark, [Jouer dans le noir Blancheur et imagination littéraire]* Christian Bourgois Éditeur, 1993.

DU NÈGRE COMME UN HERCULE DOUBLÉ D'UN SAINT-PHALLUS : UNE HUMANITÉ DIFFÉRÉE*

À Didier et à mon Père René Lavou

Le Nègre est comme le homard, le meilleur se trouve dans sa queue.

Voix aux origines improbables

People arrive at an understanding of themselves and the world through narratives– narratives purveyed by schoolteachers, newcasters, "authorities", and all the other authors of our common sense. Counternarratives are, in turn, the means by which groups contest that dominant reality and the fretwork of assumptions taht supports it.

Henry Louis Gates, Jr.

Notre travail portera sur les répercussions de l'esclavage des Africains noirs dans les Amériques. De ces répercussions nous privilégierons les représentations mentales ou idéologiques qui s'articulent autour des Noirs, descendants de ces premiers esclaves. De ce fait, au regard des autres travaux qui ont, comme on l'aura noté, brillamment établi (et donc ainsi en permettre une meilleure évaluation-appréciation) les contextes d'où émergea le "*undécimo remedio*" de Las Casas, notre contribution peut sembler iconoclaste, voire même incongrue.

Cela n'est cependant vrai que partiellement. Pour justifier notre démarche nous souhaiterions en référer à l'importante remarque que fait Manuel Moreno Fraginals dans l'introduction de son livre *La historia como arma* :

> [a]lejado de la realidad, trabajando exclusivamente sobre el pasado, recopilando documentos muertos, aislado de la producción de bienes materiales por los muros del archivo o la biblioteca, el historiador moderno es el gran triunfo intelectual de la burguesía que ha tenido en él su funcionario

---

* Publiée pour la première fois dans *Marges* 21 : *Las Casas ante la sclavitud de los negros. Visión crítica del undecimo remedio (1516)*, [Victorien Lavou Zoungbo, ed.] Presses Universitaires de Perpignan, CRILAUP, Perpignan, 2001, pp. 59-93.

más fiel, barato y eficiente. El historiador promedio es en lo fundamental un empleado burocrático de segundo orden, o un profesor de historia. Ciudadanos pacíficos, que llegaron a las disciplinas históricas por una cierta curiosidad intelectual y cuya misión más trascendente es este acumular datos, este escarbar de fuentes, para escribir sus obras. Y, en los peores y más numerosos de los casos, dedicados sólo a acopiar de acopios, a acumular de selecciones previas[1].

La question qui se pose est celle de savoir si le constat que dresse Fraginals ne concerne que l'historien moyen américain. Ne serait-il pas possible de le rapporter à tout historien, pénétré de sa science, et qui, de ce fait, refuse d'objectiver sa pratique, sa discipline en brandissant ou en se retranchant, bien souvent, derrière l'autorité des faits (*poussiéreux*, à en croire Fraginals) ?

Quoi qu'il en soit, on aurait beau jeu (ou mauvaise grâce) de se saisir des « accents engagés » du discours de Fraginals pour le délégitimer, le disqualifier. Fraginals revendique la passion comme un puissant moteur de la recherche. Pour lui, l'objectivité, la distance critique, la neutralité ne sont que des pièges confortables de la discipline-histoire ou de celles qui lui sont affines.

Car, il convient de le rappeler, l'histoire (livresque) est construite, produite. Par des sujets-historiens socialement marqués par des traditions universitaires spécifiques, par des prémisses ou présupposés concernant la manière de faire et d'écrire l'histoire. Cette manière est diffusée et légitimée par des instances spécifiques, garantes de l'autonomie du champ historique, (université, sociétés des historiens, instituts de recherches historiques, revues historiques, manuels scolaires, congrès des historiens, etc.).

Les protocoles-contraintes propres à la discipline-histoire (le raturage du sujet d'énonciation, l'accumulation des faits, la périodisation, la temporalité linéaire ou la chronologie, et les effets de croyance, etc.) qui donnent l'impression que l'histoire s'énonce toute seule, naturellement et objectivement, ne doivent pas faire perdre de vue le rappel que nous venons de faire.

Toutes ces considérations ont été décrites et discutées naguère par M. de Certeau, un des premiers à porter un regard critique novateur sur les enjeux de la discipline-histoire[2]. Mais on pourrait aussi mentionner les travaux de Jean Paul Veyne dans un livre au titre en soi éloquent : *Comment*

---

[1] Manuel moreno Fraginals, *La historia como arma y otros estudios sobre esclavos, ingenios y plantaciones*, Prólogo de Josep Fontana, Editorial Crítica, Barcelona, 1983, p.15.

[2] Michel de Certeau, *L'écriture de l'histoire*, Éditions Gallimard, Paris, 1975.

on écrit l'histoire (1971).

Par ailleurs, Fraginals insiste aussi sur un point qui nous semble ici capital. Rappelons-le :

> [e]l punto de partida, el único punto físico de partida, es el presente. Siempre nos proyectamos de hoy al ayer sin que esto suponga la aceptación de la historia como presente a la manera idealista de Benedetto Croce. Se trata, sencillamente, de comenzar por comprender la vida y lo que esta vida tiene de común en cualquier tiempo y en cualquier lugar...[3].

L'historien, celui qui est reconnu comme tel, et ses cousins apparentés (que l'on désigne par le terme, mal assuré de notre point de vue, de "civilisationistes" : de formation, littéraire et, à ce titre, peu ou pas reconnus des historiens *a secas* qui considèrent que les premiers marchent sur leurs brisées) tendent à oublier ou, plutôt, à tenir pour superfétatoires (ou une préoccupation de néophytes *resentidos*) les questions relatives aux lieux (l'*ici* et *maintenant*) de production et d'énonciation de leurs discours.

Ce dernier point nous conduit donc à réaffirmer que l'esclavage (comme événement, discours, mémoires, souffrances, et représentations) ne s'est pas arrêté à son abolition. Il est des personnes qui le portent encore socialement, telle la trace (visible dans ce cas) que laissait le *carimbo*, de sinistre mémoire.

Mieux encore, l'esclavage reste présent dans les Amériques à travers certaines constantes des imaginaires sociaux. En outre, l'esclavage a non seulement engendré certains comportements mais il a aussi généré une certaine *ratio* qui a construit, instauré les Noirs en objet de spéculations symboliques, assermentées ou pas.

La même chose pourrait être dite de de Las Casas dont les œuvres et l'engagement continuent de nourrir des débats, d'être convoqués par certaines circonstances historiques ou simplement par certaines pratiques discursives, parmi lesquelles la littérature latino-américaine.

À ce propos, Antonio Benitez rappelle fort justement que c'est au XIXe siècle, à la faveur des révolutions de l'indépendance, que les Latino-américains vont découvrir ou redécouvrir Las Casas :

> Como se sabe, las ideas de Las Casas cobraron particular importancia en las primeras décadas del siglo XIX, cuando la gran mayoría de las colonias españolas de América se rebela para conseguir la independencia. Nuevas ediciones de la *Brevísima relación* aparecieron en Bogotá, Puebla, París,

---

[3] Manuel Moreno Fraginal, *Ibid.*

Londres y Filadelfia...[4]

Les œuvres mais aussi la trajectoire de Las Casas, et ce qu'elle suppose, seront donc réinvesties, à partir d'une position d'énonciation différenciée, à partir de lieux socio-idéologiques également différenciés. Ainsi donc la figure de Las Casas reste ou est devenue un véritable enjeu symbolique.

Ce serait réducteur de la limiter à un fait historique auquel on référerait uniquement à des fins de véracité, d'humanisme ou encore d'humanité. Quand bien même ce serait le cas, le combat pour l'humanité d'un groupe social (les Indiens, par exemple)[5] est déjà en soi un authentique enjeu.

Ainsi donc la (re)découverte de Las Casas ne nous semble pas aussi désintéressée qu'il n'y paraît. Elle porte en creux la question de la place qui revient aux Indiens dans la construction des États-Nations Latino-américains après les indépendances.

On peut aussi y voir les traces du débat acharné dans la *ciudad letrada* de l'Amérique Latine à propos de la légitimité du fait colonial espagnol (est-elle justifiée ou justifiable ?) et, par ailleurs, les traces de l'appréciation de ce même fait colonial qu'on oppose, à la faveur des personnalités comme Las Casas et son humanisme militant, au fait colonial anglosaxon (anglais, hollandais)[6].

Celui-ci étant perçu comme plus cruel, raciste, moins intégrateur, farouchement opposé à toute idée de brassage. En effet, il n'est pas rare d'entendre ou de lire sous la plume de certains intellectuels que le fait colonial espagnol (donc latin) a, au moins, le mérite d'avoir légué à l'Amérique Latine quelque chose de fondamental. Ce quelque chose qui, paradoxalement, est devenu aujourd'hui un véritable *frame discourse* ou un "grand récit", à savoir le métissage.

D'une manière générale nous ferons observer que l'appréciation du fait colonial (français, espagnol, anglais, portugais, etc.) s'est au fur et à mesure limitée aux modalités ou formes de domination (assimilationisme,

---

[4] Antonio Benítez Rojo, *La isla que se repite*, Edición definitiva, Editorial Casiopea, España, 1998, p.112.

[5] Cf. André Saint-Lu, *Las Casas indigéniste. Études sur la vie et l'œuvre du défenseur des indiens*, L'Harmattan, 1982.

[6] Voir à ce propos l'article du Maestro Fernando Retamar que nous publions dans ce numéro. Ou l'on se rend compte que le discours de la rédemption (?) du fait colonial espagnol, grâce à la figure et au cheminement de Las Casas n'est pas que propre à l'Amérique Latine.

administration directe ou *indirect rule*, centralisme contraignant, etc.). La question de la légitimité de la conquête, de la colonisation ou de l'esclavage n'est envisagée que marginalement.

Dans la plupart des cas ces faits sont posés par les uns et par les autres comme inéluctables[7] du fait du développement des techniques maritimes, du besoin et de la recherche de nouveaux produits et nouveaux marchés, de la curiosité pour les Antipodes (hommes, cultures, milieux, etc.).

Cet argument de bon sens mais surtout *bon chic bon genre* n'est séduisant que par sa volonté, non affichée, de naturaliser l'Histoire. En suivant la logique de cet argument on en est logiquement arrivé à dire que la colonisation, l'esclavage et la conquête étaient justifiés, justes et bons dans leur Idée, dans leur Esprit. Ils n'ont été viciés que par le mauvais usage qu'on en a fait. Le combat consistait donc, et Las Casas en était, à retrouver cette Idée, cet Esprit originel.

Aujourd'hui il est surprenant de voir comment le discours sur le colonialisme (en Amérique Latine mais aussi en Afrique) emprunte toujours et encore aux prémisses et aux schémas discursifs légitimateurs du sujet colonisateur.

Prosaïquement et très schématiquement cela donne ce qui suit. C'est pour votre bien que nous vous avons colonisés, mortifiés, rendus esclaves. Malheureusement il y a eu, comme dans toute entreprise humaine, des ratés, des malentendus, des mal*encuentros*, des exagérations. Celles-ci ne sont d'ailleurs que le seul fait de quelques brebis égarées, des *maladrones,* assoiffés de pouvoir et de richesses facilement engrangées.

En outre—interroge-t-on— les civilisations amérindiennes n'étaient-elles pas déjà, avant même la colonisation, déliquescentes et donc, d'une façon certaine, vouées à disparaître ?

Ne nous plaignons donc pas trop, soyons réalistes, reprennent en chœur les sujets colonisés-voix du Maître ou prétendument lucides ; ils nous ont tout de même légué le métissage, ils ont mis fin au cannibalisme et à la sauvagerie des Indiens et des Nègres, leur nudité saisissante mais surtout outrageante ; Ils leur ont permis enfin de se distinguer de la Nature à laquelle ils se confondaient irrémédiablement.

On assure aussi qu'ils « nous » (mais qui parle donc au nom des Indiens et des Noirs ?) ont permis d'accéder à l'Universel : la Religion

---

7 Cela expliquerait le mépris, l'oubli ou simplement le rejet, parce que pamphlétaire, subjectif ou trop engagé, du texte (à notre sens toujous d'actualité) de Aimé Césaire, à savoir *Discours sur le colonialisme*, Présence Africaine, 1955.

chrétienne, la Raison, les langues européennes, l'Écriture, etc. Ils nous ont fait entrer, un peu violemment certes (cela est fort regrettable), dans la Modernité. Nous sommes ainsi devenus aujourd'hui des sujets parlants adultes, des sujets de Discours.

Ce genre d'argumentaire qui reprend et déploie la raison d'un humanisme content et bon teint ne laisse pas d'intriguer. On est donc en droit de se demander ce qu'il y a derrière un tel discours sur le colonialisme complètement enfermé dans une logique purement comptable.

N'est-ce pas là encore l'une des multiples façons de dédouaner les consciences d'une histoire qu'on voudrait révolue mais qui, force est de le constater, fonde et légitime encore l'ordre du discours, l'ordre des couleurs, l'ordre des théories et des sciences, l'ordre des problématiques, l'ordre des langues, l'ordre des richesses... bref, l'ordre des choses ?

De notre point de vue, le "Nouvel ordre Mondial" que d'aucuns appellent de tous leurs vœux mais dont, par ailleurs, on perçoit difficilement les contours et la portée n'est rien moins que la reconnaissance tacite de cette histoire qu'on voudrait dédouaner, raturer.

Finalement, la (re)découverte ou la convocation de Las Casas par diverses pratiques discursives porte aussi en creux la question de l'esclavage des Africains noirs. Quelle est la part de responsabilité de Las Casas dans l'esclavage transatlantique ? En est-il seulement le responsable ? Peut-on dire qu'il l'a, même malgré lui, cautionné moralement ? Dans quelles circonstances était-il amené à faire sa proposition ?

De la même façon on s'interroge sur les circonstances ou les raisons profondes de son *mea culpa*. Las Casas devait, en effet, condamner (au même titre que celui des Indiens ?) l'esclavage des noirs Africains des années plus tard, presque au seuil de la mort.

Tous ces enjeux que nous avons rapidement évoqués prouvent, si besoin en était, que l'esclavage des Africains noirs et la trajectoire de Las Casas pendant la colonisation espagnole ne sauraient être considérés comme une "affaire" close et sur laquelle on se doit, distance historique oblige, de porter un regard externe et de ce fait "normalement" objectif.

Comment peut-on alors comprendre que certaines visions de l'Autre, en général, et du Nègre, en particulier, qui avaient cours à l'époque de Las Casas aient pu persister encore, au moins jusqu'aux XVIIIe et XIXe siècles, périodes pendant lesquelles elles ont été érigées en schémas interprétatifs de la figure de l'Antipode ?

Il s'agit là de l'une des interrogations fondamentales que pose N. Capdevilla dans sa saisissante contribution à ce volume. À notre avis, un tel parcours de représentations ou une telle persistance-continuité des schèmes de représentation de l'Autre et du Nègre en particulier, trouverait sans doute une des ses explications dans l'existence d'une formation discursive mais peut-être encore davantage d'une formation idéologique commune aux pays européens impliqués dans les aventures coloniales.

Nous touchons là véritablement à l'une des limites de la vision accumulative de l'histoire : orientée d'un avant vers un après, autrement dit vers une évolution implacable. C'est ainsi que toute mise en perspective régressive (?) est/sera irrémédiablement taxée, au mépris même de *la longue durée* dont se réclament certains historiens, d'anachronisme.

En réalité, nous avons ici affaire à une certaine conception tendancieuse du faire historique. Fraginals la dénonce parce qu'elle est, d'après lui, politiquement marquée et ce malgré la prétention à l'objectivité que traduisent certaines prémisses sur lesquelles elle repose et qui, il faut le souligner, font aujourd'hui autorité :

> ¿ Cómo se han construido los mitos históricos ? No es un hecho casual que la historiografia burguesa estableciera como axiomas universales ciertas premisas "científicas", como las siguientes : los hechos recientes no pueden ser analizados correctamente por el historiador, es necesario que el tiempo los decante, calme las pasiones y fije los valores. No se puede juzgar el pasado con criterios del presente. El historiador ha de ser un hombre desapasionado. Estas son algunas reglas burguesas del juego historiográfico. Son verdades parciales : es decir, mentiras parciales. Y todas conducen a un mismo fin : lograr, de manera *científica,* que los historiadores se aparten de todo el contacto con la vida[8].

Venons-en maintenant à notre analyse en référant tout d'abord à la "*pièce à conviction*" que les historiens et autres chercheurs instruisent, généralement à charge ou à décharge. Manifestement l'investigation n'est pas close et, de ce point de vue, toute sentence ou proclamation péremptoire est frappée de partialité, dans tous les cas, risquerait d'être entachée de suspicion.

La voici :

> [q]ue en lugar de los indios que había de tener las dichas comunidades, sustente S.A. en cada veinte negros, o otros esclavos en las minas, de comida la que hobiere menester, y será muy mayor servicio para S.A. y ganancia, porque se cojerá mucho más oro que se cojerá teniendo doblados los indios de los que había de tener en ellas.

Il s'agit, comme on l'aura reconnu, du *undécimo remedio* qui figure, en même que treize autres, dans le *Memorial* publié en 1516 par Las Casas. L'exégèse ou l'interprétation de ce "remède" constitue, en règle générale, la

8 Manuel Moreno Fraginals, *op. cit.*, p.13.

ligne de partage entre ceux ou celles qui rendent (ou l'insinuent) Las Casas responsable (sinon totalement du moins partiellement) de la Traite des Noirs et celles ou ceux qui l'en absolvent (au passage on déplore son "aveuglement", son "erreur" ou l'"aberration" de cette proposition) en rappelant, au reste fort justement, qu'il n'y est pas question que des Noirs et que, par ailleurs, d'autres personnalités avaient, bien avant ou au même moment, déjà abondé dans le même sens que Las Casas.

Les débats féconds, passionnés et rudes sur le onzième remède de Las Casas sont dorénavant assez connus pour qu'il soit nécessaire de s'y arrêter. Certains articles contenus dans ce numéro y reviennent. Toutefois, de ce onzième "remède" nous souhaiterions attirer l'attention sur quelque chose qui y figure comme un non-dit parce que justement il était largement diffusé et partagé par les esprits de l'époque de la proposition de Las Casas.

Il s'agit du grand récit de la vigueur physique des Noirs et leurs capacités naturelles à faire face à certaines rigueurs du climat : la chaleur torride et les pathologies qui lui sont inhérentes, comme le paludisme et autres infections ou miasmes tout tropicales. Nous ferons remarquer, en passant, que ce récit de la vigueur physique des Noirs continue encore à imprégner ou à informer certains travaux consacrés à la problématique qui nous intéresse.

À force de s'appesantir sur la vigueur physique des esclaves noirs on a finit par perdre de vue ou minimiser le lourd tribut qu'ils ont payé du fait de leur implacable exploitation par le système esclavagiste.

Les statistiques existant et faisant plus ou moins autorité avancent quelques chiffres concernant les Noirs effectivement transplantés dans les Amériques pendant la période de la traite et de l'esclavage. Ces chiffres, on peut le déplorer, sont souvent discordants et contradictoires. En outre, suivant les pays et les pratiques qui y ont naguère cours, ces chiffres mériteraient d'être revisités.

Il en est ainsi, par exemple, du Costa Rica :

> No es posible conocer la cantidad exacta de personas sometidas a esclavitud durante el período colonial de Costa Rica, toda vez que el tráfico no siempre fue legal ; se hacía sin papeles ni protocolos en las dos costas, principalmente en Moín y Matina, con zambos mosquitos, ingleses, holandeses y piratas de diferentes banderas venidos a comerciantes ilegales. Los venales gobernadores que solían ser enviados a estos territorios no dejaron constancia de este tráfico, y si hoy tenemos un poco de luz sobre ellos se lo debemos a Diego de la Haya, quien hizo una minuciosa, larguísima y detallada investigación en los primeros años de su gobierno, en los alrededores de

1719[9].

Il faudrait peut être arriver à établir le nombre des esclaves noirs morts effectivement des suites des travaux auxquels ils étaient astreints et condamnés en tant que "instruments utiles" ou en tant que "meubles". Ce n'est sans doute pas une entreprise aisée, mais cela aurait pour mérite de vider de son contenu l'argument de la vigueur physique congénitale qui place le Nègre au-delà de toute souffrance. Cet argument a servi à légitimer et à banaliser les exactions tous azimuts dont il a été l'objet.

Ainsi que Éric Williams l'a montré dans *Capitalisme et esclavage* (1964), le grand récit de la vigueur physique du Nègre, qui le prédisposerait donc à être naturellement asservi, n'est rien d'autre qu'une vieille lune raciste qui, d'une part, repose sur la théorie du climat et, d'autre part, traduit le besoin de trouver une justification à l'esclavage et à l'asservissement des Noirs.

Il rappelle, en s'appuyant sur les travaux de J.S. Basset, que dans les colonies britanniques ce sont des Blancs qui ont les premiers servi comme main-d'œuvre dans les exploitations agricoles et minières. Si leurs conditions de travail étaient proches de celles que connaîtraient après les Noirs, il n'en demeure pas moins vrai qu'ils étaient sous contrat (donc relativement protégés par les lois) et, c'est la chose la plus importante, n'étaient pas légalement esclaves à vie, de père/mère en fils/filles :

> [c]et asservissement des blancs est d'une importance cruciale pour la compréhension du développement du Nouveau Monde et de la place du Noir dans ce développement. Il [Bassett] fait éclater le vieux mythe du Blanc incapable de supporter l'effort du travail manuel dans le climat du Nouveau Monde, seule et unique raison pour laquelle les puissances européennes auraient eu recours aux africains. L'argument est indéfendable[10].

Le seul argument justifiant l'esclavage des Noirs était économique : produire des richesses à un coût dérisoire en utilisant une main-d'œuvre taillable et corvéable à souhait. Le travail physique du Nègre esclave est donc au fondement de l'exploitation des richesses dans toutes les Amériques. L'esclave nègre a été du reste légalement (le *Code Noir)* et idéologiquement (sa puissance physique naturelle, sa docilité à accomplir des besognes qu'on lui demande, sa bestialité, sa rédemption par la souffrances des mines et autres exploitations, etc.) institué en main-d'œuvre

9 Tatiana Lobo Wiehoff y Mauricio Meléndez Obando, *Negros y Blancos Todo mezclado*, Editorial de la Universidad de Costa Rica, san José, Costa Rica, 1999, p.57.

10 Eric Williams, *Capitalisme et esclavage* [titre original : *Capitalism and slavery*, 1964], avec une introduction de D.W. Brogan, Présence Africaine, Paris, 1968, p.35.

absolue.

Cependant, la force du Nègre n'a pas été utilisée que pour la production des richesses, elle a aussi été instrumentalisée dans le sens d'une reproduction-fabrication biologique d'autres esclaves. Car il était un principe intangible que les enfants nés de parents esclaves (mais ce statut dépendait surtout de celui de la mère) étaient automatiquement esclaves et ceci *ad vitam eternam*.

D'où la figure du Nègre mètre étalon ou "le délégué aux œuvres de fécondation" (E. Glissant) chargé de fabriquer du bétail humain en violentant des négresses-vaches à nègres-esclaves futurs. Sans aller jusqu'à dire qu'il est à son principe, qu'il l'a originé on peut néanmoins postuler que le grand récit de la vigueur-prouesse sexuelle du Nègre a été potentialisé par les noirs moments de l'esclavage.

Ce récit est, nous semble-t-il, le pendant de l'autre, grand aussi, que nous venons de voir : la force noire, la vigueur-résistance physique du Nègre. Sauf une profonde méconnaissance, qu'on nous pardonnerait certainement, aucun travail n'a jusque là fait le lien entre ces deux récits qui, au reste, puisent à une même source : la représentation (au long cours) du Nègre comme animal et/ou bête de somme.

Nous nous emploierons à présent à établir la permanence du grand récit de la vigueur-prouesse sexuelle du Nègre (homme ou femme) dans les mémoires collectives occidentalo-américaines et nous examinerons aussi les conséquences sociales qu'un tel récit engendre, par ailleurs.

Les investissements divers, multiples et massifs sur la vigueur ou la prouesse sexuelle du Nègre ont donc fini par en faire un "grand récit" (master narrative). Cependant, au contraire des autres grands récits (Le Progrès, L'Humanité, La Raison, La Démocratie, La Modernité, La République, etc.) qui -d'après les sectateurs de la pensée post-modern/iste- se trouvent désormais désactivés, émoussés, délégitimés, pour ainsi dire, émasculés (dans la mesure où ils ont perdu leur pouvoir de dire le monde, c'est à dire, de féconder symboliquement le chaos) par un certain ordre des choses, le récit qui nous intéresse ne souffre d'aucune de ces pathologies.

Bien au contraire, il est toujours en vigueur, se diffuse (sans canonnière ni instances de légitimation) et se ressource constamment. À la faveur des événements ludiques et festifs tel le carnaval brésilien (Río ou Bahía) et l'hexis corporel doublé de l'érotisation des corps qu'il engendre ; à travers certaines rencontres sportives prisées (et l'écho de plus en plus grandissant qu'ils rencontrent) indiscutablement dominées par « les beaux-mâles et belles-femelles », athlètes noir(e)s.

Ils/elles sont à l'athlétisme et aux sports en général ce que, dans les années 30, Josephine Baker était au monde du spectacle[11]. Il y a fort à parier que ces athlètes noirs mâles réactivent dans les imaginaires occidentaux le mythe du nègre-Étalon.

On retrouve aussi les traces du grand récit en question dans les discours qui portent sur certaines catastrophes épidémiologiques. En effet, il n'est pas rare d'entendre, à demi-mot, de manière feutrée mais suffisamment éloquente pour l'imaginaire sollicité, que le *SIDA* s'est originé en Afrique, en tous les cas chez les Noirs (Haïti) et que, quand bien même l'argument concernant l'origine du *VIH* serait contestable, il est indéniable -assure-t-on- que son explosion est surtout manifeste dans le continent noir.

Le grand récit de la vigueur ou de la prouesse sexuelle du Nègre est aussi "naturellement" diffusée par la littérature prostitutionnelle et par la littérature *a secas*, la grande. Il nous est d'avis que, sur ce point précis, la ligne de partage entre ces deux pratiques discursives tient davantage au degré d'honorabilité qu'on leur accorde ou à l'idéologie charismatique (P. Bourdieu) des grands textes littéraires, des grands auteurs.

On pourrait aussi mentionner le *Net* où l'on fait un sort particulier aux sujets érotisés-noirs (ou ce qui s'en approche). Et ce sort passe, en premier lieu, par la mise en rapport direct ou différé de ces sujets avec d'autres sujets érotisés (présents ou à venir) non-noirs.

Le discours publicitaire (en Europe tout comme en Amérique Latine) n'est pas en reste. Le cas le plus patent en est peut-être celui des réclames concernant le café. On y met en fréquemment en scène un Noir. Le plus souvent quelqu'un dont on puisse dire qu'il en a : beau, grand, fort, baraqué, etc. Ces réclames mettent aussi l'accent sur les effets euphorisant, revigorant... *vit*-alisant du "noir" (grand ou petit) sur ceux, mais surtout, celles qui le prennent ou en font les gorges chaudes. *Jamais sans mon "noir"*, pourrait-on dire !

Mais il appert que le lieu privilégié de la diffusion (et donc de son ressourcement constant) du "grand récit" de la vigueur-prouesse sexuelle du Nègre demeure, sans conteste, la *doxa*, l'opinion communément admise ou partagée et qui s'impose à nous sous le mode de l'évidence ou au travers de

---

11 Sur ce qu'a représenté la figure de Josephine Baker dans le show buissness et sur l'inscription du Nègre dans la publicité occidentale nous renvoyons au très important ouvrage, *NégriPub L'image des Noirs dans la publicité*, de Raymond Bachollet, Jean-Barthélemi Debost, Anne-claude Lelieur, Marie-Christine Peyrière, Préface de Kofi Yamgnane, Éditions Somogy, Paris, 1992.

ce que M. Foucault a appelé l' "*arithmétique de la preuve*" (1999)[12].

X dira, par exemple, pour étayer ses propos sur le sexe ou la sexualité du Nègre qu'il ou elle a "fait l'Afrique", il ou elle a connu des pays où, sans en être nécessairement la couleur, les Noirs en font partie. Qu'un de ses copains ou copines fréquente des Nègres. Qu'il ou elle l'a vu de ses yeux, l'a entendu des ses oreilles, propres. Que *Y* l'a expérimenté/e, à son corps défendant-jouissant ou souffrant.

C'est ainsi que surgit la figure de Mamadou-*monzami* (pour la doxa en France il est le synonyme ou le prototype des africains noirs, tout comme Mohamed-*couscous* et Perez ou Martinez-*ne compro pas* le sont respectivement pour les arabes et les espagnols) débarquant à un poste frontalier en France. À la question-interpellation du flic ou du gabelou de service concernant son sexe (civil, aurait-il dû l'entendre) Mamadou-*monzami* répond : E-N-O-R-M-E (avec l'accent, évidemment).

Ceci. Dépité et malheureux de ne pas être si bien doté, alors que la chose de son copain Nègre était naturellement incommensurable, Bobadillo se vit conseiller de le rallonger patiemment en lestant son sexe, chaque jour que Dieu fait, d'un caillou. Son dessein le plus profond finit par se réaliser au bout de quelque temps. À rebours, son machin *lui y en a être* parfaitement nécrosé. *Noir dessein*, dirait-on alors !

Ceci encore :

> Ce sont des bêtes ... Ils ne pensent qu'à ça. La voisine mariée avec un nègre, elle n'en peut plus ... matin, midi, le soir, la nuit ... Et puis ils ont un machin comme un âne, alors ils ne sont pas faits pour nous, les Blanches ... ça doit aller pour les femmes noires[13].

Nous voudrions insister sur ce mode de relation du grand récit de la vigueur-prouesse sexuelle du Nègre : la marque du pluriel, comme dirait A. Memmi, (*"ils"*) ; l'indéterminé qui cependant balise en même temps un espace de complicité et un parcours de représentation tendant à faire accepter et à tenir pour fondés les faits relatés ("*un machin*") ; la postulation qui rapproche le Nègre d'un l'animal à queue ("*âne*") ; l'arithmétique de la preuve que traduit l'expérience, de toute évidence, limite ou imparable de la voisine ("*la voisine mariée*") ; et l'opposition qui se dessine, irrémédiable : eux ("*ils*", "*femmes noires*") versus nous ("*femmes blanches*"), etc.

---

[12] Michel Foucault, *Les anormaux. Cours au Collège de France*. 1974-1975, Édition établie sous la direction de François Ewald et Alessandro Fontana, par Valerio Marchetti et Antonella Salomoni, Hautes Etudes, Gallimard, Le Seuil, mars 1999.

[13] Dr. Solange Lambergeon, *Racisme et sexualité*, Casterman, Collection "vie affective et sexuelle", 1973, p.39.

Et des vertes et des pas mûres, et des gros et des pas gros qui suffiraient à remplir ou plutôt à noircir les blanches pages de cette communication. Il convient cependant de souligner que le grand récit qui nous occupe ne se décline pas de la même façon selon qu'il s'agisse de l'homme-Nègre ou de la femme-Négresse. Chez l'un ce qui ressort est à la capacité à jouir (et donc à faire jouir) indéfiniment et chez l'autre ce que l'on retient c'est sa capacité imbattable à recevoir (et donc à procurer du plaisir).

Autrement dit le grand récit de la vigueur-prouesse sexuelle du Nègre est traversé par une certaine division du travail sexuel surannée mais érigée en Loi. Quoi qu'il en soit, aussi bien le Nègre que la Négresse ont en commun un même dénominateur : leur performance : *Nègre/sse quand tu nous tiens*, donc !

Le second point qu'il faut souligner est que ce grand récit est partagé, très certainement à partir de positions d'énonciation différente, par les Nègres et les non Nègres. Il ne se réduit pas non plus à quelques pays en particulier qui ont eu ou ont encore, du fait de l'histoire (colonisation, esclavage, immigration, études, etc.) un commerce avec les Nègres. Il est donc pour ainsi dire universel ou, si l'on veut, rendu universel.

Nous avons découvert récemment, grâce à l'excellent travail de Henry Louis Gates, Jr., *The signifying monkey (*1988), l'importance de Esu ou Legba. Dans la cosmogonie Yoruba et Fon (Afrique, Cuba) il représente le truchement-interprète privilégié des dieux :

> Each god speaks a language of his or her own, and only Legba can interpret these because Legba "knows all languages". Such a role as intepreter (...) most certainly is designed to serve as aperpetual reminder of Lega's role, a subtle role for the Fon. For the Fon, Legba is a principle of fluidity, of uncertainty, of indeterminacy even of one's inscribed fate[14].

L'une des particularités, et non des moindres, de Esu-Legba est d'être doté d'un sexe énorme, impressionnant. Il est aussi, du fait d'un châtiment, priapique. Mais cette particularité ne doit pas être interprétée de manière réductrice comme une célébration mythologisée/divinisée d'une phallocratie ou d'une phallogocentrie qu'on voudrait, par ailleurs, considérer comme un apanage exclusivement et authentiquement africain ou nègre.

Car, ainsi que le souligne Louis Gates, du fait de son hybridité intrinsèque, il est à la fois homme et femme, Esu-Legba échappe justement

---

14 Henry Louis Gates, Jr. "A myth of origins : Esu-Elegbara and the signifying monkey", in *The signifying monkey A theory of African-American Literary Criticism*, Oxford University Press, New York Oxford, 1988, p.28.

aux indentifications-interpellations génériques : femme et homme. De ce point de vue la conclusion que le critique noir américain tire de l'hybridité de Esu mérite qu'on s'y arrête :

> Metaphysically and hermeneutically, at least, Fon and Yoruba discourse is truly genderless, offering feminist literary critics a unique opportunity to examine a field of texts, a discursive universe, that escape the trap of sexism inherent in western discourse. This is not to attempt to argue that African men and women are not sexist, but to argue that the Yoruba discursive and hermeneutical universes are not. The Fon and Yoruba escape the Western version of discursive sexism through the action of doubling the double ; the number 4 and its multiples are sacred in Yoruba metaphysics[15].

Au Brésil, tout comme en Afrique, on reconnaît aux femmes noires le pouvoir de décupler la vigueur-prouesse sexuelle de l'homme ou, au contraire, le pouvoir de la désactiver, de la rendre insignifiante. C'est donc vers ces femmes-*curanderas* qu'on se dirige lorsque se posent des problèmes dont on suppose que le dénouement heureux passe par une plénitude sexuelle.

Les herbes sacrées et autres aphrodisiaques sont leur lot quotidien et elles en détiennent le secret. Finalement ces femmes noires font et défont le sexe. Elles sont donc à la fois fascinantes et redoutées. Ceci expliquerait, pour partie, la pratique, instituée dans le Brésil esclavagiste, du dépucelage des damoiseaux de *cuna*, des *infants* de l'oligarchie par les domestiques noires :

> Tout Brésilien, même quand il est clair et qu'il a les cheveux blonds, porte dans l'âme (et si ce n'est pas dans l'âme, c'est sur le corps : pas mal de gens ont la tache mongolique au Brésil) l'ombre ou la marque de l'indigène ou du nègre... Celle de l'esclave ou de la domestique noire qui veillait sur notre sommeil... De celle qui nous a initié à l'amour physique et nous a donné, dans le hamac qui grinçait sous le vent, notre première impression de virilité ... On connaît au Brésil des cas non seulement de prédilection, mais encore d'exclusivisme, d'hommes blancs, qui ne peuvent jouir qu'avec des négresses[16]

De sorte que le slogan tout brésilien que mentionne Freyre, à savoir : "*brancas para casar, mulatas para folhar, negras para cocinar*" mériterait d'être amplement relativisé ou revu. Pour au moins deux raisons. D'une part, parce que la distinction que l'on a coutume de faire entre *la negra* et la

---

[15] Henry Louis Gates, Jr., *op. cit.*, p.30.

[16] Gilberto freyre, "L'esclavage nègre, la sexualité et la famille brésiliennes" dans *Maîtres et esclaves La formation de la société brésilienne*, [titre original : *Casa-Grande E Senzala*], traduit du portugais par Roger Bastide, préface de Lucien Febre, TELgallimard, 1974, p.261.

mulata n'est pas aussi pertinente et évidente qu'il n'y paraît. On oublie qu'il y avait eu à l'époque coloniale (mais cela subsiste encore) toute une échelle de la *mulatía* ou de la *mulatez* :

> Quoique la tradition populaire y voie un diminutif de *mulo,* mule, cette étymologie, qui se rencontre aussi dans les dictionnaires, est rejetée par Fernando Ortiz et Vocente Rossi. Ortiz pense que le mot [mulâtre] vient du mandingue "*mulata*", de teinte claire ; Rossi, lui, avance l'arabe *muallad,* qui vient d'une combinaison de Maure et de Gothique, et qui en espagnol s'est corrompu en "muladi". Dans la langue du peuple, ce mot suggérait la stérilité et la stupidité de la mule. Il est intéressant de noter que les Espagnols subdivisaient les *mulatos* en mulâtres blancs (*mulatos blancos*), mulâtres clairs (*mulatos claros*), mulâtres noirs (*mulatos prietos*), mulâtres bruns (*mulatos pardos*), mulâtres maures (*mulatos moriscos),* mulâtres négroïdes (*mulatos anegrados*), mulâtres loups (*mulatos lobos*) et même mulâtres à l'aspect de loup (*mulatos alobados*)[17].

Par ailleurs, la performance sexuelle qu'on attribue généralement à la *mulata* proviendrait du "sang noir" qu'elle porte dans ses veines. D'une certaine manière, dans les imaginaires sociaux, la *mulata* pointe davantage le Noir qu'il ne pointe le Blanc.

C'est ainsi que la spéculation, comme on tend à le faire à Cuba et ailleurs dans les Amériques, sur la figure de la *mulata* en tant que synthèse harmonieuse et parfaite des races ou encore en tant que dépassement (souhaitable) du face à face entre le Noir et le Blanc apparaît donc comme sujette à caution.

D'une manière générale il conviendrait de revisiter toute cette nomenclature racialisante que l'histoire coloniale a léguée à l'Amérique Latine. On s'apercevrait alors que ses contours sont des plus flous et, rappelons-le tout simplement, que cette nomenclature n'a d'autre valeur que de distinction et de di-vision sociale.

C'est la marque d'un certain imaginaire sociale qui enserre ou traduit l'histoire et ses enjeux, les positions sociales en termes de couleur. Une chose est sûre au moins, le point fixe de la dite nomenclature, l'idéal vers lequel il faut converger absolument c'est le *Blanc* et l'élément discriminant ou le commutateur d'identités racialisés est le *Noir*. Sans le Noir il y'aurait un "suspens d'identité" (E. Glissant) dans les Amériques.

Au Mexique c'est une lexie, une expression laconique, en apparence

---

17 James-W Ivy, "Le fait d'être nègre dans les Amériques", numéro spécial de *Présence africaine*, Deuxième Congrès des écrivains et artistes noirs (Rome 26 mars-1e avril 1959), Paris, Tome I, pp.123-131.

non sexuelle[18], qu'on utilise pour en référer au grand récit de la vigueur-prouesse du Nègre : "*el Negro no puede*". Cette laconicité est cependant la marque de l'existence d'un tel consensus sur les dessous de l' "affaire" qu'il n'est point besoin de la nommer explicitement. *On se comprend* ou *ça se comprend* !

Comme nous l'avons dit plus haut, dans les mémoires sexuelles, le Nègre à la réputation de pouvoir toujours entrer en érection : jouir indéfiniment, autant de fois que la situation l'exigerait. Mais lorsque celle-ci se produit cela donne, d'après l'orchestre mexicain la Sonora Dinamita : "*Mamá yo me acuesto tranquila y me arropo la cabeza y el Negro me destapa... ay, mamá dime lo que quiere el Negro... ay, mamá que será lo que busca el Negro*", etc.

Qu'en est-il des États Unis ? Cornel West dans son célèbre *Race Matters* (1993) nous informe que le grand récit qui nous intéresse traverse de part en part l'imaginaire de la population blanche. Mais le critique afro-américain souligne aussi que la sexualité associée au Nègre effraie. Elle est, en tous les cas, vécue d'une manière ambivalente, contradictoire :

> Yet the paradox of the sexual politics of race in America is that, behind closed doors, the dirty, disgusting, and funky sex associated with black people is often perceived to be more intriguing and interesting, while in public spaces talk about black sexuality is virtually taboo[19].

Certains auteurs afro-américains ont judicieusement su inscrire cette ambivalence dans leurs productions. C'est la cas de Chester Himes, *La fin d'un primitif*, *La croisade de Lee Gordon*, entre autres textes, et de James Baldwin, *Si Bailey street pouvait parler*, *La prochaine fois le feu*, etc.

Dans une des nouvelles qui constituent la trame de ce dernier livre on assiste littéralement à la métamorphose fantasmatique d'un flic blanc qui venait d'assister à la pendaison publique d'un Nègre, ce *strange fruit* qu'a chanté naguère Billy Holliday, la grande dame du jazz. Une fois rentré chez lui et au moment de faire l'amour avec sa femme ledit flic se mue en Nègre afin de mieux combler son épouse. Le résultat en fut une prouesse sexuelle inhabituelle qui ne laissa d'émerveiller et de surprendre l'épouse.

On remarquera aussi que ce que nous désignons comme le *Penis-être* ainsi que le réalisateur afro-américain, Spike Lee, le met en scène dans son

---

[18] C'est là un champ d'investigation intéressant : découvrir et examiner les formes qu'on donne au récit de la vigueur-prouesse sexuelle du Nègre dans les autres pays latino-américains.

[19] Cornel West, "Black sexuality : the taboo subject", in *Race Matters*, Vintage Books, New York, 1994, p.120.

film "*You gonna have it*" ou encore tel qu'il figure dans certains textes-romans de Toni Morrison (*Jazz, L'œil le plus bleu, La chanson de Salomon*, etc.) est tout aussi catastrophique, pathétique et dramatique.

Car pour exister, socialement ou ontologiquement parlant, certains personnages noirs n'ont d'autre ressource que de se prévaloir ou de faire valoir leurs puissance et prouesses sexuelles. Au point que si, par un destin tragique, il leur arrive d'en couper un bout, ils deviennent, comme dans la nouvelle de Chester Himes, "Moitié d'homme" :

> [e]lle était trop terrorisée pour pouvoir crier [...] Elle croisa les jambes, les serra et essaya de tourner sous lui [...] Il gémissait de bonheur, il poussait de plus en plus dur, son membre palpitant s'enfouissait petit à petit dans la chair chaude de la fille [...] Il remarqua qu'elle ne bougeait pas [...] Il essaya de se retirer d'elle. Il voulait courir chercher de l'aide. Mais elle ne se détachait pas. Ils étaient collés l'un à l'autre [...] Il saisit le couteau de boucher et d'un coup rapide, il se libéra. Il jeta un regard sur elle qui gisait là, la moitié sanglante de son membre émergeant de son entrejambes et palpitant encore [...] Il saisit la moitié qui lui restait de son membre pour arrêter l'hémorragie...[20].

Tout cela se fait, bien entendu, prioritairement au détriment des leurs ou des autres membres de la communauté noire. Les conséquences directes en sont les viols, des fois incestueux ou même à l'intérieur des couples officiellement constitués.

Le *Penis-être*, chez le Nègre ou celui dans lequel on le confine, s'est traduit (mais le passé ici devrait être relativisé car ces pratiques sont toujours d'actualité) aussi, à rebours, par la castration systématique des Noirs lynchés et/ou pendus aux États Unis pendant la période qui fait suite à la fin de la guerre de sécession. Ce triomphe des nordistes sur les sudistes a, paradoxalement, inauguré (dans les États du sud des États Unis) le développement séparé, connu aussi sous le terme de *Jim Crow system of segregation*[21].

Le Penis du Nègre semble être désormais devenu ce qui le définit le mieux. Cela est vrai de l'époque qui nous occupe mais l'est tout autant de nos jours. Car, si l'on tient compte de certaines analyses de Franz Fanon, il s'agit là, en fait, d'un trait profond de l'imaginaire occidental vis à vis du Nègre.

---

20 Chester Himes, "Moitié d'Homme", in *Faut être Nègre pour faire ça*, Nouvelles traduites de l'americain par Hélène Devaux-Minié, Collection 10/18, 1986, pp.21-24.

21 Cf. F. James Davis, *Who is Black. One nation's definition*, The Pennsylvania State University, 1991

Nous nous arrêterons sur l'exemple suivant qu'il propose. Et qui a l'avantage de mettre en regard le Juif et le Nègre dans tels que perçus par l'imaginaire occidental :

> Il ne viendrait, par exemple, à l'idée d'aucun antisémite de castrer le Juif. On le tue ou on le stérilise. Le Nègre, lui, est castré. Le pénis, symbole de virilité, est anéanti, c'est à dire qu'il est nié. On aperçoit la différence entre les deux attitudes [...] Dans le Juif qu'on stérilise, on tue la souche ; chaque fois qu'un Juif est persécuté, c'est toute la race qu'on persécute à travers lui. Mais c'est dans sa corporéité que l'on atteint le Nègre. C'est en tant que personnalité concrète qu'on le lynche. C'est en tant que être actuel qu'il est dangereux. Le péril juif est remplacé par la peur de la puissance sexuelle du Nègre[22].

Faut-il voir dans cette façon de vivre la sexualité, telle que précédemment décrite, la trace d'une mémoire sexuelle malheureuse marquée par la longue et douloureuse de l'esclavage, période pendant laquelle la sexualité du Nègre était tronquée, bafouée et vilipendée ?

Faut-il, plutôt, lire et comprendre ce *Penis-être* désastreux comme l'une des conséquences, nombreuses, de la promiscuité réelle dans laquelle sont confinés ceux qui ne bénéficient pas ou ne bénéficieront jamais du rêve américain ? Ceux que Cornel West nomme les *have-nots* par opposition aux *Well-to-do*. Il est, en effet, notoire que les afro-américains peuplent largement le rang des premiers.

Ils ne figurent que très faiblement dans l'entre-deux, c'est à dire dans la catégorie des *Have-to-littles* (Cornel West). Les quelques cas de réussite, en soi déjà salutaire, des *Bubbies* (Black Urban Professionals) et autres membres de la bourgeoisie noire américaine ne doit pas faire oublier une telle dramatique réalité aux conséquences également dramatiques.

Les Noirs peuplent massivement l'autre Amérique. Mais finalement ne s'agit-il pas là d'un constat qu'on pourrait étendre à les autres Amériques. Qui, en dépit des déclarations officielles, consensuelles sur le métissage ou la "démocratie raciale", comme au Brésil, restent profondément marquées par le legs colonial de la *pigmentocratie* ou par ce que nous avons appelé, ailleurs, une *sémiotique somatique performative.*

La littérature latino-américaine porte, elle aussi, les traces du grand

---

22 Frantz Fanon, "Le Nègre et la psychopathologie", dans *Peau noire et masques blancs*, Éditions du Seuil, 1952, pp.132-133.

récit de la vigueur-prouesse sexuelle du Nègre[23]. À travers le mètre-Étalon, figure créée par le système esclavagiste à des fins de rentabilité : assurer du bétail-esclave-main d'œuvre et, le cas échéant, faire du profit en vendant une partie à d'autres propriétaires esclavagistes.

Nous ne mentionnerons que deux exemples, les plus extrêmes de notre point de vue. *Matalaché* (1928) du péruvien Enrique López Albujar et *L'oiseau schizophone* (1998) de l'haïtien Frankétienne. Le titre de notre travail emprunte partiellement à ce roman.

Voici une des descriptions que donne Frankétienne de l'étalon Saint-Phallus :

> [c]ette singulière founoucounouque, baptisée génitorium, servait de logis ou pour mieux dire de cage ou l'on gardait séquestré un robuste nègre gros gras, soumis à un régime spécial qui l'avait systématiquement métamorphosé en décrêqueur foudroyant, une race particulière de mongoumâle reproducteur. Les yeux gorgés de sang, la paupière gauche en apostrophe, une gueule de foufoune dilatée, le nez écartelée, on eut dit un volumineux clitoris crucifié entre les mâchoires d'un spéculum, le pubis armé d'une fusée cyclopéenne à longue portée, les jambes déverrouillées en fourches de fustiballes, tel apparaissait Saint-Phallus dans sa troublante majesté de zozogneur professionnel au service du colonialisme esclavagiste[24].

Son exception physique, travaillée de surcroît, prédispose donc Jolibois Saint-Phallus à la tâche grâce à laquelle il doit sa raison d'être de géniteur attitré par le système esclavagiste. Une brève pause sur l'expression de la vigueur et des prouesses sexuelles (et les bénéfices qu'on en escompte) de notre personnage s'impose ici :

> [e]n deux temps trois mouvements, il défrichait, sarclait, bêchait, creusait, semait, arrosait et aspergeait de liqueur blonde et de neige parfumée des kilomètres carrés de golandes montagneuses pour les fertiliser à la ronde-badine. Ce super géniteur empalait quotidiennement sans aucun signe de fatigue une brochette de jeunes femelles pubères méticuleusement sélectionnées... Chaque année, l'Habitation Charmant De Larnage déboulonguait d'une explosion de lunes en pleine ceinture et de plusieurs centaines de jumeaux. Un extrabouleux quota d'esclaves en herbe. Des

---

23 Nous nous proposons à l'avenir d'examiner les traces du grand récit de la vigueur sexuelle du Nègre dans les procès inquisitoriaux dans l'Amérique espagnole. Car il y a eu des sentences à l'encontre des Nègres pour ce qu'ils/elles détenaient le secret de l'Amour et parce que l'on sait que l'inquisition sanctionnait les Nègres pour l'intérêt et la passion morbide qu'ils déclencheraient chez les indiennes.

24 Frankétienne, *L'oiseau schizophone*, Éditions Jean-Michel Place, Paris, 1998, pp.483-84.

revenus faramineux[25].

Il y a bien évidemment dans le roman de Frankétienne une superposition entre une pratique avilissante et monstrueuse de l'époque de l'esclavage et la réalité politico-sexuelle contemporaine de l'île Mascarogne, ou règne le terrifiant régime zozobiste, décrite dans *l'Oiseau schizophone*.

D'aucuns y ont vu une féroce peinture de la dictature des Duvalier, servie servilement par les sinistres *tontons macoutes* et tout une cohorte de *polacos* et autres mafieux profiteurs. Une époque qui a fait de nombreuses victimes mais une époque qui a aussi tué la culture, la production intellectuelle.

Ce n'est sans doute pas sans raison que le personnage principal du roman, l'écrivain Philémond Théophyle, alias Prédilhomme est condamné à manger son livre, jugé subversif, feuille après feuille. Il est tout aussi symptomatique qu'il ait été traqué et arrêté, dès l'ouverture du roman, par "*deux agents zozobistes su SACACACAS (Service Anticamoquin Anticulturel pour les Actions Criminelles et les Affaires Secrètes*)" (13).

Revenons à la figure de l'étalon en littérature latino-américaine. Pour considérer le second exemple, à savoir le roman de Enrique López Albujar. Il n'y a pas chez l'écrivain afro-péruvien la veine ironique acerbe, saillante et "déchouquante" à souhait de Frankétienne ; il n'en demeure pas moins que son personnage est capable de la même performance sexuelle que Jolibois Saint-Phallus.

Le titre du roman de Albujar procède justement d'une scène de "déchouquage-foutraquage" de jeunes négresses esclaves. En effet, un autre esclave nègre, malheureux de ne pas pouvoir se faire valoir comme mètre-Etalon pour bénéficier donc du *yogamiento*, se contente de lorgner à travers le trou... de la serrure d'une porte la performance de l'Étalon nègre de service. Il en jouira tout en ponctuant son désir frustré ou les prouesses de l'Étalon en pleine action par des ¡ *Mátala Che* !. C'est de cette exclamation désirante du pauvre Nègre que dérivera *Matalaché* : surnom du personnage et titre du roman.

L'aura de *Matalaché* (de son vrai nom, José Manuel Sojo) et donc son importance comme Saint-Phallus-géniteur attitré du système esclavagiste péruvien se mesure, spectaculairement, lors d'un duel musical qui l'oppose à Nicanor de los Santos Seminario (alias, *Mano de plata*). Le commentaire ou le récit qui précède l'entrée en scène tant attendue de *Matalaché* mérite

---

[25] Frankétienne, *op. cit.*. p.370

qu'on s'y arrête quelque peu :

> [l]a curiosidad ardía en las pupilas. Entre las mujeres, particularmente, el interés por conocer al famoso Matalaché, de quien sabían más de una aventura, rayaba en exaltación. Las esclavas, sobre todo, que también fueran admitidas e instaladas separadamente, eran las que con más impaciencia esperaban su salida : unas para conocerle ; otras para ver una vez más al hombre que las hiciera madres en breves noches de felicidad. Algunas no habían vuelto a verle desde tres meses, desde cuatro año atrás ; otras, apenas pocos meses, desde que al nuevo amo de la Tina se le ocurriera en buena hora extirpar la abominable y secular costumbre del yogamiento forzado y tempora[l][26].

La délégation sexuelle dans le cas du mètre-Étalon ne procure pas que des avantages (être bien nourri, soigné, bénéficier de certains égards, jouir forcément, etc.) elle entraîne irrémédiablement une déchéance morale et physique. À force d'être préparer pour le *déchouquage*, le mètre-Étalon Saint-Phallus ne s'en tirera, finalement, que comme une loque, dans un état de ruine et de décrépitude prononcée :

> [l']étalon Saint-Phallus avait été quotidiennement drogué, embedonné, foulounoyé de nourritures infectes et de mixtures aphrodisiaques qui, en plus de leurs vertus volcaniques et cycloneuses, provoquaient paradoxalement de désastreux effets de dépersonnalisation schizoïde, dont les manifestations, réitérées sur une longue période de temps, conduisaient inéluctablement à la prostration du zombi recroquevillé dans la posture fœtale. Maladie coloniale génératrice d'aliénations incurables[27].

Matalaché ne souffrira pas du "syndrome du scarabée cocobé coucou gaga" qui afflige et tourmente son homologue Jolibois Saint-Phallus. Mais il connaîtra aussi une fin cruelle pour avoir été objet de convoitise charnelle de la fille de son maître. Il finira comme du Noir, broyé dans une machine à fabriquer du savon. "*El último jabón de la Tina*" nous précise Albújar.

Ces deux destins tristes et parallèles soulignent, si besoin en était, la position tragiquement paradoxale dans laquelle se trouvait confiné le Nègre-mètre-Étalon. Institué en un sujet sexuel à des fins de sinistre rentabilité, il demeure fondamentalement un instrument-objet dont le statut d'esclave n'est que momentanément suspendu grâce à la vigueur-prouesse de son Penis. Hors de là point de salut, même éphémère. Rien qu'un fœtus et donc un non-être ou un être en devenir, en tous les cas, un dernier parmi les derniers.

---

26 Enrique López Albújar, *Matalaché*, Prólogo de Carlos Garayar, 1928, 1990, 1996, PEISA, Lima-Perú, pp.140-41.

27 Frankétienne, *op. cit.*, p.485

Cela nous amène maintenant à interroger ce qui fonde le grand récit de la prouesse-vigueur sexuelle des Nègres (homme ou femme). Très provisoirement on peut avancer qu', à l'exception de l'Afrique noire, ce récit s'origine dans ce que certains discours racistes, mais prétendument scientifiques, ont naguère défini comme la nature bestiale du Nègre.

Ce présupposé "scientifique" va se décliner sur différents modes, mais toujours articulés par un même raisonnement paralogique et/ou syllogistique : *le Nègre est un animal ou une bête sauvage tous les animaux ou bêtes sauvages n'ont pas d'âme, n'ont pas de raison, puent et forniquent donc le Nègre pue, fornique, est dur à la tâche et aux châtiments*... etc.

Toutes ces assertions enferment le Nègre dans une pernicieuse logique du **manque** (ne pas avoir telle chose ou être dépourvu de telle autre chose, etc.) et/ou de l'**excès** (en avoir trop, être enclin à en faire trop mais aussi être capable d'endurer, etc.).

Le manque et l'excès, supposément définitoires du Nègre, pointent en réalité une mystique de l'harmonie, une mystique de la plénitude toute occidentalo-raciste ou eurocentriste. Cette même logique est aussi au fondement de toute tentative ou volonté de légitimation de la colonisation et de l'esclavage.

Par ailleurs, l'animalité du Nègre ou son caractère bestial posé comme une pétition de principe, dès le XVIIIe par les tenants du racisme scientifique, était largement diffusée et acceptée en Europe :

> Dans l'introduction à son article "Sur les proportions relatives du bras... chez les Nègres et les Européens il [Broca] utilisa une citation de l'Anglais Charles White qui croyait que les Noirs constituaient, à cause de leurs longs bras, un maillon entre les singes et les Européens... Il révéla ainsi que les Africains possédaient un pénis à cartilage comme celui des singes et que les vagins de leurs compagnes se trouvaient dépourvus d'hymen... Les Hottentots, considérés comme les moins évolués parmi les groupes d'Africains, étaient dépourvus de tout vrai langage : tout ce dont ils étaient capables, c'était d'articuler quelques sons gutturaux... C'est parce qu'ils croyaient les Noirs proches des animaux que les Européens purent accepter les récits que l'on faisait à propos des Niam-Niam, peuplade d'Afrique centrale qui, selon une croyance largement répandue, possédait une queue[28].

L'animalité du Nègre répulse et fascine à la fois. Elle répulse en ce sens qu'elle est *de facto* et *de jure* instituée en une frontière, en un seuil (anatomique, biologique, ontologique ou imaginaire) à partir de laquelle on

---

[28] William B. Cohen, *Français et Africains Les Noirs dans le regard des Blancs 1530-1880*, traduit de l'anglais par camille Garnier, NRF, Éditions Gallimard, Paris, 1981, pp.333-35

construit, on spécule et justifie (rendre juste... et bonne) l'humanité exclusive occidentale-européenne, Blanche.

Paradoxalement, c'est de cette répulsion que naît la fascination qu'exerce le Nègre. Car, d'un point de vue fantasmatique et sexuel, l'extrémité du Nègre est vécue ou représentée comme un indéfectible gage de sensations fortes, de sensations extraordinaires et uniques. En somme, une source intarissable capable de procurer des plaisirs ou des assouvissements inégalés, inoubliables :

> ... J'ai flirté avec des Annamites, des Noirs. Peut-être par curiosité pour des gens différents de moi, je suis curieuse des êtres. Peut-être tout bêtement, en tout cas pour les Noirs, à cause de la couleur de leur peau, qui est belle, en général [...] D'ailleurs j'ai eu une aventure sexuelle avec un Noir. C'est un de mes bons souvenirs de ma vie d'étudiante [...] Ah, et puis, j'avais oublié aussi : mon père, qui était sportif, connaissait très bien un grand Noir américain, Cubain je crois (Cuba était encore aux USA), qui était champion du monde de quelque chose, je ne sais plus quoi [...] Il était très grand, très beau, et -je devais avoir six ou sept ans- j'étais très fière de me promener avec lui ! Il me prenait sur ses genoux, me dorlotait, et c'était le paradis ![29].

Le grand récit de la prouesse-virilité que partagent les Noirs et les non-Noirs n'est cependant pas sans conséquences. En premier lieu il contribue à fixer le Noir (homme et femme) à son sexe. En effet le sexe semble être devenu, pour l'imaginaire occidental, un des traits pertinents (et donc indiscutables) de définition de l'être-Noir. C'est un point que Frantz Fanon a pertinemment analysé dans *Peau noire masques blancs*, en particulier dans le chapitre intitulé "Le Nègre et la psychopathologie"[30].

Par ailleurs, toute forme de sexualité impliquant un Nègre ou une Négresse est suspectée de lascivité excessive, de sensualité pareillement excessive. Dans tous les cas, elle sera prioritairement vécue comme dégradée et de ce fait dégradant ou avilissant.

D'où le dégoût observé par certains aliénistes chez des hommes ou femmes non-Noirs à l'idée de fantasmer sur un Nègre ou une Négresse. Ce dégoût s'exprime aussi, a posteriori, chez certains de ceux ou celles qui ont eu une liaison sexuelle effective avec un Nègre ou une Négresse. Il persiste chez eux un sentiment de culpabilité, de dégénérescence qui quelques fois est la cause de traumatismes profondes, irréversibles.

Il ne faudrait pas non plus se méprendre sur la nature projetée de la performance dont il a été jusque là question. Elle ne serait rien que purement

---

29 Dr. Solange Lambergeon, *op. cit.*. pp.34-37.

30 Frantz Fanon, *Peau noire masques blancs*, Éditions du Seuil, 1952, pp.115-169

quantitative. Elle n'impliquerait aucun raffinement, aucun art du sexe. Ni *Kamasutra* ni *Ars Amatori*.

L'opinion publique, en France et ailleurs en Europe, n'a t-elle pas consigné que le Noir était trop rapide ? Il n'aurait aucune notion des codes culturels, que l'on voudrait cependant universels, de la galanterie qui, en outre, reposerait prioritairement sur la différence. Au reste, on retrouve cette critique chez les mêmes Noirs lorsqu'ils déclarent outrés qu'ils n'ont pas de temps à perdre à conter fleurette, à chanter matines ou à se ruiner en délicatesses tous azimuts : ça passe ou ça casse.

E. Glissant s'est penché sur l'ignorance ou l'absence, que lui même présuppose, de la différence dans la sexualité vécue par le noir Martiniquais. Il le rattache à la sexualité dégradée que la longue expérience esclavagiste a générée et aurait inscrit durablement dans la "mémoire sexuelle" des Noirs dans les Antilles.

Toute forme de sexualité "normale" étant en principe proscrite chez les esclaves, ces derniers, à l'exception du Saint-Phallus-Mètre-Etalon-Géniteur attitré, ne satisfaisaient leur désir sexuel qu'à travers le *dérobé de la jouissance* (E. Glissant). C'est à dire quelque chose de précipité, fugace et qui s'exécutait rapidement lorsque la vigilance du système esclavagiste se relâchait ou pouvait être moquée quelque peu[31].

La lecture que propose E. Glissant est, malgré son apparente simplicité déterministe, suggestive et mériterait, comme il le laisse entendre lui même, un approfondissement. En effet la traite et l'esclavage ont laissé des traces profondes dans le rapport que les Noirs des Amériques ont avec leur sexualité mais aussi dans la perception que les sociétés globales américaines ont de la sexualité des Noirs.

Parmi tant d'autres exemples nous nous arrêterons sur celui du Pérou :

> Considérée comme propriété exclusive de son maître pendant l'esclavage, la Noire affranchie était après l'Abolition encore suffisamment dévalorisée pour que le Créole blanc abuse d'elle sans scrupule... Autrement dit, le mythe de la femme noire sensuelle avait pour fonction de permettre l'assouvissement facile de l'érotisme blanc, sans risque moral pour le groupe ethnique blanc... Tout cela explique pourquoi la Noire était considérée moins comme une femme que comme un simple objet de plaisir, facile à posséder pour le Blanc... Après l'Abolition, elle fut considérée comme une prostituée virtuelle,

---

31 E. Glissant, "Inconscient, identité, méthodes", dans *Le discours antillais*, Éditions Gallimard, 1997, pp.503-519.

toujours à la disposition des maîtres blancs[32].

Cependant, la perception de la femme noire comme un corps-sexe et une blanche page disponible aux fantasmes et à l'assouvissement-écriture du *Pénis-être* n'est pas exclusive du seul Pérou. Pour tout dire, une telle perception ne connaît guère de frontière.

La femme noire des Amériques est donc doublement victime, de sa propre communauté et du reste de la société globale. Les affaires du viol jugées ou tues sont nombreuses et devenues totalement banales. Paradoxalement, la violence sexuelle contre les femmes noires va engendrer, principalement aux États Unis, le mythe du *Nègre violeur*.

Il conviendrait de remarquer que ce mythe, dans le cas qui nous intéresse, traduit moins une volonté réelle de mettre un terme à une situation dégradante et déstructurante pour les victimes de viol qu'il n'exprime, en réalité, une angoisse obsessionnelle profonde de viol de la femme blanche par un mâle noir, par un Nègre.

C'est ainsi que certains dans la communauté noire des États Unis voient les condamnations régulières et systématiques à de très lourdes peines ou dans l'exécution des mâles noirs pour cause de viol (bien souvent non avéré ou établi) comme une des multiples formes d'injustice qui frappe les Noirs. La situation est à ce point inconfortable que la réalité dramatique du viol au sein même de la communauté noire est des fois reléguée au second plan par les féministes afro-latinoaméricaines. La cause de la communauté primant le reste.

Le grand récit de la prouesse-vigueur sexuelle du Nègre est pervers. Il condamne et disqualifie davantage le Nègre qu'il ne l'exalte. Au contraire de ce qui se passe dans le cas des autres grands récits, le Nègre se trouve être la première victime d'un récit dont on croirait, a priori, qu'il en constitue le centre. Et cela est d'autant plus paradoxal que les autres grands récits, naguère mentionnés, ont une efficace avérée et rentable. Ils servent, tout au moins, à consolider les mythes touchant à la supériorité de l'Occident, de l'Homme blanc, de sa culture et de ce qu'il représente (ou qu'on lui reconnaît) comme ses prérogatives.

Cependant, la véritable victime du grand récit de la puissance-vigueur sexuelle du nègre est la femme noire. Elle est, en effet, condamnée et réduite à être le réceptacle exclusif d'une chose étrangement attirante en soi mais qui lui est cependant naturellement destinée. Il n'y a qu'une Négresse pour

---

32 Denys Cuche, "L'expression sexuelle de l'antagonisme raciale" in *Pérou Nègre*, Éditions L'Harmattan, Paris, 1981, p.97.

assouvir valablement et positivement les instincts et les assauts sexuels du Nègre.

Mais cette prémisse est aussi valable dans l'autre extrémité :

> The fictional image of Black man as rapist has always strengthened its inseparable companion : the image of the Black woman as chronically promiscuous. For once the notion is accepted that Black men harbor irrestible and animal-like sexual urges, the entire race in invested with bestiality[33].

Ce type de discours raciologique de la sexualité contre lequel s'élève Angela Y. Davis explique que le rapport de l'homme blanc à la femme noire passent, la plupart du temps aux États Unis, par une forme de sexualité dégradée (la prostitution) ou violente et non moins avilissant (le viol).

Pour sa part Cornell West déplore, dans son livre déjà cité, l'instrumentalisation de la sexualité de la femme noire par certains discours traditionalistes qui ont cours dans la communauté noire des États Unis.

En effet, face à ce qui est présenté comme la dévirilisation ou l'émasculation constante et systématique du mâle noir par la société globale usaméricaine la femme-objet-eunuque devient le moyen de lui redonner son image, sa place de mâle mise à mal. Par ailleurs ce serait aussi, pense-t-on, le seul moyen réellement efficace de lutter contre la déstructuration de la famille noire qui souffre cruellement de l'absence du Père (et ce qu'on y projette socialement ou scientifiquement parlant).

En réduisant la femme noire au statut de femme-médiation, ces discours traditionalistes se rapprochent, à en croire Cornel West, du conservatisme et du puritanisme ambiants et dominant. Car toute forme de sexualité qui sort du schéma traditionnel du type Papa-Maman et les Enfants, comme l'homosexualité ou le lesbianisme, est vilipendée et condamnée sans appel.

La femme blanche ne sort pas non plus indemne de cette dégradation-dévalorisation de la femme noire aux États Unis. Par ricochet ou par un effet en retour elle en subit les conséquences. À travers le mépris ou la suspicion qu'elle suscite lorsqu'elle a (eu) une aventure sexuelle avec un Nègre ou lorsqu'elle elle épouse un Nègre. Elle deviendra bientôt une *Niggers lover.* Ce que l'on pourrait prosaïquement traduire par la *pute des Nègres.*

Elle sera aussi victime du sentiment de toute puissance et d'impunité que portent en creux les actes de violence sexuelle mais aussi des discours vaseux et très contradictoires qui prétendent rendre compte de tels actes.

---

33 Angela Y. Davis, "Rape, racism and the myth of the Black rapist", dans *Women Race and Class*, Vintage Books, New York, 1983, p.182.

Ce sont là quelques unes des hypothèses fort pertinentes que développe Angela Y. Davis dans son livre précédemment cité. À l'instar de Cornel West, il nous semble qu'il est urgent et fondamental de travailler à l'épuisement du mythe du Nègre comme bête physique et comme bête du sexe ou bête sexuelle. Ce mythe bicéphale mais articulé fixe le Nègre dans une espèce d'altérité radicale, absolue qui, en outre, le condamne et le disqualifie.

Dans la mesure où, ainsi que le suggère le philosophe afroaméricain, parler de la sexualité c'est nécessairement toucher à l'imaginaire de la société, la démythification du grand récit de la puissance physique et sexuelle du Nègre permettrait, du moins pourrait-on l'espérer, de réaffirmer sa condition d'homme et ferait en sorte que sa sexualité soit ancrée non pas dans de constructions fantasmatiques, figées et fossilisées (donc disponibles et prêtes à l'idéologisation de la sexualité des Noirs) mais dans l'histoire même des sociétés dans lesquelles le Nègre naît, vit, travaille, aime et, cela arrive aussi, est aimé.

Tout compte fait, il s'agirait d'aller résolument à l'encontre d'un certain *Absolu ontologique* (E. Glissant) largement diffusé, partagé et de ce point de vue imposé sous des modalités diverses (doxique, imaginaire, scientifique, philosophique, etc.) qui surdétermine le Nègre et tend à l'amarrer à la puissance physique et son corollaire : la vigueur-prouesse sexuelle.

C'est par rapport à cet "Absolu ontologique" qu'il convient aussi d'entendre le "onzième remède" naguère proposé par Las Casas et, par delà lui certains discours qui lui sont contemporains ou même postérieurs. L'utopie dans son sens le plus authentique du terme consisterait à désactiver cet "Absolu ontologique" en faisant voir ce qui le sous-tend ou ce qu'il sous entend et en soulignant les malheurs dont il a été à l'origine. Démythifier cet "*A.O*" revient ainsi donc à rappeler que le Nègre meurt aussi de la coercition physique et qu'on peut faire l'amour avec un Nègre sans se fatiguer[34]. Il n'est donc ni un Hercule ni un Saint-Phallus.

Fondamentalement, il s'agit de travailler à l'acceptation-revendication-appropriation de la présence-histoire des Noirs. Non pas uniquement comme traces, comme empreinte ou survivances mais bien comme partie intégrante et dynamique de l'histoire globale des Amériques.

En ce sens, le rappel que fait Cornel West dépasse le contexte des États Unis puisque, finalement, il vaut aussi pour tout le reste du continent

34 Dany Laferrière, *Comment faire l'amour avec un nègre sans se fatiguer*, Le Serpent à plumes, Paris, 1985.

américain. Il devient donc essentiel de travailler dans le sens d'une ouverture des imaginaires sociaux à une véritable Relation (E. Glissant) à la présence-histoire des Noirs dans les Amériques :

> To engage in a serious discussion of race in America, we must begin not with the problems of black people but with the flaws of American society-flaws rooted in historic inequalities and longstanding cultural stereotypes. How we set up the terms for discussing racial issues shapes our perception and response to these issues. As long as black people are viewed as a "them", the burden falls on blacks to do all the "cultural" and "moral" work necessary for healthy race relations. The implication is that only certain Americains can define what means to be American- and the rest must simply "fit in"[35].

[35] Cornel West, *op. cit.*, p.6.

QUE NEGRA SUERTE LA DE LOS NEGROS : LECTURA IDEOLÓGICA DEL CUENTO "*ALIENACIÓN*" DE JULIO RAMON RIBEYRO

À Claudia

> [c]e qui définit le monstre est le fait qu'il est, dans son existence même et dans sa forme, non seulement violation des lois de la société, mais violation des lois de la nature. Il est, sur un double registre, infraction aux lois dans son existence même.
>
> M. Foucault, *Les anormaux* (1999)*

Podría equipararse este cuento del escritor peruano, J. R. Ribeyro, con los cuentos fantásticos y en especial los escritos por autores rioplatenses [Michele Soriano, 1997 y Morillas Enriqueta, V., 1991]. En efecto, como lo señala sobradamente la crítica autorizada, la escritura de dichos cuentos convoca, por lo menos, necesariamente dos niveles de lectura-interpretación.

El primero más bien lineal es a la vez el menos preciado por escritores y críticos de la llamada literatura fantástica porque, según ellos, no encierra (o sólo muy parcialmente) el verdadero sentido de los cuentos fantásticos que se consideren. El segundo nivel, que se supone menos asequible, necesita de una mayor distancia con respecto de la trama, del contenido narrado y, por lo tanto, requiere un mayor esfuerzo por descifrar el sentido simbólico-semántico-metafórico e ideológico de tal o cual cuento rubricado como fantástico.

Sin pretender encauzar el cuento "alienación" en la categoría de los cuentos fantásticos latinoamericanos observamos sin embargo en él la doble articulación de la cual hablamos. En efecto desde un primer nivel interpretativo el cuento de Ribeyro aparece como la *mise en texte* de un intento de valer más de uno de los protagonistas del cuento que quiso ser y se perdió. Y siguiendo la lógica narrativa lineal del cuento puede añadirse

* M. Foucault, *Les anormaux. Cours au Collège de France. 1974-1975*. Édition établie sous la direction de François Ewald et Alessandro Fontana, par Valerio Marchetti et Antonella Salomoni, Hautes Études (Gallimard) Le Seuil, Paris, 1999, p. 51.

que el fracaso del protagonista sirve de escarmiento-edificación para cuantos a quienes se les antoje seguir su ejemplo.

En ese querer ser es donde radicaría la *alienación* del protagonista. En la medida en que se inclina constantemente a un cambio de identidad. A lo largo del cuento va a revestir una identidad otra, lo que le condena irremisiblemente. En varias ocasiones el cuento enfatiza tal cambio de piel, tal proceso alienador.

Así, por ejemplo, de las primeras frases que vaticinan, por condenatorias, el triste final que se le reserva al protagonista principal del cuento :

> A pesar de ser zambo y de llamarse López, quería parecerse menos a un zaguero de Alianza Lima y cada vez más a un rubio de Filadelfia. La vida se encargó de enseñarle que si quería triunfar en una ciudad colonial más valía saltar las etapas intermediarias y ser antes que un blanquito de acá un gringo de allá (452).

Esas palabras iniciales son relevantes por cuanto establecen una serie de relaciones u oposiciones interesantes a nuestro parecer : "zambo" vs "rubio" o "blanquito", "acá" vs "allá", "gringo" vs (se supone) "peruano", etc. También perfilan huellas neodarwinistas en la alusión a unas "étapas intermediarias" indispensables (y trascendentes) en la evolución de algo primitivo, prehumano, bárbaro, etc., a otra cosa más perfecta y acabada, esto es, más acorde con las leyes naturales y, por ende, sociales.

Visto así "saltar las étapas" o "deszambarse" (como se dice en el cuento a continuación de las palabras anteriormente aludidas) significa ir en contra de las leyes naturales, divinas. Salir de su casillo, de su lugar. Esto también lo dice el cuento de Ribeyro :

> [c]on el botín se compuso una nueva persona, un ser hecho de retazos, que no era ni zambo ni gringo, el resultado de un cruce contranatura, algo que su vehemencia hizo derivar, para su desgracia, de sueño rosado a pesadilla infernal (452).

La hibridez del personaje es lo que lo condena puesto que hace de él un ser monstruoso ("ser de retazos", "ni zambo ni gringo", "pesadilla infernal", etc.) que no cuaja con el proceso de identificación exclusivista : se es zambo o se es peruano o gringo. Cada cual en su lugar así como lo manda Natura.

Del determinismo social que permea en los textos de Ribeyro se ha hablado mucho y se ha interpretado de distintas maneras. Muchas veces los críticos han puesto énfasis en el discurso aristocratizante del escritor, en su nostalgia de un pasado harmonioso donde cada uno se colocaba en su lugar según su estamento, su nacimiento.

Más aún cuando, a raíz de las transformaciones económicas y

democráticas de los años 20-30 y el consecutivo surgimiento de "nuevos ricos" (la burguesía limeña, vale decir), ese "orden natural", con que soñaría Ribeyro, entró en crisis :

> Cuando hablamos de la narrativa de Ribeyro no debemos perder de vista que, a pesar de que gran parte de los narradores de su generación se caracterizan por poner de manifiesto un espíritu solitario y pesimista, el cual, enfrentado a las contradictorias normas por las que se regiría su sociedad, se duele con escepticismo y desconcierto, Ribeyro, antes que por una reflexión consciente de los reales desafíos del presente, opta más bien por una nostalgia por el pasado, lo que determina la generación de un discurso de carácter aristocratizante, cuyos mensajes, en última instancia, resultan ser un fuerte ataque contra la burguesía emergente que, según lo que el sentido de sus textos nos indica, constituiría la gran responsable del caos social y el desconcierto intelectual del Perú contemporáneo, así como la usurpadora de un poder antes "legítimamente" ostentado por la aristocracia[1].

Las reflexiones de nuestro colega y crítico peruano, Carlos Orihuela, pudieran dar razón de la condena del protagonista zambo ya que aparece como un engendro del trastorno económico-social que lamentaría Ribeyro. Además, el medio en el cual se mueve y las pautas culturales y sociales que imita son justamente el de la burguesía limeña.

Antes de seguir adelante con la lectura ideológica del cuento "Alienación" quisiéramos remarcar que lo que se representa como un proceso alienante (el "*deszambarse*") corresponde en realidad, aunque el cuento no lo muestre así, al famoso proceso del *blanqueo* o *blanqueamiento* que determina la relación de las sociedades globales latinoamericanas con los negros.

Siendo el *blanqueo* (a veces se habla de mejorar la raza) un ideal a alcanzar que no mira sólo lo biológico sino también lo cultural y lo social. Blanquearse resulta ser entonces, para los negros que quieren "cruzar" (*to pass*, como se dice en Estados Unidos), actuar o portarse de acuerdo con los códigos sociales, las pautas estéticas y/o culturales imperantes pero internalizados y vividos por la *doxa* como "naturales" hasta imprescindibles.

Hace falta apuntar un elemento clave en eso de *blanquearse*. Si bien en "Alienación" el *blanqueamiento* tiene lugar en el mundo referido en el cuento (Lima, Perú) apunta sin embargo hacia otro escenario, esto es, Estados Unidos, representado aparentemente por Mulligan, el elegido de Queca :

---

1 Carlos Orihuela, "lectura sociocrítica de "Dirección equivocada", cuento corto de Julio Ramón Ribeyro", in *Sociocriticism*, Vol.VIII, 2 (n.16), Montpellier, pp.129-149.

> Había un estado superior, habitado por seres que planeaban sin macularse sobre la ciudad gris y a quienes se cedía sin peleas los mejores frutos de la tierra. El problema estaba en cómo llegar a ser un Mulligan siendo un zambo... Antes que nada había que deszambarse. El asunto del pelo no le fue muy difícil : se lo tiñó con agua oxigenada y se lo hizo planchar. Para el color de la piel ensayó el almidón, polvo de arroz y talco de botica hasta lograr el componente ideal... Le faltaba saber cómo se vestían, qué decían, cómo caminaban, lo que pensaban, quiénes eran en definitiva los gringos (455).

El vínculo que se establece entre el blanquearse y el ansia de viajar a los Estados nos parece una edificante ocultación de una contradicción que permea, como un lastre, en las estructuras sociales e imaginarias de América Latina. No todos los que se blanquean pretenden viajar.

El *blanqueo* es más bien algo, como lo decíamos antes, que vino imponiéndose a los negros, desde los tiempos de la colonia, como la única sino privilegiada manera de "ser". De manera que se nos parece muy tendencioso reducir el drama existencial o identitario de Roberto a algo individual. El zambo López terminaría así siendo el único responsable de su tragedia : al no asumirse como zambo, o a lo sumo, como peruano se construye una identidad de injerto y se enajena.

Esta es sin embargo la interpretación que prevalece del cuento de Ribeyro. Veamos una ilustración edificante :

> Pero si en un sentido Roberto es víctima de un mito propagado por una cultura imperialista, en otro su muerte física no hace sino completar el aniquilamiento de su personalidad que él mismo ha ocasionado. En efecto Roberto se destruye a sí mismo negando lo que es como zambo y como peruano y obstinándose en ser lo que nunca podría ser [...] ha vendido su alma asumiendo una cultura ajena[2].

Discrepamos con la opinión aquí expresada porque tiende a culpar a quien ya, por su origen, es condenado por una dinámica social precisa y no solamente por una propaganda imperialista enajenante. Al contrario, la actitud del protagonista (el *deszambarse*) señala el perverso sistema de valoración sociobiológico de los individuos vigente en el Perú y en otros países latinoamericanos.

Dicho sistema remonta a los momentos de la experiencia colonial y de la esclavización de los africanos negros pero también a la adopción, con fines de legitimación política, por las élites blancas latinoamericanas de sistematizaciones racistas generalmente procedentes de Europa. Así del Perú (Denys Cuche, 1981) :

---

[2] James Higgins, *Cambio social y constantes humanas Narrativa corta de Ribeyro*, PUCP, Fondo Editorial, 1991, pp.113-114.

> L'idéologie raciale du social-darwinisme d'un spencer, l' "aryanisme" avait également des fervents défenseurs parmi les créoles blancs du Pérou. Aussi le livre de l'argentin V. López, *Les races aryennes au Pérou*, publié en 1871, eut-il un franc succès dans le public créole péruvien... Par ailleurs une nouvelle idéologie de fusion raciale proposait aussi le blanchiment de la population, mais cette fois progressivement par métissage [...] Bien évidemment, cette idéologie dominante, cette volonté d'éliminer systématiquement tous les traits négroïdes de la population péruvienne, ne pouvait qu'engendrer chez les Noirs un sentiment d'infériorité. L'aliénation des Noirs se manifestait dans leur acceptation plus ou moins inconsciente de la prétendue société blanche et de leurs efforts pour se rapprocher des blancs (92-93).

Aunque parezca mecánico el análisis que se ofrece aquí permite, cuando menos, entender mejor la articulación entre el comportamiento individual de Roberto y toda la dinámica socioimaginaria que lo genera : ser zambo no es una identidad sino un estigma que desvalora y condena a la vez. Por lo tanto tiene que esconderse o erradicarse.

Siempre nos ha llamado la atención, por lo que contempla la definición identitaria de los negros en la literatura latinoamericana, la relación constante y obsesiva entre la mostración de sus "rayas" negroides y la ocultación de las mismas.

Lo que nos llevó en artículos anteriores a replantear el lugar que ocupa la presencia-historia de los negros en la construcción de un discurso identitario latinoamericano.

Ahora bien, al descartar, por ser limitante y reductor, ese primer nivel interpretativo que convoca o programa el cuento "Alienación" tendríamos entonces, de acuerdo con la postulación inaugural, que ofrecer otra lectura que diera mejor razón de las apuestas simbólicas e ideológicas que trascribe el cuento de Ribeyro.

Si uno reparase en la economía general del cuento se daría cuenta de que el zambo López cargaba desde el principio con un coeficiente simbólico negativo (retomamos este término de P. Bourdieu, 1998). Es de procedencia social muy humilde : su madre es lavandera y su padre un empleadito. Lo cual, pese a que cursó un colegio fiscal, merma seriamente cualquier posibilidad de medro social.

Por otra parte el hecho de vivir en un callejón, como se enfatiza en el cuento, anuncia ya de alguna manera el destino trágico del protagonista. En efecto de todos sus colegas el zambo López es el único que tuvo que trabajar tempranamente, como repartidor de pastelería y luego como mesero en el club de Bowling de Miraflores.

Además, hay que tomar en cuenta que es híbrido : es a la vez blanco y negro. No cabe pues en el sistema de etiquetaje social donde se es una cosa u otra. Sin embargo no se trata de "*deszambarse*", como lo postula el cuento, sino que se trata de matar en el personaje los rasgos negroides que lo descalifican.

Son esos rasgos, hace falta recordarlo, que ahuyentaron a Queca, prenda tan cotizada entre la pandilla de sus admiradores incluyendo desde luego a Roberto :

> Fue una fátidica bola la que alguien arrojó esa tarde y que Queca no llegó a alcanzar y que rodó hacia la banca donde Robero, solitario, observaba. Era la ocasión que esperaba desde hacía tanto tiempo ! De un salto aterrizó en el césped, gateó entre los macizos de flores, saltó el seto de granadilla, metió los pies en una acequia y atrapó la pelota que estaba a punto de terminar en las ruedas de un auto. Pero cuando se la alcanzaba, Queca, que estiraba ya las manos, pareció cambiar de lente, observar algo que nunca había mirado, un ser retaco, oscuro, bembudo y de pelo ensortijado, algo que tampoco le era desconocido, que había tal vez visto como veía todos los días las bancas o los ficus, y entonces se apartó aterrorizada (453).

Queda verificada la *inquietante extrañeza* de Roberto, esto es, los rasgos negroides que socialmente lo perjudican. El negro y lo negro espanta, "ahuyenta". Se habrá notado también la relación de continuidad que se establece entre ese "algo" (el zambo Roberto) y los "ficus" y "bancas".

Aun cuando se trata de una experiencia individual, la de Queca, uno puede fácilmente intuir lo que significa ser zambo en Lima por no decir en el Perú. El sistema de evaluación-valoración racial de la sociedad referida en el cuento rechaza y discrimina al zambo. El cuento señala que la promoción social, así como lo fue en los tiempos de la colonia, queda amarrada al color de la piel.

Quienes siguen afirmando lo contrario son víctimas de una ilusión óptica, al fin y al cabo rentable, que ignora o considera de menor alcance o interés los resabios coloniales que perviven en las formaciones sociales latinoamericanas. El mito del mérito o del valor indivual, en que se funda tal ilusión óptica, se encuentra contradecido por testimonios vivenciales que brindan los de abajo, los que son descalificados, discriminados, *ninguneados* : zambos, negros, indios, cholos, etc.

El mismo cuento de Ribeyro nos trae a colación un ejemplo donde se ve que el éxito social o simplemente el acceso a oportunidades laborales está ligado al color de la piel :

> [e]ra difícil viajar a Estados Unidos. Había que tener una beca o parientes allá o mucho dinero. Ni lópez ni Cabanillas estaban en ese caso. No vieron otra salida que el salto de pulga, como ya lo practicaban los blanquiñosos, gracias al trabajo de *purser* en una compañía de aviación. Todos los años convocaban a concurso y ambos se presentaron. Sabían más inglés que nadie, les encantaba servir, eran sacrificados e infatigables, pero nadie los conocía, no

tenían recomendación y era evidente, para los calificadores, que se trataba de mulatos talqueados. Fueron desaprobados (459).

El coeficiente simbólico negativo del zambo López lo relega naturalmente (esa evidencia que comparten los examinadores) a puestos subalternos o, cuando menos, a actividades que la sociedad global representa como más conforme a su ser. En este caso, como lo señala el cuento desde sus inicios, un zaguero de Alianza Lima, un equipo de fútbol.

Todavía en América Latina se sigue confinando a los negros en actividades donde, según las creencias, no hace falta mucho intelecto sino la fuerza, cierta rutina y un poco de azar. En todo caso se cree que los negros y sus descendientes son naturalmente dotados para actividades como el baile, el deporte, la cocina, la música, etc.

El verdadero drama del zambo López en el cuento estriba en que su trayectoria se da en una sociedad donde no hay lugar para él. Cualquier intento que hace para salir del callejón social está de antemano condenado al fracaso o se asimila a una usurpación de identidad (« un ser de retazos ») o se considera una trasgresión del orden social neodarwinista : el salto cualitativo que pretende dar el protagonista rompe con la idea de una evolución más natural que necesariamente tiene que ser gradual.

La alternativa no está tampoco en "peruanizarse" puesto que el Perú que se nos presenta en el cuento padece una alienación notable : los códigos culturales hegemónicos (música, idioma, libros, manera de vestirse, etc.) son extranjeros, principalmente usamericanos. La educación más cotizada y, se supone, entonces capaz de asegurar una promoción social no es estatal sino que es privada : alemana, usamericana, española.

Por otra parte la sociedad descrita en el cuento queda trabada por un imaginario social muy determinista y exclusivista. La tragedia del protagonista no dimana de su intento de "*deszambarse*" sino más bien de las estructuras en que se basa la sociedad en la cual vive. Resulta interesante observar cómo el *"querer ser"* de los negros-zambos termina en tragedia.

Con que "Alienación" dista mucho de ser exclusivamente una parábola de individuos alienados (y de lo que merecidamente se les acontece). Lo veríamos antes como una parábola que da cuenta de una lógica social en la cual esos individuos no encuentran su **lugar** :

> ...Puesto que nadie quería ver aquí con ellos, había que irse como fuese. Y no quedaba otra vía que la del inmigrante disfrazado de turista. Fue una año de duro trabajo en el cual fue necesario privarse de todo afin de ahorrar para el pasaje y formar una bolsa común que les permitiera defenderse en el extranjero. Así ellos pudieron al fin hacer maletas y abandonar para siempre esa ciudad odiada, en la cual tanto habián sufrido y a la que no querían regresar así no quedara piedra sobre piedra (459).

El "aquí" les está vedado a los zambos del cuento. Sólo les queda el espejismo de un "allá" tanto más fuerte cuanto que se proyecta mítica e imaginariamente como un lugar ameno. Como dice la famosa canción, "Negrito bonito" : "*allá en Nueva York todo es mejor*". Y uno puede llegar a ser "algo o alguien" sin que se lo impida su origen social o biológico.

De alguna manera el cuento de Ribeyro, además de las apuestas simbólicas e ideológicas que hemos destacado parcialmente, da cuenta, acompaña o anticipa la tragedia muy actual de numerosos latinoamericanos que, como lo cantó Ruiz Guerra, "*buscando un visa para un sueño*".

La muerte del zambo López en una batalla ajena (Estados Unidos versus Corea) y la mutilación que la misma causó a su compadre José María fue lo que les cobró su intento de valer más, cruzando unas fronteras sociales y raciales "naturales". José María regresó a Lima llevando la señal, la marca-prueba fehaciente de tal desacato, de tal trasgresión.

Viene así a justificarse el título del cuento de Ribeyro y el valor ejemplarizante que se le asigna. El regreso de José María permite reanudar el proceso, en este caso visto como más natural, de *reszambarse,* de aceptar su condición (por ley divino) de zambo :

> José María se salvó por milagro y enseñaba con orgullo el muñón de su brazo derecho ... Boby no sufrió, dijo José Maria, la primera ráfaga le voló el casco y su cabeza fue a caer en una acequia, con todo el pelo pintado revuelto hacia abajo. El sólo perdió un brazo, pero estaba allí vivo, contando estas historias, bebiendo su cerveza helada, desempolvado ya y zambo como nunca, viviendo holgadamente de lo que le costó ser mutilado (461).

Resulta edificante, al fin y al cabo, ver cómo el orden social "natural" quedó a salvo. Y con él cuanto constituye su osamenta, esto es, los estamentos y etiquetas raciales : zambos, mulatos talqueados, chola de mierda, etc.

En el colofón se da la misma problemática que la del cuento : una identidad de injerto, de préstamos que termina desmoronándose. Cediendo así el paso a la verdadera identidad del protagonista Billy Mulligan : un irlandés de nación. Algo que dista mucho de ser un ideal en el discurso hegemónico referido a lo que se proyecta como la idiosincracia usamericana.

De hecho no es nada casual que al final el personaje sea representado con estereotipos que descalifican a los irlandeses en Estados Unidos : bebedores, violentos, irresponsables, mujeriegos, trasnochadores, etc. Estos mismos atributos hacen de Billy Mulligan un personaje propiamente satánico, una encarnación del Mal. En una palabra es un personaje malvado y por lo tanto condenado :

> [a] Billy le fue saliendo el irlandés que disimulaba su educación puritana...

> Billy fue llegando cada vez más tarde, se aficionó a las máquinas tragamonedas y a las carreras de auto, sus pies le crecieron más y se llenaron de callos, le salió un lunar maligno en el pescuezo, los sábados se inflaba de bourbon en el club Amigos de Kentucky [...] y terminó por darle de puñetazos a su mujer, a la linda, inolvidable Queca, en las madrugadas de los domingos, mientras sonreía estúpidamente y la llamaba chola de mierda (461).

BIBLIOGRAFÍA

Bourdieu, Pierre
1998 *La domination masculine*, Paris, Seuil.

Cuche, Denis
1981 *Pérou nègre,* Paris, L'Harmattan.

Foucault, Michel
1999, *Les anormaux, Cours au College de France. 1974-1975*, Paris, Gallimard/Le Seuil.

Morillas Enriqueta, V. (ed)
1991 *El relato fantástico en España e Hispanoamérica,* Madrid, Ediciones Siruela.

Ramón Ribeyro, J.
1996, *Cuentos Completos,* Madrid, Alfaguara.
*** Todas las citas del cuento en mi trabajo remiten a esa edición.

Soriano Michele et Tarroux Christiane (eds)
Poétique du fantastique en *Co-Textes*, n.33, Montpellier, Édition du CERS.

LE MÉTISSAGE EN AMÉRIQUE LATINE : LES APORIES D'UN DISCOURS CONTRAINT*

À Muriel,
pour les discussions toujours ouvertes
sur le métissage en Amérique Latine et surtout à Cuba.

Si on fait preuve d'optimisme on se dit que le monde sort progressivement mais irrémédiablement de la tyrannie du Même, de la loi de l'Un-civilisé et que enfin il s'achemine vers la reconnaissance du Divers, du pluriel. Le métissage est en marche et le métis en est le symbole. Pas seulement le métis biologique mais aussi et surtout le « métis culturel ».

On s'empresse alors de désigner les Antilles, les Caraïbes et le reste de l'Amérique Latine comme des espaces où se joue positivement le métissage. Dans cette éloge du métissage on oublie souvent de prendre en considération l'Afrique, surtout noire, faisant ainsi du métissage une donnée pure et simple de couleurs.

Si on est « pessimiste », en tous les cas, si on ne sacrifie pas à cet optimisme de rigueur vis à vis du métissage on se dit qu'à travers la « beauté du métis » c'est la colonie et l'empire qui se rachètent à peu de frais une bonne conscience et que donc le discours sur le métissage est avant tout un discours-fashionable, un discours de circonstance qui fait, la plupart du temps, fi d'autres contradictions politiques, économiques, imaginaires et de domination qui ont, au reste, partie liée avec la naissance du métis et l'émergence du métissage.

En effet, la question du métissage ne s'est posée brutalement qu'à la fin de l'abolition de l'esclavage des Noirs, à la fin de la Colonie au XIXe. Jusque là ce qui primait dans le statut juridique et social mais aussi dans les imaginaires des dominants était le mythe de la blancheur, le mythe de la pureté raciale. Il fallait absolument être libre de la macule, de la « tacha » juive, indienne et surtout noire. Cela était aussi vrai dans les colonies

* Communication présentée en séminaire postdoctoral dans le cadre du CRILAUP à l'Université de Perpignan et de l'IREC à l'Université Paul Valéry, Montpellier, les 23 et 25 avril 2002.

espagnoles, portugaises, françaises que dans les colonies britanniques, américaines, hollandaises, etc.

Pour ou contre le métis, pour ou contre le métissage ? Mestizophilie ou mestizophobie ? Tel semble être la dialectique pernicieuse désormais imposée et qui donc s'impose à ceux et celles qui parlent du métis et du métissage. Je me situerais en dehors de cette dialectique, même si entre les deux pôles qui la constituent il y aurait un choix clair et net à faire.

Je ne considère pas non plus ici le métissage en tant qu'il pourrait rendre compte du *diario vivir* ou du *vivir juntos* des gens dans les Antilles, les Caraïbes ou dans le reste de l'Amérique Latine. C'est en tant que discours construit et contraint (parce que ce discours est perçu comme l'unique discours qui soit capable de rendre compte de la « formation raciale » latino-américaine) que ce phénomène m'intéresse. Ce que je soumettrai à votre appréciation, pour qu'on en discute, ce sont trois choses :

1/Le passage du « Mestizo », en tant que catégorie spécifique dans le système des castes vers la fin du XVIe, à celle d'une figure idéale d'identification nationale au XIXe en Amérique Latine (Mexique, Brésil, Colombie, etc.). C'est à dire quelque chose qui permettrait de dépasser le conflit des races parce qu'elle supposerait une synthèse parfaite, la symbiose...

2/Du fait justement de ce passage ou de ce glissement (préférables à évolution), les intérêts politiques, symboliques et imaginaires que définit la figure du « *Mestizo* » et, au-delà, le métissage.

3/La position des sujets qui parlent du métis, et qui parlent du métissage. De quels lieux parlent-ils ?

> Parler de métissage, qu'il soit biologique et/ou culturel, c'est, dit-on, évoquer une double culture, peut-être même triple, et simultanément sous-entendre des difficultés psychologiques et d'adaptation sociale chez les individus reconnus comme produits évidents de ces cultures. Tout va de soi. Pourtant, même si aucun être humain ne peut prétendre ressortir aujourd'hui d'une « race » pure (ce qui n'empêche pas la majorité d'entre eux de le croire), il est clair que certaines personnes, persuadées qu'elles sont plus pure que d'autres, ciblent et analysent les produits « non purs » comme relevant de particularités socio-culturelles, à encadrer, à diriger, à équilibrer, dans un but psychanalytique ou thérapeutique (schizophrénie, névrose, dépression), pour des raisons sociologiques (inadaptation, déviance) ou politiques (épuration ethnique, nationalismes divers). Toujours est-il que cette différenciation quelque fois justifiée, souvent arbitraire, fondée sur les on-dit ou créée de toutes pièces (« tout le monde le sait »), mise en évidence par et dans des études scientifiques, l'est également dans la vie courante, tant l'être humain

fonctionne à partir de ses représentations très stéréotypées de la « bonne société », c'est-à-dire de *sa* bonne société ou de ce qu'il *juge* être la bonne société[1].

Pour commencer il nous faut revenir aux origines des termes « Mestizo » et « Métis ». L'un ne dérive pas de l'autre comme on aurait tendance à le croire. Jean-Luc Bonniol[2] et Juan Bautista Olaechea[3] soulignent tous les deux que l'emploi massif de ces termes est lié à la conquête coloniale du XVIe. Jusque là l'usage de ces termes était restreint et n'impliquait pas, il est important de le souligner, les croisements humains.

Voici ce que déclare Jean-Luc Bonniol :

> ... on fait appel à un mot qui existe depuis le Moyen Âge dans les langues romanes, dérivant du bas latin *mixticum*, lui même issu du verbe *miscere*, mélanger, le mot *mestiz*, présent en français dès le XIIIe siècle, où il s'applique à une basse extraction et au mélange des sangs, avec un champ référentiel d'abord animalier. La mise en communication d'humanités jusque-là distinctes lui fait connaître une fortune sans précédent à partir de l'âge moderne, où il sert désormais à nommer cette nouvelle catégorie d'êtres humains issue des mélanges coloniaux (à l'instar de son homologue espagnol *mestizo*, attesté en ce sens en 1598), mais concernant tout aussi bien les choses, puisque, dans l'industrie textile qui avait elle aussi à confronter de nouvelles fibres végétales, une toile métisse sert à définir un entrecroisement de fibres de coton et de lin. Il a cependant tendance à se spécialiser, puisqu'il finit par désigner avant tout les unions des rejetons entre Indiennes et Européens. À côté de lui est donc créé un nouveau mot, qui apparaît au début du XVIe siècle en espagnol et en portugais (*mulato*), en français *mulâtre*, qui désigne spécifiquement les fruits des unions entre Noirs et Blancs...
>
> Il faut attendre le XIXe siècle pour qu'apparaisse le terme savant métissage pour signaler le phénomène général des croisements intraspécifiques : d'abord réservé à la zootechnie, et plus particulièrement à l'espèce ovine, il passe ensuite à l'homme, qualifiant un processus d'abord individuel puis collectif (lorsque apparaît une nouvelle catégorie d'individus issus d'unions mêlées) et enfin cumulatif (ces métis se reproduisent entre eux et font émerger une nouvelle population...)[4].

J.B Olaechea quant à lui cite Sebastián Covarrubias et son fameux

---

1 Chris Paulis, « De l'hybride au schizophrène », in *Paradoxes du Métissage*, sous la direction de Jean-Luc Bonniol, Comité des Travaux Historiques et Scientifiques, Paris, 2001, p.93.

2 J-L. Bonniol, *op. cit.*

3 J.B Olaechea, *El mestizaje como gesta*, Editorial MAPFRE, Madrid, 1992.

4 J-L. Bonniol, *op. cit.*, introduction, pp.8-9.

Tesoro de la lengua castellana o Española (1611). « Mestizo » : « El que es engendrado de diversas especies de animales ». Mais il cite aussi *Diccionario de Autoridades (Academia española)* en 1734. « Mestizo » : Adj. « se aplica al animal de padre y madre de diferentes castas ? Viene del latín *Mixtus* ».

Dans un article fort pertinent concernant l'inscription (et le sens social qu'ils prennent) du mots « Mestis » et ses variantes dans certains dictionnaires français du XVIIIe siècle Sylviane Albertan-Coppola fait remarquer ceci :

> L'organisation même des notices infériorise le métis. Par exemple, Trévoux [*Le dictionnaire universel françois et latin*, dit *Dictionnaire du Trévoux*, 6éd. entre 1704 et 1771) fait précéder sa définition « figurée » de Mestif (« hommes... engendrez de pere & de mere de differente qualité, païs, couleur ou Religion ») d'un sens « propre » : « On le dit proprement des chiens engendrez d'un chien & d'une chienne différents d'espece. On ne sçait quelle sorte de chien c'est là, il n'est ni matin ni levrier, il est *mêtif*. Le mulet est d'une nature *mêtive*, engendré d'un âne & d'une cavalle. Ce fruit est de nature *mêtive* ; il n'est ni poire ni pomme, mais il participe de l'un & de l'autre » (à peu près *idem*. Antoine Furetière, Dictionnaire universel (1ére éd. La Haye et Rotterdam, 1690). Le voisinage de la notice consacrée aux animaux et aux fruits avec celle qui évoque le métis humais a pour conséquence de rabaisser ce dernier[5].

Ce retour un peu fastidieux aux origines sémantiques des mots « Métis » (et ses variantes en français classique), « Mestizo » (et « Métissage ») est cependant important à plus d'un titre. Il permet de se rendre compte que les deux termes ne se confondent pas. En principe, à en croire J-L Bonniol, trois siècles les séparent. On remarquera aussi que « Mestizo » n'est pas « Mulato » et, finalement, on remarquera les sèmes animaliers et végétaux qui sont inscrits dans ces deux mots.

Cela éclaire, d'après nous, certaines catégories de la taxinomie racialisante de la Colonie en Amérique Latine : « Coyote », « Lobo », « Mulato » (qui viendrait de « Mula » : le débat n'est pas clos cependant), « Matungo » (vieux cheval maigrichon), « Bozal » (« bozo » : bâillon qu'on met aux animaux), « Sacrata », « Marabout ». Même quelque chose comme « Cimarrón », hautement symbolique dans la résistance des Noirs face à leur déshumanisation, convoquait au départ un sème animalier : animal sauvage, non domestiqué.

---

[5] Sylviane Albertan-Coppola, « La notion de métissage à travers les dictionnaires du XVIIIème siècle », in *Métissages. Littérature-Histoire*, Cahiers CRLH-CIRAOI, n.7, 1991, Tome I, Université de la Réunion, L'Harmattan, Paris,1992, p.42.

Ces catégories soulignent aussi en même temps une ligne de partage entre l'Humain-blanc et l'animal ou le végétal-noir et les castes. De ce fait on comprend que la lutte des Noirs ne visait pas seulement l'éradication de la Traite et de l'esclavage mais elle signifiait aussi une lutte pour la reconnaissance de leur humanité.

Rappeler les contextes de l'émergence sémantique des termes « Métis », « Mestizo » et « Mestizaje », « Métissage » c'est, d'une part, les inscrire dans l'histoire, plus précisément dans une histoire coloniale et de domination et, d'autre part, c'est attirer l'attention sur l'usage acritique et inflationniste dont ces termes font désormais l'objet en Europe tout comme en Amérique Latine. Ces termes, malgré leur grande labialité gardent nécessairement en mémoire le contenu sémantique, politique et idéologique qui les a marqués dès les origines.

Depuis le XIXe siècle il y a eu de « grands textes » en Amérique Latine qui ont célébré « las claves mágicas de América »[6], comme dirait l'écrivain afro-colombien Manuel Zapata Olivella. Nous ne citerons que les plus importants du fait de leur impact dans le discours identitaire latino-américain.

— José Martí et son très fameux *Nuestra América* (1891) qu'il oppose à une autre Amérique, celle anglo-saxonne engluée dans la frontière de race. José Martí essaie justement de transcender le conflit des races par un universalisme abstrait qui, de ce fait, ne pose pas réellement la question de l'articulation des cultures en présence à Cuba, singulièrement et dans le reste de l'Amérique Latine. Il faut néanmoins souligner que dans un contexte fortement marqué par la domination en Europe, et son impact en Amérique latine, du Darwinisme social et de l'évolutionnisme mais aussi pour Cuba par « el miedo al Negro », le positionnement de José Martí était réellement révolutionnaire, un positionnement de rupture[7].

Le texte de Martí reste valable pour ce qui concerne le patriotisme, l'engagement éthique et politique des intellectuels mais surtout de la jeune génération, en outre aujourd'hui confrontée à une dépolitisation accrue dont les causes sont multiples, l'acceptation de principe et de droit des Noirs et des Indiens dans les formations sociales latino-américaines qui héritent et perpétuent le mythe de la blancheur.

---

6 Manuel Zapata Olivella, *Las claves mágicas de América. Raza, Clase y Cultura*, Plaza & Janes, Bogotá, 1989.

7 Fernando Ortiz rappelle justement l'importance de ce positionnement dans une allocution de 1934, « Martí y las razas », in *Fernando Ortiz. Etnia y sociedad*, Selección, notas y prólogo de Isaac Barreal, Editorial de Ciencias Sociales, La Habana, 1993, pp. 110-135.

Ce texte a, par contre, perdu de son actualité si l'on se situe du point de vue du rôle revendiqué (par lui) ou reconnu à l'intellectuel visionnaire et, encore moins, si l'on se situe du point de vue de nouveaux enjeux qui traversent la scène publique latino-américaine, notamment la prise de parole des populations noires[8]. Cette prise de parole s'accompagne justement d'une demande d'une plus grande représentativité politique, d'un accès réel aux privilèges sociaux, d'une reconnaissance ouverte et officielle, au-delà d'un conformisme folkloriste (dans lequel tombe quelque peu J. Martí dans son texte), propre aux discours officiels.

On remarque encore que, même dans le Cuba officiel qui rend hommage et culte à Martí et à ses idées, les populations noires sont les plus mal loties, elles continuent de faire face au vieux démon du racisme lancinant, elles sont faiblement représentées dans les métiers ou les fonctions de représentation.

— José Vasconcelos, *La raza cósmica. Misión civilizatoria de la raza ibérica.* Il s'agit là d'un essai qui entre dans ce qu'on a appelé le courant de la « ontología del ser mexicano ». Ce courant a fortement marqué la production culturelle et intellectuelle du Mexique des années 1920-1950. La littérature de cette époque en porte les traces qu'elle célèbre ou déconstruit selon les enjeux politiques, symboliques ou selon les enjeux locaux qui n'obéissent pas nécessairement aux enjeux qui se déploient au niveau national[9].

Le titre de l'essai de J. Vasconcelos est déjà en soi tout un programme et une lecture de l'histoire coloniale espagnole au Mexique et dans les « Amériques espagnoles ». On oublie souvent de citer la deuxième partie du titre qui, à notre avis, dévoile la portée idéologique du projet de Vasconcelos. Comment atteindre cette « race cosmique » détentrice de toutes les vertus que lui attribue Vasconcelos ? Par le dépassement de la « présence-histoire » du Noir et de l'Indien. L'homme cosmique n'est en fait rien moins que l'illustration métaphysique du « Mestizo » érigé en figure de synthèse et de conciliation nationale dynamique.

Le texte de J. Vasconcelos a été souvent salué autant que critiqué. Dans ce dernier cas de figure nous souhaiterions ici faire part de l'analyse qu'en a fait Manuel Zapata Olivella et que nous partageons pleinement :

> Fue don José Vasconcelos, el insigne filósofo y escritor mexicano, quien

[8] Cf. Enrique Patterson, « Cuba : discursos sobre identitad » *Encuentro*, Madrid, España. Cf. Roberto Fernandez Retamar, *Introducción a José Martí*, Letras Cubanas, La Habana, Cuba, 2001.

[9] Cf. Victorien Lavou Zoungbo, *Mujeres e Indios, voces del silencio : análisis sociocrítico de Balún Canán de Rosario Castellanos*, Bulzoni Editore, Milan, 2001.

acuñara el epígrafe que orla el escudo de la Universidad Autónoma de México : « Por mi raza hablará el espíritu ». También es conocida su concepción del « hombre cósmico » para referirse al nuevo mestizo de América... Fue renuente en aceptar el legado de las culturas indígenas de América, en las cuales sólo vio a protohombres recién salidos de la selva. Tampoco, claro está, pudo admitir que los hijos de las antiguas civilizaciones de África, llegados com meras « piezas de indias », pudieran aportar en sus orígenes alguna contribución al crisol de nuestras razas. Así pues, si debemos a Vasconcelos el genio que acuñara el concepto del « hombre cósmico americano », es necesario advertir que han sido los hechos, y no sus premoniciones, los que enmarcan con meridiana claridad el presente y común destino de los pueblos de América[10].

—Fernando Ortiz et son concept de « Transculturación » qui remonte au début des années 1930[11]. Ce concept qui a connu un indéniable succès pour ce qu'il apparaissait comme une lecture novatrice du contact des cultures à Cuba (et dans les Caraïbes) reste à notre avis marquée par la tension, liée à l'époque dont il est question, entre « grandes cultures » ou « cultures fortes » et « cultures mineures » et par un évolutionnisme de bon aloi. Ortiz pose en effet le contact entre cultures en terme de perte et de gain. Finalement la « transculturación » suppose l'idée de synthèse et de symbiose.

Comment s'opère-t-elle ? En biffant les traits culturels jugés arriérés ou néfastes pour la culture nationale ou en réduisant certains traits culturels, comme ceux des Noirs, au rôle de médiation ; quelque chose qui n'est pas reconnue pour ce qu'elle est mais qui n'existe que comme truchement. Cette réduction est présente aussi dans *La raza cósmica* ou Indien et Noir ne sont perçus que comme un pont permettant d'accéder à la race rêvée, à la race fantasmée.

Ces contradictions, rapidement soulignées, que l'on peut observer dans les textes fondateurs précédemment vus se retrouvent aussi dans la production culturelle (littérature, théâtre, film, chansons, etc.) latino-américaine contemporaine. À travers le rôle qu'on fait jouer à la figure du métis, à travers le sort dévolu à la culture noire et indienne, à travers le parcours et la métamorphose de certains protagonistes (noir(e)s, mulatas, mestizos), à travers la représentation des « fruits » du métissage biologique, à travers le secret des naissances illégitimes (car impliquant blanc et indienne ou noire) jalousement gardé mais qui obsède et fonctionne comme une tache dans les consciences généalogiques, etc.

---

10 Manuel Zapata Olivella, « Telón de fondo », *op. cit.*, pp.179-180.

11 Cf. Fernando Ortiz, « Del fenómeno social de la transculturación y su importancia en Cuba », in *Contrapunteo cubano del tabaco y el azúcar*... pp.136-142.

Sans prétendre les analyser réellement nous nous arrêteront sur quelques exemples. Dans *Paradiso* de Lezama Lima le récit inaugural opère une réduction de la culture noire, elle ne sert que comme une médiation permettant l'accès à l'universel chrétien ou gréco-latin. Exu qui dans le panthéon Yoruba est le truchement par excellence en plus d'être un dieu priapique se retrouve paradoxalement entouré de nymphettes romaines. Voir dans cette proximité uniquement une marque du syncrétisme culturel fondateur de Cuba nous semble limité.

Dans *Ella cantaba boleros* de Cabrera Infante la protagoniste Ella Estrella vire de mestiza a un personnage « negra, negra, negra ». Elle est en outre disqualifiée par sa difformité et son rapprochement avec les animaux primitifs : cétacés et baleine. Ce protagoniste réactive, à travers son parcours, le fameux « *miedo al negro* »[12], érigé en argument sociologique et politique au XIXe siècle, et qui continue encore de hanter les imaginaires sociaux cubains.

Voici la description qui est donnée du « fruit » de l'amour entre la Negra Angustias Farreras et son amant, rencontré en pleine Révolution, un « maestro » mexicain blond, le texte y insiste :

> En la azotehuela, ella, « la de la casa chica », lavaba y cantaba... Entonces lavaba ropa propia ; pero cantaba canciones ajenas : las de vaqueros apasionados, las de las zagalas alegres de amores... Dentro de una cunita, un pequeño de piel morena y ojos verdes escuchaba embelesado el dulce canto materno, que se trenzaba con los gorjeos del mirlo prisionero[13].

Pour tout dire un « beau monstre » pour le contexte imaginaire de Mexique à l'époque. En outre la protagoniste qui a participé à un acte considère comme fondateur l'État-Nation mexicain se retrouve à la fin du roman réduite à la position anonyme et illégitime de « casa chica ». Les fantasmes liés à la pratique sociale de la « casa chica » sont ici démultipliés par le fait que le personnage est décrit tour à tour ou simultanément comme « negra », « cambuja » et « mulata ».

On pourrait aussi mentionner *Las lanzas coloradas* de Uslar Pietri et *Canto de gemido* de Eliseo Altunaga, et le rôle dévolu au mestizo Encarnación et au mulato Felix de la Côte, *Maladrón* et *Mulata de tal* de Miguel Angel Asturias, *El color de nuestra piel*, une pièce de théâtre mexicaine, le fameux conte « *Alienación* » du péruvien Julio Ramón Ribeyro, ou le film cubain *Miel para oshún*, de Humberto Solás (2001).

---

[12] Cf. F. Ortiz, *art.cit.*

[13] Francisco Rojas González, *La negra Angustias* [1944], Fondo de Cultura Económica, México, 1998, p. 220.

Dans ce film le protagoniste principal, le même acteur qui a joué le rôle d'homosexuel en rupture de banc avec la Révolution cubaine dans « Fresa y chocolate », rentre à Cuba (la Havane) après une trentaine d'années d'exil à Miami. L'objet principal de son retour était son inébranlable désir de retrouver sa maman. Au bout de tant de possibilités frustrées de la rencontrer il finit par la retrouver à Oriente. On se rend compte alors que les difficultés que sa maman a rencontrées dans la famille de son époux, après l'exil forcé de son fils décidé par son époux, et son internement psychiatrique consécutif venaient du fait qu'elle était une « mulata-noire ».

La production culturelle latino-américaine se situe, la plupart du temps, en porte à faux vis à vis de la célébration du mestizaje par les discours officiels et académiques mais aussi par l'opinion commune. Cette production culturelle pose le « métissage » comme un enjeu contradictoire où viennent se déconstruire des positionnements divers, des intérêts politiques ou symboliques divers, des discours sur soi (individuel ou collectif), des discours sur l'altérité, des désirs d'identification (dans le double sens du terme), une volonté de distinction.

Cet enchevêtrement de contradictions incite donc à une lecture attentive de la figure du « Mestizo » et du phénomène du « Mestizaje » ; il pose en tout cas la nécessité de rematérialiser ou de ré-historiciser ces deux termes dont on constate aujourd'hui une célébration acritique tant en Amérique Latine qu'en Europe.

Une telle célébration de la « beauté du métis ou de la métisse » et du « métissage » ne prend pas en compte (ou ignore) l'histoire de la domination coloniale, au cours de laquelle naissent ces deux termes, marquée qu'elle était par l'obsession de la « pureté raciale ». Cette obsession condamnait le « Mestizo » pour être hybride et donc corrupteur et condamnait, par la même le « Mestizaje » comme un phénomène contre Nature.

Toute la question consiste à savoir si la célébration-imposition actuelle du « métis » et du « métissage », bien entendu à partir de différentes positions d'énonciation, correspond seulement à un effet de mode, par principe ahistorique, si elle traduit de véritables ruptures dans les imaginaires identitaires ou encore si elle est la marque d'un bouleversement de paradigme[14], dû aux effets bien réels de la mondialisation ou du « chaos-monde » (Édouard Glissant). On peut tout aussi bien considérer qu'elle est due à autre chose. Oui, mais quoi ?

---

14 Cf. Berthet Dominique (ed.), *Vers une esthétique du métissage ?* L'Harmattan, Paris, 2002.

Ces termes, répétons-le, sont anciens, déjà érodés, marqués par l'empreinte de l'entreprise coloniale occidentale, lourds de connotations qui peuvent se plaquer, de manière subreptice, sur les nouveaux référents qu'on voudrait leur attribuer. L'extension métaphorique à laquelle ils sont soumis ne risque-t-elle pas, en particulier, d'entraîner des effets de sens incontrôlés, du fait de leur charge originelle ? Car leur ambiguïté même pose problème... Le phénomène auxquels ils renvoient originellement n'apparaît en effet que comme le fruit d'une perception réduite à l'univers des apparences. Ne pouvant être cerné dans le champ de la nature où l'on a voulu le constituer, il se retrouve par là confiné dans un cercle de paradoxes : il n'existe en fait que par rapport aux discours que l'on tient sur lui et aux valeurs qu'on lui prête. Transportés dans le champ de la culture, les termes « métis » et « métissage » transportent cette ambiguïté fondatrice, avec pour limite l'incapacité de cerner une catégorie spécifique d'objets, à moins que, répondant à cela à une demande sociale évidente, on ne fasse preuve à leur égard d'imagination conceptuelle pour enfin leur attribuer un contenu sémantique pleinement heuristique[15].

Pour l'heure il semble difficile de répondre aux interrogations que nous venons de formuler de façon tranchée et péremptoire. Tout comme il serait simpliste et simplificateur de considérer que la réponse adéquate se trouverait dans une vision consensuelle et balancée des réponses possibles à toutes ces questions.

En attendant que tout un chacun se colloque face à la « beauté du métis » nous souhaiterions rappeler un certain nombre de faits historiquement documentés pendant la colonie.

— Il n'y a jamais eu de la part des métropoles coloniales une volonté politique délibérée, massive et structurée de promouvoir le métissage dans les Amériques. Cela s'est fait en de rares occasions et davantage par opportunisme politique. Il s'agissait d'éviter les tensions et les risques que faisaient peser sur la colonie (espagnole et française, par exemple) l'aspiration à la reconnaissance sociale des métis et des mulâtres. Selon les moments certains charges ou privilèges leur étaient interdits ou dévolus.

La démarche personnelle ou collective des « mestizos » de la première génération s'apparentait, en colonie espagnole et ailleurs, à un parcours du combattant[16]. Ainsi, le ballet des nombres, bien réduits au demeurant, des

---

[15] Jean-Luc Bonniol, introduction, in *Paradoxes du métissage* [Jean-Luc Bonniol, éd.), Comité des Travaux Historiques et Scientifiques, 2001, p.I.

[16] Cf. Juan Bautista Oleachea, *op. cit.*. En terme général cet historien défend, comme position de principe, la thèse de la réussite du « mestizaje » en colonie espagnole ; il n'en souligne pas moins les limites et il montre surtout que la « politique » du « mestizaje » se faisait au coup par coup.

« métis » ou des « mulâtres » ayant réussi durant la colonie qu'exhibent certains historiens de l'époque coloniale en Amérique ne tient pas compte de ce fait-là.

— La situation générale des « mestizos » n'était pas reluisante. Seule une infime minorité, surtout celle appartenant à la première génération, a pu tirer à peu près son épingle du jeu. Pour le reste, interdictions, demi mesures, représentations abjectantes, limitations et humiliations tous azimuts constituaient la norme. Ainsi l'exemple des « Mulâtres » à Haïti :

> On interdit aux « Mulâtres » de porter sabre ou épée ou des robes européennes ; ils n'eurent plus le droit d'acheter de munitions sauf par autorisation spéciale portant la quantité exacte autorisée. On leur refusa le droit de s'assembler « sous prétexte » de mariages, fêtes ou danses, sous peine d'amende pour la première infraction, d'emprisonnement pour la deuxième, et pire par la suite. Le séjour en France leur fut interdit. Le droit de jouer à des jeux européens leur fut refusé. Il fut interdit aux prêtres de relever à leur usage aucun document. En 1781, huit ans avant la Révolution, on leur retira le droit de se faire appeler monsieur ou madame. Jusqu'en 1791, ils n'eurent pas le droit de s'asseoir à la même table qu'un blanc qui mangeait chez eux. Le seul privilège qui leur fut reconnu par les blancs, fut celui de leur prêter de l'argent[17].

Malgré cette condition de « citoyen » de seconde zone permanente, le « Mestizo » et le « Mulato » sont quand même distingués par rapport aux Indiens, aux Noirs et autres castas de la société coloniale. En témoigne, par exemple, les dispositions concernant les Habilitaciones ou le décret royal instituant les « gracias al sacar » qui permettaient au XVIe siècle (pour les « mestizos ») et au XVIIe siècle (pour ce qui concerne les « Mulatos ») d'accéder, moyennant finance, au statut d'espagnol[18].

À la lueur de l'ambivalence qui fonde le rapport au « Mestizo » comment donc comprendre qu'il soit finalement érigé en figure d'intégration et de cohésion nationales au moment de la construction des États-Nations latino-américains issus de la guerre des indépendances ? Les raisons en sont à la fois politiques et imaginaires.

Politiques parce que la construction et l'érection du « Mestizo » en figure de synthèse parfaite était conforme à l'idéologie fondatrice de la

---

17 C.L.R James, *Les Jacobins noirs. Toussaint Louverture et la Révolution de Saint-Domingue* [1938], Éditions Caribéennes, Paris, 1983, p.36.

18 Cf.Bernard Lavallé, « De la créolité coloniale envisagée comme métissage. Les créoles hispano-américains entre la suspicion de métissage et le métissage-alibi », in *Métissages. Linguistique et Anthropologie*, publications de l'Unité de Recherche Associée (U.R.A 1041) du CNRS, Université de la Réunion, Tome II, L'Harmattan, Paris, pp.229-240.

naissance des Nations telle que le XIXe siècle l'a léguée : une seule nation articulée dans ses différentes composantes territoriales, une seule race, une seule langue, une seule religion, etc. La culture du *Un* qui va ainsi exclure le *Divers*.

Cette homogénéisation lue ou vue, par ailleurs, comme l'unique vecteur de Progrès et de Civilisation, n'est absolument pas contradictoire avec les exclusions qu'elle engendre. C'est la raison pour laquelle nous postulons dans nos travaux que la figure du « Mestizo » occulte et déplace Indiens et Noirs vers les marges de l'imaginaire national, vers des non-lieux... d'identification. Quitte à ce que l'on se réclament d'eux à des fins de légitimation ou de délégitimation politique.

En somme toutes les « castas » qui avait participé activement aux guerres des indépendances aspiraient à une représentation politique et sociale. Or, malgré l'accès à l'indépendance les structures de pouvoir et de domination restaient entre les mains d'une infime minorité créole blanche :

> El aspecto de la oportunidad que ofreció la carrera militar para el ascenso social y político de los individuos integrados en las castas, no ha sido estudiado hasta ahora más que parcialmente en lo que se refiere a las fuerzas revolucionarias que combatieron contra el dominio español. Charles Griffin expone que elementos mestizos que lucharon contra el ejército realista lograron ascender en el sentido político y social, pero sin que por ello surgiera, ni mucho menos, una sociedad igualitaria, aunque se logró inocular nueva sangre en la clase dirigente y agitar los estratos inferiores. Más o menos expresa lo mismo su compatriota norteamericano James King, con incidencia también en la sangre africana, y coinciden ambos que cuando se consumó la independencia el proceso quedó todavía incompleto...
>
> El hecho de participar en las filas militares implicaba un estatus social de ciudadano distinguido sin las trabas que afectaban a las castas. Así en concreto, la real pragmática de 1788 sobre los matrimonios desiguales incluyó en las clases inmunes a los indios, pero excluyó de ellas a los « mulatos, negros coyotes e individuos de castas y razas semejantes, tenidos y refutados públicamente por tales, esceptuando a los que sirviesen en las milicias o por su reputación, buenas operaciones y servicios se distinguiesen de los demás[19].

Le maintien des structures coloniales de pouvoir et de domination faisait craindre aux créoles pour leur légitimité comme dirigeants « naturels » des destins nouveaux de l'Amérique Latine. La figure du « Mestizo » qui surgit et se consolide à ce moment là comme figure de synthèse et de cohésion est donc, de notre point de vue, une réponse

---

[19] J.B. Olaechea, *op. cit.*, pp.235-237.

idéologique à une contradiction socio-politique. Le « Mestizo » (au sens strict du terme à l'époque coloniale) tient en effet du Blanc et de l'Indien mais aussi du Blanc et des autres sang-mêlés.

L'implantation sociale de cette figure du « Mestizo » explique, d'après nous, que les « communautés noires » de la Costa Chica au Mexique se définissent en priorité comme des « mestizos ». Réservant ainsi le terme ou le qualificatif de « Negro » à l'Autre, proche ou lointain géographiquement. Si le Noir est un Indien qui s'ignore, comme nous le suggérions ailleurs, il est tout autant un « Mestizo » qui s'ignore.

Bien évidemment dans ce processus d'auto-négation de soi pèse lourdement l'abjection dans laquelle est tenu le Noir, nom ou adjectif, en Amérique Latine. En se définissant prioritairement comme « mestizos » ils reconnaissent peut-être moins un métissage culturel qui, en outre, conforterait la thèse officielle de la disparition du Noir du fait de leur parfaite assimilation, qu'ils ne récusent des habitus, des représentations mentales qui stigmatisent le Noir.

Voir donc, comme on serait tenté positivement de le faire, dans le positionnement de ces Noirs comme « mestizos » une preuve d'aliénation nous semble réducteur. Il est difficile de s'identifier à une identité abjectée et qui convoque, par ailleurs, non seulement la « tacha » de l'esclavage mais aussi entraîne irrémédiablement un processus de « ninguneo » ou de d' « invisibilisation » :

> Permitidme de paso que os diga, aprovechando esta ocasión tan adecuada, que este tristísimo fenómeno de la autodenigración es perfectamente comprensible y disculpable, conociendo la enorme presión con que las fuerzas dominadoras han aplastado durante siglos a los grupos humanos sometidos y la tremenda y singular hostilidad del ambiente social contra quienes han tenido la desventura de que la subyugación les fuese agravada por lo imborrable y ostensible de su cutánea pigmentación. Por ello esa actitud negadora de su propia personalidad ha sido más frecuente y duradera en el negro... Pero ese fenómeno negativista, realmente psiquiátrico y de patología colectiva, no es privativo de los negros, y constantemente lo vemos en individuos y pueblos de las más diversas razas, esto es, sin duda, el más grave obstáculo contra la dignificación y ascenso social de las razas supeditadas a los niveles superiores de la indiscriminación[20].

Il reste tout de même à savoir pour qui(s) ou selon quel(s) imaginaire(s) la pigmentation de la peau du Noir apparaît « ostensible » et, souhaiterait-on qu'elle le fût, « imborrable ». La vraie question c'est celle

[20] F. Ortiz, *art.cit.*, pp.139-140.

que F. Ortiz aborde dans la dernière partie de son intervention. La pathologie collective dont il parle est, d'après nous, le complexe de la blancheur qui continue encore d'imprégner les imaginaires sociaux en Amérique Latine.

Aussi, selon ces mêmes imaginaires, Indiens et Noirs, ceux considérés ou qui se considèrent comme des descendants notoires, sont-ils des mestizos en puissance ou en attente. Il n'y aurait pas d'autre devenir « racial » que celui de se muer en « Mestizo » pour le bien de tous et le salut des sociétés globales.

L'institution-imposition du « Mestizo » en figure de cohésion ou de transcendance nationale obéit aussi à des représentations imaginaires. En effet, selon la vision positiviste dominante de l'époque des Indépendances et de la formation des États-Nations en Amérique Latine, le « Mestizo » était donné à voir comme une synthèse parfaite entre deux races premières. Cette situation idéale donnera lieu à d'autres mélanges quasiment infinis et ce dans une harmonie de couleurs, dans une harmonie de « dégradés de couleurs ».

Cette vision irénique du « Mestizo » ne résiste ni à la perception raciale hégémonique en colonie, marquée par la pureté des origines et par la pureté du sang, ni à l'épreuve de l'analyse critique du faire taxinomique racialisant de l'époque coloniale en Amérique Latine. Un exemple. Les « tercerones », les « cuarterones » et « requinterones » des colonies espagnoles, portugaises, françaises, etc. étaient déjà mieux perçus socialement que les autres « castas » du fait du sang, dit-on, blanc qu'ils portaient dans leur sang. Il n'en demeure pas moins que l'idéal du devenir Blanc était pour eux un impossible à réaliser.

En effet, la distance ou la frontière intangible qui sépare les « requinterones » des Blancs est celui des « casi limpios de origen ». Autrement dit, c'est au moment ou les sujets qui s'y aventurent sont au plus près de leur idéal qu'ils sont victimes de l'hypodescendance, qu'ils sont renvoyés à leurs origines infâmes. Il convient aussi de faire remarquer que les deux races premières célébrées, malgré les dénégations courantes, restent le Blanc et l'Indien. En sorte que le « Mestizo » est le fruit exclusif de l'union entre le Blanc et l'Indien. C'est, au reste, le sens strict qu'on lui attribuait durant la colonie :

> Las enormes posibilidades de mezcla de las mezclas, no sólo de las derivaciones de **las dos primeras razas cruzadas en el Nuevo Mundo**, sino también muy pronto de la africana, en cualquiera de los sentidos descendente, lateral y oblicuo, produjo una sociedad abigarrada y complicada en extremo

(c'est nous qui soulignons)[21].

Pour entrer pleinement dans le débat, qui se fait de plus en plus jour, concernant la figure du « Mestizo » et le phénomène du « Mestizaje », il nous semble qu'il faut absolument prendre en compte les conditions historiques d'émergence de ces termes ainsi que les vicissitudes qu'ils ont connues tout au long de l'histoire moderne de l'Amérique Latine. On évitera peut-être ainsi d'être victime de la « *mesticería* » (J.B. Olaechea).

---

21 J. B. Olaechea, *op. cit.*, p.239.

TEATRO Y PODER EN LA *TRAGEDIA DU ROI CHRISTOPHE* DE AIMÉ CÉSAIRE*

À Aiko Koudou

J'accepte. J'accepte.
et le nègre fustigé qui dit : "Pardon mon maître"
et les vingt-neuf coup de fouet légal
et le cachot de quatre pieds de haut
et le carcan à branches
et le jarret coupé à mon audace marronne
et la fleur de lys qui flue du fer rouge sur le gras de mon épaule
et la niche de Monsieur Vaultier Mayencourt, où j'aboyai six mois de caniche
et Monsieur Brafin
et Monsieur de Fourniol
et Monsieur de la Mahaudière
et le pian
le molosse
le suicide
la promiscuité
le brodequin
le cep
le chevalet
la cippe
le frontal

Así es cómo en 1939 Aimé Césaire evocaba en su célebre e inaugurador *Cahier d'un retour au pays natal* una de las experiencias más ominosas de la humanidad : la esclavización de los negros. Estos servían de mano de obra en las plantaciones o en las minas americanas. Fue en Haití donde, hecho también único, en todo caso excepcional, los negros esclavos decidieron con conciencia terminar con un sistema que les deshumanizaba rebajándoles a nivel de "objeto útil" o de "bienes muebles".

En efecto en 1791 tuvo lugar en la isla un movimiento organizado de emancipación que desembocó en la independencia de Haití en 1804. Cabe

---

* Publiée pour la première fois dans *Théâtre et Pouvoir* (Daniel Meyran, Alejandro Ortiz, Francis Suréda, éds.) Actes du IVe Colloque International sur le théâtre hispanique, hispano-américain et mexicain en France, 8, 9 et 10 octobre 1998, Université de Perpignan, PUP, CRILAUP, 2002.

recordar, porque a veces se olvida u oculta, que Haití ha sido la primera república libre de Latinoamérica. La Revolución hatiana, por lo que significa, ha sido un evento interdiscursivo. Varias disciplinas (historia, sociología, geopolítica, economía, teorías de insurgencia, etc.) han tomado como texto u objeto de investigación la Revolución hatiana.

La literatura tampoco quedó en zaga. Tal vez los ejemplos más llamativos sean *Changó el Gran Putás* (1983) de Manuel Zapata Olivella y la muy conocida novela de Alejo Carpentier, *El reino de este mundo* (1949). Así como el escritor cubano A. Césaire hizo de la Revolución hatiana una materia dramática[1]. No se trata sin embargo de reescribir la historia del rey Henri Christophe o de la Revolución haitiana. La intencionalidad de A. Césaire, como lo veremos en este comunicado, se sitúa en otra parte.

A. Césaire es, por lo menos lo creemos, bastante conocido como para que insistamos en su biografía, en su trayectoria tanto intelectual como política. Al intelectual martiniqués se lo conoce (y reconoce) más como poeta[2], a veces como ensayista (su sonado y discutido *Discours sur le colonialisme,* 1955, por ejemplo) que como dramaturgo.

Su producción dramática es en efecto menos espesa. Consta de cuatro piezas de teatro : *Une saison au Congo* (1966), *Une tempête* (1969) inspirada en la obra de Shakespeare que, como se sabe, sirvió de abono, desde la publicación por Rodó de *Ariel* (1900), para el fecundo y contradictorio debate en torno a la identidad latinoamericana. Para quienes se interesen por tal debate remito a la participación del maestro cubano

---

1 A parte de que ambos textos recogen los mismos ejemplos históricos relacionados con la figura de Henri Christophe, Alejo Carpentier formaba parte de la "Association des Amis du roi Christophe" :
La tragédie du roi Christophe fut créée par Jean-Marie Serreau au festival de Salzburg le 4 aout 1964, puis en France, l'année suivante à l'Odéon, grâce au soutien actif d'une "Association des Amis du roi Christophe", réunisant, en particulier, Michel Leiris, Picasso, Giacometti, Gaeton Picon, Alejo Carpentier et Alioune Diop. (Nota que figura en nuestra edición, p.8).

2 En Poesía A. Césaire ha escrito y publicado los textos siguientes :
Les armes miraculeuses, Gallimard, Paris, 1946.
Soleil coup coupé, K éditeur, Paris, 1948.
Corps perdu, fragance, Paris, 1950.
Cahier d'un retour au pays natal, Présence Africaine, Paris, 1956.
Ferrements, Seuil, Paris, 1960.
Cadastre, Seuil, Paris, 1961.
Moi, laminaire..., Seuil, Paris, 1982.

Fernando Retamar y su defensa calibanesca[3]. Escribió también A. Césaire, *Et les chiens se taisaient* (1956) y *La tragédie du roi Christophe* (1956).

Se ha señalado varios rasgos comunes entre los textos teatrales de A. Césaire : la indagación de la historia colonial, la relación entre el líder y su pueblo, la contestación del colonialismo y de la injusticia, etc. Además de esos rasgos nos parece que lo que da coherencia a la obra teatral de A. Césaire sea tal vez la difícil cuestión de la construcción de un sujeto poscolonial. Que éste sea africano, antillano o latinaoamericano.

Los críticos reconocidos de la obra de Césaire destacan el lugar privilegiado que ocupa el teatro dentro de su producción El teatro vendría a significar en Césaire el paso de una postura solitaria a otra más comunicativa. Es lo que afirma el difunto crítico senegalés, Mohamadou Kane en su prefacio al número especial que la revista *Présence Africaine* consagró a Césaire :

> ...Ce besoin de communion, de ressourcement explique, au lendemain de l'indépendance africaine, le passage de Césaire de la poésie surréaliste dure, opaque, souvent ésothérique au théatre, art privilégié de la communion directe, immédiate[4].

De las cuatro piezas de A. Césaire *La tragédie du roi Christophe*[5] es, sin lugar a dudas, la que ha tenido más circulación y éxito en cuanto texto escolar o universitario pero también como función. Paradójicamente ese éxito fue notable en Africa negra. Porque esta parte del continente fue también teatro de reinos y guerreros tanto más heroícos cuanto que combatieron el colonialismo. El recuerdo algo desvanecido de aquellos reinos (Bornou, Ethiopie, Sokoto, Dahomey, Mossi, Benin, Monomotapa, Djenné, Tombouctou, etc.) y guerreros (Amazones, Behanzin, Tchaka, Askia le Grand, Madis, Mau-Mau, Karinou, etc.) pervive sin embargo en la

---

[3] El conjunto de sus sistematizaciones aparece en Roberto Fernández Retamar, *Todo Calíbán*, en *Milenio (revista) N.3*, Año 1995, Noviembre, prólogos de Norma Fernández y Julían Uzandizaga, co-edición del IDEP y Desde la gente, Ediciones del Instituto Movilizador de Fondos Cooperativos, Buenos Aires.

[4] *Aimé Césaire, hommage de Présence africaine*, N.151/152, préface de Mohamadou Kane, 1995, p.10.

[5] A. Césaire, *La tragédie du roi Christophe*, Présence Africaine, 1970. Todas las citas de mi comunicado remiten a esa edición.

memoria colectiva a través de mitos, leyendas, cuentos o testimonios[6].

Pero *La tragédie du roi Christophe* entronca más con la experiencia política posindependentista del Africa negra. Algunos críticos establecen un paralelismo convincente entre el rey de Haití y los gobernantes africanos. Estos padecen los mismos defecto que Christophe : despotismo, absolutismo, formalismo, verbosidad nacionalista únicamente legitimadora de un poder tiránico, culto de la personalidad, etc.

Por lo demás esta es, comparación a parte, la lectura privilegiada y hasta exclusiva de la pieza de A. Césaire que no nos interesa. No se trata de cuestionar la pertinencia de tal lectura sino de esbozar y valorar otras posibilidades interpretativas, otras lecturas[7]. A mi modo de ver, más que una denuncia del poder tiránico absolutista o dictatorial del rey Christophe, Aimé Césaire propone en su pieza una reflexión en torno al poder y su teatro o, si prefieren, una reflexión en torno al teatro del poder.

Lo interesante es que esa reflexión se dé en el teatro. De manera que *La tragédie du roi Christophe* supone o implica, por lo menos, una doble problemática interrelacionada : el teatro del poder y la teatralización del poder. Es en este juego del teatro en el teatro donde cabe ubicar la lectura o la valoración de la experiencia política del rey Christophe por A. Césaire.

---

[6] Aimé Césaire tenía además una relación entrañable con Africa :

... Il [A. Césaire] se sent plus que jamais africain ; l'Afrique, il la décrit comme "un grand coeur de réserve, une blessée main ouverte à toutes mains blessées du monde". I est en phase avec Sékou Touré comme avec Senghor, avec Nkrumah comme avec Lumumba. Et tres vite il réagit aux soubresauts de la politique congolaise. Il écrit coup sur coup *La tragédie du roi Christophe* et *Une saison au Congo*. Les deux pièces sont polarisées sur l'Afrique. Même Christophe qui met en scène l'indépendance haitienne. C'est pour l'Afrique qu'il l'écrit, c'est à l'Afrique qu'il pense ; et c'est elle qu'il met en garde dans cette oeuvre formidable qui deviendra la piece emblématique des grandeurs et misères des indépendances africaines [Lilyan Kesteloot, "Césaire, compagnon de route de l'Afrique", *Aimé Césaire, numéro spécial de Europe*, revue littéraire mensuelle, aout-septembre, pp. 173-174.

[7] Regis Antoine, en su penetrante artículo "Une tragédie de la caraibe" señala lo mismo las posibilidades interpretativas múltiples de la pieza teatral de Aimé Cesaire :

La tragédie du roi Christophe est un chef-d'oeuvre d'une richesse telle qu'il faut se restreindre aujourd'hui dire son appartenance caribéenne, délaissant ses faces extérieures : filiations eschyléenne et shakespearienne, intertextualité avec la Bible et d'autres textes repérables : de Marx, Péguy, Lénine, Sékou Touré, René Dumont, N'Krumah, Frantz Fanon... référentiel disparate mais "converti à nous", c'est à dire, pour reprendre cette expression de la Lettre à Maurice Thorez, rapporté, fondu et appproprié à l'antillaise ou à l'haitienne, puisque la Tragédie couple un personnage d'Haïti avec un auteur de Martinique. Seront de même ignorées les influences théoriques de Nietzsche, Hegel, Brecht, sur la forme et la fonction de a piece [*Aimé Césaire numéro spécial de Europe*, revue littéraire mensuelle, Aout-septembre, 1998, p.99].

En su libro *Le pouvoir sur scènes* (1992)[8] Georges Balandier sistematiza una idea particularmente interesante para nuestro propósito. Según el crítico y antropólogo francés cualquier poder o gobierno político encierra en sí (como una esencia) alguna forma de teatro. El teatro del poder que se concreta en ritos, rituales, espectáculos o manifestaciones ritualizadas que implican actores y espectadores, un decorum, una puesta en escena, cierta distribución de roles, una ocupación del espacio público, etc.

Dicho teatro tiene un doble objetivo. Por una parte crea y funda la ilusión-creencia de la legitimidad del poder y, por otra, le permite lograr una mayor eficacia social (su reconocimiento por todos). Entre los ejemplos que menciona el antropólogo francés alude a América Latina donde también se verificaron experiencias políticas teatralizadas o dramatizadas :

> Les situations et circonstances, et non pas seulement la nature des régimes, peuvent contribuer à l'accentuation de la théâtralité politique. L'Amérique latine, essentiellement inégalitaire et ouverte aux effets de la domination extérieure, a engendré -et elle la connaît encore- l'enflure du pouvoir.Selon un mode qui associe la tragédie, dont les peuples souffrent, et le grotesque autocratique, dont les gouvernants parent leur médiocrité. Certains écrivains latino-américains, García Márquez, Alejo Carpentier, Roa Bastos, montrent ces héros-carrefours établis sur la scène nationale où se croisent leurs propres délires et la destinée douloureuse de ceux qui leur sont soumis[9].

Es entonces con base en la sistematización de G. Balandier, resumida aquí a trazos muy gruesos, que nos atreveremos a dar razón parcialmente de *La tragédie du roi Christophe* :

> ... Cette pièce trouve son fondement dans les événements politiques qui se sont déroulés à haiti après la mort de Dessalines. Elle s'ouvre sur un combat de coqs (...) Le héros du drame, Christophe, ancien esclave, ancien cuisinier, devenu général sous Toussaint Louverture (...) s'oppose résolument aux conceptions politiques des mulatres bourgeois du sud représenté par Pétion. Il défit le Sénat, rejette la Constitution (...) Christophe se fait couronner roi (...) Tandis que les révoltes contre son pouvoir sont écrasées dans le sang, il abandonne le siège de Port-au-Prince, capitale du sud, signe un accord de coexistence pacifique avec Pétion et regagne Le Cap, capitale de son royaume (...) Tout le peuple est mobilisée sur la plus haute montagne du royaume (...) Frappé d'apoplexie celui-ci [Christophe] ne désarme pas devant l'épreuve, mais l'opposition se renforce grace au mécontentement général (...) Abandonné par ses quelques fidèles, le héros se trouve isolé dans "sa tour de verre. Pour ne pas tomber entre les mains des traitres, il met fin à ses jours

8 Georges Balandier, *Le pouvoir sur scènes*, Éditions Balland, 1992.

9 Georges Balandier, *ibid.*, p.19-20.

(...) Son corps est emmuré au centre de la citadelle, debout, face à l'ennemi[10].

En los tres actos que componen esa pieza muchos signos o indicios participan del teatro del poder pero por falta de tiempo hemos de privilegiar sólo algunos de ellos entre los cuales, la voz del rey Christophe, los espectáculos del castigo ejemplar y la ceremonia de coronación de Christophe (acto I, escena III). Aunque estemos en una pieza teatral llama la atención la importancia de la "voz" en la Tragédie : una voz anónima, la del pueblo, de los labriegos, de la vendedora en el mercado, la de la muchedumbre en la pelea de gallos del principio de la pieza, el eco, los cantos, el coro, etc.

Y en cuanto a la distribución de la palabra la voz del rey Christophe es omnipresente. Sea a través de los diálogos con los demás personajes del drama (cortesanos o no), sea mediante sus numerosos soliloquios o parlamentos. Tal distinción señala al nivel formal la importancia del rey. Hasta podemos hablar de una redundancia ya que a la primacía (reivindicada) de su cargo se añade la de su verbo.

Sin embargo resulta significativo observar que a pesar de todo el rey Christophe no consigue establecer en su reino o en su corte la "dictadura o la magia de la palabra" es decir la capacidad de persuasión verbal que crea una adhesión masiva o popular y que, por otra parte, genera la ilusión de la pertinencia de los ideales por los cuales aboga.

A lo largo de la pieza Christophe está paradójicamente condenado a recordar constantemente su condición de rey, la primacía de su verbo y su vocación, que representa como natural, de guía espiritual. Como por ejemplo en la escena (VI, acto I) cuando Christophe se niega, cuando la situación le era favorable, a dar la orden del asalto à la ciudad contraria de Port-au-Prince :

Magny : – Sire, jamais occasion n'a été plus belle. Pétion est aux abois. Embrassez votre fortune.

Christophe : – Laissons cela, vous dis-je. Il n'y aura pas d'assaut. J'abandonne toute idée de campagne, et d'abord le siège de cette ville. J'ai dépêché un émissaire à Pétion. J'espère qu'il comprendra que le moment est venu d'en finir avec nos querelles pour édifier ce pays et unir ce peuple contre un danger plus proche qu'on ne suppose et qui menacerait jusqu'à son existence même.

Magny : – Cela se passe de toute créance. Cette union est impensable. Il s'agit de vaincre ou d'être vaincu. Excusez-moi d'insister.

---

10 Guy Ossito Midiohouan, "Le leader charismatique dans la dramaturgie d'Aimé Césaire", *Aimé Césaire numéro spécial* Présence Africaine, pp. 125-127.

Christophe : – Il faut tacher d'y croire, Magny, et s'il faut que quelqu'un commence, que ce soit moi ! J'ai dit ! Allez ! (46).

Lo que al principio parecía una señal de distinción positiva resulta ser en realidad el signo de una descalificación. El rey habla tanto más cuanto que se da cuenta de la ineficiencia de su verbo. En breve no es un verbo creador. Para el lector-espectador la falta de adhesión popular a la palabra del rey acentúa el drama del personaje que queda, de alguna forma atrapado, en su énfasis verbal.

Otro elemento que participa del teatro del poder es el castigo ejemplar en el que, por otra parte, se insiste en el desfase entre el castigo y lo que lo acarrea. La pieza deja constancia de algunos casos que combinan violencia extrema y espectáculo. En la medida en que el castigo infligido convoca explícita o implícitamente un público de espectadores y está precedido por una mise en scène. Dos ejemplos para evidenciarlo :

Christophe : —Je vous charge, Prézeau, d'expédier l'affaire Basin. Je l'ai fait comte de Mont-Roui, lui ai donné en fief Deschapelles et j'apprends qu'il fait fouetter les paysans. Que diable ! J'ai mis à sa disposition des travailleurs, je ne lui ai pas donné d'esclaves. Dépêchez là-bas une section de Royal-Dahomets. Que l'on attache le gérant fouetteur à un arbre, sur la place publique devant le peuple assemblé. Et qu'on le démolisse à coup de sabre, membre après membre (Acte II, scène III, pp.83-84).

Christophe : —Prézeau, faites battre le tambour. Avertissez le peuple. Vous, Brelle, on a besoin de vous. Il a beau être un traître, son âme a droit au repos. À vous d'y pourvoir. Et pour qu'il se rende compte de visu que nous y pourvoyons, pendant que vous officierez, Monsieur Franco de Médina sera debout auprès de son cercueil et écoutera sa propre messe de requiem... Après quoi, Gaffie, attention. Ces messieurs sont délicats. Je ne veux pas qu'une goutte de sang tache son paletot. Bon voyage, Monsieur Franco de Médina (Acte II, scène V, p.94).

El ajusticiamento es tanto más espectacular cuanto que se trata de víctimas socialmente distinguidas (un conde y un mediador del rey francés). El impacto que puede producir el castigo en el imaginario de los espectadores resulta desde este punto de vista más grande. Sin embargo más allá de lo que confiesa Christophe (reparar un deshonor, una falla o traición) el ajusticiamento de Basin y de Franco de Medina es una mediación a través de la cual el poder político explaya su potencia, legitima su derecho exclusivo a castigar :

Le pouvoir utilise d'ailleurs des moyens spectaculaires pour marquer sa prise en charge de l'histoire (commémorations), exposer les valeurs qu'il exalte (manifestations) et affirmer sa force (exécutions). Ce dernier aspect est le plus dramatique, non pas seulement parce qu'il met en activité la violence des institutions, mais aussi parce qu'il sanctionne publiquement la transgression des interdits que la société et son pouvoir ont décrété inviolables[11].

En la pieza de A. Césaire tenemos una ilustración del análisis de G. Balandier en cuanto al alcance político e ideológico de los castigos ejemplares. En efecto a una dama de corte que le recuerda horrorizada, en una conversation de salon, el asombro de algunos labriegos que fueron testigos de la execución a cañonazos de otro que descansaba frente a su cabaña en vez de estar, como los demás, sudando la gota gorda como lo manda el código Henry, Vastey, el intelectual orgánico del rey Christophe, le contesta :

Non ! [ils] Contemplaient le beau, le rare spectacle d'une force qui se déploie, exaspérée sans doute, mais une force, Madame (Acte II, scène II, pp.79-80).

Según lo anunciamos la ceremonia preparatoria de la coronación constituye el tercer elemento del teatro del poder. Esta ceremonia está descrita como el ensayo de una pieza de teatro. Con un director (Maître de cérémonies) que distribuye roles, insiste para que los actores se apliquen :

"Allons, Messieurs, allons ! Excusez-moi de vous bousculer, mais le roi peut survenir à n'importe quel moment et il faut commencer la répétition", "Messieurs, je vous en prie, Messieurs un peu de silence. Je vais faire l'appel des noms", "La démarche ! Soignez la démarche ! Pas de gestes anguleux, saccadés... Des gestes arrondis (...) les pieds africains et les bras créoles. Un air à la fois digne et naturel... Naturel et solennel".

Cortesanos que también participan como personajes en el drama cumpliendo como condes, mando del ejército real, lacayos, etc. La pieza, el drama se articula en torno a un personaje central que es Henri Christophe. Hay que insistir en el hecho de que entre los cortesanos permea la conciencia de estar jugando, como en la práctica teatral, un papel, un rol.

En efecto después de los primeros intercambios en la acotación se nos dice, "éclats de rire", "gros éclats de rire des courtisans" Carcajadas provocadas por la comicidad de la situación en la cual están involucrados y que les obliga a dizfrazarse, a meterse a duques, condes, lacayos, etc. Es decir que mudan, se vuelven otro.

Pero el ejemplo más interesante de la conciencia del estar actuando lo encontramos en la actitud el mismo rey Henri Christophe. Decide cambiar la distribución de los personajes, manda modificar la manera cómo caminan, cómo se dirigen a él :

Christophe : —Bon, bon ! Mais ça manque terriblement de femmes. Faites

---

[11] Georges Balandier, *op. cit.*, p.21.

venir ces dames et assignez à chacune d'entre elles sa juste place dans la cérémonie.

Nom de Dieu ! Qu'est-ce qui m'a foutu des cocos pareils !... Sale-trou, que diable ! Marcher à la diable, c'est comme si vous me parliez avec insolence ! (...) Ce n'est quand même pas comme ça que vous allez me présenter le sceptre ! Je ne vous mangerai pas ! On dirait qu'il tend une banane à un éléphant !

Christophe actúa como un director bis o segundo ya que, como lo hemos visto, introduce cambios en el ordenamiento inicial del "Maître de cérémonies". Por otra parte al participar del drama de la coronación el rey se convierte en actor (pero sí político). Vale observar que el público de ese teatro del poder son los mismos cortesanos y el rey Christophe. No hay un público externo como por ejemplo en la escena siguiente donde se bendice al rey Christophe en la catedral del Cap.

De manera que el poder no se representa ante los súbditos sino ante sí mismo. Es un dato importante que no debe olvidarse, en todo caso merece consideración por ser también constitutivo del poder. Lo cual no significa que el poder sea sólo teatro. El teatro del poder produce efectos ideológicos e imaginarios que redundan en la aceptación de su legitimidad. Es más, el teatro del poder tiende a desconectar el poder del "reino de este mundo" convirtiéndolo en algo trascendente y distanciado.

El último ejemplo que hemos trabajado muy brevemente apunta una contradicción, una paradoja fundamental : participar del teatro del poder al mismo tiempo negarse a él porque el poder no es sólo teatro. Semejante paradoja está también en los demás ejemplos que brindamos (por ejemplo la ineficacia del verbo del rey Christophe).

Mi hipótesis es que esas paradojas señalan la presencia en la *Tragédie du roi Christophe* de una instancia (que no se confunde necesariamente con A. Césaire) que muestra o representa el teatro del poder. Es en esta mostración, en esta mise en abyme donde estriba la distancia crítica de Césaire vis à vis de la experiencia política del rey negro.

Esa distancia se manifiesta, si retomáramos el ejemplo del espectáculo de la coronación de Henry Christophe, en las acotaciones :

"contorsions simiesques et ironiques des courtisans", "les courtisans s'affairent et se débrouillent tant bien que mal dans une sorte de répétition générale bouffonne et maladroite", etc., en los títulos y la onomástica de los cortesanos, damas de la corte, los soldados o lacayos. Algunos ejemplos : "Sa grandeur Monseigneur le duc de la Limonade", "Sa grandeur Monseigneur le duc de la Mermelade", "Monsieur le Comte de Trou Bonbon", "Monsieur le Comte de Sale-trou", el lacayo "Tonton Cimetière", otro que se llama "Jean-Jacques Sévère", etc.

En cuanto a marquesas y duquesas y otras mujeres de pro tenemos a,

"Madame de la Seringue", "Madame du Petit-Trou", "Madame du Tape-à-l'œil", etc.

Pero lo que critica A. Césaire no es tanto la reproducción grotesca de la vida cortesana europea o francesa puesto que la reproducción es señal de conflicto y no, como siempre se dice o se piensa, una señal de alienación. No puede estar más claro el argumento que Vastey opone a otro cortesano que le hacía notar que :

> Deuxième courtisan : —Avec nos titres ronflants, duc de la Limonade, duc de la Marmelade, comte de Trou-Bonbon, nous avons bonne mine ! Vous pensez ! Les français s'en tiennent les côtes !
>
> Vastey : —Homme de peu de foi ! Allons ! Le rire des français ne me gêne pas ! Marmelade, pourquoi pas ? Pourquoi pas Limonade ? Ce sont des noms à vous remplir la bouche ! Gastronomiques à souhait ! Après tout les Français ont bien le duc de Foix et le duc de Bouillon ! est-ce plus ragoûtant ? Il y a des précédents, vous voyez ! (Acte I, scène III, p.32).

Lo que critica Césaire es que el reinado, y tal vez eso sea la distancia máxima con la figura de Christophe, sea un injerto que no podía para nada arraigarse, dar fruto en la tierra de Haití. Uno de los logros más grandes de A. Césaire es haber recalcado en su pieza la paradoja mayor del reinado de Christophe : la inexistencia de un imaginario monárquico o aristocrático.

Tal falta de abono hace que la aventura de Christophe esté (casi de antemano) condenado al fracaso. Dio Christophe la espalda al imaginario que le era natural y que debió servir de cemento para su proyecto : el imaginario negroafricano y popular. Este imaginario sí está presente en la pieza pero está negado, ocultado, reprimido y hasta folklorizado.

A. Césaire siempre ha pugnado por la valoración del imaginario africano y negro. En la medida en que, según él, la aceptación auténtica de dicho imaginario constituye una de las condiciones indispensables de liberación psíquica de los sujetos poscoloniales (africanos, antillanos, afrolatinoamericanos).

Hoy en día hasta los denostadores antillanos de A. Césaire tuvieron que reconocer la validez y pertinencia de su visión, aun cuando la reducen al terreno literario :

> À un monde totalement raciste, automutilé par ses chirurgies coloniales, Aimé Césaire restitua l'Afrique mère, l'Afrique matrice, la civilisation nègre. Au pays [en Martinique], il dénonça les dominations et son écriture, engagée, prenant son allant dans les modes de la guerre, il porta des coups sévères aux pesanteurs post-esclavagistes. La Négritude césairienne a engendré l'adéquation de la société créole, à une plus juste conscience d'elle même. En

lui restaurant sa dimension africaine, elle a mis fin à l'amputation qui générait un peu la superficialité de l'écriture par elle baptisée doudouiste[12].

Otro intelectual antillano, Frantz Fanon señalaba los desgastes que originaron la amputación peligrosa, porque asumida o internalizada, de que se trata en su emblemático, *Peau noire, masques blancs*. El rey Christophe padece la misma amputación. Lo que empezó como una utopía popular, horizontal y vivido terminó siendo algo espectacular y ajeno, vertical y solitario y por ende trágico.

> Vastey, aux porteurs : —Qu'on le mette debout. Dans le mortier gâché. Tourné vers le sud. C'est bien. Non pas couché, mais debout. Qu'il se fraie lui-même, dans la difficulté de la pierraille et l'industrie du rocher inventé de main d'homme, sa route ! Et, lui ayant trouvé tout seul sa stature, que la lune, rouge au bout de la flèche suspende sa torche épouvantable ! (Acte III, scène, 9).

Si bien, como se ha dicho varias veces, *La tragédie du roi Christophe* es una honda reflexión sobre el poder o el gobierno político (de ahí que sea considerada como una metáfora de la experiencias políticas poscoloniales o posindependentistas en el tercer mundo), nos parece, que es ante todo una interrogación lúcida y siempre actual sobre la dificultad (imposibilidad ?) de edificar o construir espacios políticos auténticos donde los negros se realicen plenamente :

> Après l'historien, le dramaturge Césaire allait à son tour situer les expériences de notre pays à leur vraie place. Personne, avant *La tragédie du roi Christophe*, n'avait mis un tel doigt de maître sur les vicissitudes dramatiques où l'histoire haïtienne s'est empêtrée au début du XIXe siècle, et ou, jusqu'à nos jours, elle ne finit pas de se déprendre. La négritude qui en Haïti se mit debout pour la première fois continue d'échouer dans la mission de forger un État de droit, une société civile, une légitimité favorable à l'épanouissement d'une nation digne de l'héritage louverturien[13].

---

[12] Jean Bernabé, Patrick Chamoiseau, Raphael Confiant, *Éloge de la créolité*, Éditions Gallimard, 1993, p.17.

[13] René Depestre, « Le petit matin d'Aimé Césaire », *Aimé Césaire*, hommage de Présence Africaine, pp. 154-155.

ÉPILOGUE : POINT SUR NOS RECHERCHES CONCERNANT LES NOIRS EN AMÉRIQUE LATINE

Ces images de blancheur impénétrable ont besoin de contexte pour expliquer leur extraordinaire pouvoir, leur structure et leur cohérence. Comme elles apparaissent presque toujours avec des représentations de Noirs ou d'Africanistes morts, impotents ou sous contrôle, ces images de blancheur aveuglante semblent fonctionner à la fois comme antidote et commentaire à propos de l'ombre qui accompagne cette blancheur -une présence noire et récurrente qui emplit les cœurs et les textes de la littérature américaine de crainte et de nostalgie. Cette hantise, cette tache sombre dont notre littérature semble à ses débuts incapable de se défaire, indique la situation complexe et contradictoire où se sont trouvés les écrivains américains pendant les années formatrices de la littérature nationale.

Toni Morisson, *Playing in the dark*, 1993

Dans la présentation de *Marges 18* (1997) nous proposions de rattacher la méconnaissance de la « présence-histoire » des Noirs à l'existence d'une « structure d'aliénation » en Amérique Latine. Nous empruntions cette notion à Frantz Fanon (*Peau noire et masques blancs*[1]) qui la définit comme un ensemble de mythes, d'attitudes et de comportements qui structure l'imaginaire d'un peuple, d'un pays, etc.

Cette notion peut sembler très globalisatrice et, de ce point de vue, ne peut donc rendre compte des formations sociales et idéologiques de l'Amérique Latine dans toutes leurs complexités. En dépit de cette réserve légitime il n'en demeure pas moins vrai que ce concept a une force interprétatrice dans le cas de l'Amérique Latine. Car c'est cette structure d'aliénation qui institue la « présence-histoire » des Noirs en Amérique Latine en une altérité radicale, en une « inquiétante étrangeté ». Autrement dit, quelque chose qui, en étant tout à la fois proche et familier, est perçu

1 Frantz Fanon, *Peau noire masques blancs*, Paris, Éditions Présence Africaine, 1952.

comme un danger, une source d'angoisse, de peur et de hantise : « lo negro espanta », « el negro oscurece todo problema social », « hay que blanquear al negro », « hay que mejorar la raza », « somos una región que cuenta con menos porcentaje de negros », « no me casaré con un negro », etc.

Une inquiétante étrangeté que certains noirs latino-américains tentent de gommer en se « blanchissant ». Leur attitude met à nu l'idéologie de la suprématie blanche qui structure encore très profondément les sociétés américaines. Mais il faut bien voir qu'il en est du « blanqueo »[2] comme du rite de passage. Il marque moins le passage (littéralement « To pass » aux États Unis : cacher, dissimuler ses stigmates noires pour passer outre le système d'identification actif dans la société) qu'il pointe, en réalité, la frontière ou la ligne de démarcation, vécue comme naturelle, entre l'idéal à atteindre et le point d'où l'on tend vers cet idéal. Autant dire qu'il s'agit d'une frontière dont les contours sont sans cesse mouvants.

Le « blanqueo » entraîne toujours une escalade chez le sujet qui y est soumis, assujetti. Un peu comme dans le célèbre conte de Ribeyro, « Alienación », ou le personnage du zambo López, finit (mais il était déjà condamné par avance : un « ser de retazos » nous dit le conte dès ses débuts) par se rendre compte que « no hay lugar » tant qu'il n'y aura pas un imaginaire de Relation au Pérou. De ce fait, il est légitime de se demander qui du personnage ou de la société péruvienne est aliéné(e) ? Les lectures divergent et renvoient les critiques à leur propre perception du colonialisme interne ou de l'héritage colonial au Pérou.

Pour nous, l'attitude du Zambo López n'est que symptomatique d'une société fortement racialisée qui spécule sur les traits bio-morphologiques pour justifier certains privilèges, pour établir ou consolider la distinction sociale sur la base d'une hiérarchie imaginaire dont les effets ou conséquences sociales sont pourtant bien réelles. Pas seulement chez ceux qui en sont les principales victimes, car deux logiques signifiantes vont s'instaurer entre, d'un côté, ceux et celles qui s'emploient, même inconsciemment a « señalar, marcar fronteras » et ceux et celles qui tentent de « cruzar fronteras o barreras » même au prix d'énormes sacrifices[3].

---

2 On désigne par « Blanqueo » toute attitude ou tout comportement du Noir visant à adopter les modèles blancs dominants représentés comme synonymes de civilisation, de supériorité, de progrès, de science, de beauté, d'intelligence. Le « Blanqueo » est à la fois biologique, culturel. On a voulu voir dans le « Blanqueo », dont l'étendue est réellement limitée, une preuve de l'aliénation congénitale du Noir. Pour nous il traduit avant tout un héritage colonial et les fondements idéologiques des sociétés qui reposent encore sur une « conscience de couleurs » (Anthony Appiah)

3 *Cf. infra.*

Dans la mesure où l'idéal de la « blancura » leur est, à l'image de la tragique expérience du Zambo López, à jamais inaccessible la seule alternative qui reste aux Noirs est de devenir ou de se muer en « negrito », (« mi negro », « moreno », « morenito », « mestizo ») ou en « mulato ». Autrement dit quelque chose de domestiqué, quelque chose à travers lequel on peut percevoir la médiation du Blanc :

> En hispanoamérica, la única forma para el negro de subir en la escala social era « blanquearse ». El ascenso económico se lograba renegando del pasado africano. La importancia del blanqueo se muestra en Cuba, por ejemplo, donde la más importante sociedad cultural negra se va a llamar Club de Ateneas y la sociedad de recreo negra, Jóvenes Waltze, y donde los universitarios negros en 1902 consiguieron que se prohibiera la formación de comparsas y otras manifestaciones negras[4]

L'imaginaire de la « blancura » et de ce qu'on nomme aussi désormais le « glamour whiteness » n'est, à n'en pas douter un des héritages coloniaux les plus vivaces encore en Amérique Latine et, il contribue fortement à l' « invisibilisation » du Noir. En effet, le drame du Noir en Amérique Latine tient au paradoxe suivant : sa présence physique et matérielle dans les plantations et les mines (époque coloniale et esclavagiste), dans les armées de libération (période de la lutte pour les indépendances et de la formation des républiques latino-américaines), dans la configuration biologique et culturelle tout au long de 'histoire latino-américaine moderne) s'accompagne paradoxalement d'un processus qui tend à son « invisibilisation » sociale.

Le Noir est « absent » ou vécu comme tel dans les discours officiels (manuels scolaires, historiographie, textes fondateurs, littérature, etc.)[5]. Un tel processus d'invisibilisation est plus ou moins prononcé selon les pays d'Amérique Latine, selon les régions, selon le vécu politique des noirs, etc.

Nous préférons le terme d' « invisibilisation » à celui d'exclusion ou

---

[4] Miguel Rojas Mix, *Cultura Afroamericana De esclavos a ciudadanos*, Madrid, Ediciones Anaya, S.A,1988, p. 66. Mais ce passage de « Negros » a « Negritos » était aussi observable en Espagne, cf. Isidoro Moreno, « De Bozales » a « negritos » : los negros sevillanos y su cofradía del siglo XV al XIX, in *Palabras de la Ceiba*, Publicación semestral de CEIBA. Fundación de Cultura Afrohispanoamericana, Sevilla, nov, 1999, pp.67-95.

[5] Nous renvoyons à l'interview de Maria Ramos Rosado que nous avons publiée dans *Marges 21 : Las Casas ante la esclavitud de los negros : visión crítica del undécimo remedio (1516)*, Victorien Lavou Zoungbo (éd.), 2001. À partir de sa propre expérience de femme noire, écrivain, féministe, antiraciste elle offre un éclairage important du rapport des imaginaires sociaux à la « présence-histoire » du Noir à Porto Rico. On lira aussi avec beaucoup d'intérêt son livre *La mujer negra en la literatura puertorriqueña*, Puerto Rico, Editorial Cultural, 1999.

de marginalisation qui peut prêter à équivoque :

> « *Se corre un riesgo al definir la situación de los pueblos afroamericanos por su marginalidad* » (Mintz, 1997 :394). La marginalidad se hace evidente en la poca o ninguna posibilidad de participar en los dividendos alcanzados por el « bienestar » de una sociedad. Pero, al mismo tiempo, el concepto de marginalidad esconde y niega la participación del esclavo como generador de riqueza en la construcción del orden económico ; igualmente, subestima la capacidad potencial de las comunidades afroamericanas como productoras y agentes activos en la generación de cultura y en su competencia para adaptarse a medios hostiles tanto sociales como geográficos[6]..

Le processus d' « invisibilisation » est doublé aussi de représentations fantasmagoriques qui fixent le Noir Afrolatino-américain dans des stéréotypes largement diffusés et reproduits : lascif, paresseux, tout sexe, débridé et sauvage, esprit rebelle, force de la naturelle, démoniaque, violent, traite, enfant, irresponsable, vil, sale, etc. Nous avons essayé, dans nos travaux, de rendre compte du drame du Noir dans les pratiques discursives latino-américaines, plus particulièrement dans la production culturelle.

Notre démarche analytique a été, en partie, inspirée par celle de la critique et écrivain afro-américaine, Toni Morisson qui s'est attachée dans *Playing in the dark* (1993)[7] à décrire la manière dont la littérature usaméricaine moderne et contemporaine enregistrait la « présence-histoire » des Noirs. Leurs représentations poétiques et esthétiques révèlent, à travers les diffractions qu'occasionne cette présence, des intérêts contradictoires, des structures mentales également contradictoires.

Les analyses finement menées par Toni Morisson établissent pertinemment, à contre courant du consensus critique dominant, que le Noir est présent dans la littérature moderne et contemporaine « usaméricaine » ; il y figurerait souvent sous forme de danger. Un danger présenté directement ou indirectement comme une ombre noire envahissante et obsédante ou comme un animal primitif (baleine ou autres cétacés) ou dans la réaffirmation obsessionnelle de la blancheur comme, par exemple, chez Melville et son très fameux *Mobby Dick.*

Le constat que fait Toni Morisson n'est cependant pas exclusif de la littérature usaméricaine, nous en avons retrouvé les traces dans la représentation de la noire « Estrella-Ella » que donne G. Cabrera Infante

---

[6] Rafael Antonio Diaz Diaz, « Historiografía de la esclavitud negra en América Latina : temas y problemas generales », in *América Negra*, N.8, Bogotá, Colombia, pp.25-26.

[7] Toni Morisson, *Playing in the dark, Blancheur et imagination littéraire*, Christian Bourgois Éditeur, 1993.

dans *Ella cantaba Bolero* (1997)[8]. La scène où il décrit l'angoisse de castration du personnage blanc mâle est révélatrice. Nous en consignons quelques passages :

> Soñé que salía durante 68 días consecutivos al golfo nocturno y no conseguía ni siquiera un pescado, ni una sardina y Bustrófedon y Eribó y Arsenio Cue no dejaban salir conmigo a Silvestre porque decía que yo estaba completa y definitivamente salao, pero el día 69 (un número de suerte en La Habana de noche : Bustrófedon dice que es porque es capicúa, Arsenio Cue tiene otras razones y Rine también : es el número de su casa) estaba de veras en el mar, solo, y de entre las aguas azules, violetas, ultravioletas, venía un pez fosforescente que era largo y se parecía a Cuba y después se achicaba y era Irenita y se volvía prieto, negruzco, negro y era Magalena y cuando lo cogí que picó, comenzó a crecer y a crecer y se hizo tan grante como el bote y se quedó boyando, bocarriba, jadeando, haciendo ruido con su boca de higado [...] Dejé de luchar con el noble pez del sueño para pelear, pujar, patear al felón cachalote de la realidad que estaba sobre mí y me besaba con sus inmensos labios de bofe, me besaba los ojos, la nariz, la boca y me mordía las orejas, y el cuello y el pecho y la Estrella se resbalaba de sobre mi cuerpo y volvía a montarse y hacía ruidos extraños, increíbles, como si cantara y roncara a la vez y entre estos mugidos me decía mi negro mi amor quiéreme dale un besito a tu negra anda anda...[9].

Il y a ici une double projection saisissante, du rêve sur la réalité vécue du moment et du cachalot sur la femme noire protagoniste. Ce dernier point a pour effet d'accentuer son inquiétante étrangeté, source de l'angoisse (de la castration) du personnage qui rêve. La description de la femme noire la rapproche d'ailleurs davantage de l'animal que de l'humain. Faut-il voir dans la convocation, certes diffractée de *Mobby Dick*, l'expression du goût effréné de G. Cabrera Infante pour la citation ou plutôt la marque du rapport d'un certain sujet culturel (cubain) à la « présence-histoire » des Noirs ? D'autant plus qu'à Cuba, à partir du XIXe, la peur du Noir avait été érigée officiellement en argument politique :

> Sin dudas, Francisco de Arango y Parreño es el ideólogo que introduce « el miedo al negro » como categoría política y sociológica que marcará la conducta de la élite cubana, y el primero que propone medidas para eliminar paulatinamente al negro como futuro grupo social de peso mediante el estímulo de la inmigracón blanca. La posición de Arango tiene dos momentos que pueden ser rastreados como una conducta constante de la élite cubana : a) los negros deben ser *usados* cuando sean necesarios (como esclavos, mambises, cortadores de caña, domésticos, sindicalistas, milicianos,

8 G. Cabrera Infante, *Ella cantaba boleros*, Madrid, Alfaguara, 1997.

9 G. Cabrera Infante, *op. cit.*, pp.259-260.

deportistas, héroes nacionales de trabajo, etc.) ; b) de algún modo deben ser *eleminados* al pasar esta necesidad[10].

L'analyse de Toni Morisson nous a permis de faire la postulation suivante. Bien qu'il soit pris dans un processus d' « invisibilisation », le Noir ne cesse de hanter la formation discursive américaine, il ne cesse de hanter les imaginaires sociaux américains. D'où l'intérêt du rapport que E. Glissant pose entre le « Réel » (histoire, fiction), le « Différé » (qui implique un après, un ailleurs) et un processus de « Dévoilement »[11].

Le dévoilement s'opère par la « présence-histoire » du Noir qui vient ainsi débusquer ou démasquer le sujet culturel qui l'exclut, le rend invisible ou non pensable. Le combat consiste donc à faire en sorte que cette « présence-histoire » puisse affleurer, et s'établir, au niveau des consciences en instaurant justement des « lieux-communs ».

Alors qu'en général on considère les « lieux communs » comme ce qui est communément et largement admis (tropes, thèmes, dichotomies simplificatrices, fausses problématiques, sujets au goût du jour, des idées « fashion », voire même « fashionable », etc.), donné à voir comme allant de soi et donc susceptible d'être investi ou réapproprié par tous sans esprit critique[12], E. Glissant, fidèle à sa stratégie du détour, considère quant à lui les « lieux communs » comme un espace partagé de pensée.

Un penser ensemble, qu'on se doit évidemment d'accepter avec les réserves et la vigilance qui s'imposent car il y a justement des « lieux » autorisés et légitimés de fabrication, de diffusion et d'imposition de la pensée légitime, le penser ensemble est essentiel ici pour nous. En effet il s'agit d'essayer de décrire, en nous fondant sur certaines hypothèses avancées dans nos propres travaux, l'appréhension-perception de l' « histoire-présence » du Noir en Amérique Latine.

C'est ainsi que nos recherches durant ces dernières années ont été prioritairement consacrées à l'examen de différentes modalités de représentation des Noirs en Amérique Latine aussi bien dans les discours officiels que dans les objets culturels, en particulier la littérature. Les Noirs sont non seulement convoqués en tant qu'objet de connaissance par les

---

[10] Enrique Patterson, *art.cit*, P.51.

[11] Cf. Victorien Lavou Zoungbo, « Le Noir ou le différé des consciences et pratiques discursives latino-américaines : ébauche d'une recherche à venir ».

[12] Cf. Pierre Bourdieu et Loïc Wacquant, « Sur les ruses de la raison impérialiste », in *Actes de la Recherche en Sciences Sociales [Les ruses de la raison impérialiste]*, 121-122, mars 1998 Paris, pp.109-119.

savoirs établis (histoire, sociologie, anthropologie, littérature, droit, religion, etc.) mais sont aussi institués en un véritable enjeu de (dé)légitimation sociale, politique et symbolique.

La cohérence et la pertinence de nos travaux, articles publiés, communications et les deux numéros spéciaux, *Marges 18* (1997) et *Marges 21* (2001) que nous avons coordonnés, résident dans le fait d'avoir pu montrer que les Noirs sont, suivant les formations sociales et idéologiques, représentés comme les limites internes de ce qui est pensé, vécu ou donné à voir comme l'identité latino-américaine.

Paradoxalement ils apparaissent en même temps comme la condition d'existence, de définition ou de projection identitaire fantasmatique non seulement des États, de certaines régions mais aussi de larges couches sociales de l'Amérique Latine : « Je ne suis pas Noir donc je suis », « J'ai un peu du Noir mais j'ai davantage du Blanc, donc je (ne) suis (pas) », « Ses traits rappellent ceux du Noir donc il est », « Son comportement est digne des Noirs », « Nous revendiquons notre troisième racine », « Nous sommes un pays fondamentalement métis » « Il n'y a pas ou très peu de Noirs ou d'Indiens dans notre pays », etc.

C'est la raison pour laquelle la structure d'aliénation dont parle F. Fanon nous a aussi semblé pertinente pour l'Amérique Latine. Elle suppose en effet une large diffusion et une profonde incorporation de certains *habitus* (P. Bourdieu) qui donnent à voir, consciemment ou inconsciemment, les Noirs comme la figure par antonomase de l'altérité. Celle là même qui ne saurait susciter une identification positive et pleinement assumée.

Dans nos propres recherches, ainsi que dans les publications que le Groupe de Recherche et d'Études sur les Noirs d'Amérique Latine (GRENAL) promeut, nous nous attachons toujours à poser la question de la pertinence des catégories conceptuelles à partir desquelles nous lisons le monde, à partir desquelles nous appréhendons l'histoire.

Le choix de ces catégories n'est pas neutre ni objectif comme on tend souvent à le faire croire. C'est déjà en soi une intervention, une prise de position dans ce monde et dans cette histoire qui nous englobe et que nous essayons en même temps de décrypter. Cela, de notre point de vue, devrait toujours engager le chercheur à une démarche critique visant constamment à objectiver non seulement les lieux à partir desquels il ou elle produit son discours mais aussi la genèse et les contradictions inhérentes aux catégories qu'il ou elle investit. Oublier cela c'est tomber dans le piège d'un « objectivisme » autoritaire. C'est en fait épouser les vues de la *doxa* ou d'une certaine *doxa* triomphante à tel ou tel autre moment dans les différents champs qui balisent nos recherches et nos disciplines respectives.

Le deuxième point important de nos recherches a été de montrer que l'occultation des Noirs en Amérique Latine, dans les Amériques pourrait-on dire tout court, est inversement proportionnelle à la structure d'aliénation déjà évoquée mais aussi au degré des conflits d'intérêts qui ont jalonné et jalonnent encore les formations sociales latino-américaines.

Cependant, les Noirs ne sont pas qu'un objet de représentations ou un enjeu discursif et symbolique. Autrement dit, ils ne sont pas une masse amorphe, un chaos destiné à être dit, mesuré, guidé, narré ou chanté. Ils aspirent de plus en plus à être des sujets connaissants, des sujets historiques et civiques : les organisations civiles, politiques ou syndicales noires dont on ne parle pas et qui ont marqué et marquent encore toute l'histoire de l'Amérique Latine en attestent.

La mystique de l'État-Nation, facteur d'intégration et de Progrès pour tous, a montré ses limites dans la mesure où elle s'est révélée incapable de représenter toute la complexité des formations sociales et biologiques latino-américaines. Depuis les années 1980, en particulier, les revendications ethnico-identitaires sont devenues une donnée authentique de la politique en Amérique Latine. Il ne s'agit pas là d'un phénomène compensatoire. La Colombie, par exemple, a dû modifier en 1991 sa constitution pour reconnaître officiellement le caractère multiethnique et multiculturel du pays. Battant ainsi en brèche l'idéologie homogénéisante et autoritaire qui fonde l'État-Nation : une seule race (mais laquelle ?), une seule religion (même question), une seule langue (même interrogation), une seule histoire (laquelle ? qui la dit ou l'écrit ?).

L'exemple de la Colombie, aussi révélateur qu'il soit, reste pourtant très marginal dans le sous continent latino-américain. D'autant plus que la reconnaissance de la diversité culturelle et raciale se heurte encore, là comme ailleurs en Amérique Latine, à des phobies, à certaines représentations équivoques de soi mais surtout des autres, à certaines pratiques ou traditions politiques à tendance homogénéisatrices : langue nationale unique *versus* sociolectes régionaux minoritaires, identité ou culture nationale *versus* identités ou cultures fragmentaires, centralisme étatique *versus* autonomie régionale, lutte pour la libération nationale versus luttes identitaires sectaires, etc.

Nos travaux et nos recherches mettent l'accent sur les investissements symboliques, politiques et idéologiques de certains discours qui jusque là se contentaient de spéculer (positivement ou négativement) sur les origines, les héritages, la figure des Noirs. L'utopie politique et sociale dont les Noirs, sont désormais porteurs ne recoupe pas nécessairement celle des nations latino-américaines. Car il s'agit, en général, de dénoncer un colonialisme interne et, par conséquent, de revendiquer une justice sociale longtemps différée ou déniée. Cette revendication de justice sociale est doublée d'une réaffirmation identitaire publique. D'où le mépris et, bien des fois, la condescendance que leurs demandes politiques bien légitimes suscitent chez les autres membres des sociétés globales latino-américaines.

Pour les Noirs il s'agit, en outre, d'un combat pour la reconnaissance (et la valorisation) de leur participation dans le développement historique, économique, culturel et biologique de l'Amérique Latine. Lors du IIème Colloque International des Études Afro-Iberoaméricaines, *Africanía, discursos oficiales latinoamericanos y globalización* qui a eu lieu à Grand-Bassam (Côte d'Ivoire), du 2 au 6 décembre 1998 nous avons (les participants) particulièrement insisté sur cet aspect dans nos déclarations finales. Il en a été de même lors du Symposium International : *Pasado, Presente y Futuro de los Afrodescendientes* auquel nous avons récemment participé à Cartagena de Las Indias (Colombie, du 18 au 20 octobre 2001). Car la globalisation a aussi pour conséquence d'entraîner une régression sociale, un retour ou un renforcement des attitudes et comportements racistes et ségrégationnistes. Des pays comme Cuba ou le Brésil, connus ou reconnus pour leur relatif engagement positif vis à vis de la « présence-histoire » des Noirs, n'y échappent guère.

La reconnaissance de la « présence-histoire » des Noirs en Amérique Latine pourrait, par exemple, se traduire par l'adoption des faits historiques marquants dont les Noirs ont été les acteurs (soulèvements, rebellions, etc.) ou les victimes (massacres, répression, assassinats de leaders, etc.) comme points d'ancrage officiels et nationaux.

Ces représentations, loin d'être folkloriques, constitueraient un pas important vers un débat public serein, jusque là différé, sur la « présence-histoire » des Noirs en Amérique Latine. C'est à ce travail de mémoire, qu'on aurait tort de réduire à un culte du souvenir aux relents compensatoires, que s'attèlent ceux et celles qui luttent pour la reconnaissance officielle et nationale de l'identité noire au Brésil :

> Jusqu'en 1960, le Brésil a célébré la nourrice noire, celle qui a donné son lait et son amour à tant d'enfants blancs, noirs ou métis. Cette fête de la « Mae Preta »avait été fixée au 28 septembre en souvenir de la loi du ventre libre de 1871. Mais après 1960, la mère noire est honorée le 13 mai en même temps que l'abolition de l'esclavage en 1888. A la « Mae Preta » s'ajoutait d'ailleurs le « Pai Joao » son pendant masculin. Peu à peu, cependant, surgit et s'affirme un autre héros noir, fugitif glorieux qui avait rejoint le *quilombo* de Palmares : Zumbi dont la mémoire avait été pieusement conservée par des groupes peu connus, de peu d'envergure politique ou sociale mais assez efficaces puisque dès 1927 s'était créé a Sao Paulo un « centre civique Palmares » qui est d'ailleurs considéré comme le précurseur du Front Noir des années trente... Un mouvement s'est donc créé et consolidé autour de la figure de Zumbi, héros et objet d'un véritable culte du souvenir. Symboliquement, ce mouvement cherche à faire déplacer au 20 novembre de

chaque année, la fête nationale du 13 mai, afin de ne plus célébrer le don piégé d'un gouvernement qui n'avait pas su accompagner toute la misère du peuple des esclaves libérés. Les nouveaux penseurs noirs veulent porter leur reconnaissance vers le héros courageux et malheureux du meilleur des quilombos. La statue de Zumbi est érigée par tout ce que le Brésil compte d'intellectuels, de journalistes, de responsables syndicaux, politiques ou culturels de couleur[13].

Il serait intéressant de confronter l'expérience du Brésil à celle des autres pays latino-américains, notamment ceux des Caraïbes, pour mesurer le degré de prise en compte de la « présence-histoire » des Noirs par les représentations officielles et nationales. Ce travail de mémoire engage aussi à une relecture de l'historiographie officielle ainsi que de certains discours académiques (dont la très souveraine anthropologie) sur les Noirs.

À la suite d'autres chercheurs du champ des études afrolatino-américanistes nous demeurons persuadé que la « présence-histoire » des Noirs permet de lire, à rebours, les histoires nationales en Amérique Latine. Les silences ou les « pages blanches de l'histoire »[14], ainsi que les tergiversations de toutes sortes, prendraient ainsi tout leur sens. Ces silences, ces tergiversations et ces pages blanches sont les marqueurs ou les symptômes éloquents du rapport que les imaginaires latino-américains entretiennent encore avec la « présence-histoire » des Noirs.

D'où l'intérêt que nous portons aux formes et aux modalités de représentation du Noir dans les pratiques discursives et sociales en Amérique Latine. Notre hypothèse, précédemment évoquée, est que ces représentations portent en creux des enjeux à la fois symboliques, politiques et idéologiques. Il est donc tout aussi important de considérer les manières dont les Noirs ou ceux et celles qui se reconnaissent (ou sont désignés) ainsi se positionnent et se comportent vis à vis de ces enjeux : « blanqueo », accommodement ou subversion dynamique et positionnement individuel ou collectif de soi en tant que sujet historique.

Dans la communication que nous avons présentée à Cartagena nous montrions justement que, dans la « Décima de color », intitulé « Me gritaron

---

[13] Katia de Queiros Mattoso, « Au Brésil : cent ans de mémoire de l'esclavage », *Cahier des Amériques Latines, n.17*, pp. 70-71., CNRS, université de la Sorbonne Nouvelle-Paris III, 1992.

[14] Victorien Lavou Zoungbo, « Les blancs de l'histoire : Cocorí ou la fable des Noirs du Costa Rica », *Tigre II*, CERHIUS (ILCE), Grenoble, pp. 109-224, *cf. infra*.

negra »[15], s'opérait un renversement qui consistait à reprendre à son compte un stigmate (« ser negro ») pour en faire un objet de lutte politique et de construction identitaire individuelle mais surtout collective. Ce renversement est le signe, d'après nous, de l'affirmation publique d'une identité jusque-là abjectée et méprisée mais il est aussi le symptôme d'une instabilité dans la représentation que le Pérou donnait à voir de lui même.

La dimension collective de la lutte des Noirs en vue de leur reconnaissance est donc importante car elle permet de déjouer les déboires et les limites d'une lutte qui ne se développerait qu'à un niveau purement individuel :

> Lorsque les dominés dans les rapports de forces symboliques entrent dans la lutte à l'état isolé, comme c'est le cas dans les interactions de la vie quotidienne, ils n'ont pas d'autre choix que l'acceptation (résignée ou provocante, soumise ou révoltée, etc.) de la définition dominante de leur identité ou la recherche de l'assimilation qui suppose un travail visant à faire disparaître tous les signes propres à rappeler le stigmate (dans le style de vie, le vêtement, la prononciation, etc.) et à proposer, par des stratégies de dissimulation ou de bluff, l'image de soi la moins éloignée possible de l'identité légitime. À la différence de ces stratégies qui enferment la reconnaissance de l'identité dominante, donc des critères de jugement propres à la constituer comme légitime, la lutte collective pour la subversion des rapports de force symboliques, qui vise non à effacer les traits stigmatisés mais à renverser la table des valeurs qui les constituent comme stigmates, à imposer sinon de nouveaux principes de di-vision, du moins une inversion des signes attribués aux classes produites selon les principes anciens, est un effort vers l'autonomie, entendue comme pouvoir de définir conformément à ses propres intérêts les principes de définitions du monde social (nomos, le partage légal, l'attribution légale, la loi se rattache à un nomo, partager selon la loi). Elle a pour enjeu le pouvoir de s'approprier, sinon tous les profits symboliques associés à la possession d'une identité légitime, c'est à dire susceptible d'être publiquement et officiellement affirmée et reconnue (identité nationale), du moins les profits négatifs impliqués dans le fait de n'être plus exposé à être évalué ou à s'évaluer (en s'éprouvant dans la honte ou la timidité ou en travaillant à tuer le vieil homme par un effort incessant de correction) en fonction des critères les plus favorables. La révolution symbolique contre la domination symbolique et les effets d'intimidation qu'elle exerce a pour enjeu non, comme on dit, la conquête ou la reconquête d'une identité, mais la réappropriation collective de ce pouvoir sur les principes de construction et d'évaluation de sa propre identité que le dominé

---

15 Cf. Mosquera Claudia, Pardo Mauricio, Hoffmann Odile (eds), *Afrodescendientes en la Américas. Trayectorias sociales e identitarias. 150 años de la abolición de la esclavitud en Columbia.* Universidad Nacional de Columbia, ICANH, IRP, ILSA, Bogotá, Colombia, 2002. pp. 338-348.

abdique au profit du dominant aussi longtemps qu'il accepte le choix d'être nié ou de se renier (et de renier ceux d'entre les siens qui ne veulent ou ne peuvent se renier) pour se faire reconnaître[16].

Outre leur cohérence thématique, (« la question des Noirs en Amérique Latine »), nos travaux présentent bien plus une cohérence structurelle. En effet, en l'état actuel de nos recherches, il nous est apparu que quelque soit le corpus considéré (littérature, théâtre, cinéma, discours officiels, chansons, etc.) on est toujours confronté, peu ou prou, à la structure d'aliénation dont il a été question. Bien évidemment la modélisation de cette structure d'aliénation est fonction des objets d'étude considérés et des conditions socio-historiques de leur production et de leur émergence. C'est ainsi que, par exemple, la modification en 1991 de la constitution de la Colombie dans le sens d'une reconnaissance officielle de la diversité culturelle et ethnique obéissait tout à la fois aux justes revendications des Noirs longtemps différées ou méconnues mais, en même temps, répondait à un dessein politique du gouvernement colombien de l'époque qui cherchait à réaffirmer et à assurer son autorité sur l'ensemble du territoire national.

Autrement dit, en conférant formellement aux Noirs et aux Indiens un droit de regard et de contrôle sur les territoires qu'ils occupent depuis de nombreuses générations, l'État colombien entendait décrédibiliser la guérilla et les groupes para-militaires qui occupaient militairement de larges pans du territoire national. Le contexte était donc une lutte pour le monopole de la violence légale et légitime. Celle-ci est tout à la fois militaire, policière, administrative, juridique et économique[17].

Mais, comme nous le rappelle Odile Hoffmann, la terre ou l'espace territorial n'est pas uniquement un enjeu économique, c'est le lieu ou s'opère aussi une construction et un ancrage identitaire signifiant. Cela est particulièrement vrai de la zone occidentale de la Colombie (el Pacífico) qui, d'après Odile Hoffmann et de nombreux autres chercheurs qui se consacrent à l'analyse de cette région, tout au long de l'histoire moderne et contemporaine de ce pays a été l'objet de mesures politiques, d'avancées et

---

16 Pierre Bourdieu, « L'identité et la représentation, éléments pour une réflexion critique sur l'idée de région », in *Actes de la Recherche en sciences sociales*, Paris, 1980, vol, 35, Novembre, p. 69.

17 Voir à ce propos Peter Wade, « Identités noires, identités indiennes en Colombie », *Cahiers des Amériques Latines, N.17*, CNRS, université de la Sorbonne Nouvelle-Paris III, pp. 125-139. Ce dernier cite aussi un travail de Jaime Arocha qui, avec la regretée Nina de Friedmann, a activement participé aux travaux préparatoires ayant conduit à la réforme de la constitution colombienne. Jaime Arocha, « Los negros y la Nueva Constitución Colombiana de 1991 », *América Negra*, Bogotá, 1992, pp.39-54.

de régressions, de controverses ou de conflits chez les différentes communautés qui l'ont peuplée successivement ou en concomitance :

> No se puede separar tajantemente un espacio natural de un espacio social u otro cultural, sino que los tres se van entretejiendo, expresándose a través de prácticas espaciales que se pueden describir, interpretar y analizar. Estas prácticas son también políticas desde el momento en que varios actores, individuos y grupos comparten o codifican unos mismos espacios, desarrollando estrategias para controlar recursos, legitimar comportamientos o afirmar pertenencias identitarias[18].

18 Odile Hoffmann, « Sociedades y espacios en el litoral pacífico sur colombiano (siglo XVIII-XX) », in *Tumaco Haciendo ciudad*, Institut de Recherche pour le Développement, IRD, Universidad del Valle, Instituto Colombiano de Antropología, 1999, p.15.

Achevé d'imprimer
en mai 2003
dans les ateliers
des Presses Littéraires
à Saint-Estève - 66240

D. L. : 2e trimestre 2003
N° d'imprimeur : 19723